근대
한국의
탄생

대한제국

일러두기

* 1895년 11월 17일에 태양력을 채택한 이후의 날짜는 양력을 기준으로, 이전은 음력을 기준으로 서술했다. 단, 1895년 11월 17일 이전의 경우에도 서양 각국이나 일본 관련 자료는 양력이 기준이다. 대한제국기에는 공식적으로 양력을 사용했지만, 국경일이나 전통 의례 날짜는 모두 음력을 기준으로 했다.
* 단행본, 신문 등은 『 』로, 논문, 기사 등의 제목, 법률이나 조례 등은 「 」로 표기했다.

근대
한국의
탄생

대한제국

서영희
지음

大韓帝國

사회평론아카데미

책머리에

우리 역사에서 마지막 왕조의 유산인 대한제국은 가깝고도 먼
존재이다. 일제의 국권 침탈로 강제로 해체되는 운명을 맞아 그 최후
가 제대로 정리되지 않은 채 박물관 속으로 들어가 버린 잊혀진 역사
라는 점에서 그러하다. 따라서 대한제국에 대한 우리 국민들의 기억
은 낯설고 어렴풋하다. 1897년에 탄생하고 1910년 일제에 의해 병탄
되어 불과 13년 만에 사라져 버린 대한제국이 '한말', 혹은 '구한말'
이라는 모호한 명칭 대신 한국 근대사의 어엿한 한 장으로 자리매김
한 것조차 근래의 일이다.

하지만 아직도 전문 연구자나 일부 호사가들 외에는 고종황제,
순종황제라는 호칭마저 어색해하거나, 혹은 '망국책임론'을 들어 황
제라는 칭호조차 합당하지 않다고 주장하는 현실이다. 그런 가운데
도 영친왕, 덕혜옹주 등 몇몇 황실가족의 비극적 생애에 대한 관심은

대중문화계에서 소설이나 영화 등 문화콘텐츠로 소비되곤 했다.

대한제국은 우리에게 마지막 왕조의 유산이면서 동시에 근대 한국의 기원이기도 하다. 전통에서 근대로의 전환기에 탄생한 대한제국을 우리는 어떻게 기억해 왔으며, 또 어떻게 기억해야 하는가? 이 책은 한국의 근대국가 형성 과정에서 대한제국이 차지하고 있는 역사적 의미를 규명해 보려는 의도로 집필되었다.

그간 역사학계의 대한제국 연구는 '광무개혁 논쟁', '대한제국 논쟁', 혹은 '고종황제 역사청문회'라고 불리며 논란이 되었지만, '망국책임론', '식민지근대화 논쟁'과 맞물리면서 쟁점을 해소하지 못한 채 여전히 양극단을 달리고 있다. 하지만 한편으로 건축, 미술, 사진, 음악, 복식, 과학기술사 등 다양한 분야에서 연구 성과들이 산출되고 있고, 그 결과 대한제국의 구체적인 역사상과 새로운 면모가 밝혀지고 있다.

이 책은 기존의 대한제국 연구의 문제의식을 토대로 새롭게 문화사 분야까지 연구 시각을 넓혀보려고 시도했다. 특히 이 시기 사진 자료에 등장하는 새로운 모습들을 통해 문자로 된 사료가 다 전하지 못하는 당시의 사회 분위기를 파악해 보려고 노력했다. 이를 통해 오늘을 사는 대한민국의 한국인들에게 대한제국이 어떤 의미를 지니는 것인지, 한국의 근대국가 형성 과정의 특수성은 무엇인지 서술해 보고자 했다.

대한제국은 19세기 말 대내외적 위기 상황에서 근대적 주권국가를 지향하며 탄생했다. 하지만 일제에 의한 강제 병합으로 우리 국민들의 기억 속에서 지워졌다. 한국인들은 3·1운동 이후 대한민국임시정부 단계부터 일찍이 민주공화제를 채택했고, 해방 후 정부수립 과정에서도 구황실 복원 문제는 전혀 거론되지 않았다. 하지만 민족 내부에서 황제정을 스스로 극복하지 못한 한국 근대의 역사적 경험이 현대 한국 정치에서 제왕적 대통령제의 폐단으로 등장하게 된 것은 아닌지 나는 늘 궁금했다. 이 책이 한국의 근대국가 형성 과정에서 대한제국 황제정이 차지하는 의미를 보여줌으로써 이러한 질문에도 답할 수 있기를 기대해 본다.

대한제국 정치사 연구로 시작하여 대한제국이 존속했던 13년보다 훨씬 더 많은 시간을 보냈지만 아직도 대한제국은 어려운 연구 주제이다. 그래도 처음 공부를 시작했을 때에 비하면 대한제국에 대한 관심과 이해가 상당히 축적되고 있어 막막하고 외롭기까지 했던 형편에서는 벗어난 느낌이다. 다만 대한제국에 대한 학계의 연구 성과가 일반독자들에게까지 잘 전달되지 않는 듯하여 안타까운 마음이 있었다. 이제는 도심의 공원처럼 변해 버린 덕수궁을 찾는 시민들에게 이 책이 대한제국을 알아가는 조그만 길잡이가 되었으면 하는 바람이다.

감사하게도 이 책을 쓰는 동안 많은 도움을 받았다. 덕수궁 중명전과 돈덕전 학술조사로 만난 덕수궁관리소의 박경민 큐레이터는 이 책에 실린 사진들의 상세한 정보를 파악하는 데 큰 도움을 주었다. 이 자리를 빌려 고맙다는 인사를 전한다. 은사이신 서울대학교 이태진 선생님과 근대사연구회 세미나를 함께해 온 김태웅, 안창모, 목수현, 김연희 선생님 등은 새로운 시각으로 고종시대사를 바라볼 수 있게 지적 자극을 주셨다. 2022년에 이어 두 권째 책을 내주신 사회평론아카데미 윤철호 대표와 한소영 편집자께도 진심으로 감사하다는 말씀을 드리고 싶다.

끝으로 늘 곁에서 힘이 되어주는 남편과 이제는 다 자라 어엿한 성인이 된 아라, 유원에게는 언제나 사랑한다는 말로 고마운 마음을 대신하려 한다.

2025년 2월
서영희

차례

우리는 대한제국을
어떻게 기억해 왔는가?

대한제국은 전통적인 동아시아의 황제국을 지향했는가, 아니면 근대 주권국가로서 제국帝國을 선포했는가? 1894년 이후 심각한 대내외적 위기 상황에서 체제 혁신의 일환으로 탄생한 대한제국에 대한 근본적인 물음이다. 조선왕조라는 전통국가가 어떠한 경로를 거쳐 근대국가nation-state 체제로 이행하는지, 한국의 근대국가 형성 과정의 특성에 대한 질문이기도 하다. 근대국가로 이행하는 한 유형으로서 대한제국은 왜 입헌군주제나 공화정이 아닌 황제정의 형태로 탄생했는가? 대한제국 황제정은 왕조시대와 질적으로 차별되는 어떤 새로운 역사의 단계에 진입했으며, 근대 한국을 열어가는 데 어떤 역할을 한 것인가? 이러한 물음들이 이 책을 시작하면서 떠올린 질문들이다.

사실 중국 중심의 동아시아 책봉체제라는 전통적 관념에서 보면 대한제국 황제정의 탄생은 이례적이다. 원래 제국의 군주를 의미하는 황제라는 칭호는 많은 나라를 복속시키는 군주가 되고 나서야 사용할 수 있는 칭호라고 여겼기 때문이다. 하지만 메이지 유신 이후 일본이 이미 동아시아의 계서적 국제질서를 부인하고 스스로 '제국'이라 칭했듯이, 대한제국 또한 주권국가로서 근대적 자주독립의 의지를 제호帝號로써 천명했다. 또 이를 토대로 만국공법이 지배하는 근대 국제사회의 일원으로 편입되기를 기대했다. 대한제국에서 구래의 동아시아적 황제국 문화의 요소보다는 근대적 자주독립국가로서의 각종 국가적 상징과 이미지 형성 과정에 좀 더 주목해야 하는 이유이다.

　　그간 대한제국에 관한 역사학계의 연구는[1] 주로 근대화 개혁의 성공 여부와 망국의 원인 규명에 머물러 있었다. 망국책임론을 둘러싸고 고종에 대한 평가가 '개명군주론開明君主論' 논쟁으로 확대되기도 했으나, 이는 사실 고종 개인의 품성 문제로 환치될 사안은 아니었다. 대한제국 황제정이 근본적으로 조선왕조 시대의 왕권과는 다른 어떤 새로운 군주상을 모색하고 있었는지, 만국공법적 세계질서에 적응하기 위해 어떻게 새로운 국가체제를 만들어가고 있었는지에 관한 규명이 필요한 문제였다. 일제의 국권 침탈이라는 심각한 외압하에서 민권운동 세력 대신 황제정 중심으로 근대국가체제를 열어가는 한국 근대로의 이행 과정의 특수성을 규명하는 문제이기도 했다.[2] 여기에는 메이지 유신 이후 일본이 천황제를 중심으로 근대국가체제를 형성해 가는 과정과 비교사적 시각도 필요하다. 대한제국이 메이지 일본에 비해 근대국가 형성이 늦었다면 그 원인이 무엇이었는지 해명이 필요한 것이다.

대한제국은 황제정 중심으로 근대적 주권국가를 지향하면서 국기國旗와 국가國歌, 각종 국가적 상징과 기념물 등을 동원하여 충군애국주의를 고취하고자 했다. 명성황후 국장 등 왕조시대의 전통을 계승한 화려한 국가의례들도 보다 근대적인 방식을 차용하여 대한제국의 신민臣民들에게 보여졌다. 각종 국가기념일과 경축 행사 등을 통해 서구식 복장에 훈장을 패용한 황제의 초상 사진이 유포되고, 황실을 상징하는 오얏꽃 문양이 우표나 화폐 디자인에 사용되는 등 왕조시대와는 사뭇 다른 방식으로 국가적 상징들이 활용되었다.[3] 근대 국민국가 형성기에 각국이 국민 형성을 위해 고안해 내는 여러 제도와 장치들이 대한제국에도 도입되고, 이를 통해 국가 정체성이 만들어지는 등 대한제국도 느릿하게나마 근대 국민국가로 가는 도정에 있었다고 볼 수 있다.

하지만 1899년 8월 공포된 「대한국국제大韓國國制」에서는 황제의 절대군주권이 근대적인 언어로 표현되었을 뿐, 주권재민의 이념에 입각한 국민주권 선언이나 참정권에 대한 언급은 전혀 없었다. 입법·행정·외교·군 통수권 등 모든 권한이 황제에게 있다고 선언된 대한제국 황제정 아래 신민은 정치 참여가 허락된 근대적 국민이 아니었다.

반면 대외적으로는 「대한국국제」 제1조에서 '대한국은 세계 만국에 공인된 자주독립한 제국'이라고 표방한 대로, 근대적 주권국가로서 국제사회에서 인정받기 위해 부단히 노력했다. 오랜 교섭 끝에 청과 대등한 외교관계를 맺고, 유럽 열강에 상주 외교관을 파견했으며, 각종 국제조약과 국제회의 가입을 추진했다. 이러한 노력은 근대 문명국의 일원으로 활동함으로써 국제사회에서 주권을 인정받고, 한반도를 둘러싼 러시아와 일본의 각축 속에서 중립국으로 보장받기 위한 시도였다.

그러나 러일전쟁 이후 일제의 국권 침탈로 대한제국의 근대 주권국가를 향한 기획은 도중에 중단되었다. 일제에 의해 대한제국 황제정이 철저하게 해체됨으로써 근대 한국인들은 자체적으로 황제정을 극복할 기회를 갖지 못했다. 대한제국의 근대적 황궁으로 건립된 경운궁이 고종황제의 강제 퇴위 후 덕수궁으로 이름이 바뀌고, 일제 강점기에는 도심공원으로 조성되면서 대한제국이 남긴 물질적 유산은 일제가 구축한 식민지적 근대로 완전히 대체되었다. 이렇듯 근대로의 이행기에 어렵사리 탄생한 대한제국은 민족 내부에서 극복되거나 정리되는 과정을 갖지 못한 채 일제에 의한 강제 병합으로 인해 역사 속으로 사라졌다.

이 책은 근대 한국의 출발점으로서 대한제국의 탄생과 해체 과정을 구체적으로 보여주기 위해 다음과 같이 구성했다.

먼저 제1부 「대한제국의 탄생과 경운궁」에서는 새 궁궐 경운궁에서 1897년 대한제국을 선포하는 과정을 살펴보았다. 대한제국 출범 당시 칭제稱帝의 논리는 중국 중심의 동아시아 질서에서 벗어나 제

국을 칭함으로써 '자주독립'과 '자강'을 달성할 수 있다는 주장이었
다. 세계 각국과 대등하게 만국공법이 지배하는 근대 국제사회로 진
출을 지향한 논리였다. 하지만 여전히 친명반청 의식에 입각한 정통
론적 조선중화주의도 잔존하고, 동아시아 전통의 계서적 국제질서관
에 입각한 황제국 관념도 남아 있었다. 따라서 대한제국의 탄생은 만
국공법체제하의 근대적 주권국가를 지향하는 것이었으나, 황제 즉위
식을 비롯한 황실 행사들은 외형상으로 일단 동양적 황제국의 상징
이나 의례를 따르는 것이었다. 대한제국 황제정이 구래의 동아시아
황제국의 전통을 따를 것인지, 아니면 근대 유럽제국의 군주상을 추
구할 것인지 그 귀추가 모호한 이중적 황제국의 출발이었다. 대한제
국에 동양과 서양, 전통과 근대는 한동안 동시에 그림자를 드리우고
있었다.

　　제2부「근대 주권국가를 향한 도전」에서는「대한국국제」선포
이후 대외적으로 근대적 주권국가를 표방하면서 황제권이 중심이 되
어 근대적 방식으로 충군애국주의를 고취해 가는 과정을 살펴보았
다. 대한제국기에는 황제 탄신일, 황태자 탄신일, 황제 즉위일 등 국
경일에 태극기를 게양하고, 황실의 축하연에서 양악대가 애국가를
연주하는 등 왕조시대와는 다른 근대적 국가행사의 모습이 등장했
다. 또한 대한제국의 황궁인 경운궁을 중심으로 한성에 근대적 도시
경관을 형성하고, 석조전을 비롯하여 수옥헌(현 중명전), 돈덕전 등
서양식 건물들이 건립되었다. 1899년 한청통상조약 체결로 청과 대
등한 외교관계를 맺고, 각종 국제조약과 국제회의에 가입하거나 파

리박람회에 참여한 것은 근대적 주권국가로서 인정받음과 동시에 대외적 위기 상황에서 국제사회의 중재와 중립국화 승인을 얻기 위한 것이었다. 1901년 유럽의 중립국 벨기에와 수교한 것도 이러한 맥락에서 이해할 수 있다.

1902년 고종황제 즉위 40년 칭경예식은 수교국 대표들을 초청한 대대적인 국제행사로 기획되었으나, 러일전쟁 발발의 위기 속에서 결국 무산되고 말았다. 대한제국이 만국공법이 지배하는 국제사회의 일원으로 인정받기 위해서는 경운궁을 방문하는 외국인들에게 서양식 연회문화의 도입을 보여주는 데서 그치는 것이 아니라, 독립주권을 지킬 수 있는 국권의 신장이 필요함을 보여준 사례였다. 대한제국이 근대적 황제국을 지향하며 건립한 양관洋館들도 소기의 목적을 달성하지 못한 채 일본의 국권 침탈 과정에서 을사늑약 체결을 강요당한 장소가 되거나(중명전), 일본인들을 위한 연회장(돈덕전)으로 전락했다.

제3부 「일제의 국권 침탈과 잊혀진 제국의 기억」에서는 대한제국 황제정이 일제의 국권 침탈로 물적, 인적으로 완전히 해체되어 박물관 속의 역사로 사라져 가는 과정을 서술했다. 일제는 러일전쟁 승리 후 대한제국을 보호국화하면서 무엇보다도 먼저 황제권의 해체를 추진했다. 병합을 추진하기 훨씬 이전부터 황실 폐지를 기정사실화하고 황실재정정리 사업을 통해 황제권의 경제적 기반을 축소시켰다. 이 과정에서 황실재산은 일반적인 근대국가로의 이행 사례에서보다 더 철저하게 부정되었고, 1910년 8월 병합조약 이후 '이왕가李王

家'로 격하된 대한제국 황실은 이왕직李王職(황실을 관리하기 위해 일제가 설치한 기구로 조선 총독의 관리를 받지만 소속은 일본 궁내성)의 관리를 받으며 일본 천황가의 일원으로 살아가야 했다. 병합 직전인 1909년 통감 이토 히로부미에 의해 추진된 순종황제의 남서순행南西巡幸과 1917년 일본행은 순종 자신의 의지 여하에 상관없이 일본의 식민통치와 문명화 정책을 홍보하는 데 이용되었다. 영친왕英親王과 덕혜옹주德惠翁主 등 마지막 황실의 후예들도 모두 일본에 가서 교육받고 일본인과 결혼함으로써 황실은 인적으로도 완전히 해체되었다. 그 결과 1919년 고종황제 사망 이후 해외 독립운동 세력들은 복벽론이 아니라 공화정에 대한 논의를 곧바로 시작했고, 해방 후에도 구황실 복귀론이 전혀 거론되지 않고 대한제국 황제정은 국민들의 기억 속에서 사라졌다.

이처럼 한국의 근대 이행기에 마지막 왕조의 유산으로 등장한 대한제국 황제정은 시민계층의 정치적 성장에 따라 극복된 것이 아니라 일제의 국권 침탈 과정에서 강제적이고 위압적으로 단기간에 해체됨으로써 그 잔재가 일거에 소멸되었다. 반면 그것이 이민족 지배권력에 의한 국권 침탈 과정의 일환으로 진행되었기에 근대 한국인들은 스스로 국민국가체제를 만들어 내지 못한 경험적 한계를 가지게 되었다. 대외적으로 근대적 주권국가를 선언했지만, 국민주권은 언급할 수 없었던 대한제국이 근대 한국의 출발점이었으므로, 일제 강점기에 식민지 조선인들은 국권 회복과 함께 국민주권을 찾아가는 힘겨운 여정을 다시 시작해야 했다.

1부

대한제국의 탄생과
경운궁

1장

대한제국은 어떻게 탄생했나

새 궁궐을 세우다

대한제국의 탄생은 새 궁궐로 경운궁을 건설하면서 시작되었다. 고종은 1896년 2월 11일 새벽, 명성황후[1] 시해사건(이하 '을미사변')의 현장인 경복궁을 탈출하여 러시아공사관으로 이어함으로써 일본 세력과 개화정권을 일거에 무력화했다. 정동에 위치한 경운궁은 러시아, 미국, 영국, 프랑스, 독일 등 서양 열강의 공사관과 인접하여 일본 세력을 견제할 수 있을 뿐 아니라, 임진왜란 이후 선조, 광해군이 머물렀던 장소로서 국난 극복의 상징성도 지니고 있었다.

광해군이 창덕궁을 재건하여 옮겨간 후에도 인조반정 당시 인목대비가 기거하고 있던 경운궁에서 인조가 즉위했으며, 이후에도 조선 후기 왕들은 때때로 경운궁을 찾아 임진왜란을 극복하고 왕조를 지켜낸 역사를 상기시켰다. 숙종은 재위 동안 네 번이나 경운궁을 찾았고, 영조는 선조가 피난길에서 환도還都한 1593년 이후 3주갑, 즉 세 번째 계사년癸巳年인 1773년(영조 49년)에 경운궁을 찾아 기념하고 '즉조당卽阼堂'이라는 현판을 걸게 했다. 인목대비 당시 별당 또는 서청西廳이라고 불리던 전각에 인조의 즉위를 기념하여 즉조당이라는 현판을 직접 쓴 것이다. 또 나중에 임금이 예전에 머물렀다는 뜻으로 석어당昔御堂이라는 현판도 함께 걸게 했다.[2]

　　이러한 전통을 계승하여 고종도 다섯 번째 계사년이자 환도 300 주년이 되는 1893년 10월 4일, 왕후 민씨와 함께 경운궁 즉조당을 찾아 이를 기념하고 선조先祖의 공덕을 추모했다. 이때 왕세자와 왕세자빈도 함께 행차했다. 고종은 이날을 축하하여 전국에 사면령을 내리면서 '선조대왕이 월산대군의 고택에 임어하시어 태산과 반석 같은 세를 공고히 하셨으니… 역대의 제왕 이후로 오늘날까지 국가를 보존해 오게 한 것은 누구의 혜택이겠느냐'라는 내용의 교서를 반포했다. 임진왜란을 겪고도 왕조를 지켜 왔다는 데 큰 의미를 부여하고, 선조가 즉조당에서 16년간이나 청정聽政했던 사실을 상기시킨 것이다. 또 이러한 사실은 숙종의 어제御製 시詩에 잘 나타나 있다고 설명하면서, 지난날 영조가 이 궁에서 의례를 행한 것은 선군을 받드는 효성스러운 마음을 편 것이라고 평가했다. 판부사 김홍집金弘集이 벽에 건 즉조당이라는 현판이 영조의 어필御筆이냐고 묻자 고종은 그렇다고 답하면서, 영조는 모두 여덟 번이나 즉조당을 찾았고 계사년 (1773년)에는 두 번 왔었다고 선왕들과 경운궁의 내력을 상세히 설명

즉조당 현재 모습

경운궁 현판
덕수궁의 원래 이름은 경운궁이다. 1904년 화재로
소실된 경운궁을 1년여 만에 재건한 후 1905년 7월
고종이 직접 쓴 어필이다.

즉조당 현판

한 적이 있다.[3]

따라서 일본군의 경복궁 침략과 을미사변으로 조성된 국가적 위기 상황에서 고종이 새 궁궐로 경운궁을 선택한 것은 이러한 국난 극복의 상징성을 차용하려 했다고 볼 수 있다.[4] 지금까지는 이러한 측면을 간과하고 서양 열강의 공사관에 둘러싸인 경운궁의 입지적 조건만 강조하며 지나치게 방어적으로 경운궁의 의미를 해석해 왔다. 하지만 경운궁은 조선 후기 역대 왕들에 의해 국난 극복의 상징으로 기억되어 왔으며, 고종 역시 이 점을 활용하려 한 것임을 상기할 필요가 있다.

고종은 러시아공사관으로 이어할 당시부터 경운궁을 새 궁궐로 염두에 두고 있었던 것으로 보인다. 자신은 왕태자와 함께 러시아공사관으로 옮겨 가면서도 왕태후(헌종의 계비 효정왕후 홍씨, 대한제국 선포 후 '명헌태후明憲太后'라는 존호를 받음)와 왕태자비는 경운궁으로 가게 했기 때문이다. 고종으로서는 임오군란과 갑신정변을 겪은 창덕궁이나, 을미사변의 참혹한 현장인 경복궁으로 되돌아갈 생각은 전혀 없었을 것이다. 더구나 서양 열강의 공사관과 인접한 정동의 경운궁은 신변의 안전이 보장될 뿐 아니라 만국공법의 세계 속으로 새 출발을 하기에 적절한 입지라고 판단했을 것이다.

하지만 고종은 2월 16일, 러시아공사관에서 며칠 안에 환궁할 것이며, 경운궁과 경복궁을 수리하라고 명했고, 공사가 우선 끝나는 대로 돌아가든지 거처를 옮기든지 확정할 것이니, 내 마음을 헤아려 달라는 내용의 조서를 내렸다. 임금이 외국공사관에 가 있는 미증유의 사태에 놀란 신민들을 애써 진정시키기 위해 궁궐 수리를 핑계로 삼았지만, 이미 경복궁보다는 경운궁으로의 환궁을 마음에 두고 있었을 것으로 짐작된다. 조서에서 고종은 '우리나라가 500년 만에 한 번 변하는 때를 당하고 우내만방宇內萬邦이 개명하는 운을 만나 힘써 도모하여 부강책을 강구한 지가 벌써 몇 해가 되었지만, 국가가 다난 하여 아직 그 효과가 없었으나, 이제부터는 나라에 이롭고 백성을 편히 할 방도를 더욱 강구할 것이니 모두 함께 문명의 경지에 이를 수 있도록 도와달라'라고 했다.[5] 다시 한번 새롭게 개화정책을 추진하겠다는 의지를 다짐한 것이다. 그동안 충분한 성과를 거두지 못한 근대화정책을 더욱 적극적으로 추진하기 위해 서양 열강 공사관이 밀집하고 외국인들이 집단적으로 거주하고 있는 정동지역을 선택한 것이라고 볼 수 있다.

정동에 들어선 공사관 거리

정동貞洞이라는 지명이 조선 초기 태조의 계비인 신덕왕후 강씨의 능인 정릉貞陵이 있었던 데서 유래한다는 사실은 잘 알려져 있다.[6] 신덕왕후와 사이가 안 좋았던 태종이 정릉을 도성 밖 동북쪽 양주(현재의 성북구 정릉동)로 이장한 후에도 정릉동이라는 지명은 남았고, 정릉의 옛터에는 대군, 공주 등 왕실 가족들이 주로 살았다. 임진왜란으로 모든 궁궐이 소실된 후 피난길에서 돌아온 선조가 정릉동 월

산대군이 살던 집을 행궁으로 삼은 것도 이런 연유 때문이었다.

선조는 정릉동 행궁에서 계비인 인목왕후를 맞이했고, 영창대군과 정명공주도 여기에서 태어났다. 뒤이어 광해군도 정릉동 행궁의 서청, 즉 즉조당에서 즉위했고, 즉위 3년 만인 1611년 창덕궁을 재건하여 이어하면서 정릉동 행궁에 경운궁이라는 명칭을 부여했다. 광해군이 영창대군의 생모 인목대비를 폐위하여 경운궁에 유폐하면서부터는 다시 서궁이라고 불렸다. 하지만 반정으로 즉조당에서 즉위한 인조는 인목대비를 모시고 창덕궁으로 돌아간 후 경운궁 내 전각들을 대부분 철거하고, 땅을 원주인들에게 돌려주었다. 나머지 왕실 보유지는 명례궁明禮宮이라 해서 왕비의 재용財用에 쓰이는 궁방으로 삼았다. 조선 후기에 작성된 지도나 지리지 등에 이 일대를 경운궁 혹은 명례궁이라고 지칭한 것은 이러한 이유 때문이다.[7]

경운궁이 자리한 정동 일대의 면모가 크게 바뀌기 시작한 것은 개항 이후 각국 공사관의 설치와 함께 서양인들이 집단적으로 들어와 살면서부터이다. 정동 지역에 진입한 최초의 서양인은 초대 미국공사로 부임한 루셔스 하우드 푸트Lucius Harwood Foote 일행이다. 푸트는 1882년 5월 22일[8] 체결된 조미수호통상조약에 따라 특명전권공사의 신분으로 1883년 5월 12일 제물포에 도착했다. 푸트 일행은 처음 한성에 와서는 박동博洞에 있던 독일인 고문 묄렌도르프Paul George von Moellendorf의 집에 잠시 기거하다가, 정동에 있던 민계호의 집 등을 사들여 미국공사관을 개설했다.[9]

미국공사관이 정동에 개설된 후 조선과 새로 외교관계를 맺은

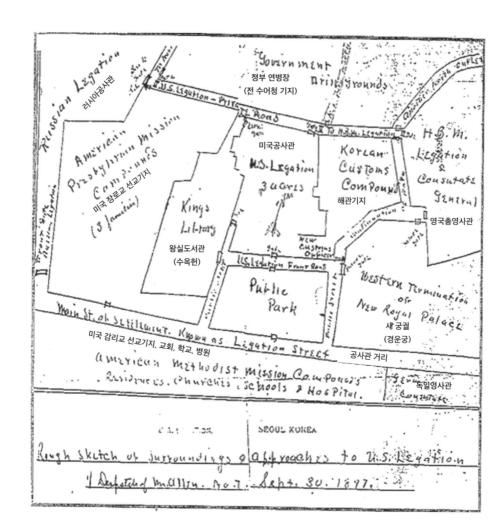

알렌의 정동지역 스케치

주한 미국공사 호러스 N. 알렌(H. N.
Allen)이 1897년 9월 30일 본국에 보낸
문서에 첨부한 자료로서, 정동지역 각국
공사관의 위치를 알 수 있다.

러시아공사관

↑
미국공사관
↑
프랑스공사관

↑
영국공사관
처음에 총영사관으로 개설되었던 영국 공관은
1898년 공사관으로 승격되었다.
↑
독일공사관
정동에 있던 독일영사관이 회동으로 이전하고
공사관으로 승격된 후의 모습이다.

서구 열강은 미국의 선례에 따라 공사관이나 영사관을 정동 일대에 개설했다. 영국은 1884년 4월에 공관을 개설했는데, 한옥 건물을 유지한 미국과는 달리 1890년에 현재도 사용되고 있는 서양식 공관 건립 공사를 시작했다. 독일(1884년), 러시아(1885년), 프랑스(1888년)도 차례로 공관을 설치했다. 이들도 처음에는 기존 한옥에 임시로 공관을 개설했다가 나중에 정동지역에 화려한 서양식 건물들을 건립했다. 미국공사관과 영국총영사관이 각각 정동의 서쪽과 동북쪽에 자리 잡고, 북쪽 높은 언덕에는 러시아공사관이 들어섰다. 러시아는 1890년 거대한 규모로 공관을 짓고 3층 높이의 전망탑까지 설치했다. 러시아공사관 맞은편에는 1896년부터 화려한 프랑스공사관 건립이 시작되고, 경운궁 남쪽 구릉 지역에는 독일영사관이 서 있었다. 이렇게 각국 공관들이 들어서서 글로벌 외교타운으로 변모한 정동지역은 '공사관구역' 혹은 '공사관거리legation street'라고 불리게 되었다.[10]

　서양 각국의 공관이 정동지역에 들어서면서 정동은 자연스럽게 서양인들의 집단 거주지가 되었다. 미국공사관 주변에 장로교, 감리교 선교 기지와 선교사 가옥이 들어서고, 이들이 운영하는 배재학당, 이화학당, 경신학교 등 근대적 교육시설과 병원이 들어섰다. 서양인 여행객과 상인들을 위한 호텔이나 상점도 이곳에 문을 열면서 정동 일대는 마치 서구 근대문명의 전시장처럼 보이게 되었다.[11] 하지만 정동지역의 이러한 사정은 새 궁궐 경운궁을 건립하는 데 지형적으로는 걸림돌로 작용하기도 했다. 외국인들의 거주지로 둘러싸인 탓에 경운궁의 궁역을 확장하는 데 한계가 있었던 것이다.

경운궁 건립 과정과 환궁

고종이 러시아공사관으로 이어했을 당시 옛 경운궁 터에는 즉조당만 남아 있는 상태였다. 고종은 1904년 4월 14일 밤 함녕전咸寧殿에서 시작된 대화재로 경운궁의 전각들이 대부분 소실되었을 때 특히 즉조당의 소실을 안타까워하면서 "병신년(1896년)에 이어하였을 때에는 오로지 즉조당 하나뿐이었다. 지금은 모두 불탔지만 가정당嘉靖堂·돈덕전惇德殿·구성헌九成軒이 아직 온전하게 있는 만큼 그때에 비하면 도리어 낫다. 즉조당으로 말하자면 몇백 년 동안 전해 오는 것이기 때문에 서까래 하나 바꾸거나 고치지 않았는데 몽땅 타버렸으니 참으로 아쉽기 그지없다."라고 했다.[12] 이후 곧바로 궁궐 재건 사업에 들어가 1906년까지 대부분의 전각을 복원했고, 그 과정은 현재『경운궁중건도감의궤』에 기록되어 있다.[13]

그런데 1904년 화재 이후 새로 재건된 전각이 아닌, 화재 이전의 경운궁 전각들은 언제, 어떻게 건립되었는지는 상세히 밝혀져 있지 않다. 고종은 러시아공사관에 머무른 1년여 동안 공사관 내에서만 생활한 것이 아니고 때로 경운궁에 나아가 정부대신들을 소견召見하고 경운궁 건립 과정을 점검했다. 죽은 왕후 민씨의 빈전殯殿(상여가 나갈 때까지 왕이나 왕비의 관을 모시는 전각)에서 제의祭儀를 행하기 위

해 행차하기도 했다.[14]

경운궁을 새 궁궐로 건설하는 과정은 1896년 8월 10일 경운궁 수리 명령을 내리고,[15] 8월 23일에 경복궁에 모셔져 있던 역대 임금들의 어진을 경운궁 별전別殿으로 이봉移奉하라는 지시를 내리면서 본격적으로 시작되었다. 일찍이 열성조列聖朝가 계시던 경운궁에 어진을 모시는 것은 예절에도 맞다는 명분이 제시되었다. 이때 경운궁 별전은 원래 경운궁 권역 내에 남아 있던 즉조당을 의미하는 것으로 생각된다. 경복궁에 있던 왕후 민씨의 빈전도 경운궁으로 옮기라는 지시가 함께 내려지고,[16] 9월 4일 진전眞殿(역대 왕들의 어진을 모신 전각)과 빈전 이봉 절차가 이행되었다.[17] 고종은 경운궁 인화문仁化門 밖까지 나와 어진을 맞이한 후 고유제告由祭를 행하고, 빈전 이봉 시에는 곡을 하고 혼백을 재궁梓宮에 넣어 빈전을 차린 후 별전別奠을 지냈다.[18] 임시로 즉조당에 설치되었던 왕후의 빈전은 10월에 경소전景昭殿이 완공되자[19] 다시 옮겨졌다.

진전과 빈전 이봉을 전후하여 9월 2일에는 공묵헌恭默軒, 청목재淸穆齋의 현판을 쓸 서사관을 임명하고,[20] 9월 13일 대유재大猷齋, 포덕문布德門, 평성문平成門의 현판 서사관을 임명했다.[21] 청목재는 빈전에서 다례를 행할 때 축문을 친히 살피거나 향을 전하는 장소로 사용되었다.[22] 고종이 러시아공사관에 머무르는 동안 예식과 업무를 수행하는 공간으로 주로 청목재와 공묵헌이 활용되었다.[23] 그밖에 경운궁 내에 여러 전각들이 새로 세워지거나 보수되고, 궁장이 완성되어 서쪽으로 평성문, 황토현 쪽 동문으로 포덕문이 건립된 것으로 보인다.

9월 28일 궁내부에서 경운궁 건립 공역이 완성되었다고 보고한 기록도 있다.[24]

애초에 고종이 경운궁 수리 명령을 내릴 때 "열성조께서 임어하신 곳이라 연전年前에 이미 수리했지만 아직도 미처 손대지 못한 것이 많다."라고 한 걸로 보아 환도 300주년이던 1893년 즉조당 기념 의례를 위해 이미 어느 정도 수리 공사가 있었다고 볼 수도 있다. 고종은 300주년 행사 때 "즉조당 간가間架가 이렇게 비좁은 것은 흙으로 계단 세 층을 만든다는 뜻이 있었으므로 이번에도 종전대로 수리했다."라고 한 적이 있다.[25]

하지만 어진 이봉 행사 후 고종이 경운궁에서 정부대신들을 소견했을 때 특진관 김병시는 대궐 공사가 끝날 날이 아직도 묘연하다고 했다. 고종이 비록 낮에는 공사를 다그치더라도 밤에는 중지하라고 한 것은 과거 영조가 밤에는 촛불을 끄고 모든 대궐 공사를 그만두게 한 뜻을 이어받은 것이라고 했다. 이러한 대화로 미루어 볼 때 경운궁 건설 공사는 여전히 진행 중이었던 것으로 보인다.[26] 10월 말, 고종은 진전과 빈전이 있는 경운궁으로의 이어가 순리이니 조속히 당우堂宇의 수리를 마치라는 조령을 내렸다.[27] 경복궁 환궁론에 대응하기 위해 먼저 진전과 빈전을 경운궁에 옮겨놓고, 이를 다시 경운궁 환궁의 근거로 삼은 것이다.

사실 고종이 러시아공사관에 머무르고 있는 동안 김홍륙 등 측근 궁내관들의 전횡이 이어지자 원로대신들은 강력히 환궁을 주장하고 있었다. 9월 24일 의정부 의정에 임명된 김병시는 무려 14회나 사직상소를 거듭하면서 즉각적인 환궁과 궁금숙청宮禁肅淸(궁 안에 잡인 출입을 금함)을 요구하기도 했다.[28] 환궁파 대신들은 은밀히 운동비를 내려 각 도 유생들의 상경을 유도하는 방법으로 환궁 여론을 조성하기도 했고, 법률학교 학생 30명이 주도하여 유생, 시민 200여 명과 함께 환어還御 의회소를 설치하는 등 환궁 요청은 끊임없이 이어지고 있었다.[29]

그럼에도 고종이 곧바로 환궁할 수 없었던 것은 경운궁의 전각들이 여전히 공사 중이었기 때문이다. 9월 25일, 경운궁 청목재에서 대신들을 소견한 고종은 전각이 조성되면 마땅히 이어할 것이나 진전 처소가 심히 좁아 민망하다고 불편을 호소했다. 특진관 조병세는 전각이 완공되면 진전은 새로 건립한 곳으로 옮기고 왕의 집무실인 시어소時御所는 즉조당으로 하는 게 좋겠다고 했으나, 고종은 그 터가 심히 좁아 불편함이 많다고 난색을 표했다.[30]

보다 근본적으로는 아직 신변 안전에 대한 불안감이 완전히 해소된 것이 아니었다. 고종은 왕실의 측근인 민영환을 러시아 황제 니콜라이 2세의 대관식에 보내 궁궐 수비병 및 군사교관, 고문관의 파견과 차관 교섭 등을 타진했으나, 러시아 측 반응은 극히 미온적이었다. 1896년 3월 11일, 특명전권공사로 임명된 민영환은 4월 1일, 제물포항을 출발하여 5월 26일, 러시아 황제 대관식에 참석했다. 민영환은 알렉세이 로바노프Alexei B. Lobanov 외무대신 등을 만나 여러 차례 조선의 요구사항을 전달했지만, 최종적으로 얻은 성과는 겨우 13명의 군사교관 파견 약속뿐이었다.[31] 러시아 측은 조선의 국왕이 원하는 동안 러시아공사관에 머물 수 있다고 할 뿐, 신변 경호문제가 해결되어야 한다는 민영환의 요청에 확답을 주지 않았다. 민영환은 국왕이 계속 러시아공사관에 머물 수는 없고 가능한 빨리 궁궐로 돌아가야 한다고 주장했으나 러시아는 궁궐 호위병 파병에 대한 열강의 반대를 우려했다. 민영환이 다시 시베리아 열차를 타고 블라디보스톡까지 온 후 부산항, 인천항을 거쳐 고종에게 귀국 보고를 한 것은 10월 21일, 오후 6시이다.[32] 민영환의 귀국으로 러시아 측 태도를 알게 된 고종은 이제 환궁을 결심할 수밖에 없는 형편이었지만 여전히 신변 안전에 대한 우려는 계속되었다.

이러한 우려 때문인지 고종은 마침 다시 한성에 온 영국인 여행가 이사벨라 버드 비숍Isabella Bird Bishop 여사를 초청하여 경운궁에서 접견했다. 비숍의 기록에 의하면 1896년 10월 중순, 제물포를 통해 입국한 비숍은 고종의 초청으로 경운궁에서 왕과 왕태자를 알현했다. 이때 고종은 비숍이 빅토리아 여왕을 위해 자신의 사진을 찍을 수 있도록 허락했고, 왕태자와 함께 진지하게 촬영에 응했다고 한다. 1898년 출간된 비숍의 여행기『한국과 그 이웃 나라들(Korea and Her Neighbours)』에는 익선관을 쓴 고종의 전신상이 사진이 아닌 삽화 형식으로

이사벨라 버드 비숍

실려 있지만, 비숍이 찍은 사진 원본도 현재 남아 있다.[33] 고종이 사진 촬영에 응한 이유는 비숍의 추측대로 영국과 같은 열강의 보호를 열망해서였을 것이라고 생각된다.

비숍이 최초로 부산항을 통해 조선에 입국한 후 한성에 도착한 것은 1894년 3월 1일이다. 비숍은 남한강, 북한강 유역 및 금강산, 원산까지 여행하다가 6월 21일, 청일전쟁 발발을 피해 만주로 떠났다. 그 후 블라디보스톡을 거쳐 두만강 너머 러시아령에 정착한 조선인 마을까지 둘러본 후 나가사키를 거쳐 1895년 1월 5일 제물포 항에 도착했다. 다시 한성에 들어온 비숍은 영국 총영사 월터 힐리어Walter. C. Hillies의 집에 5주간 머무르며 도성 곳곳을 구경했는데, 이때 왕후의 초청을 받아 경복궁을 방문했다. 비숍이 왕과 왕후를 알현할 수 있었던 것은 공식적인 추천서를 가지고 왔기 때문이다.[34]

총 4번에 걸친 알현에서 고종은 저명한 지리학자이자 몰락한 영국 왕족 출신인 비숍을 후대했다. 커피와 케이크, 적포도주가 곁들인 서양식 저녁 식사를 대접받은 후 통역관만 대동한 채 왕과 왕후, 왕태자를 알현한 비숍의 경험은 그녀의 책에 상세히 서술되어 있다. 당시는 개화정권 아래 왕권이 크게 위축된 상황이었는데, 왕과 왕후는 영국 왕실과 내각의 관계, 관리 등용 제도, 귀족의 권한 등에 대해 자세히 묻고 왕실 비용의 문제, 특히 여왕의 비용을 개인적으로 부담하는지 아니면 국가에서 재무장관이 제재하는지, 여왕이 장관을 해임할 수도 있는지 등을 집요하게 질문하여 대답하기 곤란할 지경이었다고 기록하고 있다. 고종은 유용한 정보를 얻고자 비숍이 여행하고

→
1896년 비숍이 경운궁에서 고종을 찍은
사진

↓
1896년 고종이 상복을 입고
러시아공사관에서 찍은 사진
이 사진은 우리나라 최초의 영문 월간
잡지 『코리안리포지터리(The Korean
Repository)』 1896년 11월호에 실렸다.

↘
비숍의 여행기 『한국과 그 이웃 나라들』

돌아온 지역에 대해 관심을 표명하면서 시베리아와 일본 철도의 리堡당 건설비, 일본인들이 청일전쟁에 대해 느끼는 감정 등 바깥 사정을 매우 적극적으로 질문했다고 한다. 또 마지막 작별 알현에서 고종이 중국으로부터 공식적으로 독립국이 되었으므로 독자적으로 공사를 임명할 자격이 있다는 견해를 피력했다고 비숍은 기록했다. 비숍은 누군가 감시하는 사람이 있었던 한 시간 정도의 알현에서 왕이 말한 문제를 다 언급할 수는 없다고 여운을 남기기도 했다. 아마도 일본의 압박을 받는 조선의 처지에 대한 영국의 관심과 지지를 호소하는 대화였으리라 생각된다. 비숍과 작별할 때 왕후는 빅토리아 여왕에게 안부 인사를 전하며 서양식 예법대로 악수를 청했다고 한다.[35]

이후 한성을 떠나 중국 중부와 남부, 일본을 여행하던 비숍은 1896년 10월 을미사변 소식을 듣자마자 곧바로 조선에 돌아와 '숨막히는 두 달'을 보냈고,[36] 다시 한반도 북부 여행을 떠났다. 12월 25일에는 중국으로 가서 6개월을 보냈고, 또 일본에서 3개월을 체류한 후 다시 조선에 돌아오자, 고종이 이번에는 경운궁으로 비숍을 초청한 것이다.

비숍은 간소하게 꾸며진 경운궁의 새 전각에서 상복을 입고 깊은 슬픔에 잠긴 고종과 왕태자를 만나 대화했다. 그 후에도 비숍은 새로 지어진 건물들이 밀집해 있는 경운궁 중앙에 자리한 왕의 처소에서 두 차례나 비공식적인 만남을 가졌다. 그 처소는 조선에서 가장 뛰어난 목수의 솜씨로 지어진 독채로서, 정교하게 색칠된 기둥의 끝은 왕조의 상징인 다섯 꽃잎의 꽃(오얏꽃)으로 장식되어 있고, 넓은 마루 끝에 위치한 작은 방들이 왕과 왕태자의 침실로 쓰였다고 비숍은 서술했다. 죽은 왕후를 추모하는 공간은 왕의 처소와 반대편에 있지만 하나의 주랑柱廊(벽 없이 기둥만 나란히 세운 복도)에 의해 왕의 처소와 연결되어 있다고 했다.[37] 경운궁 내에서 고종의 처소로 쓰인 함녕전은 1896년 10월에는 아직 준공 전이므로 비숍이 고종을 알현한 건물이 어떤 전각인지 분명하지 않지만, 이미 완공된 경소전과 연결된 전각이라고 추정해 볼 수 있다. 다만 왕의 처소가 러시아 관리들에 의해 점유된 구역에 개방되어 있고, 훈련대 병영에 연결되어 있으며, 1분 내로 영국공사관 구역에 다다를 수 있다고 서술한 것으로 보아, 현재의 함녕전 위치보다는 더 동북쪽에 위치한 전각이었을 것으로 추정된다.

고종이 1897년 4월 3일 자로 영국·독일·러시아·이탈리아·프랑스·오스트리아 주재 특명전권공사로 파견된 민영환에게 함유재咸有齋에서 친서를 보낸 걸 보면 함녕전 완공 전에는 함유재를 처소로 쓰고 있었을 가능성도 있다. 친서에서 고종은 "프랑스 공사 갈림덕葛林德; Victor Collin de Plancy 덕택에 프랑스가 우리나라를 위해 마음을 쓰는 것이 커졌으니, 이때 양국의 우호를 더욱 친밀히 하는 차원에서 이 편지를 비밀리에 번역하여 프레지던트에게 전하라."라고 했다. 그 내용은 공사관 주둔 병력으로 호위를 도와줄 수 있는지 비밀리에 타진해 보라는 것이었다. 경운궁으로 환궁한 후에도 신변 위협에 대한 고종의 불안이 매우 컸음을 알 수 있는 자료이다.

비숍은 "새 궁정의 작은 건물들은 마치 토끼의 번식지처럼 붐비

↑
육군부장 복장을 한 민영환

↗
비숍의 『한국과 그 이웃 나라들』에
실린 시위대 병사들과 러시아 교관
사진

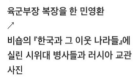

→
1897년 3월 22일
고종이 민영환에게 내린
영국·독일·러시아·
이탈리아·프랑스·오스트리아
주재 공사 임명장
↘
1897년 4월 3일 고종이
함유재에서 민영환에게 보낸 친서

고 있었고, 그 건물들에 사람들이 꽉 들어찬다면 아마도 1천 명 이상을 수용할 수 있을 것"이라고 했다.[38] 그러니까 1896년 10월경이면 비좁은 경운궁 경내에 이미 여러 전각들이 들어서 있고, 관료, 호위병, 내관 등 수많은 인원이 근무하고 있었다고 볼 수 있다. 비숍이 머물렀던 정동지역의 집과 궁전의 땅에 경계가 없었다는 서술도 했지만, 경운궁 외곽지역과는 달리 왕의 처소로 들어가는 문들과 전각의 울타리 주변은 경호가 삼엄하고 출입이 엄격하게 관리되고 있었다고 했다.[39]

한편 고종은 거듭되는 환궁 요청 상소에 12월 28일경 사실상 환궁을 결정해 놓고도 환궁 시 안전을 보장할 궁궐 숙위宿衛 문제를 이유로 차일피일 기일을 미루고 있었다.[40] 경운궁 건설 공사는 겨울 동안 더욱 지체되었지만, 1897년 2월 2일(음력 1월 1일)에는 처음으로 경운궁에서 밤을 지낼 만큼 진척되었다.[41] 2월 9일, 고종은 환궁 상소에 응답하는 차원에서 저간의 사정을 설명하는 조서를 발표했다.[42] 궁궐에서 나온 후 해가 지나도록 환궁하지 못하는 것은 부득이한 상황에서 나온 것으로, 대소 신민들이 근심하고 애태울 뿐만 아니라 본인도 원하는 바가 아니나, 겨울 추위로 공사가 중지되어 전각이 체제를 아직 갖추지 못했던 사정이라고 설명했다. 그럼에도 환궁 상소가 끊임없이 이어지고 뜬소문까지 퍼지자, 궁궐 공사도 가까운 시일 안에 끝날 것이고 궁궐로 돌아가는 것도 조만간에 이루어질 텐데, 다시 의심할 필요가 없다면서 조서를 내려 연유를 명백히 밝힌다고 했다. 또 모든 사정을 내부內部로 하여금 사거리에 방榜을 붙여 알리겠다고 함으로써 환궁 여론을 무마하고자 했다.

　그리고 2월 18일에는 경운궁 환어 조칙을 내리고, 경복궁을 떠난 지 무려 1년 열흘이 지난 2월 20일 낮 1시, 고종은 러시아공사관 앞문으로 나와 경운궁의 남쪽 문인 인화문을 통해 경운궁으로 환궁했다. 포과익선관布裹翼善冠에 포원령포布圓領袍 차림의 고종이 보련步輦을 타고 왕태자와 함께 경운궁으로 향하는 길가에는 친위대 병사들과 순검들이 도열하고 러시아 군사교관 푸티아타Putiata 대령이 경운궁 입구에서 어가 행렬을 맞이했다.[43] 『독립신문』 보도에 의하면, 이때 배재학당 학도들도 독립신문사 건너편에 정연하게 늘어서서 어가가 지나갈 때 갓을 벗고 만세를 부르거나 꽃을 길에 뿌리며 애군하는 마음을 표현했다고 한다.[44] 고종의 어가는 인화문에 들어선 후 수안문壽安門, 의록문宜祿門을 통과하여 처소에 도착했다.[45]

　환궁 후 고종은 대사령을 반포하면서 다시 한번 경운궁의 역사를 환기시켰다. 경복궁이 아닌 경운궁으로 환궁하는 이유가 예전에 선조가 피난 갔다가 돌아와서 거처하던 곳으로 '홍업弘業을 중흥하여 번성하였고, 나라의 기업基業을 태산 반석처럼 견고한 경지에 올려놓게 되었다는 점'에 있다는 것을 강조하면서 그 역사를 잊지 않겠다는 의지를 분명히 했다.[46] 정궁인 경복궁을 버리고 경운궁으로 환궁한 명분을 애써 선조의 사례에서 찾으면서 위기 극복을 다짐한 것이라 볼 수 있다.

　그런데 고종이 환궁한 이후에도 경운궁 곳곳은 여전히 공사 중이었다. 역대 왕들의 어진을 모시는 진전인 선원전璿源殿은 1897년

6월 무렵에야 완공되었고, 함녕전을 비롯하여 보문각寶文閣, 사성당思成堂 등이 신축되었다. 사성당은 전前 수어청 기지이자 후에 '영성문 대궐'이라고 불렸던 경운궁 북쪽 대궐 중에서 가장 먼저 건립된 전각이었다. 정부대신들을 소견하거나 각국 공사들을 접견하는 장소로 자주 활용된 함녕전의 원래 이름은 선덕전宣德殿이었으나, 1897년 5월에 함녕전으로 이름을 바꾸었다.[47]

　황현은 『매천야록』에서 정동에 구미 각국의 공관이 있으므로 구궁舊宮으로 환어하라는 상소들을 끝까지 듣지 않고, 경운궁에서 날마다 토목공사를 벌여 그 화려한 경관이 양궐兩闕, 즉 경복궁이나 창덕궁보다 나았다고 기록했다.[48] 10월에는 황제국 선포를 준비하면서 즉조당의 명칭을 태극전太極殿으로 바꾸었고,[49] 이듬해인 1898년 2월 13일에 태극전의 명칭은 다시 중화전中和殿으로 변경되었다. 즉조당에서 태극전, 중화전으로 이름을 바꾼 것은 중국의 예를 참조한 것이다.[50]

2장

새 국호 '대한'과 제국

자주독립을 위해 제국을 칭하다

경운궁으로 돌아온 고종은 그동안 땅에 떨어진 왕권의 위상을 회복하고 국정 운영의 면모를 획기적으로 일신하기 위해 새로운 국호 제정과 황제국 선포를 추진했다. 칭제는 일찍이 갑오 개화정권에서도 논의된 바 있는 사안이었다. 개화정권은 개국기년 사용을 공식화하고, 왕실의 호칭을 한 단계씩 격상시켜 주상 전하는 '대군주 폐하'로, 왕대비 전하는 '왕태후 폐하'로, 왕비 전하는 '왕후 폐하'로, 왕세자 전하는 '왕태자 전하'로 부르게 했으며, 전문篆文은 '표문表文'이라고 바꾸었다. 이미 고종 19년(1882년) 5월부터 외교문서에 사용할 용도로 '대조선 대군주'의 인장을 만든 적이 있으므로 그다지 파격은 아니었다. 주한 일본공사 오토리 게이스케大鳥圭介 역시 조선의 내정개혁을 요구하면서 칭제를 제안한 적이 있다. 1894년 12월 12일(양력 1895년 1월 7일)[1] 「종묘서고문」과 「홍범14조」에서 청으로부터의 독립을 강조한 만큼 이를 확인하는 절차이기도 했다. 을미사변 직후인 1895년 10월 15일에는 내각회의에서 공식적으로 칭제와 건원建元을 논의하고 황제 즉위식을 거행할 계획까지 마련했다.[2]

하지만 이때 개화파가 추진한 칭제는 일본 측 의도대로 중국에 대한 사대 청산을 명시적으로 보이기 위한 것이었다. 일본은 1876년 「조일수호조규」 제1조에서 조선은 '자주지방自主之邦'이라고 명시함으로써 청의 종주권을 배제하고자 했던 의도를 칭제를 통해 더욱 분명히 하려 했다. 1895년 4월 체결된 시모노세키 조약에서 청에 대한 사대 조공 폐지가 공식화된 것을 칭제로써 보다 확실히 하고자 한 것이다. 하지만 이때는 영국, 미국, 러시아 등 각국 공사들이 을미사변의 만행을 덮으려는 행위라고 강력히 항의함으로써 논의가 중단되었다.[3]

사실 조선은 이미 1880년대부터 중국의 연호 대신 개국기년을 사용하거나 대군주 칭호를 씀으로써 청으로부터 독립을 추구해 왔다. 1882년 조미조약을 체결한 데 이어 영국, 독일, 러시아, 프랑스 등 서양 열강과 통상조약을 체결하고 청에 대해서도 구래의 사대사행事大使行(중국에 사신을 파견하는 일)을 폐지하고 근대적인 통상관계를 정립할 것을 요구하기도 했다. 전통적인 중화체제를 부정하고 호혜평등의 원칙에 입각하여 대등한 외교관계 수립을 주장한 것이다. 고종은 1881년 1월경 역관 이용숙을 청에 보내 해금海禁 해제와 통상을 요청했고, 10월 어윤중도 리홍장李鴻章과의 회담에서 사대사행의 폐지와 사신 상주 등을 논의했다. 1882년 2월에도 어윤중, 이조연이 또다시 리홍장에게 사대사행 폐지를 요구했으나, 6월 임오군란의 발생으로 청군이 조선에 주둔하게 되면서 조선의 자주 의지가 꺾이고, 10월 불평등한 「중국조선상민수륙무역장정中國朝鮮商民水陸貿易章程」(이하 「장정」) 체결로 귀착되고 말았다. 흔히 우리가 '조청상민수륙무역장정' 이라고 부르는 이 문서는 근대적인 조약문이라고 할 수 없다.[4]

고종은 톈진天津에 문의관으로 파견되는 어윤중, 이조연에게 "사대의 범절은 마땅히 성의껏 해야 하나 형식에 구애되어 백성과 나라에 해를 끼치는 것은 구례舊例라고 해서 그대로 할 수 없다. 사신 문제와 북도北道의 호시互市(외국과의 상호 물물교역 시장) 문제는 … 통상대신通商大臣과 의논하여 편리하게 하도록 힘써라."라고 지시했다. 이때 보수적인 정부대신 중에서는 좌의정 송근수의 상소에 보이듯이, 여전히 사대사행의 지속을 주장하는 이들도 적지 않았다. 예를 들면 "사명使命 한 가지 문제에 대해서 말한다면 … 처음에 비록 형세상 대적할 수 없었기 때문에 마지못해 머리를 숙이고 통분한 마음을 참아온 것은 더는 어쩔 수 없는 일이었으며, 또한 그렇게 해온 지도 벌써 200여 년이나 됩니다. 지금 하루아침에 갑자기 딴 의견을 주장하며 사신의 왕래를 중지시키자고 한다면 실제 형편이 그에 따라 궁색하고 외면상 자못 의심을 사게 될 것입니다."라는 논리로 청에 대한 사대사행 유지를 주장했다.[5]

임오군란을 진압한 청은 「장정」 전문에서 조선이 속방屬邦임을 명문화하고 조선과 대등한 통상관계 수립을 거부했다. 「장정」 제1조에서 조선의 국왕은 청의 북양대신北洋大臣과 동격으로 규정되었다. 북양대신의 신임장을 가지고 파견된 상무위원商務委員이 조선의 개항 항구에 주재하고, 조선 국왕도 톈진과 중국의 개항 항구에 상무위원을 파견할 수 있다고 했지만, 조선의 상무위원은 중국의 지방관들과 동급이고 조선을 대표하여 청 조정과 교섭할 수 있는 위상이 아니었다.[6] 청은 「장정」을 통해 구래의 형식적인 조공책봉관계가 아니라 실질적인 속방화 정책을 추구했던 것이다.[7]

하지만 조선은 1887년 공도貢道가 왕래에 불편하다는 이유로 청 조정에 개도改道를 요구하거나, 1888년 청의 예부禮部 관원에게 뇌물을 주고 그해 춘하春賀 사절단 파견 면제를 꾀하기도 했다. 1890년 4월에 신정왕후(조대비)가 사망했을 때는 고부사告訃使(국상을 알리기 위해 중국으로 보내는 사신)를 생략하고 조선에 주재하는 위안스카이袁世凱에게만 알리는 등 기존의 사대 의례에서 벗어나려는 노력을 계속했다. '봉정삭奉正朔'의 문제에 있어서도 전통의 속박을 벗어나 1887년 '대조선개국496년大朝鮮開國四百九十六年'이 새겨진 화폐를 주조하는 등,[8] 시모노세키 조약 이전에도 조선 스스로 구래의 사대체제를 거부하는 움직임은 가시화되고 있었다.

그런데 갑오·을미년간 일본과 개화파가 추진한 칭제는 실질적으로 군주권 강화를 목표로 한 것은 아니었다. 이들은 국왕의 정무 권한을 최대한 제한하고 정부 내각이 국정운영을 주도하는 정치체제를 지향했다. 일본의 천황제와 같이 '군림하나 통치하지 않는' 형식상의 절대권자인 군주가 내각 관료세력의 정통성을 보증해 주면서 권력의 상징과 구심점으로서만 역할을 하는 정치체제이다.[9] 뿐만 아니라 일본은 조선이 자주 독립국이란 점을 부각시켜 열강의 간섭을 배제하고 독점적인 지배권을 확보하려는 의도에서 칭제를 추진했다.

반면 환궁 이후 고종이 주도한 칭제는 갑오·을미년간 급속도로 추락한 왕권을 회복하고 실제로 군주권을 확보하려는 의도에서 나온 것이었다. 칭제 논의는 고종의 측근 근왕세력인 홍종우洪鐘宇, 이유인 李裕寅 등의 발의로 시작되었다고 알려져 있다.[10] 홍종우는 프랑스 유학 경험까지 있는 개명인사였지만, 김옥균을 상하이로 유인하여 암살할 만큼 근왕주의적 성향이 강한 인물이었다.[11] 이후 고종의 적극적인 의지에 따라 전·현직 관료를 비롯하여 지방의 유학幼學, 관학유생館學儒生(성균관과 사학에 기숙하면서 공부하는 유생), 심지어 시전상인에 이르기까지 각계각층의 칭제 상소가 잇따랐다.

하지만 1897년 5월 1일, 전 승지 이최영의 상소로[12] 시작된 칭제 논의는 러시아를 비롯한 미국, 영국 등 각국 공사들의 냉담하고도 부정적인 반응에 부딪혔다. 고종은 플랑시(갈림덕) 공사, 뮈텔Mutel 주교 등 프랑스 측에 도움을 청하고, 대대적인 칭제 여론 조성에 들어갔다.[13] 앞서 개화파가 시도한 칭제가 열강의 반대로 수포로 돌아간 사실이 있었기 때문에 고종은 은밀히 각국 공사관에 측근들을 보내 그 의사를 떠보는 한편,[14] 새로운 연호를 제정하는 등 칭제를 위한 사전 준비를 시작했다.

8월 12일에 을미년에 내린 '건양建陽' 연호 조칙을 취소하고, 8월

14일에는 '광무光武' 연호를 제정했다. 건양 연호는 을미사변 이후 김홍집 내각이 태양력 사용을 채택하면서 제정한 연호이다.[15] 조선은 그동안 독자적인 연호를 사용할 수 없어 중국의 연호를 사용해왔으나, 개항 이후 서양 열강과 수호통상조약을 체결할 때부터 청의 연호인 광서光緖와 함께 개국기년을 사용하기 시작했다. 갑오개혁 때 개화파는 1894년 6월 28일, 군국기무처의 첫 번째 의안으로 국내외 공·사문서에 개국기년 사용을 의결했다. 개국기년 사용을 공식화한 것은 청의 종주권을 부정하고 중국에 대한 오랜 사대관계 청산을 선포하는 상징적 조처였다. 조선 건국의 해인 1392년(태조 1년)을 개국기원 1년으로 하여 1894년(고종 31년)을 개국 503년으로 삼은 것이다.

광무 연호는 전현직 의정과 의정부 당상, 각 부 협판 이상 관원과 장례원 당상 등이 함께 의논한 결과로, 의정부 의정 심순택이 올린 '광무光武'와 '경덕慶德' 중에서 고종이 직접 선택했다.[16] 8월 15일에 개국 506년, 즉 1897년을 광무 원년으로 하고, 8월 16일부터 사용한다는 조령이 내려졌다. 8월 16일에 환구와 사직, 종묘, 영녕전, 경모궁에서 새 연호 제정에 대한 고유제를 지내고, 경운궁 즉조당에서 축하의식을 가지는 한편, 사면을 행하는 조령을 내렸다.[17]

9월에 들어서자 고종은 본격적으로 정부대신들로 하여금 칭제상소를 올리도록 유도했다. 국왕의 존호와 관련된 문제인 만큼 고종이나 그 측근들이 직접 전면에 나서기보다는 중망 있는 대신들이 여론으로 요청하는 형식이 필요했기 때문이다. 농상공부협판 권재형, 외부협판 유기환 등의 상소가 이어지고, 봉조하奉朝賀(전직 고위 관료나

공신들에게 주어지며, 종신토록 약간의 녹봉을 지급받는 명예직) 김재현 등 716인의 연명상소까지 이어졌다.[18] 9월 30일에는 심순택, 조병세, 박정양, 남정철 등 정부 중신들의 청대請對가 있었다.[19]

칭제 상소문들에서 주장하는 칭제의 논리는 대부분 자주독립 국가에서 스스로 존호할 수 있고, 존호를 통해 국가의 위의를 높여 자강할 수 있다는 것이었다. "자주독립한 국가는 제호도 자주적으로 칭할 수 있다."라는 의정 심순택의 주장이나,[20] "유럽제국과 평등한 외교를 펼치는 데는 동양사회에서만 통하는 '제'와 '왕'의 구별이 오히려 방해가 된다."라는 유학 강무형의 논리는[21] 이미 전통적인 동아시아적 세계관에서 벗어난 것이었다. 만국공법에 의거하더라도 자주국가는 스스로의 뜻에 따라 존호할 수 있으므로 타국이 그것을 승인할 권리가 없다는 국제법에 근거한 주장까지 등장했다.[22]

또한 갑오경장 이후 독립이 이름만 남고 자주에 실제가 없는 것은 국시國是가 정해지지 않아서이니 위의를 높여 민심이 따르게 하는 것만이 난국 수습의 계책이라는 칭제 상소문들의 주장은[23] 존호를 통해 '자주'와 '자강'을 달성할 수 있다는 논리로 발전되었다. 이는 갑오·을미년 이후 실추된 왕권의 회복을 절실히 바라고 있던 고종의 왕권강화 의지를 뒷받침해 줄 수 있는 논리이기도 했다.

그런데 칭제 논리를 전개하는 데는 우선 '제'와 '왕'을 구별하는 구래의 관념을 극복하는 것이 필요했다. 칭제 상소문들은 유럽 각국의 예를 들면서 전통적인 제·왕 관념을 불식하고, 자강·독립·자주를 기초한 나라라면 위호도 자주적으로 정할 수 있다고 주장했다. 칭제는 곧 세계 각국과 동등한 교린交鄰의 길이라는 주장도 전개했다.

금일 자주 독립의 때에 조詔·칙勅으로 이미 황제의 제도를 행하면서 아직도 군주의 지위에 있습니다. 군君과 황제는 현재 천하통행지례天下通行之例로 그 도道는 동일합니다.

지금 태서 각국에 황제, 대군주, 대백리大伯理의 칭호가 있으나, 그들 사이에 차등은 없습니다. 오직 아세아 동양 한구석에서만 역대로 제·왕의 구별이 있습니다.

혹 말하기를 제호는 반드시 강토를 넓혀 복속시킨 바가 있는 연후가하다 하나 지금 각국의 제호를 칭함은 반드시 그렇지는 않습니다. 오직 자강 독립할 수 있어 자주의 권리를 가지고 있으면 위호 역시 자주함이 가능합니다.

오직 우리 폐하의 문교文敎가 만국과 동렬인데 호칭만 옛것을 답습하니 … 구주제국은 평행 왕래하는데 우리 풍속만 그렇지 아니하니 그 위호가 불등不等한 즉 교린에 있어서 방해받음을 면할 수 없습니다 … 갑오경장 이후 독립의 이름만 있고 자주의 실實이 없는 것은 국시가 미정靡定으로 민의 의심이 끊이지 않아서이니 …

만국공법에 의거하면 자주 국가는 스스로 뜻에 따라 존호할 수 있습니다. 이미 민으로 하여금 추대케 했으면 타국이 이를 승인할 권리는 없습니다 … 따라서 칭왕稱王·칭황稱皇하는 나라는 타국의 승인을 기다리지 않고 자립적으로 제호하는 것입니다.[24]

하지만 좀 더 구체적으로 살펴보면 칭제 상소문의 논리에는 전통적인 동양적 황제국의 개념과 만국공법체제하의 근대적 주권국가 개념이 혼효混淆되어 있었다. 만국공법에 자주국은 누구나 스스로 존호할 수 있다고 하면서도, 여전히 동아시아 전통의 계서적 국제질서 관념을 완전히 벗어난 것은 아니었다. 황제국은 여러 소국들을 복속하여 조공책봉체제를 형성하고 광대한 영토를 거느린 경우에 해당된다는 기존 관념도 상소문 곳곳에 나타난다.

"우리나라 역시 10만의 대군을 거느리는 대국"이라는 전 승지 이최영의 주장이나, "삼한을 통합하여 국토가 4천 리요, 인구가 2천만을 넘어간다."라는 봉조하 김재현 등 716명의 상소 내용이 그러하다.[25] 정재승 등 시전상인들의 상소에서는 삼한, 4부四府, 탐라, 우산于山, 야인野人, 여진 등을 모두 귀속하여 통일시킨 우리나라는 남북이 3천 6백여 리로, 요순시대 중국 천자天子의 땅이 천 리였던 데 비해 몇 배나 된다는 논리로 황제국 선포의 정당성을 주장했다.[26] 오랜 세월 중국 중심의 조공책봉체제하에서 형성된 황제국 관념이 잔존한 상태에서 다소 군색하게 대국大國 운운으로 칭제 논리를 뒷받침할 수밖에 없었던 것이다.

독립협회 활동을 한 정교鄭喬도 "단성檀聖과 기성箕聖 이래 군왕이라 칭하고 삼국, 고려시대에 따로 연호를 세워 황제의 예를 따른 일이 많으므로 자주독립의 기초를 세우고 5주五洲와 평등한 권리를 갖기 위해서는 칭제가 필요하다."라고 주장했다. 또 "우리나라 삼천리 강토는 은殷 탕왕湯王의 70리나 주周 문왕文王의 100리보다 크고, 독립국이던 탐라와 옥저를 병합했으므로 봉건제를 행한 것과 같다."라는 강대국 논리를 펼치기도 했다.[27]

　이러한 군색한 대국 논리를 보완하기 위해 나온 것이 이른바 정통론에 입각한 중화문명 계승론이다. 동도서기적 개신유학 계열의 유기환은 한당송명漢唐宋明의 문화적 정통을 이어받았다는 조선중화주의에 입각하여 칭제의 논리를 전개했다. 명나라의 의관문물을 계승한 우리가 황제를 칭하는 것은 독일과 오스트리아가 로마의 정통을 계승하는 것과 같다는 주장이었다.[28] 영남 유학 김도병과 성균관 유생 이수병의 상소, 김재현 등 716명의 상소와 의정 심순택 등의 상소에서도 송명의 유제遺制를 이어받은 우리나라가 중국의 황제 칭호를 계승하는 것은 독일과 오스트리아가 로마의 정통을 계승한 것과 같다는 주장이 반복된다. 한당송명의 전헌典憲과 규모를 모범으로 삼은 우리나라에 문화적 정통성이 있다는 주장이다.

　정통론적 중화문명 계승론에 입각한 칭제 논리를 보면 대한제국 선포의 기저에 조선 후기 이래의 소중화小中華 의식과 더불어 1880년대 이래 지속되어온 반청의식의 흐름이 존재했음을 알 수 있다. 특히 1882년 조미조약을 계기로 전통적 조공체제로부터 탈피를 추구했고, 친러반청 정책을 펼치다가 위안스카이에 의해 폐위 위기에까지 처했던 고종은 반청의식이 상당했을 것으로 생각된다.[29] 대한제국의 황제국 선포는 중국 중심의 동아시아 질서에서 벗어나 근대적인 만국공법체제에 편입을 지향한 것이지만, 일부 유학자들에게 남아 있는 존명반청尊明反淸 의식의 근저에는 여전히 중화주의적 세계관도 잔존하고 있었던 것이다.

한편, 최익현, 유인석 등 정통 성리학적 입장을 고수하는 보수유생들은 동아시아 전통의 제왕 관념에 위배된다는 논리로 칭제에 정면으로 반대했다.[30] 즉 왕이나 군이라고 하는 것은 한 나라 임금의 칭호이며, 황제는 여러 나라를 통틀어 관할하는 임금의 칭호이므로 넓은 영토와 많은 백성을 가지고 여러 나라를 통합하지 못했다면 황제라고 불러서는 안 된다는 주장이다.[31] 칭제는 소중화의 나라를 소일본으로 만들려는 시도로서, '거만하게 스스로 큰 체하여, 오직 구라파와 서양 각국과 동등하게 된 것을 기쁘게 여기는 것은 명실名實이 맞지 않는 일일뿐더러, 실상이 없는 명칭에 미혹되어 후세의 조롱거리가 될 뿐'이라고 반대했다. 중화의 문명을 이은 우리가 의관과 문물제도를 바꾸는 것은 불가하며, 특히나 서구의 의례에 따라 존호를 바꾸는 것은 짐승의 제도를 취하는 것이라는 최익현의 주장도 있었다.[32]

독립협회의 윤치호도 서구 열강이 알아주지도 않는 황제 등극으로 재정을 낭비하기보다는 국정 개선과 효율적 운영을 통해 자주독립의 기초를 다지는 것이 시급하다고 비판적 견해를 표명했다.『독립신문』 논설은 "대군주 폐하께서 천한 청국의 절제를 받아 조선이 청의 속국이 된 것을 분하게 여겨 자주독립을 지향한 것"이며, "청일전쟁의 결과 청이 쫓겨나고 자주독립이 되어 대군주 폐하께서 세계 대왕들과 동등하게 되었다."라고 서술했다.[33] 이러한 인식에 따른다면 청으로부터 독립을 선언하고 황제를 칭하는 것은 당연히 찬성할 만한 사안이었다. 따라서 "근래 조선 관인들의 상소가 각처에서 올라오고 대군주 폐하께 대황제 폐하가 되시라고 백관이 연명상소하고 정청庭請(세자나 의정이 백관을 거느리고 대궐 뜰에 나아가 중대 사안에 대해 하교를 요청하는 일)하는 것은 매우 반갑고 다행한 일"이라고 일단 환영했다. "갑오 이전에는 지금 상소하는 사람들이 모두 청국에 충성하여 자주독립을 말하면 역적으로 몰더니 삼사 년 내 마음이 바뀌어 자주독립과 칭제를 주장하니 그간 자주독립을 위해 목숨을 버리려고 했던 사람들이 보기에 어찌 즐겁지 않겠는가"라고 갑신·갑오년간에 개화파가 당한 고난을 언급하기도 했다.

하지만 『독립신문』은 "나라의 자주독립은 꼭 대황제가 있어야 하는 것은 아니다."라며, '왕국'이라도 '황국'과 같이 세계에서 대접받을 권리가 있다고 주장함으로써 황제를 칭해야만 세계 열강과 평등하게 외교할 수 있다는 칭제 상소문들의 논리와는 차별점을 보였다. 즉 지금 조선에서 제일 긴요한 일은 자주독립의 권리를 남에게 잃지 않는 것으로, 관민이 할 일은 대군주 폐하가 황제가 되는 것에 힘쓰는 것도 옳지만, 첫째는 자주독립할 권리를 찾으며 그것을 지탱할 도리를 해야 한다고 주장했다. 대황제 폐하가 되고도 자주독립할 권리를 다 이루지 못하면 외국 사람들이 조선은 외면外面으로만 임금을 높이고 실상 임금의 권리가 높아질 획책은 하지 않는 사람들로 알 것이라고 경고했다. 또 칭제 상소자들이 제일 힘쓸 일은 조선이 남에게 의존하지 않고 스스로 조선을 지키고 법률과 풍속을 개명하여 세계에 실상 대접받기를 바라는 것이라고 일갈했다.[34] 대체로 자주독립의 실제를 이루는 것이 중요하지 형식상 황제를 칭하는 것이 우선은 아니라는 주장이라고 할 수 있다.

이러한 인식 때문인지 칭제 상소가 무수히 올려지는 동안에도 『독립신문』은 상소문들을 한 건도 전재하지 않고 있다가, 10월 5일에 이르러서야 겨우 고종이 의정대신 심순택 등 백관의 아홉 번이나 되는 정청에 못 이겨 칭제를 재가했다는 소식을 전하고 있다. 그러면서도 외국에서는 왕국과 황국을 구분 없이 생각하나, 동양에서는 황제가 되어야 참으로 자주독립이 되는 줄로 '인민들이 생각'한다고 비판적인 논조를 보였다. 신민들의 의견을 좇아 황제 위에 오르되, 외국 사람들은 조선 사람들과 생각이 다를 것이라는 단서까지 달았다. 조선 인민들이 일심으로 자기 임금을 세계의 높은 임금들과 같은 위치에 있게 하기 위해 황국이 된 것을 알아야 외국 정부에서 '승인'해 줄 것이라고도 했다. 자주독립한 나라의 칭제는 다른 나라의 승인을 기다리지 않고도 할 수 있다는 칭제 상소문들과는 다른 인식을 보인 것이다. 주지하듯이 독립협회 세력은 칭제에 찬성하더라도 위호만 높이는 것을 의미했지 실질적인 황제권 강화를 주장한 것은 아니었다.[35]

만국공법적 제국 개념의 도입

칭제 상소들에서 자주 거론된 만국공법은 이 시기 동아시아 지식인들에게 근대적 국제법 체계로 인식되었으며, 구체적으로는 미국 국제법 학자 헨리 휘튼Henry Wheaton의 저서 『*Elements of International Law*』를 윌리엄 마틴William A. P. Martin이 한역漢譯한 책 『만국공법』을 지칭하기도 한다. 중국에서 활동한 미국인 선교사 마틴은 시어도르 울시Theodor D. Woolsey와 요하네스 블룬출리Johannes C. Bluntshli의 국제법 저서 또한 각각 『공법편람』, 『공법회통』으로 번역했고, 이 책들은 일찍부터 일본과 조선의 지식인들에게 널리 읽혔다. 『만국공법』은 1886년 설립된 최초의 근대식 교육기관인 육영공원의 교재로 쓰이기도 했고,[36] 『공법회통』도 1895년 학부 편집국에서 간행한 바 있다.[37]

만국공법이 상징하는 근대적 국제법체제를 만나면서 중국 중심의 전통적인 동아시아 질서하에서 형성된 황제국 관념은 점차 변화되어 갔다. 일본의 경우에도 막부 말기에 서양 열강과 조우하고 메이지 유신을 거치면서 전통적인 동아시아의 황제국 개념 대신 독립 자주국으로서 제국 개념을 획득해 갔다. 즉 메이지 유신 이후 일본이 스스로 채택한 제국 개념은 동아시아 전통의 조공책봉체제에서 황제국이 누리는 계서적 개념이 아니라, 단지 천황이 다스리는 '황제의 나라', '제왕의 나라'를 가리키는 용어였다. 제국의 군주를 의미하는 황제라는 칭호는 더 이상 많은 나라들을 복속시키는 대국의 군주가 되어야 사용할 수 있는 것으로 인식되지 않았다.[38]

많은 속국을 가지고 계층질서상 가장 높은 정점에 있는, 광대한 영토를 가진 나라가 동양적 제국, 즉 황제국의 개념이라면 중국 중심의 책봉체제가 엄연히 존재하는 동아시아에서 일본은 제국을 칭할 수 없는 존재였다. 하지만 일본은 중국 중심의 계층질서 밖에 있는 존재로서 제국 일본을 칭함으로써 스스로 일본의 '독립'을 논증하려 했다. 일본의 영토가 다른 여러 제국에 비해 크지 않더라도 일본 열도 전체가 남북 10여 도에 퍼져 있다는 지리적 사실, 타국에 종속된 적이 없다는 역사적 사실 등을 제국을 칭하는 근거로 삼았다. 또 국제사회에서 여러 나라와 대등한 독립국으로 존재하는 제국이라는 것을 증명함으로써 대외적인 주권을 담보하고자 했다.[39]

　　이처럼 근대 일본에서도 유럽에서 전해진 주권 논리와 동아시아 전통의 황제국 개념이 착종하다가 점차 여러 나라와 대등한 독립국, 보통의 '주권국가'를 의미하는 용어로 제국이 사용되었다. 제국이라는 용어에서 기존의 동아시아적 황제국의 개념은 점차 탈락되고, 독립국가의 영역을 넘어선 국제질서의 주재자로서의 계서적 의미가 아닌, 독립적 주권국가를 명시하는 말로 받아들여지기 시작했다.

　　새로운 제국 개념은 동아시아의 개명지식인들에게 퍼져 나갔으며, 조선의 지식인들도 중화질서로부터 독립하여 새로이 만국공법적 국제질서에 편입을 지향하면서 이러한 제국 개념에 입각하여 칭제를 주장했다고 볼 수 있다. 기존의 황제국 개념에 맞서기 위한 새로운 제국 개념의 표출이었다. 앞서 칭제 상소문들에서 자주독립한 국가는 제호도 자주적으로 칭할 수 있다거나, 유럽 제국과 평등한 외교를 펼치는 데 있어서 동양사회에서만 통하는 제·왕의 구별은 오히려 방해가 된다고 주장한 논리는 바로 이러한 측면을 반영한다고 볼 수 있다.

10월 1일, 의정부 의정 심순택과 특진관 조병세 등의 정청에서도 만국공법이 등장한다. 만국공법을 살펴보니 자주권을 행사하는 각 나라는 자기 뜻대로 스스로 존호를 세우고 자기 백성들로 하여금 추대하게 할 수 있지만, 다른 나라가 승인하게 할 권리는 없다고 했다. 존호를 정하는 것을 스스로 할 수 있으므로 '자립'이라 하고, 다른 나라의 승인을 요구할 권리가 없다고 해서 스스로 존호를 세울 권리를 폐했다는 말은 듣지 못했다고 칭제를 설득했다.[40]

10월 2일에도 심순택 등은 무려 다섯 번까지 정청을 계속하면서, 우리나라가 경장更張을 한 뒤로 독립과 자주에 대해서는 이미 만국의 공인을 받았고, 모든 의식과 절차는 천자의 전례典禮를 쓰고 있으며, 외국과 교빙交聘할 때도 그렇게 하고 있는데도 옛것을 답습하니 독립의 명분은 있으나 자주의 실상이 없다고 주장했다. 즉 이미 독립국으로서 황제국의 의례를 행하고 있으면서도 아직 황제라는 호칭을 만국에 공표하지 않음으로써 자주의 실제를 다하지 못하고 있다고 했다. 또 만국공법에서는 '온 나라의 여론은 실로 막을 수 없다'라고 했다면서 황제 즉위를 강청했다.[41]

10월 3일, 최종적으로 고종의 승낙을 받아낸 정청에서도 자주권이 있는 나라는 스스로 존호할 수 있고, 다른 나라에서 승인할 권리가 없는 것은 구라파와 아세아 각 대륙에서 똑같이 준수하는 것이라고 또다시 만국공법을 거론했다. 구래의 황제국 관념과 칭제에 대한 반대 여론을 의식하며 애써 사양하는 제스처를 취하는 고종의 결심을 끌어내기 위해 만국공법을 전가의 보도처럼 사용한 것이다. 당시에 널리 알려진 국제법 저서로서 휘튼의 『만국공법』이 약소국의 칭제에 대해 관용적인 반면, 블룬출리의 『공법회통』은 "세계적인 권력을 보유하거나 여러 국민을 통치하는 국가만이 황제를 칭할 수 있다."라고 명확히 밝히면서 소국이 황제를 칭하면 안 된다고 했으므로 [42] 심순택 등이 인용한 만국공법은 휘튼의 저서라고 볼 수 있다.

고종은 연일 계속되는 정부대신들의 정청에 못 이긴 듯이 마침내 칭제를 허락했다. 대궐 뜰에서 여러 날을 호소하는 대신들과 온 나라 군사, 백성들의 요청을 저버릴 수 없어 마지못해 따른다는 비답을 내렸다. 이어서 전현직 의정과 대신들을 소견했다. 이 자리에 참석한 사람들이 5월부터 시작된 약 5개월간의 칭제 논의를 매듭짓고 황제국 선포를 이끌어낸 핵심 인물들이라고 할 수 있다. 의정부 의정 심순택, 궁내부 특진관 조병세, 장례원경 김영수, 참정 내부대신 남정철, 찬정 궁내부대신 민영규, 외부대신 민종묵, 탁지부대신 박정양, 군부대신 이종건, 법부대신 조병식, 학부대신 조병직, 농상공부대신 정낙용, 그밖에 찬정 이윤용·심상훈·윤용선, 참찬 민병석 등이 바로 그들이다. [43] 고종이 주도한 황제국 선포에 광범위한 여론 수렴의 과정을 거쳤음을 표방하기 위해 정부대신들이 동원된 것이다.

'대한'에 담은 뜻

고종은 칭제 상소들을 통해 전통적인 중국 중심의 세계관을 극복할 논리를 확보한 후, 어느 정도 광범위한 여론 형성이 이루어졌다고 판단되는 10월 3일, 마침내 칭제를 재가했다. 그리고 10월 11일, 새로 선포할 황제국의 국호를 '대한大韓'으로 결정했다. 고종은 대한이라는 국호 선택의 근거로 조선이 삼한의 땅을 하나로 통합한 것과 각국의 외교사절들이 이미 '한韓'이라는 호칭을 사용하고 있다는 점을 들었다.

칭제를 결정하고 의정 심순택과 특진관 조병세, 궁내부대신 민영규, 장례원경 김영수 등을 소견한 자리에서 고종은 모든 정사를 새롭게 시작하는 마당에 환구단圜丘壇에 첫 제사를 지내는 지금부터 마땅히 새 국호를 정해서 써야 한다면서 대신들의 의견을 물었다. 심순택은 조선은 기자箕子가 옛날에 봉해질 때 받은 칭호이니 당당한 황제의 나라로서 그 칭호를 그대로 쓰는 것은 옳지 않다고 대답했다. 조병세 역시 천명이 새로워지고 온갖 제도도 다 새로워졌으니 국호도 새로 정해야 한다고 동의하자, 고종은 다음과 같이 새 국호를 제안했다.[44]

우리나라는 곧 삼한의 땅인데, 국초國初에 천명을 받고 하나의 나라로 통합되었다. 지금 국호를 '대한'이라고 정한다고 해서 안 될 것이 없다. 또한 매번 각국의 문자를 보면 '조선'이라고 하지 않고 '한韓'이라 하였다. 이는 아마 미리 징표를 보이고 오늘이 있기를 기다린 것이니, 세상에 공표하지 않아도 세상이 모두 다 '대한'이라는 칭호를 알고 있을 것이다.

그리고 곧 바로 새 국호 '대한'을 환구단에서 행할 고유제의 제문과 반조문에 쓰라고 지시했다. 역사계승의식의 맥락에서 본다면 '대한'이라는 국호는 조선 후기 이래 삼한정통론의 연장선상에 있고,[45] 아직 단군 중심의 민족개체의식 형성의 단서는 보이지 않는다. 황제 즉위식을 마치고 10월 13일에 내린 반조문에서 단군 기자 이래 각각 분리되어 패권을 다투던 마한·진한·변한의 삼한을 고려가 통합하고, 조선왕조에 이르러 북쪽의 말갈, 남쪽의 탐라를 차지해 4천 리 대국이 되었으니[46] 황제국의 조건을 갖추었다고 한 대목에서는 이미 수명을 다해가고 있는 구래의 황제국 개념도 애써 차용하고 있음을 알 수 있다. 보수적인 정통 성리학자들이 칭제에 반대하고 있는 상황에서 기존의 황제국 개념으로 그러한 반대 여론을 설득하려 한 것이다.

하지만 위의 국호 논의의 핵심은 무엇보다도 칭제 과정에서 핵심적 역할을 해온 심순택의 주장에 보이듯이, 중국과 대등한 황제국을 칭하는 마당에 중국에서 내린 '조선'이라는 국호를 그대로 쓸 수 없다는 논리이다. 이러한 논리야말로 수백 년 동안 지속되어온 중국과의 관계에 대한 획기적인 인식 변화에 근거하고 있다. 그런 의미에서 대한제국은 결코 조선왕조의 연장이 아니다. 고종 역시 각국에서 사용하는 호칭을 언급함으로써 중국이 아닌 세계 여러 나라와의 교류를 더 중시하는 태도를 보이고 있다. 중국 중심의 동아시아 질서에서 벗어나 만국공법이 지배하는 국제사회에 당당한 독립국으로 진출하려는 의지를 '대한'이라는 국호에 담고자 한 것이다.

3장

환구단에서 열린 황제 즉위식

옛 남별궁 터에 환구단을 세우다

1897년 10월 12일, 환구단[1]에서 치러진 고종의 황제 즉위식은 매우 전통적인 방식으로 이루어졌다. 칭제를 결정한 10월 3일 당일부터 고종은 황제등극의의 전례典禮 문제를 논의했다. 고종은 황제 등극은 국가에 처음 있는 전례로서 반드시 고례古例를 그대로 따를 필요는 없으며, 우리나라의 예를 참작하고 변통해서 간편함을 따르면 된다는 신축적인 태도를 보였다. 이에 의정 심순택은 역대 전례가 서적

환구단과 황궁우

에 잘 나타나 있고, 둑기纛旗(왕이 행차할 때 앞세우는 큰 깃발), 수레, 깃발 등에 대해서도 모두 도식이 있으므로 장례원에서 자세히 살펴서 마련하겠다고 했다. 장례원경 김영수도 역대 전례에 의거하여 마련하되 더하거나 빼는 내용에 대해서는 보고하며 거행하겠다고 대답했다.[2]

이때 정부대신들이 근거한 역대 전례는 바로 명나라의 전례인 『대명회전』과 『대명집례』를 의미했다. 칭제 논의에서 빠지지 않고 거론되던 중화문물의 계승, 특히 황명皇明의 정통 계승을 표방한 소중화론자들답게 『대명회전』의 환구단 제례와 황제등극의를 원용하고자 한 것이다. 『대명집례』는 황후, 황태자, 황태자비의 책문을 제작할 때 근거로 삼았다.[3]

사실 고종은 칭제 상소가 시작된 후 이미 6월부터 사례소史禮所를 설치하고 내부대신 남정철에게 황제국에 걸맞은 국가전례 정비를 시작하게 했다.[4] 정부대신들까지 나서 칭제 상소가 본격화된 9월 21일에는 장례원경 김규홍의 건의를 받아들여 환구단 의례 준비를 시작했다. 김규홍은 예전에는 남교南郊(한양 도성 밖 남쪽 교외)에서 단지 자연신인 '풍운뇌우'에만 제사를 지냈는데, 이제 하늘의 신 '호천상제'와 땅의 신 '황지기'의 신위판과 '일월성신', '풍운뇌우', '악진해독'의 신패神牌를 만들어야 한다고 건의했다. 또 제사에 쓸 통짐승과 그릇 등에 대해서는 역대 예서를 살펴 준비해야 한다고 했다. 이때 고종은 김규홍에게 영선사장과 함께 지형을 살펴 장소를 정하고, 날짜를 정해 제단을 쌓으라고 지시했는데,[5] 바로 황제 즉위 의례를 거행할 환구단을 건립하라는 지시였다.

제천례로서 환구단 제사를 복구하려는 움직임은 이미 갑오개혁 때부터 있었다. 1895년 1월의 「종묘서고문」에 보이듯이 청으로부터 독립을 표방하면서, 1896년 동지와 1897년 새해에 관료들을 파견하여 제천례를 행했다. 이때 남단은 목멱산木覓山('남산'의 옛 이름) 남쪽 기슭에 있었던 것으로 추정된다. 하늘에 제사 드리는 환구제는 고려 성종 2년(983년) 정월에 처음 시행되었으나 조선왕조에 들어와 제후국이 제천의례를 행하는 것에 대한 반대 여론으로 폐지되었다. 세조 2년(1456년)에 일시적으로 환구단을 설치하고 제사를 부활했으나 세조 10년(1464년) 이후에는 다시 중단되었다.[6] 이제 황제국으로서 대한제국을 선포하면서 환구단을 새로 만들기로 한 것이고, 그 위치는 남교가 아닌 도성 안, 그것도 경운궁 바로 건너편에 자리한 옛 남별궁南別宮 터였다.

10월 1일, 김규홍이 영선사장 이근명과 함께 상지관相地官(대궐이나 능묘의 풍수지리를 보는 관직) 오성근을 데리고 건립 장소를 살펴본 결과, 남서南署 회현방會賢坊 소공동계小公洞契의 해좌사향亥坐巳向이 길지라고 보고했다. 이곳은 원래 조선 초기 태종의 둘째 딸인 경정공주의 저택이 있던 곳으로 소공주동이라 불리었다. 이후 선조의 아들인 의안군 이성의 신궁이 되면서 남별궁이라 불렸다. 임진왜란 당시에는 한양 도성에 진입한 일본군이 주둔했다가 물러난 후 명나라 장수 이여송李如松이 머물렀고, 조선 후기에는 청나라에서 온 사신들이 묵어가는 영빈관으로 사용되었다.[7] 이러한 사연이 있는 옛 남별궁 터가 황제국을 선포할 환구단 부지로 선정된 것은 옛 영은문 자리에 세워진 독립문처럼, 중국으로부터 자주 독립을 표상하기 위한 것이었다. 환구단에 안치할 위판과 위패는 봉상사奉常司가 만들되, 만드는 장소는 경복궁 근정전으로 정해졌다.[8] 황제국의 위판과 위패를 만드는 중차대한 작업이므로 경운궁이 아니라 법궁인 경복궁의 근정전을 선택한 것이다.

그런데 사실 환구단 조성은 이보다 앞서 시작되고 있었던 것으로 보인다. 『독립신문』은 10월 12일 기사에서 환구단 또는 황단皇壇이라고 부르는 단은 역군과 장사 천여 명이 동원되어 한 달이 못 되어 건립됐다고 했는데, 앞서 환구단 부지 선정일인 10월 1일 이후부터 공사에 들어갔다면 불과 10여 일 만에 완성된 것이 되기 때문이다. 환구단은 총 3층으로 각 층을 3자 높이로 해서 둥글게 돌을 쌓았고, 바닥에는 모두 벽돌을 깔았다고 한다. 현재 길이로 환산하면 각 단의 높이는 0.909미터, 전체 높이는 2.727미터가 된다. 맨 아래층은 지름이 영조척으로 144척(43.632미터), 2층은 72척(21.816미터), 맨 위층은 36척(10.908미터)인데, 맨 아래층 주위에는 둥글게 석축을 만들고 돌과 벽돌로 담을 쌓았고, 동서남북으로 황살문을 세웠다.[9]

하늘에 제사 지내는 제단으로서 중국의 천단天壇이 교외에 설치된 반면, 환구단은 경운궁 바로 옆에 건립되었다는 점에 주목할 필요가 있다. 새로 조성한 황궁인 경운궁과 연계성을 강화하는 동시에, 언덕 위에 설치하여 장소의 층위에 따른 상징성을 극대화하려는 의도였다고 평가된다.[10]

처음으로 황제위에 오르는 고종이 직접 환구단에 가서 하늘에 고한 것도 중국의 경우와 다른 차이점이라고 할 수 있다. 명대의 황제등극의에서는 예부의 관원들을 대신 보내 천단, 선농단, 태묘에 황제 즉위를 알렸다. 정부대신들이 명나라 제도를 모델로 한다고 했지만, 구체적인 여건이 다른 대한제국에서 명대의 황제등극의를 그대로 준용할 수는 없는 노릇이었다.

명대 황제 즉위식 장면을 보여주는 『명사 예지禮志』의 「등극의」에 따르면, 새 황제는 황금색 곤복을 입고 천안문 성루에 올라 등극 의식을 시작했다. 천안문 앞에서 기다리고 있던 관원들은 이후 자금성으로 들어가 어도御道의 양측에 무릎을 꿇고, 황제는 천안문 성루를 위아래로 오간 후 들어와 착석하여 축하 인사를 받음으로써 왕조의 서막을 열었다.[11]

청의 경우에는 황자들 간에 황위 쟁탈전이 격렬한 탓에 이러한 폐단을 없애기 위해 옹정제雍正帝 때부터 비밀리에 황제를 세우는 방식을 채택했다. 즉 황제가 살아생전에 비밀리에 황위 계승자를 결정한 후, 그 문서 한 부는 황제의 신변에 두고 또 한 부는 건저갑建儲匣 안에 봉해 두었다가, 황제 사후 고명대신顧命大臣들이 함께 두 문서를 대조한 후 황위 계승자를 선포하는 방식이었다. 건륭乾隆, 가경嘉慶, 도광道光, 함풍咸豐 황제가 이 제도에 따라 등극했다. 나중에는 함풍제의 아들이 하나 밖에 없었고, 동치제同治帝와 광서제光緖帝는 아들이 없었으므로 이 방식은 의미가 없어졌다.

청대의 새 황제 즉위식은 사망한 전 황제의 상을 치르는 기간에 치러졌으므로 상사喪事를 잠시 멈춘 후 중화전에 나아가 보좌에 오르고, 예부 상서가 황제 즉위를 주청했다. 그리고 태화전太和殿에 가서 황제 즉위를 알리고, 상중이므로 음악을 연주하는 대신 오문午門에서 종고鐘鼓를 울렸다. 황제 즉위 후 신하들은 '폐하'를 세 번 삼창하고 구령에 따라 머리가 땅에 닿게 절을 하는 삼궤구고례三跪九叩禮를 행했다. 마지막에 조서詔書를 공표하고 황제가 '진명천자真命天子'임을 알리며 장엄하고 융숭한 의식을 거행했다.[12]

이처럼 명·청대 황제 즉위식이 하늘에 제사를 지내는 환구제와 별도로 천안문 성루나 자금성 전각 내에서 이루어진 것과 달리, 대한제국의 황제 즉위식에서 주요 의례는 환구단에서 수행되었다. 사대 체제 아래서 금지되었던 환구단 제천례를 이제 황제국이 되어 시행할 수 있게 된 것에 큰 비중을 둔 것이라고 볼 수 있다. 따라서 중국의 황제등극의는 말 그대로 모델이 되었을 뿐, 대한제국의 황제 즉위식은 전에 없던 새로운 형식을 창제한 것이었다.

환구단 행차와 거리 풍경

환구단 즉위식에 앞서 황제국에 걸맞는 여러 장치들이 준비되었다. 10월 4일, 황제 등극에 필요한 책보冊寶를 제작할 조성소를 설치했고, 10월 7일에는 경운궁 즉조당의 이름을 태극전으로 고쳤다. 10월 9일, 사직의 위패를 태사太社와 태직太稷으로 고쳐 황제국의 격식에 부합하게 했다. 조선시대의 경우 새 국왕의 즉위식은 대부분 선대왕의 장례와 동시에 이루어졌기 때문에 특별히 성대하게 치러질 수 없었다.[13] 철종 사망 후에 갑작스레 왕위에 오른 고종도 1863년 12월 13일, 창덕궁 인정문에서 간단한 즉위 의례를 행하고 곧바로 국장 절차에 참여했다. 하지만 중국과의 오랜 사대관계를 청산하고 재위 34년 만에 다시 황제로서 즉위식을 가지는 고종의 황제 즉위식은 전례와 달리 공개적이고, 선언적으로 치러질 필요가 있었다.

『독립신문』에서도 황제 즉위식의 의미를 아래와 같이 감격스럽게 소개했다.

> 광무 원년 10월 12일은 조선 사기에 몇 만 년을 지내더라도 제일 빛나고 영화로운 날이 될지라. 조선이 몇 천 년을 왕국으로 지내며 각금 청국에 속하야 속국 대접을 받고 청국에 종이 되어 지낸 때가 많이 있더니 하나님이 도우샤 조선을 자주독립국으로 만드샤 이달 십이일에 대군주 폐하께서 조선 사기 이후 처음으로 대황제 위에 나아 가시고 그날부터 조선이 다만 자주독립국뿐이 아니라 자주독립한 대황제국이 되었으니 나라가 이렇게 영광이 된 것을 어찌 조선 인민이 되어 하나님을 대하여 감격한 생각이 아니 나리오.[14]

고종은 환구단 즉위식 하루 전날인 10월 11일 오후 2시 반, 환구단에 행차하여 제사에 쓸 물건들을 살펴보고 돌아왔다. 다음날인 12일 새벽 2시, 다시 환구단에 가서 제천례와 황제 즉위식을 치르고, 4

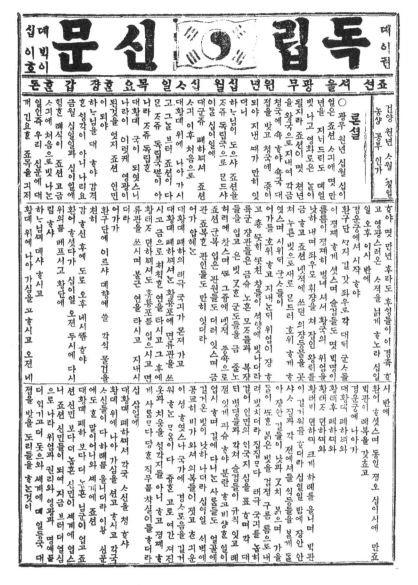

『독립신문』 1897년 10월 14일 자

시 반에 경운궁으로 돌아왔다. 조선시대 왕의 즉위 의례가 궁궐 내에서 진행되어서 일반인들은 전혀 볼 수 없었던 반면, 고종의 환구단 행차는 『독립신문』 기사로 보도되었고, 그 과정을 상세히 기록한 『대례의궤』도 남아 있다.

『독립신문』이 생생하게 묘사한 고종황제의 환구단 행차 모습은 다음과 같다.

11일 오후 2시 반에 경운궁에서 시작하야 환구단까지 길가 좌우로 각 대대 군사들이 정제하게 섰으며 순검들도 몇백 명씩 틈틈이 정제히 벌려 서서 황국의 위엄을 나타내며 좌우로 휘장을 쳐서 잡인 왕래를 금하고 조선 옛적에 쓰던 의장등물을 고쳐 누른빛으로 새로 만들어 호위하게 하였으며, 시위대 군사들이 어가를 호위하여 지나는데 위엄이 장하고 총 끝에 꽂힌 창들이 석양에 빛나더라. 육군 장관들은 금수를 놓은 모자들과 복장을 하고 은빛 같은 군도들을 금줄로 허리에 찼으며 또 그중에 옛적 풍속으로 조선 군복을 입은 관원들도 더러 있으며 금관조복한 관인들도 많이 있더라. 어가 앞에는 대황제 폐하의 태극국기가 먼저 가고 대황제 폐하께서는 황룡포에 면류관을 쓰시고 금으로 채색한 연을 타시고 그 후에 황태자 전하께서도 홍룡포를 입으시고 면류관을 쓰시며 붉은 연을 타시고 지나시더라. 어가가 환구단에 이르자 제향에 쓸 각색 물건을 친히 감하신 후 도로 오후 4시쯤에 환어하셨다.

위의 기사는 고종과 황태자가 경운궁을 나서서 환구단으로 행차할 때 연도 좌우에 각 대대 군사들과 순검들이 일정 간격으로 배치되어 행인들을 통제하고, 시위대 군사들이 어가를 호위했다고 묘사하고 있다. 화려한 복장을 한 육군 장교와 관인들이 어가 행렬을 수행하는데, 군인 중에는 신식 군복 외에 옛 조선 군복을 입은 사람도 있었다고 보도했다. 황제와 황태자가 각각 황금색과 붉은색 연을 타고 지나가는 어가 행렬에 태극기를 앞세웠다는 것은 이때 이미 국가적 상징 표상, 혹은 황제의 상징으로 태극기가 자리 잡고 있었음을 알 수 있다.[15]

『독립신문』은 10월 12일 즉위식 당일 행사와 도성 내 분위기에 대해서도 다음과 같이 보도했다.

12일 오전 2시에 다시 위의를 베푸시고 황단(환구단)에 임해서 하느님께 제사하시고 황제위에 나아가심을 고하시고 오전 4시 반에 환어하셨으며, 동일 정오 12시에 만조백관이 예복을 갖추고 경운궁에 나아가 대황제 폐하께와 황태자 전하께와 황태자비 전하께 크게 하례를 올리며 백관이 즐거워들 하더라. 11일 밤에 장안 사사집과 각전에서는 색등불을 밝게 달아 장안 길들이 낮과 같이 밝으며 가을달이 또한 밝은 빛을 검정 구름 틈으로 내려 비치더라. 집집마다 태극국기를 높이 걸어 인민의 애국지심을 표하며 각 대대 병정들과 각처 순검들이 규칙 있고 예절 있게 파수하여 분란하고 비상한 일이 없이 하며 길에 다니는 사람들도 얼굴에 즐거운 빛이 나타나더

라. 12일 새벽에 공교히 비가 와서 의복들이 젖고 찬 기운이 성하였으나 국가에 경사로움을 즐거워하는 마음이 다 중한고로 여간 젖은 옷과 추움을 생각지들 아니하고 정제하게 사람마다 당한 직무를 착실히들 하더라.

11일 밤과 비가 내린 12일 즉위식 당일 도성 내 분위기는 그야말로 새 시대의 시작을 경축하는 밝고 즐거운 기운이 넘쳐났던 듯하다. 집집마다 태극기를 내걸고, 색등불을 밝게 달아 가을 달과 함께 낮과 같이 거리를 환하게 비추는 모습, 제복을 입은 병정과 순사들이 질서 있게 거리를 오가며 행사를 지원하는 모습 등은 이전에 보지 못한 새 황제국의 광경이었다. 기사에는 등장하지 않았으나 황제의 행차를 구경하기 위해 모인 도성 내 인민들 혹은 지방에서 상경한 구경꾼들에 대한 질서유지를 위해 각대 군사와 순검도 동원되었을 것이다. 또한 집집마다 태극기나 색등불을 달도록 지시하고 점검하는 데는 한성부 관리들이나 5부에 거주하는 주민자치 조직이 총동원되었을 것으로 생각된다.[16]

『독립신문』은 환구단 안에서 새벽에 거행된 고유제와 황제 즉위 의례에 대해서는 구체적으로 보도하지 못했지만, "황제 폐하께서 일, 월, 성, 신을 금으로 수놓은 황룡포를 입으시고 면류관을 쓰고 경운궁에서 환구단으로 거동할 때, 백관들은 금관조복을 하고 어가를 모시고 환구단에 가서 각각 층계에 서서 예식을 거행했다."라고 전하고 있다. 또 예식을 마친 후에 대군주 폐하께서 대황제 폐하가 되신 것을 천지신명에게 고하는 절차가 있었고, 이어서 13일에 대황제 폐하께서 각국 공사를 초청하여 황제 위에 나아감을 선고하자 각국 공사가 하례했다는 소식을 전했다.[17]

하지만 『독립신문』은 황제 즉위식 소식을 전한 기사 말미에 "지금부터 더 열심히 세계 각국과 동등하게 대접받기를 노력하라."라고 덧붙임으로써 황제 칭호만으로 자주독립국가가 되는 것이 아니고 그에 걸맞는 문명개화가 되어야 한다는 입장을 분명히 했다. '대한'으로 국호 변경을 알리는 10월 16일 기사에서는 논설 서두에 단지 본문보다 큰 글씨로 "금월 13일에 나리신 조칙으로 조선 국명이 변하여 대한국이 되었으니 지금부터는 조선 인민이 대한국 인민이 된 줄로들 아시오."라고만 공지했다. '대한제국'이라 칭하지 않고 '대한국'이라고 했으며 '대한'이라는 국호의 의미에 대해서도 전혀 언급하지

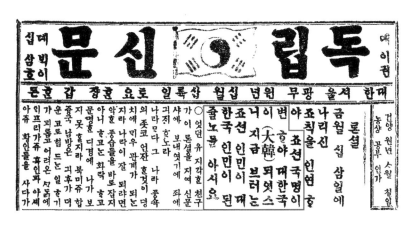

『독립신문』 1897년 10월 16일 자

않은 점도 주목된다.[18]

　『독립신문』의 이러한 보도 태도에도 불구하고, 국가 혹은 황제를 상징하는 태극기를 앞세우고 황룡포에 면류관을 쓴 대황제 폐하가 황금색 어가에 앉아 지나가는 행렬 모습은 문자 그대로 '화려한 군주'의 탄생을 시각적 이미지로 보여주는 것이었다. 이에 호응하여 집집마다 태극기를 걸고 색등불을 대낮같이 밝힘으로써 충군애국지심을 표현한, 혹은 표현하도록 지시받은 도성 내 인민들은 바야흐로 근대국가의 충량한 주민으로 동원이 시작된 셈이었다.[19]

　하지만 아직 황제 행렬의 의장물들은 기사에 보도된 대로 "조선 옛적에 쓰던 의장등물"을 고쳐 단지 "누른빛으로" 만들어 사용한 것이었다. 즉 황제국 선포와 화려한 즉위식 행사는 대내외에 새 시대의 새 국가가 탄생했음을 보여주고자 했으나, 출범 초기의 대한제국에는 사고방식은 물론 의장등물에 이르기까지 구시대의 잔유물에 해당되는 부분이 적지 않았다. 사실 황제의 즉위식을 환구제와 함께 치러야 한다는 사고방식이야말로 대표적인 구시대의 유물이었다. 중국의 황제만이 지낼 수 있는 제천례를 행함으로써 대한제국의 황제위에 오른다는 것은, 중국 중심의 구질서에서 벗어나 근대적 만국공법체제하의 주권국가로 거듭나기 위한 의식으로서는 아이러니가 아닐 수 없었다. 그럼에도 과도기적 차원에서 전통적 의식과 근대 세계가 중첩하는 대한제국 출범 당시에는 구래의 의장물을 앞세운 근대적 황제 행렬이 기묘하게 동거할 수밖에 없는 형편이었다.

『대례의궤』로 보는 황제등극의와 상징물

● 황제등극의

『대례의궤』는 고종의 황제 즉위와 관련한 일체의 사항을 모아 정리한 의궤로서 1898년에 제작되었다. 총 9건이 제작되어 규장각, 시강원, 비서원, 장례원, 환구단과 4사고史庫(정족산, 태백산, 오대산, 적상산 사고)에 보관되었는데, 현재는 서울대학교 규장각과 한국학중앙연구원 장서각, 고궁박물관 등에 소장되어 있다.[20] 고궁박물관 소장본은 일제 강점기 때 반출된 오대산 사고본이 일본 궁내청에 소장되어 있던 것을 2011년에 반환받은 것인데, 2023년 강원도 평창에 새로 개관한 국립조선왕조실록박물관에서 전시하고 있다.

『대례의궤』에는 10월 9일에서 14일까지 총 6일간에 걸쳐 진행된 황제 즉위 의식의 주요 절차가 상세히 기록되어 있다. 환구단 제사 3일 전에 황제가 경운궁 태극전에서 맹세하는 의식에서부터 환구단 고유제와 등극의, 경운궁에 돌아와 태극전에서 받은 하례와 황후, 황태자 책봉 절차까지 총 23차례 거행된 의식과 절차는 전통적인 의례 형식에서 조금도 벗어나 있지 않다. 그중 가장 핵심인 10월 12일 새벽, 고종이 환구단에서 천지신께 제사를 지내고 황금색 어좌에 올라 황제위에 오르는 절차를 간단히 요약해 보면 다음과 같다.[21]

◎ 폐하가 면복을 갖추고 입장하면 의례 참가자들이 국궁사배鞠躬四拜를 함.

◎ 폐하가 손을 씻고 황천상제와 황지기의 신위에 울창주를 올리고 세

번 향을 올림.

◎ 옥백玉帛과 조組, 첫 번째 술잔을 올린 후 대축大祝이 신위의 오른편에서 축문을 읽음.

◎ 폐하가 두 번째, 세 번째 술잔을 올린 후 예사를 마친 폐하가 음복飲福을 함.

◎ 제사를 마친 폐하 이하 모든 참가자들이 국궁사배를 함.

◎ 망료위望燎位에 나아가 제사에 사용된 축祝을 태우는 것으로 하늘에 지내는 제사 절차를 마무리함.

이렇게 천지신께 올리는 고유제를 마친 다음 곧바로 그 자리에서 고종이 황제위에 등극했다. 금의金椅에 앉아 황제의 복장을 입는 순간 곧 황제가 되는 형식이었다.

◎ 의정議政이 백관을 이끌고 망료위에 나아가 "고제례告祭禮가 끝났으니 황제위에 오르십시오."라고 한 다음 신하들이 폐하를 부축하여 금의에 앉게 함.

◎ 의정 등이 황제에게 곤복과 면류관을 입힌 후 문무백관이 황제에게 국궁사배를 함.

◎ 의정이 황제의 옥보玉寶를 받들고 황제에게 "황제께서는 대위大位에 오르십니다. 신들은 삼가 어보를 올립니다."라고 말하고 비서원경이 옥보를 받아 녹盝 안에 넣음.

◎ 문무백관이 무릎을 꿇고 세 번 무도舞蹈를 함. 왼쪽 무릎을 꿇고 세 번 머리를 조아린 후 "만세 만세 만만세"를 외치고 황제에게 국궁사배를 함.

◎ 황제가 대차大次로 들어감으로써 즉위식이 마무리됨.

천지신에게 고하는 제례가 끝난 후 의정 심순택이 황제의 자리에 오르기를 권하고, 고종이 금으로 장식한 의자에 앉으면 황제의 복장을 입히고 옥보를 올림으로써 황제로 즉위하는 절차였다. 참석한 관료들은 국궁사배와 삼무도三舞蹈, 삼고두三叩頭, 만세 삼창으로 황제 즉위를 축하했다. 삼무도와 삼고두는 과거 중국 황제의 조칙을 받들 때만 하던 의례였으나, 이제 고종황제에게도 이러한 최고의 예를 올린 것이다. 산호山呼로서 "만세"를 외친 것도 제후국의 "천세千歲"와 달라진 점이었다.

● 황제의 복장

군주의 복장으로서 면복冕服은 면류관과 장복章服으로 구성된다. 고종은 황제등극의에서 과거 왕이었을 때 입던 9장복이 아니라 황제의 면복인 12장복을 입었다. 면복은 천지, 종묘, 사직에 제사를 지내거나 정월 초하루, 동지에 거행하는 조회 때 착용하는 최고의 예복 형식이다. 황제는 12장복, 왕은 9장복, 왕세자는 7장복을 착용했다. 『대한예전』에 의하면, 고종황제의 면복은 『대명회전』의 제도를 많이 취했다고 했는데, 명나라 가정嘉靖 8년(1529년)에 정비된 면복 규정과 대부분 일치한다.[22]

해(日) 달(月) 별(星) 산(山) 용(龍) 꿩과 구름(華蟲)

종이(宗彝) 불(火) 물풀(藻) 쌀(米) 도끼(黼) 두 개의 궁(弓)

12장복의 문양

12장복이란 열두 가지 문양을 그리거나 수놓았다는 의미인데, 검은 색 상의에 해·달·별·산·용·꿩과 구름 여섯 가지 무늬를, 분홍색 치마裳에는 호랑이와 원숭이가 그려진 제기인 종이·불·물풀·쌀·도끼, 두 개의 궁亜자가 등을 맞대고 있는 모양 등 여섯 가지를 수놓았다.

머리에 쓰는 면류관에는 구슬이 달린 끈 류旒가 앞뒤로 같은 개수가 달리는데, 앞쪽에 달린 수만 따져서 황제는 12개, 왕은 9개, 왕세자는 8개, 왕세손은 7개가 달린 면류관을 썼다. 면류관에는 일곱 가지 길한 색깔인 황색·적색·청색·백색·흑색·홍색·녹색의 옥구슬을 꿴 류가 12개 달렸다.

● 황제의 상징물: 보, 책, 창벽, 황종, 금절 등

고종은 금의에 앉아 황제의 면복을 입은 후 옥보를 받았다. 조선시대에도 국왕을 비롯한 왕실 가족의 위엄을 더하기 위해 존호하는 행사 때마다 새로운 존호를 새긴 보寶와 책冊을 만들었다. 보는 어보를 말하며 국왕과 왕비만 사용할 수 있고, 재질에 따라 금보, 옥보, 은보 등으로 구분되었다. 책은 왕실 가족 모두가 사용했는데, 재질에 따라 금책, 옥책, 은책 등으로 구분되었다.

1876년 제작된 『보인소의궤寶印所儀軌』에 의하면, 고종은 기존에 총 9종의 보인寶印을 사용했다. 하지만 칭제 건의를 수락한 직후 태복사太僕司 안에 조성소를 설치하고 새로이 황제 등극에 필요한 보책을 만들었다. 보책은 『대명집례』의 도식에 의거하여 제작되었고, 황제등극의와 황후 및 황태자 책봉식이 있던 1897년 10월 12일, 황제지보(옥보), 황후의 금책, 황후지보, 황태자의 금책, 황태자지보 등이 궁중에 들어왔다.

보의 손잡이는 조선시대에는 거북이었으나 대한제국기 황제, 황태자, 황태자비의 보에는 용이 조각되어 있다. 황제등극의에 사용된 13종의 보책 가운데 고종황제가 사용한 보는 대한국새, 황제지보, 황제지새, 제고지보, 칙명지보, 시명지보 등 총 6종이다. 특히 옥으로 만든 황제지보는 황제등극의에 사용된 황제의 상징물이다.

그 밖에 황제의 상징물로 창벽蒼璧, 황종黃琮, 금절金絶도 제작되었다. 10월 9일 보책조성소에서 『대명회전』의 도식에 의거하여 제작한 창벽, 황종, 금절 중 금절은 황제 즉위식 날 황제 행차에, 창벽과 황종은 환구단 고유제에 사용되었다.

창벽은 충남 서천瑞川에서 생산되는 청옥으로 만들었는데, 천단天壇 즉 하늘신인 호천상제의 신위 앞에 올리는 예물이다. 창벽의 둥근 모양은 하늘의 모양을 상징하고 청색은 하늘의 색깔을 상징했다. 『대명집례』의 상제 신위 바로 아래에 옥백玉帛 자리에 놓는 옥이 창벽인데, 명나라에서는 동짓날 호천상제에게 제사를 올릴 때 사용했다. 대한제국에서는 이를 원용하여 환구단 고유제 때 상제의 신위 앞에 올렸다.

황종은 역시 서천에서 생산되는 황옥으로 만들었는데, 황단黃壇 즉 땅의 신인 황지기의 신위 앞에 올리는 예물이다. 한쪽에 산 모양을 새겨 땅을 형상화했는데, 황옥의 네모난 모양은 땅을 상징하고, 황색은 땅의 색깔을 상징했다.

금절은 황제 행렬에 사용하는 의장儀仗의 하나로, 금룡金龍의 머리가 달린 자루에 방울을 달고 금룡을 수놓은 자루로 덮은 것이다. 『대례의 궤』의 반차도를 보면, 황제의 옥보나 황후의 책보가 있는 가마 주변에는 황제를 상징하는 황색 의장을 집중적으로 배치하고 있다.

조선왕조시대 국새의 손잡이는 거북
모양이었으나 대한제국의 황제국
선포로 용 모양으로 바뀌었다.
제고지보는 칙임관을 임명할 때
사용하였다.

국새 제고지보

명성황후의 금보(황후지보)와 금책

維光武元年歲次丁酉九月丁亥朔十七日
癸卯
皇帝若曰乾道資始坤道資生后配于君儷尊同
體君以仁政子育萬民后行懿德母臨三紀
可不欽歟咨爾王后閔氏以英哲端胜之姿
正家道而成教於國同勤勞於重恢之業內

社稷澤被區域柔化彌著今聞孔彰屬茲邦命雄
新誕膺寶位大號今遣議政府議政沈舜澤
弘文館大學士金永壽捧金冊金寶命爾為
皇后于以昭王道之所以始大德之必其得
受嘉祉於逈眷啟蕃昌於無疆於不騫哉
治明章良佐助滋功存

황제국 선포와 열강의 반응

환구단에서 황제등극의를 마친 고종은 경운궁으로 돌아와 정오 12시, 태극전(즉조당이 이름을 바꾼 전각)에서 백관의 하례를 받았다. 오후 2시에는 역시 태극전에서 죽은 왕후 민씨를 황후로 책봉했다. 이어서 왕태자를 황태자로 책봉하고, 황후의 금책과 금보를 명성황후의 빈전에 모시는 의례를 거행했다. 다음날인 10월 13일과 14일에는 명헌태후에게 옥책과 금보를 올리는 의식, 왕태자비 민씨를 황태자비로 책봉하고 금책과 금보를 주는 의식이 거행되었다. 황태자는 함녕전에서 백관의 축하를 받았다.

공식적으로 새 국호와 황제 즉위를 선포하는 반조의는 10월 13일 아침에 거행되었다. 황제로서 과거처럼 '교서'가 아닌 '조서'를 반포하는 의례로서, 국호를 '대한'으로 한다는 것과 대사면을 지시하는 조칙을 내렸다. 홍문관 태학사 김영수가 지은 반조문頒詔文의 내용은 아래와 같다.[23]

짐이 생각건대, 단군 기자 이래로 강토가 나뉘어 각기 한 지역을 차지한 채 패권을 다투었으나, 고려에 이르러 마한, 진한, 변한을 병탄했으니 이것이 삼한의 통합이다. 우리 태조가 왕위에 오른 초기에 국토 밖으로 영토를 더욱 넓혀 북으로 말갈에 이르러 상아, 가죽, 비단을 얻게 되었고, 남으로 탐라를 거두어 귤, 유자, 해산물을 공납으로 받게 되었다. 사천 리 강토에 하나의 통일된 왕업王業을 세웠으니,

예악禮樂과 법도는 요순을 이어받았고 산하가 공고하여 우리 자손 만세의 반석이 되었다.

짐이 덕이 없다 보니 어려운 시기를 만났으나 상제上帝가 돌봐주신 덕택으로 위기를 모면하고 안정되었으며 독립의 터전을 세우고 자주의 권리를 행사하게 되었다. 이에 여러 신하와 백성들, 군사들과 장사꾼들이 한목소리로 대궐에 호소하면서 수십 차례나 상소를 올려 반드시 황제의 칭호를 올리려고 하였는데, 짐이 누차 사양하다가 끝내 사양할 수 없어서 올해 9월 17일(음력) 백악산白嶽山의 남쪽에서 천지에 고유제를 지내고 황제의 자리에 올랐다.

국호를 '대한'으로 정하고 이해를 광무 원년으로 삼으며, 종묘와 사직의 신위판을 태사와 태직으로 고쳐 썼다. 왕후 민씨를 황후로 책봉하고 왕태자를 황태자로 책봉하였다. 이리하여 밝은 명을 높이 받들어 큰 의식을 비로소 거행하였다. 이에 역대의 고사故事를 상고하여 특별히 대사령大赦令을 행하노라.

(중략)

아! 애당초 임금이 된 것은 하늘의 도움을 받은 것이고, 황제의 칭호를 선포한 것은 온 나라 백성들의 마음에 부합한 것이다. 낡은 것을 없애고 새로운 것을 도모하며 교화를 시행하여 풍속을 아름답게 하려고 하니, 세상에 선포하여 모두 듣고 알게 하라.

반조문은 칭제 상소에 등장했던 삼한정통론에 입각하여 '대한'이라는 국호를 정했음을 다시 한번 확인했다. 신하와 백성들의 상소에 떠밀려 황제위에 오를 수밖에 없었다고 겸양하면서도, 4천 리 강토를 통합했다는 대목에서는 넓은 영토를 복속해야 한다는 전통적 황제국 관념을 의식하고 있음을 알 수 있다. 또 영토의 부족함은 예악과 법도가 요순을 이어받았다는 문화적 자부심으로 보완하려는 모습도 보여준다. 그러면서도 독립의 터전을 세우고 자주의 권리를 행사하게 되었다는 표현에서는 만국공법적 근대 세계에 들어섰음을 의식하고 있는, 그야말로 전통과 근대가 동시에 혼재된 즉위 조서라고 볼 수 있다. 다만 말미에 "낡은 것을 없애고 새로운 것을 도모"하겠다는 문구는 앞으로 대한제국 황제정이 나아갈 길을 제시하는 표현으로 주목할 만하다.

하지만 대사령을 내리면서 조목조목 당부한 사항들을 들여다보면, 관리들의 탐학과 이서吏胥들의 농간으로 백성에게 해를 끼치고 정사가 문란해지는 것을 경계하고, 지방에 주둔하여 수고하는 군사들을 포함, 각도의 백성 중 외롭고 가난하며 병들고 돌보아 줄 사람 없는 사람들을 잘 보살펴야 한다는 내용이다. 특히 각 지방관들이 마음을 다해 직무를 행함으로써 '백성들을 가엾게 생각하는 짐의 지극한 뜻'을 저버리지 말라는 당부이다.

이러한 문구들은 전형적인 소민보호의식의 표현으로서 영·정조시대 군주들이 지향하던 민국 이념과[24] 매우 흡사하다. 그것이 천부인권론에 입각한 근대적인 인권 보장이나 민권 사상까지 이르렀다고 해석할만한 표현은 아직 없다. 즉 새로운 시대에 대한제국을 선포하면서 고종이 생각한 신민臣民은 여전히 '소민小民'으로서 애민愛民, 긍

흌의 대상이 되는 존재이지, 더불어 국정을 의논하는 '군민공치君民共治'의 대상은 아니었다는 것이다.

이처럼 대한제국의 황제국 선포는 대외적으로 근대적 주권국가를 지향하며 자주독립과 개명을 도모하는 것이었으나, 대내적으로는 여전히 전통적 왕조국가 의식에 기반한 '불안한 동거'였다고 볼 수 있다.

대한제국 선포가 근대적 자주독립국으로서 만국공법이 지배하는 근대 세계에 당당히 등장하기 위한 것이었다면, 칭제와 제국 선포에 대한 열강의 반응은 사실상 국내 여론의 향배보다도 더 중요한 문제일 수 있었다. 애초에 만국공법체제하에서 근대적 주권국가로 인정받기 위해 제국을 선포한 고종은 각국 정부의 승인 여부에 더욱 촉각을 기울였다.

하지만 정작 주한 외교사절들의 반응은 회의적이었다. 1894년 청일전쟁에서 을미사변, 아관파천으로 이어지는 심각한 국권의 실추와 대내외적 위기상황을 지켜본 그들로서는 독립과 자주, 자강을 모토로 한 칭제 선언의 내실에 대해 결코 신뢰하지 않았다. 뿐만 아니라 한반도를 둘러싼 러시아와 일본의 대립, 영국·미국·프랑스·독일 등 서구열강 간의 복잡한 이해관계 속에서 대한제국의 자주 선언이 달갑지 않기도 했다. 자주 선언은 곧 내정간섭을 수용하지 않겠다는 의미일 수도 있었기 때문이다. 따라서 미국공사 알렌H. N. Allen을 비롯하여 영국영사 조던J. N. Jordan, 독일영사 크린F. Krien 등은 칭제에 비판적인 태도를 보였다. 반면 러시아공사 스페이에르A. N. Speyer는 갑오

개화정권이 칭제를 추진하던 때와는 달리 적극적인 반대 입장이 아니었다. 다른 열강의 간섭을 배제하고 러시아만이 독점적인 영향력을 행사할 수 있는 계기로 삼고자 했다. 일본공사 가토 마스오加藤增雄는 러시아 측 의도를 견제하면서 갑오·을미년 때와는 달리 칭제에 반대하는 입장이었다.[25]

청은 청일전쟁 패배 후 시모노세키 조약에서 조선과의 종속 관계 폐지를 공식화했지만 구래의 종속관계에 대한 미련을 버리지 못하고 있었다. 속방관계는 청산했으나 새롭게 근대적 조약체제에 의한 외교관계는 맺지 않은 채 임시로 파견된 총상동總商董 탕사오이唐紹儀가 근무하고 있는 상황에서 청은 가장 곤혹스러운 입장이었다. 과거의 속국인 조선이 칭제하는 것에 대해 '망자존대妄自尊大(망녕되게 스스로를 높임)'라고까지 하며 비난했으나, 외교가에서 청의 영향력은 이미 바닥에 이른 상황이었다.[26]

대한제국 외부外部에서는 황제 즉위식 거행 이틀 전인 10월 10일, 각국 외교사절에게 10월 13일 오후 5시, 폐현식陛見式(황제나 황후를 만나 뵙는 예식)에 참석하라는 초청장을 발송했다. 각국 대표들은 대부분 칭제에 부정적이었으므로 참석 여부를 놓고 회의를 했다.[27] 하지만 결국 각국 외교관들은 경운궁 폐현식에 참석했고, 본국 정부에도 고종의 황제 즉위식과 '대한'으로 국호 변경을 보고했다. 이들이 폐현식 참석 여부를 놓고 논란을 벌일 때 본국 정부가 대한제국을 승인할 것인지가 미정이라는 것은 핑계에 불과했고, 실제로는 대한제국의 자주독립을 인정해 줄 의지가 없었다고 볼 수 있다. 특히 청은 종래의 동양적 관념에서 대한제국의 황제국 선언은 절대 불가하다고 생각했다. 이처럼 대한제국 선포에 대해 정작 국제사회에서는 서구 열강의 경우 근대적 주권국가로서 미비함을, 중국은 전통적인 동아시아 질서에 위반됨을 지적하며 동의하지 않는 분위기였다.

그럼에도 일본은 고종의 환심을 사기 위해 열강 중 가장 먼저 황제 칭호를 사용했다. 황제국 선포 후 첫 번째 국가적 행사로 치른 명성황후 장례식에도 일본 천황의 국서를 보내고 가토 공사를 특파대사로 임명하여 장례식에 참석하게 했다. 일본은 이미 스스로 제국을 칭하고 있고 모든 국가의 군주를 황제라고 칭하는 관례가 있으므로 문제될 것이 없다는 태도였다. 하지만 아무래도 을미사변 이래 악화된 반일 감정을 무마하려는 의도가 앞섰다고 볼 수 있다.

대한제국의 황제국 선포를 직접적으로 승인하며 축하 공문을 보내온 것은 러시아와 프랑스였다. 미국은 1898년에 이르러서야 공식적으로 축하 의사를 전달했다. 영국은 주한 외교관의 직위를 영사에서 공사로 승격시키는 것으로, 독일은 외교 대표의 직함에 조선이 아니라 한국 명칭을 사용하는 것으로 암묵적으로 칭제와 국호를 승인했다.

청은 후술하듯이, 지리한 외교협상 끝에 1899년 한청통상조약을 체결함으로써 결국 대한제국을 승인했다. 오랜 조공책봉체제를 청산하고 청과 대등한 위치에서 한청통상조약을 체결한 것은 구래의 동아시아 질서에서 벗어나 만국공법이 지배하는 근대적 국제관계에 들어서게 되었음을 최종 확인하는 절차였다. 하지만 청은 이후에도 대

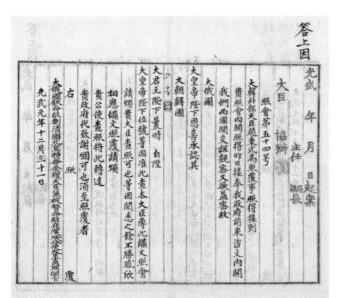

『아안(俄案)』(러시아와 주고받은 외교문서를 엮은 책) 10책
1897년 12월 31일, 러시아 황제가 황제 칭호를 승인한 것에 대해 외부대신 조병식이 주한 러시아공사에게 감사를 표한 문서이다.

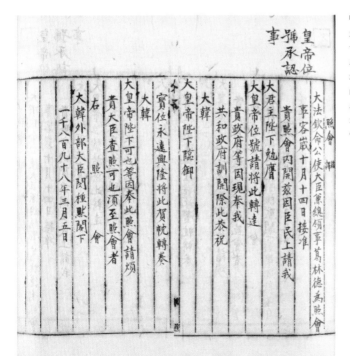

『법안(法案)』(프랑스와 주고받은 외교문서를 엮은 책) 11책
1898년 3월 5일, 주한 프랑스공사가 본국 정부에 황제 칭호를 보고한 결과, 대한 대황제 폐하의 즉위를 축하한다는 뜻을 외부대신 민종묵에게 전달한 문서이다. 문서 상단에 '황제위호승인사'라고 쓰여 있다.

한제국에 대한 종주국 개념을 완전히 폐기한 것은 아니었다. 이미 형해화된 조공책봉관계 인식을 근저에서 청산하지 않은 채 마지못해 근대적 외교관계 수립에 동의하는 수준이었다.

대한제국이 칭제를 통해 그토록 염원하던 근대적 만국공법체제에의 편입을 꾀한 반면, 열강은 주권국가로서 대한제국의 실제적인 자주와 독립을 인정하지 않은 채 소극적인 승인의 태도를 보였다고 볼 수 있다. 일본과 서구 열강의 경우 근대 주권국가에서 제호는 자주적으로 칭할 수 있다는 사실을 인정하면서도, 대한제국이 근대 주권국가에 걸맞는 자주독립의 실체를 지녔는지 의심했다.

고종과 대한제국이 칭제와 국호 변경을 통해 획득하고자 했던 근대적 만국공법체제 편입은 단순히 칭제나 국호 변경이 아니라 스스로 자주, 독립, 자강할 수 있을 때 획득되는 것이었다. 따라서 향후 고종과 대한제국이 가야 할 길은 분명해 보였다. 동양적 황제국을 선망하며 황금빛 의장물들을 앞세우고 중화제국의 황실문화를 따를 것인지, 아니면 만국공법적 국제질서하에서 유럽 제국의 근대적 군주상을 추구할 것인지, 그것이 1897년 10월 12일 어렵사리 탄생한 대한제국 황제정 앞에 놓인 선택지였다.

4장

___

제국 최초의 국가행사,
명성황후 국장

유해를 수습하고 빈전을 이봉하다

　대한제국 선포와 황제 즉위식 후 최초의 국가적 행사는 오랫동안 미루어왔던 명성황후 국장이었다. 을미사변 이후 2년 2개월이나 지난 1897년 11월 21일과 22일 양일간, 제국 선포 후 황후로 추존된 명성황후의 국장이 성대하게 치러졌다. 처음으로 황제국의 규모로 치른 국가행사로서 그 장엄한 행렬은 반일 자주독립의 의지를 천명함과 동시에 황제국의 위의를 온 천하에 드러내었다.[1]

　그동안 정부대신들의 재촉에도 불구하고 고종은 죽은 왕후의 장례를 계속 연기해 왔다. 우선은 사건의 진상규명이 미진할 뿐 아니라 천인공노할 범죄행위에 대한 복수와 응징이 충분치 않다고 생각했기 때문이다. 아관파천으로 개화정권은 무너졌지만 을미사변의 핵심 관련자는 모두 일본으로 망명해 버렸고, 일본 측 피의자들도 형식적인 히로시마 재판을 거쳐 1896년 1월 20일, 모두 무죄 방면된 상태였다. 1896년 4월 15일 법부협판 권재형의 조사보고서가 나왔지만,[2] 사건의 실체 규명과 처벌은 여전히 부족했다고 볼 수 있다.

김홍집 내각은 음력 1895년 8월 20일 사건이 발생하고 이틀 후에 왕후를 폐하여 서인庶人으로 삼는다는 '폐서인 조칙'을 발표했다. 8월 26일에는 심지어 새 중전을 간택하라는 조령까지 내려졌다. 이는 당연히 고종의 의지에 반하는 지시들이었다. 이러한 조치와 단발령에 반발하는 재야 유생들의 봉기가 일어나자 10월 10일 왕후의 위호를 회복하고 폐서인 조칙은 취소한다는 조령이 내려졌다. 폐서인 조칙은 개화정권의 강요에 의한 것이었으므로 언제나 왕후의 내조를 고맙게 생각했던[3] 고종의 의지와는 전혀 무관한 것이었다. 고종은 아관파천을 단행한 후 1896년 4월 18일, 폐서인 조칙 문안을 작성하거나 필사, 혹은 고유문告由文을 쓴 혐의로 정만조, 정병조 형제 등을 모두 유배형에 처했다. 고종은 사건 당일 양복을 입고 전상殿上에 올라온 정만조를 분명히 보았다고 하면서 오랫동안 시종으로 있던 사람인데 오인할 리 있느냐고 반문하면서도 죽이지는 않고 유배형에 처해 인자하다는 말을 들었다 한다.[4]

왕후의 사망이 공식적으로 발표된 것은 사건 발생 후 두 달 가까이나 지난 10월 15일이다. 실록에는 다음과 같이 기록되어 있다.

지난번 변란 때에 왕후의 소재를 알지 못하였으나 날이 점차 오래

되니 그날에 세상을 떠난 증거가 정확하였다. 개국 504년 8월 20일 묘시卯時에 왕후가 곤녕합에서 승하하였음을 반포하라.

그동안에는 임오군란 당시처럼 왕후가 어딘가에 살아 있다는 유언비어로 인해 사망 발표를 미뤄왔지만, 이때 사망을 기정사실화 한 것이다. 이후 정식으로 국장 절차를 시작하면서 빈전은 경복궁 태원전泰元殿으로, 혼전魂殿(왕과 왕비, 대비가 죽은 후 삼년상이 끝날 때까지 신주를 모시던 전각)은 문경전으로 정해졌다. 시호는 순경純敬, 전호는 덕성德成, 능호는 숙릉肅陵으로 정해졌다.[5]

하지만 원래는 사망한 다음 날 이뤄져야 하는 장례 절차인 소렴小殮이나, 사흘째에 하는 대렴大殮, 그 다음 날에 상제들이 상복을 입는 성복成服 등의 절차가 정상적으로 진행될 수 있었을지는 의문이다. 주지하듯이 을미사변 당시 왕후의 사체는 경복궁 건청궁乾淸宮 옆 녹산에서 불태워졌기 때문이다.[6] 타다 남은 사체 일부는 훈련대장 우범선이 연못에 넣으라고 했으나, 훈련대 참위 윤석우가 수습하여 멀리 떨어진 오운각五雲閣 서쪽 봉우리 아래에 임시로 묻었다는 기록이 있다.[7]

오운각은 건청궁 바로 뒤 경복궁의 후원이었던 경무대景武臺, 즉 현재의 청와대 경내에 있던 전각으로서, 그 위치는 옮겨졌으나 지금도 오운정이라는 현판을 단 정자가 남아 있다. 윤석우 관련 기록은 일제 강점기에 편찬된 『고종실록』 1895년 8월 20일 자에는 나오지 않고 『고종실록』의 초안인 『실록편찬성안』에 나온다. 경성제국대학 교수를 지낸 오다 쇼고小田省悟 주도로 실록을 편찬할 때 초안에서 삭

현재 청와대 경내에 남아 있는 오운정
오운정은 오운각에서 이름을 따온 것으로 추정된다.
오운정이라는 현판 글씨는 초대 대통령 이승만의
친필이다. 서울특별시 유형문화재 제102호.

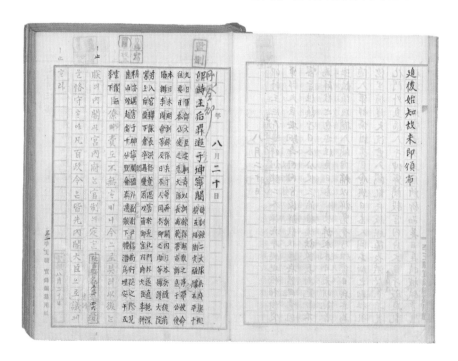

**『실록편찬성안』 1895년 8월 20일 자에 나오는
명성황후 관련 기록**
맨 첫 줄에 '전부 삭제'라고 붉은 글씨로 쓰여 있다.
실제로 맨 뒷부분 윤석우 관련 기록은 현재의
『고종실록』 해당 일자 기록에는 남아 있지 않다.

제된 것이다.[8] 윤석우는 11월 14일 법부협판 이주회, 일본어 통역관 박선과 함께 불경죄로 친일내각에 의해 사형에 처해졌다.[9] 이들을 왕후 살해의 하수인으로 몰아 사건을 은폐하기 위한 조처였다.

이런 상황에서 고종은 왕후의 국장 절차를 더 이상 진행시키고 싶지 않았을 것이다. 다만 왕후의 능을 조성할 후보지를 살펴보는 산릉 간심看審 절차와 빈전 제례는 계속되었다. 고종이 전격적으로 러시아공사관으로 이어한 후 경운궁을 새 궁궐로 조성하면서 가장 먼저 한 일도 경복궁에 있던 왕후의 빈전을 옮겨온 것이었다. 이때 유해를 수습하기 위해 오운각 서쪽 산봉우리 밑의 땅을 파보니 '회사灰沙에 촌골寸骨이 섞여 있어' 부위를 잘 분간할 수 없었다. 이에 고양군에 사는 상사喪事에 익숙한 늙은 내관을 불러 옥골玉骨을 구분하고 재를 넣어 보충했다고 한다. 그리고 비단옷 수십 벌로 여러 번 감아서 재궁齋宮에 넣었다는 것이다.[10]

1896년 9월 4일, 비숍이 『한국과 그 이웃 나라들』에서 표현한 바에 의하면, '겨우 손가락 하나 뼈 정도로 추측되는 왕비의 잔유물'을 실은 영구靈柩가 7백여 명의 상복을 입은 남자들에 의해 경복궁으로부터 정예 병사들의 호위 속에 옮겨졌다. 길거리의 많은 군중은 질서정연하고 조용하게 이를 지켜보았다. 이봉 행렬을 맞이하기 위해 인화문 앞에 나온 국왕의 대차 가까이에는 80여 명의 러시아 병사들이 배치되고, 멀지 않은 곳에 일본공사를 제외한 다른 외국공사들이 머무르는 막차도 설치되어 행사를 지켜보았다.[11]

마치 작은 국장 행렬을 보는 듯한 빈전 이봉 행렬을 기록한 「빈전

이봉경운궁시반차도」에는 수행 인원 811명이 등장한다. 한성판윤이 행렬을 선도하고 총을 든 시위대가 뒤따르며 옥보를 실은 작은 가마인 요여腰轝와 신주를 실은 가마인 신백神帛, 향정자香亭子(향로를 비롯한 제구를 받쳐 드는 작은 정자 모양의 기구), 베일을 쓴 채 장막에 둘러싸여 말을 타고 가는 곡궁인哭宮人(발인 행렬에서 곡을 하며 따라가는 여자 궁인) 16명이 보이고, 칼을 든 순검들이 행렬을 호위한다. 왕후의 재궁을 실은 상여는 큰 상여인 대여가 아니고 작은 상여인 견여肩轝이다.[12] 국장을 치를만한 경황이 없어서 빈전을 경운궁으로 옮기는 이례적인 경우지만, 국장에 버금가는 형식을 갖춘 의례였다고 볼 수 있다. 고종과 왕태자는 인화문 앞까지 직접 나와 이봉 행렬을 맞이했다.[13]

빈전 이봉을 마친 후 원로대신 조병세가 절차상 소루한 점이 많았다고 하자, 고종은 "과거에 김홍집, 정병하, 유길준 등이 왕후 폐서인 조칙을 저희들끼리 부르고 쓰면서 못하는 짓이 없었으며, 옛 법을 경솔하게 줄여 버린 결과 그렇게 되었다."라고 하면서, "지금 생각해도 가슴이 떨리고 뼈가 오싹해진다."라고 격한 감정을 토로했다.[14] 이후 국장 절차에 대한 논의를 재개했으나, 여전히 산릉만 두루 살펴볼 뿐 서두르지는 않았다.

고종은 왕후 사망 1주기를 맞아 1896년 9월 27일 공묵헌에서 원임 의정 정범조와 참정 박정양, 찬정 윤용선·조병직·이윤용·한규설, 궁내부대신 이재순, 궁내부 협판 윤정구를 소견했다. 고종은 "지난해 사변일을 맞으니 통분한 생각이 들고, 세월이 빠르긴 빠르다."라고 소회를 밝혔다. 정범조는 1년이 지나도록 인산因山을 하지 못한 상황이 안타까워 여러 차례 절차를 서두를 것을 요청했지만, 고종의 의도가 어디에 있는지 모르겠다고 답답함을 토로했다. 고종은 길지를 고르기 위해 지관을 파견해놓은 상태라고 사유를 설명하면서도, 명나라 서후徐后를 11개월 만에 장사 지낸 이유를 물었고, 정범조로부터 영락황후永樂皇后는 7년 만에 장사를 지냈다는 답변을 이끌어냈다.[15] 그리고 아마도 길지를 택하느라 그랬을 것이라고 해석했지만, 고종의 의중에는 죽은 왕후의 장례를 바로 치르기에는 여전히 원통함이 남아 있고 애도가 충분치 않다는 생각이 있었을 것이다. 전 장령 박인환이 상소문에서 주장하듯이 춘추春秋 대의에 따라 원수를 갚지 않은 상태에서는 장례를 치를 수 없다는 입장이었던 것이다. 이른바 '춘추복수론春秋復讐論'이다.[16]

이후에도 고종은 계속해서 김병시, 조병세, 정범조 등 원로대신들에게 인산을 못하고 우제도 치르지 못한 상사喪事에 관한 예법을 물으면서도 막상 절차를 진행시키지는 않았다. 황현은 고종이 "여전히 왕후의 죽음을 애통해하면서 눈물을 주룩주룩 흘리고 왕후가 사용했던 술잔과 경대를 어루만지며 탄식했다."라고 기록하고 있다. 또한 왕후를 그리워하는 간절한 마음으로 언제나 삭망朔望이 되면 친히 제문祭文을 지어 제사를 지냈다고 했다. 소상小祥(죽은 후 1년 만에 지내는 제사)이 다가와도 장례를 치르지 못하고 민간에서 상복도 벗지 못하게 하는 상황이 계속되었다. 상례喪禮에 밝은 원로대신들은 이를 곤혹스러워하면서도 왕후의 장례를 한없이 융숭하게 해야만 고종의 비통한 마음을 조금이라도 달랠 수 있으리라고 생각했다.[17]

지관을 보내 수십 곳의 후보지를 조사한 끝에 마침내 1897년 1월 3일, 청량리로 장지가 정해지고, 6일에는 개화정권이 정한 왕후의 시호, 능호, 전호를 모두 버리고 다시 시호는 문성文成, 전호는 경효景孝, 능호는 홍릉洪陵으로 정했다. 9일에 산릉도감, 국장도감, 빈전도감이 설치되었다. 3월 2일에는 문성이라는 시호가 정조의 시호와 겹치는 부분이 있다는 이유로 재논의한 결과 고종이 부망副望(세 후보 중 두 번째 선택지)이었던 '명성'을 선택했다.[18] 우리가 현재 명성황후라고 부르는 호칭은 이렇게 정해졌다.

이후 국장을 서두르는 원로대신들의 성화에도 불구하고 고종은 난징南京으로 사람을 보내 명나라 고황후高皇后의 효릉孝陵을 그려오게 하는 등 당시까지 있던 산릉 중 가장 성대하게 왕후의 능을 조성하려 했다.[19] 4월 들어 길지를 택하는 산릉 봉표 작업을 진행하던 중 5월에 칭제 논의가 시작되면서 다시 국장 진행은 지연되었다. 황제국 선포를 앞두고 황제국 최초의 국장으로 성대하게 치르기 위해 일정을 조정한 것이라고 볼 수 있다. 어느덧 왕후 사망 2주기를 맞은 9월 6일에는 기신제忌辰祭를 지내고 3품 이상 관리는 실직이든 아니든 곡반哭班(국상 때 관리들이 모여 곡을 하는 반열)에 참여하라는 지시가 내려졌다.[20] 지방관 수령들까지 빈전 제사에 참여시킴으로써 왕실에 대한 충성심을 유도하고, 이를 통해 정권의 지지기반을 확고히 하려는 조치였다.

2년 2개월 만에 치러진 성대한 국장 행렬

왕후의 장례 일정이 최종적으로 확정된 것은 대한제국 선포 후 사흘 뒤인 10월 15일이다. 발인은 11월 21일, 하관下棺은 11월 22일에 하기로 결정하고 그동안 홍릉의 산릉 작업이 이루어졌다. 11월 6일에는 빈전인 경효전景孝殿에서 시호를 올리는 의식을 거행하고, 고종이「어제시책문」을 지어 황후의 공로를 치하했다.[21] 명성황후는 고종에게 최고의 정치적 참모로서 개화정책과 외교정책의 결정에 핵심적 역할을 했다.[22]

11월 17일, 국장 행렬의 순서를 기록한「발인반차도」가 올려졌는데, 고종은 국장 때 성문 밖에서 지영祗迎(행차를 맞이하는 의식)하기로 한 원래의 계획을 바꿔 직접 발인 행렬을 따라 산릉에까지 가겠다고 결정했다. 대신들은 전례에 없는 지시를 거두어 줄 것을 청했으나 고종은 생각을 바꾸지 않았다.[23] 비참하게 세상을 떠난 황후를 위한 최대한의 성의 표시이면서, 동시에 국제사회를 향해 일본의 만행을 고발하기 위한 의지의 표출이었다고 생각된다.

11월 18일에는 태묘와 태사, 경모궁景慕宮에서 발인을 알리는 고유제를 지내고, 11월 19일 오후 2시에는 왕후의 관이 놓인 찬궁欑宮을 열었으며, 이후 홍릉에 설치할 표석表石이 능소陵所에 배치되었다. 궁내부대신 민영규가 인산 때 큰 상여를 배종陪從하게 했고, 군부대신 이종건이 별시위別侍衛를 맡게 했다. 황태자는 추위 속에서 상여를 메고 고생할 여사군轝士軍들에게 6만 냥을 내려주라고 지시했는데,[24] 여사군은 도성 내 5부에 거주하는 사람 중에서 선발되었다.[25] 11월 20일에는 홍릉에 세울 지석誌石이 배진되었다.

드디어 11월 21일 인시寅時(새벽 3시부터 5시까지), 황제와 황태자가 빈전에 나아가 해사제解謝祭를 지내고, 새벽 4시경 황후의 상여인 영가靈駕가 홍릉을 향해 출발했다. 빈전인 경효전에서 재궁을 꺼내 융안문隆安門, 숙목문肅穆門을 거쳐 월대月臺(궁궐 앞에 설치하는 넓은 석조 기단)에 이르러 견여로 옮긴 후 경운궁의 정문인 인화문까지 나갔다.[26] 기록에는 돈례문敦禮門을 나선 상여가 금천교禁川橋를 지나 인화문을 통과한다고 되어 있어, 지금은 없어진 경운궁의 남문 인화문 안쪽에도 금천교가 있었음을 알 수 있다. 현재의 덕수궁 금천교는 동문인 대한문 안쪽에 위치하고 있다. 인화문 밖 월대에서 다시 대여로 바꾸어 큰길로 나섰는데, 고종은 황태자와 함께 인화문 밖까지 나와 곡을 하고 영결했다. 당시에는 경운궁의 정문이었던 인화문 앞에도 월대가 있었고, 명성황후의 상여가 이 문을 나서 장지로 향했음을 알 수 있다.

『명성황후국장도감의궤』에 실린 「발인반차도」

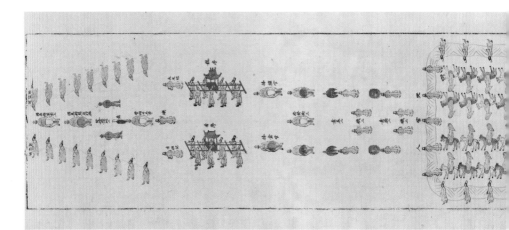

성대한 명성황후 국장 행렬의 모습은 장례가 끝나고 편찬된 『명성황후국장도감의궤』를 통해 상세히 살펴볼 수 있다. 경운궁을 나선 명성황후의 상여가 지나는 도로의 양편에는 횃불이 훤하게 타오르며 새벽녘 어둠을 대낮같이 밝혔다. 발인 때와 반우제返虞祭(장례 후 신주를 본가로 맞아들이는 의식) 때 길 양쪽에 횃불을 세우라는 고종의 지시에 의한 것이다.[27]

길은 황토로 새로 포장되어 있었다. 국장 행렬은 새벽 4시경 경운궁을 출발하여 신교新橋를 거쳐 종로를 통과한 후 홍릉에 이르렀다. 신교는 현재의 태평로와 세종로가 연결되는 지점에 새로 낸 다리로서, 한 해 전 한성부 도로 개조사업 때 새로 조성된 길 위의 다리였다. 이 신작로는 군기시軍器寺(무기 제조를 담당하는 관청)에서 경복궁으로 가는 길을 수리할 목적으로 길 좌우에 있는 집들의 칸수를 조사했다는 기록으로 보아[28] 경운궁과 경복궁을 연결할 목적으로 만든 도로로서 명성황후 국장을 앞두고 완성된 것으로 보인다.

명성황후 국장 행렬이 통과한 코스를 정리해 보면, 신교에서 혜

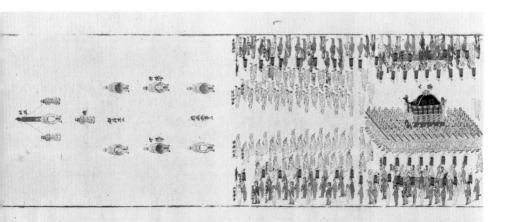

정교惠政橋를 거쳐 종로로 접어들고, 이석교二石橋, 초석교初石橋를 지나 동대문인 홍인지문興仁之門에 이르렀다. 동관왕묘東關王廟와 보제원普濟院 앞을 지나고 한천교寒川橋를 건너서 천장산 청량리 홍릉에 이르는 행로였다.[29] 경운궁에서 홍릉까지 10리 거리인데, 홍릉에 도착한 시각은 정오 12시경으로 경운궁을 출발한 지 약 8시간 만이다. 도중에 종묘 앞과 동대문 밖, 노제소, 능소, 홍살문 밖에서 노제를 지냈다.

「발인반차도」에 의하면 국장 행렬에 참여한 인원은 약 4,800여 명이다. 과거 어떤 왕의 국장보다도 많은 인원이 동원되었다. 억울하게 죽은 명성황후의 원혼을 풀어주기 위해 황제국 최초의 국가 행사로서 고종이 최대한 배려한 것이라고 생각된다. 성저城底 10리 이내 지역은 경무관과 한성부 판윤이 행렬을 선도했고, 10리 밖에서는 경기도 관찰사와 현지 수령이 앞장을 섰다. 경무관 뒤로는 대대기大隊旗로 태극기를 들고 가는 시위대가 따르고, 큰 상여와 작은 상여 외에도 26종의 가마가 따라갔다. 26종의 가마에 실린 것은 각각 1866년 왕비 책봉 시의 책보, 1873년과 1888년, 1890년, 1892년 존호 시의 책보, 황후 추존 시의 금책, 시책, 시보諡寶와 평소 명성황후가 사용하던 서책과 거울, 손대야, 옷, 장신구 등이다.[30]

큰 상여와 작은 상여를 메거나 명정銘旌(죽은 사람의 신분과 성씨를 적어 상여의 앞에서 길을 인도하고 하관 후 관 위를 덮어 같이 묻는 깃발)을 들고, 방상씨方相氏(가면을 쓰고 악귀를 쫓는 사람)를 비롯한 여러 수레를 끌고 가는 담배군擔陪軍들이 모두 시전市廛 소속의 시민들이었다. 상여를 직접 메는 운군運軍과 상여의 앞뒤 줄을 달고 끄는 인군引軍 등 상여 운구를 위한 여사군으로는 원래 5,538명이 동원될 예정이었는데, 운군은 1,530명, 시민군 977명, 방민군坊民軍(도성 안 거주자 중 요역의 의무를 진 사람들) 3,031명 등이 다섯 팀으로 나뉘어 교대로 따라갔다.[31] 수천 명의 시민과 방민이 동원된 그야말로 거대한 규모의 국장이었다.

의궤에 실린 반차도를 보면 경무청 순검과 큰 칼을 든 시위대, 총을 멘 시위대 병졸들이 행렬을 호위하고, 전통 복장을 한 내관들도 양옆에서 행렬을 따라간다. 순검과 군인들은 연도에 늘어선 구경꾼들이 행렬을 침범하지 못하도록 질서를 유지하는 역할을 했을 것이다. 경복궁에서 경운궁으로 빈전을 이봉할 때와 마찬가지로 베일을 쓴 16명의 곡궁인들은 말을 탄 채 장막에 둘러싸여 대여 앞에 서고, 대여 앞과 좌우엔 수백 명이 황등롱黃燈籠과 홍등롱紅燈籠을 들어 길을 밝히고 있다. 만장輓章(죽은 사람에 대한 애도의 글을 천이나 종이에 적어 깃발처럼 만든 것)을 든 시민들 뒤로 문무백관이 말을 타고 뒤따르고, 행렬의 후미에는 총 혹은 칼을 찬 시위대 장교와 병사들이 따라갔다.[32]

『독립신문』은 11월 20일 자로 "오는 22일이 명성황후 폐하의 장례 날"이라고 보도하면서, "대한 역사 오백 년에 처음으로 황후의 존호를 받은 명성황후일 뿐 아니라, 황후 폐하 생전에 간고한 큰일이 많이 있었는지라 옛일을 생각하는 마음이 없지 않다."라고 했다. 그리고 임오군란과 갑신정변, 갑오년의 역사를 간단히 정리하면서, "황후 폐하께서 처음으로 자주독립국의 국모가 되어 황후의 존호를 받았으니, 신민들이 집집마다 국기를 반기로 달아 슬픈 뜻을 나타내는 것이 마땅하다."라는 기사를 냈다.[33]

외교무대가 된 홍릉의 하룻밤

국장일 새벽 고종은 인화문에서 영결한 뒤 오후 2시, 다시 난가鑾駕를 타고 홍릉으로 향했다. 각국 공사들도 새벽 6시에 황제와 함께 인화문에서 상여를 지송祗送한 후 오후 2시에는 황제와 함께 홍릉으로 가서 밤을 새웠다. 명성황후 국장은 서양인들을 포함하여 각국 외교관이 참여한 최초의 황실 장례식이었다. 각국 공사들은 홍릉에 설치된 47칸이나 되는 접견소에서 맥주와 홍주紅酒(포도주) 등을 대접받으며 밤을 지샜다.[34] 일본 천황도 가토 주한 일본공사를 특파공사로 임명하여 장례식에 참여하게 했다.[35] 을미사변을 일으킨 당사자인 일본이 직접 조문을 한 것이다.

이보다 앞서 11월 14일, 고종은 명성황후 발인과 홍릉 하관식 때 각국 공사와 영사를 맞아 접대할 관리로 궁내부대신 민영규, 외부대신 조병식, 외부협판 유기환, 학부협판 고영희, 궁내부 고문 르장드르C. W. Le Gendre를 차출했다.[36] 그밖에 외부에서는 교섭국장, 외사과장, 참서관, 번역관 등이 실무진으로 참여했다. 각국 외교사절을 안내하는 일인 만큼 주무부서인 외부의 실무 관리들이 총동원된 것이다. 특이한 점은 군부 참령 이학균, 궁내부 내장사장 현흥택도 외국사절을 접대하는 반접관伴接官으로 임명된 것이다. 두 사람은 모두 고종황제의 근왕세력으로 1895년 11월 28일, 고종을 경복궁에서 탈출시켜 미국공사관으로 모셔 가려 했던 소위 '춘생문 사건'의 핵심 인물들이다. 이학균은 영어학교 출신이고, 현흥택도 주미공사관에 근무한 경력이 있으므로 영어가 가능해서 선발되었을 것이다.[37] 국장 절차를 모두 마친 후 공로자를 포상한 기록에 의하면, 장지인 홍릉까지 전화기를 가지고 수행한 전보과 주사도 등장하는데,[38] 장지와 경운궁 사이에 긴급한 연락을 위해 임시 전화도 가설된 것으로 보인다.

명성황후의 상여가 도착한 홍릉에는 외재궁을 임시로 안치해둘 수도각隧道閣과 함께 황제와 황태자가 머물 곳을 비롯하여 여러 채의 가가假家가 조성되어 있었다. 산릉에서 절차가 진행되는 동안 임시로 사용할 장소로서 황제가 거처하는 능상각陵上閣에는 모란 병풍을 둘러친 황당皇堂이 설치되었다. 임시 재실 96칸, 궁녀들이 머물 가가 62칸, 음식을 장만하는 수라간과 수복방, 외국 공사들이 머물 접견소, 큰 홍살문 등도 설치되었다.

홍릉의 침전寢殿은 조선 왕릉과 같은 정자형丁字形이 아니라 황후의 격식에 맞게 일자형一字形으로 지어졌다. 침전 안에는 찬궁欑宮과 당가唐家가 설치되었다. 찬궁은 재궁을 안치하는 곳으로 장례가 끝나면 소각하고, 당가는 위패를 모시는 곳으로서 가운데에 금칠을 한 쌍룡판雙龍板을 걸고 뒤에는 네 폭짜리 모란 그림 가리개와 6폭짜리 오봉병五峰屏을 쳤다. 향대청香大廳과 비각碑閣도 건립되었다.

홍릉에 도착한 상여는 침전 앞 월대에서 멈추고, 상여에 실려 온 재궁이 내려져 침전 안의 찬궁에 안치되었다. 오후 4시, 산릉으로 올라가는 예행연습을 하고, 다음날인 11월 22일, 새벽 4시부터 천전遷奠, 조전朝奠, 조상식朝上食 등의 의례를 치렀다. 그리고 재궁을 작은 상여에 옮겨서 산릉에 올라가 아침 8시, 현궁玄宮에 하관했다. 고종은 황후의 신당에 들어가 땅을 치고 통곡하며 눈물이 방울방울 얼어붙어 신하들이 건강을 걱정할 정도로 슬퍼했다고 한다.[39]

이때 재궁과 함께 여러 부장품을 매설했는데, 베로 만든 신주인 신백神帛을 담은 함은 곡장 안 서남쪽 방향에 매장했다. 문인석, 무인석과 마석馬石, 양석羊石, 호석虎石, 망주석望柱石 등은 인산 전에 이미 배설되어 있었다. 황후 묘지문의 「어제행록御製行錄」에는 고종이 명성황후의 내조에 대해 얼마나 고맙게 생각했는지 잘 표현되어 있다.

집안이 대대로 의리를 강구하니 황후도 어려서부터 이를 전수받아 옳고 그른 것을 가리는 데 있어서 마치 못과 쇠를 쪼개듯이 날카로웠다. 예지가 타고난 천성이어서 귀신과 같았다. 어려운 때를 만나니 더욱 살뜰히 나를 도와서, 내가 기분이 언짢은 일이 있으면 반드시 아침이 되기를 기다려 앉아 있었고, 근심하고 경계하는 것이 있으면 대책을 세워 풀어 주었다. 특히 외국과 교섭하는 문제에 있어서도 수원정책綏遠政策(먼 나라를 끌어들여 가까운 나라를 견제하는 외교정책)을 권하여 사신으로 각국에 갔다가 돌아온 사람들이 말하기를 이국인들도 모두 감복한다고 했다. 황후가 일찍이 나에게 말한 것들이 지나고 보니 모두 그 말대로이니 황후의 통달한 지식과 원려遠慮, 미래에 대한 요량이 고금에 미칠 바 없이 탁월하다. 훌륭한 공덕으로 나를 곁에서 잘 도와주었기 때문에 내가 정사를 다스릴 수 있었다.

대궐에 들어와 30년간 정사를 도와주고도 간고하고 험난한 일을 당해 45세라는 중년의 나이에 돌아간 명성황후에 대한 고종의 애도는 결코 형식적인 것이 아니었다. 고종은 명성황후가 인재 등용에 대해서 괜찮은 인물은 전적으로 신뢰하되, 그렇지 않은 인물들은 빨리 제거해야 한다고 했는데, 그 말을 듣지 않고 있다가 김홍집, 유길준, 조희연, 정병하 같은 인물들을 키워서 을미지변을 당하게 했다고 후회, 또 후회하고 있었다. 고종은 무덤 속에 들어가는 관의 명정을 직접 쓰기도 했다. 황태자가 작성한 「예제행록睿製行錄」에서도 '어머니와 아버지 두 사람은 밤에도 방 안의 불빛이 환히 비치고 말소리가 낭랑하게 울려 퍼졌다'라고 회고했듯이, 고종과 명성황후는 여러 내우외환을 겪으면서 동지애로 다져진 정치적 반려자였고, 고종에게 명성황후는 최고의 정치적 참모였다. 종묘사직을 부탁한다는 말을 남기고 떠났다는 명성황후를 끝까지 보호해 주지 못한 것에 대해 고종은 나중까지 두고두고 자신을 자책하고 있다.[40]

한편, 접견소에서 밤을 지새운 각국 외교관들도 다음 날 새벽 2시, 재궁이 산릉에 올라간 뒤 제사를 지낼 때 함께 참석하고, 오전 10시에는 황제를 폐현했다. 조선왕조 시대 국장에서 중국에서 사신이 파견되면 혼전에 조문을 행한 적은 있으나, 이처럼 외교사절들이 단체로 산릉 의례에까지 참여한 것은 전례없던 일이었다. 고종은 일본에 의해 살해된 명성황후 국장에 각국 외교사절을 참여시킴으로써 다시 한번 일제의 만행을 상기시키고자 했을 것이다.

홍릉에서 하룻밤을 지새우며 하관식을 마친 황제와 황태자는 22일 오후 1시경 홍살문 밖에서 신련神輦을 보낸 다음 대가大駕를 타고 홍릉을 출발하여 경운궁으로 돌아왔다. 각국 공사들도 황제를 따라 도성으로 돌아왔다. 11월 23일에는 산릉에 혼유석魂遊石을 올리고, 11월 26일에는 봉분을 쌓고 잔디를 입혔다. 11월 28일에는 황제가 머물렀던 능상각(옹가)을 철거하고 봉분 전면에 난간석을 두른 다음 장명등을 세웠다. 11월 29일에는 능역 주변의 모든 정리를 마치고, 오후 4시 안릉전安陵奠을 치름으로써 모든 산릉 역사役事는 완료되었다.

경운궁으로 돌아온 고종과 황태자는 11월 22일부터 24일까지 빈전인 경효전에서 삼우제를 지내고, 26·28·30일과 12월 2·4·6일까지 총 아홉 차례의 우제를 지냈다. 12월 8일에는 졸곡제卒哭祭를 지내고, 12월 9일에는 태묘에 나아가 부알례祔謁禮를 거행했다. 구우제나 부알례는 제후국에서는 행하지 않던 황제국의 의례였다. 명성황후 국장 후 제작된 의궤는 『명성황후국장도감의궤』, 『명성황후빈전혼전도감의궤』, 『명성황후홍릉산릉도감의궤』 등 3종이다. 이 의궤들은 각 7건씩 제작되어 규장각과 장례원, 비서원, 시강원, 의정부와 오대산 및 정족산 사고에 각각 보관했다. 나중에 만들어진 『명성황후홍릉석의중수도감의궤』는 5건만 만들어졌다.[41]

한편, 국장 후 석물에 문제가 생기면서 1899년에 강화도와 충남

남포 등에서 고급 석재를 채취하여 보수 작업을 실시했다.[42] 1900년에는 청량리에 있던 홍릉을 길지라고 소문난 금곡으로 이장하는 논의가 시작되었다. 1900년 8월, 금곡 신릉까지 철도와 전선을 개통하고, 신릉 주위에 있던 조씨들의 선산 2만여 기에 대해 이장 지시가 내려졌다. 1901년에는 홍릉을 금곡으로 개정하는 조치가 이루어졌다.[43] 1903년에는 한성부 화개동에 명성황후를 기리는 감모궁感慕宮을 건립했는데, 임오군란 때 명성황후가 이곳에 있던 이용식의 집에 피신한 사적을 기념하기 위한 것이었다.[44] 명성황후의 홍릉은 1919년 3월, 고종황제 장례 때 현재의 위치인 남양주시 금곡의 홍릉으로 천장하여 합장되었다.[45]

성대한 명성황후 국장은 자주독립을 내세우며 새롭게 출범한 황제국으로서 대한제국의 위상을 한껏 드러내는 행사였다. 더불어 반일을 기치로 충군애국주의를 불러일으키는 효과도 있었을 것으로 생각된다. 을미사변 이후 국권의 추락 속에서 국모 시해에 대한 복수를 주장하던 유생층에도 어필할 수 있는 행사였다. 또한 각국 공사들을 굳이 장지에 초청하여 하룻밤 숙박까지 하면서 산릉 행사를 지켜보게 함으로써 일본의 만행을 상기시키고 국제사회에 널리 알리고자 했을 것이다. 주한 미국공사 알렌도 명성황후 국장에 참여하여 철야를 했다는 기록을 남겼다.[46]

수많은 인원이 동원된 초대형 장례 행렬을 연도에서 구경한 사람들이 어떤 느낌을 받았을지 구체적으로 보여주는 자료는 없지만, 1905년 초 순명 황태자비의 국장 행렬을 본 스웨덴 기자 아손 그렙스트W. Ason Grebst는 살아생전에 다시 볼 수 없을 눈부신 장관이라고 표현했다. 길가에 자리 잡은 집들의 지붕 위까지 가득 들어찬 군중들이 눈부시게 흰옷을 차려입고 장례 행렬을 구경하고, 갖가지 색깔의 깃발과 등을 들고 지나가는 호위대의 모습 등을 '죽어도 잊을 수 없는 동양의 찬란함'이라고 묘사했다.[47] 대한제국 최초의 국가적 행사로서 고종황제가 심혈을 기울여 준비한 명성황후의 국장도 아손이 목격한 국장 행렬 못지않게 장엄하고 화려했을 것으로 생각된다.

중국 중심의 화이론적 동아시아 질서에서 벗어나 만국공법적 근대 세계로 나아가기 위해 선포한 황제국으로서 대한제국의 첫 번째 국가적 행사는 이렇게 다분히 전통적인 방식으로, 구래의 신민들에게 익숙하지만, 이전보다 한층 화려해진 방식으로 치러졌다. 가장 전통적인 방식으로 과거와 이별하고, 새롭게 근대 세계의 문을 열 채비를 한 것이다.

2부

근대 주권국가를
향한 도전

歌國愛國帝韓大

KAISERLICH KOREANISCHE
NATIONALHYMNE.

Nach Koreanischen Motiven

VON

FRANZ ECKERT,

Königlich Preussischem Musikdirektor.

1902.

5장

근대 주권국가 선언

「대한국국제」를 반포하다

대한제국은 첫 국가적 행사로 명성황후 국장을 성대하게 치렀으나 황제 주도의 국정운영은 아직 안정되지 않은 상황이었다. 박영효 등 일본으로 망명한 개화파 정객들이 국내 세력과 연계하여 정치적 재기를 도모하는 정변 음모가 이어졌다. 독립협회는 러시아의 이권 요구에 반대하는 운동을 벌이다가 1898년부터 본격적인 반정부 투쟁에 돌입했다. 러시아의 절영도絶影島(현재의 부산 영도) 조차 요구에 반대하고, 군사교관과 재정고문 철수를 주장하던 독립협회가 점차 보수적인 정부대신들과 황제 및 측근 세력의 독단적인 정국운영을 비판하는 반정부 운동으로 전환한 것이다. 독립협회와 만민공동회 운동은 결국 정치 참여 기회의 확대를 요구하는 참정권 운동으로

발전했으며, 중추원을 의회로 개편하여 국정의 중요사항과 외국과의 조약에 동의를 얻을 것을 주장했다.[1]

중추원은 원래 갑오개혁 때 실직이 없는 고위관료들의 대기 발령처로 설립되었다. 갑오개혁을 추진했던 군국기무처가 폐지된 후 그 기능을 일부 계승하여 지위가 승격되는 것처럼 보였으나, 실상은 전혀 그렇지 않았다. 1895년 3월부터 법률·칙령안과 내각에서 요청한 사항에 대해 자문하는 업무를 맡게 되었지만, 중추원 회의 결과에 상관없이 내각은 원안대로 시행할 수 있고, 긴급을 요하는 것은 중추원 자문 없이 바로 발포할 수 있었으므로 중추원 자문은 형식적 절차에 불과했다.[2] 또한 중추원이 직접 인민의 건의서를 받거나 여론을 수렴하는 기능이 없었는데, 독립협회는 이러한 중추원을 개편하여 의회의 기능을 부여하자는 운동을 벌인 것이다. 중추원에 의장, 부의장 아래 의관을 50명 이하로 둔 것은 군국기무처가 스스로 '의회'라고 생각하고 있었던 것을 어느 정도 인정한 것이다. 하지만 의장 이하 모든 구성원을 내각회의를 거쳐 총리대신의 천거로 국왕이 임명하기 때문에 실질적으로 의회의 기능은 전혀 갖고 있지 않은 기관이었다.

독립협회의 중추원 개편운동은 관민공동회官民共同會(1898년 10월 28일부터 11월 3일까지 독립협회가 서울 종로에서 대소 관민을 모아 국정 개혁을 요구하기 위해 개최한 집회)의 「헌의 6조」에서 광산·철도·산림 등 이권과 차관借款, 차병借兵, 외국과의 조약에 대해서 중추원의 승인이 필요하게 하자고 주장한 데서 출발한다. 이에 고종은 5개 조 조칙을 내려 중추원 기능의 활성화를 약속하고 개정된 「중추원관제」를 반포했다. 의장은 황제가 칙임勅任하고, 부의장은 중추원의 공천을 거쳐 칙임하되, 의관 50명 중 반수는 정부가, 나머지 25명은 인민협회, 즉 독립협회에서 투표로 선출하게 한다는 내용이었다. 또한 중추원의 지위를 의정부와 대등하게 한다는 조항까지 있었다.[3]

그러나 개정 관제가 시행되기도 전에 독립협회 체포령과 함께 인민협회 조항은 삭제되었다. 고종은 그동안의 유화적인 태도를 바꾸어 민회 해산령을 내리고 12월 23일, 군대를 동원하여 독립협회를 강제로 해산시켰다. 고종의 태도 변화에는 독립협회가 고종황제를 폐위하고 박정양을 대통령, 윤치호를 부통령으로 하는 공화제를 도모하고 있다는 '익명서 사건'과 12월 16일 중추원에서 정부대신에 합당한 인물로 박영효를 선출한 데 대한 분노가 영향을 미친 것으로 알려졌다. 박영효가 일본에 망명해 있는 상태에서도 국내에 측근 세력들을 잠입시켜 독립협회의 반정부운동을 지원하고 은밀히 정계복귀를 도모하고 있었던 것이 고종의 심기를 크게 자극한 것이다. 독립협회에 반대하는 유생들도 독립협회의 정체관政體觀이 공화제라고 주장하면서 독립협회가 '구미의 공화제로 우리나라의 군주전제 정체를 바꾸려 한다'라고 비판했다. 의정부 찬정 최익현도 독립협회는 외국의 '민선民選', '민주民主'의 예를 본받으려는 '민당民黨'이라고 공격했다.[4]

독립협회 운동이 실패로 돌아간 후 고종은 정국의 주도권을 장악하고 황제정의 법적 토대를 확실히 하고자 「대한국국제大韓國國制」를

제정했다. 「대한국국제」는 대한제국의 정체政體와 군권君權의 소재를
명백히 밝히는 국제國制를 제정하라는 조칙에 따라 1899년 6월 23일
설치된 법규교정소에서 작성했고, 황제의 재가를 받아 8월 17일 반
포되었다.[5]

그런데 법규교정소는 1897년 3월 23일에 설치되었던 교전소校典
所를 계승한 기구라고 할 수 있다. 갑오개혁 이후 신제도와 구제도의
혼란을 해결하기 위해 중추원에 설치했던 교전소는 신·구 제도를 절
충한 법규 제정을 목표로 설립되었지만, 교전소에 참여한 세력 내부
의 갈등으로 아무런 성과를 내지 못하고 중단되었다.[6]

교전소의 구성원은 총재대원에 의정부 의정 김병시, 궁내부 특
진관 조병세·정범조, 부총재대원에 의정부 찬정 김영수·박정양·
윤용선, 의정부 찬정 겸 외부대신 이완용 등이었다. 나중에 민영준
도 부총재대원에 임명되었으며, 르장드르, 그레이트하우스C. R. Great-
house, 브라운J. M. Brown 등 외국인 고문과 서재필은 위원에 임명되었
다. 교전소는 4월 12일 경운궁 내에서 제1차 회의를 열고 박정양을
임시의장, 서재필을 참서관으로 선출했다. 이때 제정된 「교전소의사
규칙校典所議事規則」에 따르면, 매주 월요일과 목요일 오후 교전소 정례
회의를 개최하기로 했다.[7]

제2차 회의도 4월 15일 경운궁에서 개최했고, 교전소 지사원知事
員에 중추원 의관 김가진, 법부협판 권재형, 외부협판 고영희, 한성판
윤 이채연, 회계원경 성기운, 의정부 총무국장 이상재, 중추원 의관
윤치호가 임명되었다. 같은 날 교전소 기사원記事員에는 내부 지방국

장 김중환, 학부 학무국장 한창수, 탁지부 재무관 김규희, 농상공부 참서관 서정직, 외부 번역관 박용규와 권유섭, 고희경 등이 임명되었다.[8] 총재대원과 부총재대원은 주로 보수적인 원로대신들이고, 3명의 외국인 고문관을 제외한 나머지 위원과 지사원, 기사원들은 대개 실무를 담당하는 개명관료들이었다. 하지만 위원 중 서재필이 교전소를 주도하면서 신·구를 절충한다는 교전소 설치의 취지를 무시하고 대대적인 개혁을 추진하려다가 보수적인 대신들의 반발로 교전소 회의는 결국 중단되었다.

교전소의 취지를 이어받은 법규교정소는 의정부에 설치되었다. 법률과 사리에 밝은 사람을 선발하라는 고종의 지시에 따라 1899년 7월 2일, 교정소 총재에 의정부 의정 윤용선, 의정관에는 중추원 부의장 서정순, 궁내부대신 이재순, 궁내부 특진관 조병호·윤용구, 학부대신 민병석, 의정부 찬정 권재형, 군부협판 주석면, 전권공사 성기운, 한성부 판윤 김영준이 임명되었다. 7월 10일부터 경운궁 포덕문 안의 '서양식 건물'에 사무실을 개설하고 회의를 시작했다. 실무를 맡은 위원은 정부 각부의 주임관 중 4인, 주사 역시 정부 각 부의 주사 중 6인으로 겸임이었다. 7월 13일에는 궁내부 특진관 이종건, 의정부 찬정 이윤용, 중추원 의관 이근명, 비서원 경 박용대를 의정관에 추가로 임명했는데,[9] 의정관들은 대부분 보수적인 원로대신이거나 황제와 가까운 인물들이었다.

이에 8월 1일에는 외국인 고문 르장드르, 브라운, 그레이트하우스를 의정관에 임명하여 각국의 사례를 참고하고 '새것과 옛것을 서로 참작한다'라는 취지를 살리고자 했다. 이들은 모두 1897년에 교전소에도 참여한 인물들이다. 법규교정소에서 성균관관제 개정이나 주·판임관 시험 및 임명규칙도 개정하라는 조칙을 내린 것을 보면[10] 단지 황제권에 대한 규정뿐 아니라 교전소의 경우처럼 갑오개혁 이후 신제도가 정착되지 못하고 구제도와 혼란을 빚고 있는 문제를 해결하기 위한 것이었음을 알 수 있다. 궁내관 중에서는 프랑스어에 능한 현상건이 포함되어 있음도 주목된다. 고종황제의 근왕세력인 현상건이 외국인 고문관들에게 황제의 의중을 전달하는 역할을 했으리라 생각된다.

고종은 국제 제정을 통해 자신의 전제 황제권을 만국공법에 의거한 근대법적 언어로 대내외적으로 천명하고자 했다. 법규교정소에서 완성된 국제 주본奏本을 제출했을 때 고종은 "이 주본에 대해서 여러 사람의 의견이 같으며, 외국인의 의견 역시 옳다고 하는가?"라고 물었다.[11] 법규교정소에 참여한 외국인 고문들이 동의한 것인지,「대한국국제」가 국제사회에서 인정받을 수 있을 것인지에 관심이 있었던 것이다.

총 9조로 이루어진「대한국국제」는 대한제국이 자주독립의 근대 주권국가임을 천명하고, 황제의 절대군주권의 내용을 공법公法에 의거하여 구체적으로 명시했다. 제1조에서 세계 만국이 공인하는 자주독립의 제국이라고 선언하여 근대 주권국가로서 위상을 분명히 했고, 나머지 조항들은 5백 년 전래 만세불변의 전제군주로서 황제권의 내용을 명시한 것이다. 주본은 순한문으로 작성되었으나, 조문에는 한문과 한글이 함께 사용되었다.

　「대한국국제」에서 황제는 '5백 년 전래 만세불변의 무한군권'의 소유자로서 신민의 군권 침손 행위에 대한 처벌을 가장 첫 번째 권리로 선언했다. 독립협회의 참정권 획득 운동에 대한 황제의 답변이라고 볼 수 있다. '주권재민'의 이념은 선언적으로라도 언급되지 않았고, 의회개설이나 삼권분립에 관한 조항도 없었다. 황제에게 입법·행정·외교 등의 권한이 모두 집중되어 있었다. 국제 제정의 일차적인 목적이 '본국의 정치가 어떤 정치인지, 특히 군권이 어떤 군권인지' 확실히 하는 데 있었기 때문이다.

「대한국국제」
『관보』1346호(1899년 8월 17일 자).

太祖高皇帝肇業垂統而尙無此等定制彝憲示者盖有所未遑也我
陛下以上聖之姿建中興之業旣已陛進寔位繼久改定國號旣舊邦其命維新億年無疆之休實基于是焉則凡先王朝未遑之事俱將有待於今日此法規校正所以設也而
今伏奉
詔勅自曰商立國制登
卽取旨者乃敢撰取衆議援照公法擬定國制一編以明本國政治之爲何等政治君權之爲何等君權此誠法規之大頭腦大關鍵也是制一頭則千法萬規自可迎刃而破竹其於校正乎何有哉玆己經由所會議謹將標題開錄伏候
聖裁

光武三年八月十七日奉
旨以此定制頒示天下

大韓國國制

第一條 大韓國은 世界萬國의 公認되온바 自主獨立호온 帝國이니라

第二條 大韓帝國의 政治는 由前則五百年傳來호시고 由後則亘萬世不變호오실 專制政治이니라

第三條 大韓國 大皇帝께옵서는 無限호온 君權을 享有호옵시느니 公法에 謂호온바 自立政體이니라

第四條 大韓國臣民이 大皇帝의 享有호옵시는 君權을 侵損홀 行爲가 有호면 其已行未行을 勿論호고 臣民의 道理를 失혼者로 認홀지니라

第五條 大韓國 大皇帝께옵서는 國內陸海軍을 統率호옵셔서 編制를 定호옵시고 戒嚴解嚴을 命호옵시느니라

第六條 大韓國 大皇帝께옵서는 法律을 制定호옵셔서 其頒布와 執行을 命호옵시고 萬國의 公共호온 法律을 效倣호샤 國內法律도 改定호옵시고 大赦特赦減刑復權을 命호옵시느니 公法에 謂호온바 自定律例이니라

第七條 大韓國 大皇帝께옵서는 行政各府部의 官制와 文武官의 俸給을 制定或改正호옵시고 行政上必要호 各項 勅令을 發호옵시느니 公法에 謂호온바 自行治理이니라

第八條 大韓國 大皇帝께옵서는 文武官의 黜陟任免을 行호옵시고 爵位勳章及其他榮典을 授與或遞奪호옵시느니 公法에 謂호온바 自選臣工이니라

第九條 大韓國 大皇帝께옵서는 各有約國에 使臣을 派送駐紮케호옵시고 宣戰講和及諸般約條를 締結호옵시느니 公法에 謂호온바 自遣使臣이니라

奏卽見前農商工部大臣閔泳綺辭職時疏本則有命巻之阿私存拔於莫嚴之獄案等勾語設果如是則斯豈非獄情之踈漏乎其在獄軆不可掩眞而勿問南命善法部査覈定罪何如敢
議政府議政 尹容善謹

四十

「대한국국제」

제1조 대한국은 세계 만국에 공인되온바 자주독립한 제국이니라

제2조 대한제국의 정치는 과거 500년간 전래하시고, 앞으로 만세토록 불변하오실 전제 정치이니라

제3조 대한국 대황제께서는 무한하온 군권을 향유하옵시니 공법에 이른바 자립정체自立政體이니라

제4조 대한국 신민이 대황제의 향유하옵신 군권을 침손할 행위가 있으면 이미 행했건 행하지 않았건을 물론하고 신민의 도리를 잃은 자로 인정할지니라

제5조 대한국 대황제께서는 국내 육해군을 통솔하여 편제를 정하시고 계엄戒嚴과 해엄解嚴을 명하시나니라

제6조 대한국 대황제께서는 법률을 제정하여 그 반포와 집행을 명하시고, 만국의 공공公共 법률을 본받아 국내 법률도 개정하시고, 대사大赦·특사·감형·복권을 명하시나니 공법에 이른바 자정률례自定律例이니라

제7조 대한국 대황제께서는 행정 각부부各府部의 관제와 문무관의 봉급을 제정 혹은 개정하시고, 행정상 필요한 각항 칙령을 발하시나니 공법에 이른바 자행치리自行治理이니라

제8조 대한국 대황제께서는 문무관의 출척黜陟 임면을 행하시고 작위 훈장 및 기타 영전榮典을 수여 혹은 체탈遞奪하시나니 공법에 이른바 자선신공自選臣工이니라

제9조 대한국 대황제께서는 각 조약국에 사신을 파송派送, 주재하게

하고 선전宣戰·강화講和 및 제반 약조를 체결하시나니 공법에

이른바 자견사신自遣使臣이니라

　　이상 총 9조에서 제1조의 자주독립 선언을 제외하고는 제2조
부터 8개 조항 모두 황제의 권한만을 명시하고 있다. 황제는 무한한
전제군주권의 소유자로서 군권에 도전하는 신민을 처벌할 수 있다
는 조항(제2·3·4조)부터 시작해서 육해군 통솔과 편제(제5조), 법률
의 제정·반포·개정, 사면·복권의 명령(제6조), 행정 각부 관제의 제
정과 관리의 임면(제7·8조), 외국과의 조약·선전포고·강화·사신 파
견(제9조) 등으로 황제권의 내용을 구체적으로 명시했다. 그동안 막
연히 '전제專制'로 표현되어온 황제권의 내용을『공법회통』등 국제법
을 참고하여[12] 근대적인 어휘로 표현했다. 아무런 명문화된 규정조
차 필요 없던 왕조시대의 왕권과 비교하면 이제 형식적이라도 황제
의 통치권이 법적인 토대를 갖추어야 한다는 것을 의미했다. 그런 점
에서 대한제국의 황제정은 왕조시대의 유교정치이념에 입각한 전제
군주제와는 그 역사적 단계를 달리한다고 볼 수 있다.

　　하지만 황제권이 절대 군권으로 선언되었을 뿐, 천부인권이나
주권재민의 이념, 독립협회가 주장해온 입헌정체의 수립이나 의회
개설은 전혀 언급되지 않았다. 공법을 참고했고 외국인들의 동의 여
부를 신경쓰면서도 가장 기본적인 국민의 기본권 보장이나 삼권분립
에 관한 조항도 없었다. 공법은 입법·행정·외교 등 모든 권한이 황
제권에 속함을 표현하는 데 수식어구로 사용되었을 뿐이다. 따라서

「대한국국제」는 주권의 소재를 밝혔다는 점에서 헌법적 성격을 가지면서도, 그 명칭이 헌법이 아니라 '국제'인 데서 알 수 있듯이, 국가제도를 명확히 한다는 취지로 작성된 것이다.[13]

그런데 이보다 앞서 아관파천으로 개화정권이 무너진 후 내각제가 폐지되고 1896년 9월 24일, 「의정부관제」가 반포되면서 이미 제도적으로 군주권은 부활한 상태였다. "대군주 폐하가 만기萬機를 통솔하여 의정부를 설치했다"라는 문구 자체가 국왕의 전제권을 표현하고 있다. 갑오 개화정권이 추진한 내각제는 국왕과 왕실의 권한을 축소하고 내각 중심의 입헌군주제 정부 수립을 지향했다. 그러나 아관파천 후 고종은 왕권 회복을 통해 실추된 국가 위신을 회복하고 민심을 수습한다는 차원에서 내각제를 폐지하고 의정부를 복설한 것이다. 하지만 이때 복설된 의정부가 갑오개혁 이전 조선왕조 시대의 의정부 제도로 돌아간 것은 결코 아니었다. 「의정부관제」를 반포하면서 내린 조칙을 보면 아래와 같이 옛 법을 따르지만, 새 규정도 참작하여 '절충'한다고 분명히 표현되어 있다.[14]

제도를 새로 정하는 것은 바로 옛 법을 그대로 따르면서 새 규정을 참고하는 것으로서, 일체 백성들과 나라에 편리한 것이라면 참작하고 절충하여 되도록 꼭 실행되도록 해야 할 것이다. 요즈음 온갖 제도를 경황없이 고치는 일이 많으니 민심이 안정되지 못하고 조령朝令이 믿음을 받지 못할 것은 당연하다. 이번의 제도는 내가 밤낮으로 근심하고 애쓰면서 타당하게 만든 것이니 모든 사람들은 다 잘 알아야 할 것이다.

여기서 '옛 법'이라면 바로 군주의 전제권이고, '새 규정'은 의정부회의의 제 규정을 말하는 것이라고 볼 수 있다. 즉 법률·규칙·제도의 제정·폐지·개정, 외국과의 전쟁과 강화·약조, 인민의 이익을 위해 전선·철도·광업을 개설하는 일, 1년 동안의 세입·세출을 예산하고 결산하는 사항과 예산 외 특별지출, 조세와 각종 잡세 및 관세 신설·증설·폐지, 공익을 위한 사업에 민간 소유 토지·산림 보상에 관한 사항 등에 대해 의정부회의에서 의결하는 절차를 법규로 상세히 정한 것이 새 규정이다. 문제는 대군주 폐하가 재가할 뜻이 있으면 의정부회의의 찬성 수에 구애되지 않고 재가할 군권이 있다는 조항이었다.

그러면 국정운영에 있어서 형식적으로는 의정부회의를 거치더라도 군주권의 절대적 우위를 규정한 전제황제권이 이미 확보된 상태인데, 왜 또다시 「대한국국제」의 제정이 필요했을까? 의정부회의 규정이 대내적인 것이라면, 「대한국국제」는 국제사회를 향한 근대 주권국가 선언에 주목적이 있었기 때문이라고 생각된다.[15] 그래서 대한제국이 세계 만국에 공인된 자주독립국이라는 것, 황제가 전제군주권을 가진 정치체제라는 것을 공법에 의거하여 조목조목 선언한 것이라고 볼 수 있다. 독립협회의 참정권 운동을 무산시킨 후 이제 대내적으로는 정치적 도전자가 없다고 생각한 고종은 국제사회의 인정을 받는 황제 주도의 근대 주권국가체제를 공고히 하고자 국제 제정을 서두른 것이다.

「대일본제국헌법」과 일본 천황

「대한국국제」에서 황제권이 '5백 년 전래 만세불변의 권리'라고 명문화된 것처럼 1889년 반포된 일본의 「대일본제국헌법」에서도 천황은 만세일계萬世一系(일본의 황통은 단절 없이 영원히 같은 혈통으로 계승된다는 의미)의 통치권자로서 불가침적 절대 권한을 가진 것으로 규정되었다. 「대한국국제」와 마찬가지로 천황은 법률의 재가와 공포, 법 집행의 명령, 육해군을 통솔하는 절대군주로 규정되어 있다. 고종은 일찍이 일본에 다녀온 시찰단의 보고를 받는 자리에서 메이지 천황의 위세와 성품, 일본의 서양문물 수용과 부국강병 실상에 대해 지대한 관심을 표명한 바 있다.[16] 대한제국기에도 주일공사 이하영을 소견한 자리에서 일본의 육군 증설, 군대 편제, 무기 구입에 대해 질문하는 등,[17] 일본 사정에 관심이 많았으므로 「대한국국제」 제정 시에 일본 헌법을 참고했을 가능성도 있다.

「대한국국제」보다 약 10년 앞선 1889년에 제정된 「대일본제국헌법」에서 메이지 천황은 신성불가침의 전제군주로서 모든 권한을 가진 존재처럼 나타난다.

제1조 대일본제국은 만세일계의 천황이 통치한다.

제2조 황위는 황실전범이 정한 바에 의해 황통의 남자 자손이 계승한다.

제3조 천황은 신성불가침이다.

제4조 천황은 국가의 원수로서 통치권을 총괄하며, 이 헌법의 조규에 의해 행한다.

제5조 천황은 제국의회의 협찬으로 입법권을 행사한다.

제6조 천황은 법률을 재가하고 공포와 집행을 명한다.

제7조 천황은 제국의회를 소집하고 개회, 폐회, 정회 및 중의원의 해산
을 명령한다.

(중략)[18]

하지만 현실적으로 일본의 천황은 메이지 유신의 주역인 번벌관료
藩閥官僚 세력에게 둘러싸여, 1885년 실시된 내각제와 1890년 개설된 의
회의 규제를 받는 존재였다. 번벌관료 세력은 메이지 유신 전부터 전국
각 번에서 권력을 키워온 집단으로, 이토 히로부미를 비롯하여 죠슈, 사
쯔마, 토사 번 등 웅번 출신의 관료 집단을 의미한다. 이들은 천황의 권
위를 높여 그를 정점으로 강력한 근대국가체제를 확립함으로써 막말幕末
이래 아래로부터 광범한 민중의 혁명적 진출과 자유민권운동의 거센 도
전을 제압하고자 했다. 1869년 판적봉환版籍奉還(일본의 각 영주들이 그들의
영지와 소속 인민을 중앙정부에 반환한 일), 1871년 폐번치현廢藩置縣(각지의
번을 폐지하고 중앙정부가 통제하는 부와 현으로 개편한 행정개혁) 등을 통해
집권적 통일국가의 기틀을 마련한 메이지 정권이 통치구조상으로는 천
황의 친정체제를 강화한 태정관제太政官制를 확립한 것도 그러한 배경에
서였다.[19]

태정관제는 입법·행정·사법 3권을 일원적으로 통할하고 궁중의 서
무까지 궁내경을 통해 관할했으므로 권력구조상으로 국가와 황실, 궁중
宮中과 부중府中이 일체화된 절대주의적 권력 형태였다. 『명치천황기明治天
皇紀』에 의하면, 메이지 천황은 초기에 국무에 별로 관심이 없고, 건강상
태도 좋지 않았으므로 내각회의에 결석이 잦았다. 이토 히로부미가 '정
무는 대신들의 전결專決에 맡기고 내각이 올리는 서류를 자세히 보지도

않으면서 어떻게 복잡한 국무를 완전히 파악할 수 있겠는가'라고 천황을 걱정할 정도였다. 메이지 천황은 서구문명의 도입에 적극적인 이토를 전폭적으로 신뢰하지 않고, 스승인 유학자 모토다 나가자네元田永孚 등의 영향으로 전통적인 유교 도덕에 상당히 경도되어 있었다. 이토는 국사에 무관심한 천황에게 책임감을 부여하고 그를 국민적 추앙의 대상으로 신격화하여 정권의 구심점으로 만들고자 했다. 나아가 천황을 민권운동 세력에 대한 방패막이로 삼고자 부단히 노력했다. 실현되지는 않았지만, 천황을 유럽 각국에 보내 해외 사정을 시찰하고 각국 황제와 친교를 맺게 할 계획을 세웠던 것도 이러한 노력의 일환이었다.[20] 1882년 2월, 태정대신 산조 사네토미三條實美 등은 의회 개설을 앞두고 입헌정체와 관련된 상주서上奏書(군주에게 올리는 글)에서 군주권은 불가침의 권리라고 주장했다. 황실 재산을 국고와 별도로 둘 필요성도 강조했다. 장차 화족華族(일본의 귀족 계급)이 의회의 상원을 조직하여 황실을 보호할 것도 주장했다. 같은 해 3월, 원로원 의장 테라지마 무네노리寺島宗則의 제안으로 참사원參事院 의장 이토를 유럽에 파견하여 각국 헌법을 조사하게 한 것도 자유민권운동의 입헌 요구에 대응하여 헌법을 제정하되, 황실 대권을 영원히 유지하는 일본적인 헌법을 마련할 방법을 찾기 위한 것이었다.[21]

이토는 독일, 오스트리아, 영국, 프랑스, 러시아, 이탈리아 등 유럽 각국에 체재하는 동안 영국과 프랑스의 '과격한 자유주의'보다는 독일이나 오스트리아의 헌법이 일본의 모델로 삼을 만하다고 생각했다. 특히 빈 대학의 보수적인 헌법학자로서 보통선거권과 정당정치에 반대한 로렌츠 폰 슈타인Lorenz von Stein의 영향을 크게 받았다. 1883년 8월 초, 1년 반 동안의 유럽 체류를 끝내고 귀국한 이토는 국가조직의 큰 틀과 황실 대권 유지를 위한 큰 안목이 생겼노라고 선언했다. 그리고 군권을 완전히 하여 입헌군주제 정체政體를 확립하고, 이를 입법·행정조직 위에 두는 것을 목표로 한 개혁 작업에 착수했다.

이토는 우선 스스로 궁내경에 취임하여 1884년, 유럽 각국의 왕실제도 등을 참조한 화족제도를 창설했다. 황실과 황실제도를 입헌정체와 국제화 시대에 적응할 수 있도록 개혁한 것이다. 1885년에는 유명무실한 태정관제를 폐지하고 전격적으로 내각제를 실시했다. 내각의 총리대신이 수상이 되어 국무를 총괄하는 내각제가 실시되면서 초대 총리대신에는 당연히 이토가 임명되었다. 외무대신 이노우에 카오루井上馨, 내무대신 야마가타 아리토모山縣有朋 등의 임명은 모두 이토의 천거에 의한 것이고, 천황은 이토에게 모든 권한을 위임했다.

내각제 실시로 황실 사무는 국정으로부터 분리되었지만, 천황권은 오히려 제도화되었고 황실재산도 의도적으로 확대되었다. 헌법 공포를 앞두고 1888년 4월 28일 설치된 추밀원樞密院은 천황의 최고 고문부로서, 입헌정치가 개시되면 개설될 의회와 정부 간의 대립에 대비하여 천황의 결정을 '바르게' 인도하는 것이 임무였다. 즉 추밀원은 사실상 정부 내각의 의견을 천황의 권위를 빌어 실현하기 위한 장치였다. 이후 추밀원에 소속된 번벌 출신 겐로元老들이 내정, 외교 및 황실의 중요 안건 결정에서 강한 영향력을 발휘했다. 이른바 일본 근대의 '겐로 정치'이다.

애초에 추밀원 설치를 주창한 사람이 바로 이토였다. 이토는 장차 공포될 헌법은 천황이 국가에 수여하는 흠정헌법으로서, 천황의 권위는 신성불가침이고 천황의 재단裁斷은 결정적이라고 단언했다. 이토는 내각 총리대신을 사임하고 추밀원 의장에 취임했다. 6월 8일 추밀원에서 행한 헌법 기초의 취지에 대한 연설에서 이토는 "유럽 각국에서는 종교가 인심을 통일시키는 역할을 하는 반면, 일본의 종교로서 불교와 신도神道는 인심을 통일시키기에는 약한 대신 일본인이 가진 유일한 기축機軸은 황실뿐이다. 헌법 초안을 작성할 때 항상 이를 유념하여 군권을 존중하고 속박하지 않으려 노력했다."라고 주장했다.

1884년 이토가 궁중에 설치된 제도취조국 장관에 임명되어 헌법 조사에 착수한 이래, 오랜 토의 끝에 1889년 2월 10일 「대일본제국헌법」이 공포되었다. 비록 천황이 내각 총리대신에게 수여하는 상징적 행위를 거쳤지만, 실제로 모든 헌법 제정 작업은 이토의 지휘하에 그의 구상대로 이루어진 것이다. 이때 공포된 「대일본제국헌법」은 군국주의적인 프로이센 헌법을 모방한 것으로, 의회가 설치되었다 해도 천황제의 절대주의적 성격은 전혀 달라지지 않은 '외견적 입헌제'였다고 평가된다.[22] 천황은 만세일계의 통치권자로서 법률을 재가·공포하고 명령하며, 육해군을 통솔하는 절대군주로 규정되었으므로 일본이 입헌제를 택했다고 해서 천황의 권위가 결코 제한된 것은 아니었다. 또한 헌법 개정은 천황의 발의에 의해서만 가능하도록 규정함으로써 정당 세력에 의한 헌법 개정 가능성은 미리 차단되었다. 민선의회인 중의원의 권한은 가능한 적게 한 반면, 이에 대항하는 상원으로서 귀족원을 설치하여 이토가 귀족원 의장에 취임했다.[23]

이처럼 이토 등 번벌 세력들은 천황 권력을 제도화함으로써 정부와 의회 및 정당 세력이 충돌하는 사태 발생 시 천황이 조칙을 내려 정국을 타개할 수 있는 시스템을 만들고자 했다. 메이지 시대의 권력 갈등이 궁중 대 내각의 대립보다는 천황을 앞세운 번벌관료가 장악한 정부 권력 대 의회와 정당 세력의 대립 구도였기 때문이다. 궁극적인 권력은 천황이 아니라 정부 내각에 있었으므로, 모든 법률·칙령 및 기타 국무에 관한 조칙은 국무대신의 부서副署(국가 원수의 서명 뒤에 다른 사람이 부가적으로 하는 서명)를 필요로 했다. 군주의 자의적인 전제를 방지할 장치가 마련되어 있었던 것이다. 천황은 정부 이외에 독자적인 집행기관을 가지지 않으며 국무에 관한 대권 행사는 모두 국무대신, 즉 정부의 동의 없이는 행사할 수 없었다. 따라서 천황권 옹호는 번벌 정부가 내세운 명분일 뿐, 실제로는 의회와 민권 세력으로부터 정부의 권한을 지키는 게 목적이었다.

따라서 「대일본제국헌법」에서 절대군주로 규정된 일본의 천황권은 실제로는 천황을 앞세워 민권 세력을 제압하기 위해 번벌관료 세력에 의해 의도적으로 확립된 것이었다. 반면 「대한국국제」의 황제권은 스스로 황제국을 선포한 고종이 독립협회 등 민권운동 세력을 제압한 후 대외적으로 근대적 주권국가 승인을 목표로 선언한 것이라는 점에서 분명한 차이가 있었다. 일본의 천황권은 메이지 유신으로 권력을 장악한 번벌관료 세력에 의해 의도적으로 강화된 것이고 실제 국정은 정부 내각에 의해 운영되고 있었던 반면, 대한제국 황제정은 실질적으로 모든 국정운영의 주도권을 장악하고자 했던 것이 근본적인 차이점이었다.

6장

'대한국인'의
충군애국주의를 고취하다

국경일 행사에 태극기를 내걸다

「대한국국제」 반포 이후 고종은 본격적으로 황실 가계에 대한
신성화 작업을 시작했다. 1899년 12월, 태조 이성계를 태조 고황제高
皇帝로 추존하고 자신의 직계 선조인 사도세자를 장조莊祖 의황제懿皇帝,
정조를 선황제宣皇帝, 순조는 숙황제肅皇帝, 익종은 문조文祖 익황제翼皇帝
로 추존했다. 전주의 조경단肇慶壇, 삼척의 준경묘濬慶墓, 영경묘永慶墓 등
황실 조상의 무덤을 정비하고, 1900년 8월에는 황제국의 제도인 친
왕親王 제도를 도입하여 황자인 의화군 강堈을 의친왕義親王으로, 은垠을
영친왕英親王으로 책봉했다. 황실의 족보인 『선원속보璿源續譜』를 1899
년부터 3년간 대대적으로 수정하고, 종친 이재완을 완순군, 이재순
은 청안군, 이재각은 의양도정義陽都正으로 봉했다.[1] 모두 고종의 황제

즉위의 정통성을 보강하기 위한 작업이었다. 천자만이 명산대천에 제사지낼 수 있다는 관념에 의거하여 5악岳·5진鎭·4해海·4독瀆을 정하도록 조령을 내리는 등 여전히 전통적인 황제국 관념을 의식하는 모습을 보이기도 했다.[2]

1902년에는 고종황제의 나이 51세를 맞이하여 예순을 바라본다는 의미로 '망육순望六旬'을 기념하고 등극 40년을 축하하는 행사를 기획했다.[3] 이때 왕실 계통상 자신의 부모에 해당하는 익종翼宗과 신정왕후神貞王后에 대한 존호도 지시했다.[4] 주지하듯이 고종은 순조의 아들인 효명세자(왕위에 오르지 못하고 죽은 후 익종으로 추존됨)의 비妃인 조대비(신정왕후 조씨)에 의해 익종의 뒤를 잇는 형식으로 왕위에 올랐다. 또 황태자의 건의에 따라 5월 4일, 기로소耆老所 입소 의식을 거행했는데, 영조가 51세에 기로소에 입소한 예에 따른 것이다.『황성신문』은 고종의 기로소 입소가 개국 이래 네 번째 경사라고 축하하면서 행사 모습을 자세히 보도했다.[5] 이 모두가 황제의 권위를 높이고 황실의 정통성을 강화하는 작업이었다.

그런데 이러한 행사들은 대부분 전통적인 관례에 의거하고 그 형식을 따르는 것이었다.[6] 대한제국기에 공식적으로 양력을 사용하면서도 황실 의례와 제례에는 음력을 사용하는 등[7] 전통과 근대, 동양과 서양은 여전히 동시에 그림자를 드리우고 있었다. 하지만 이미 신식교육이 시작되었기에 문명개화의 세례를 받은 인민들을 대한제국의 충량한 신민으로 동원하기 위해서는 새로운 형식과 구심점이 필요했다. 실제로 민간에서는 각종 국가기념일 경축 행사나 연회에

↑
미국인 외교고문 데니가
소장했던 태극기
현재 우리나라에 남아 있는
태극기 중 가장 오래된 것이다.

→
「각국기도」에 수록된 태극기

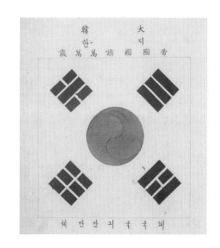

↑
1896년 명성황후 빈전 이봉 시
반차도에 등장한 태극기
대한제국 선포 이전에도
태극기를 사용했음을 알 수
있다.

↗
「임인진연도병」(1902년)의
태극기

→
고종 탄생일인 만수성절에
태극기를 게양하라는 내용의
교과서 삽화
대군주 폐하 탄생일에는
국민들이 생업을 쉬고
경축하며 문 앞에 국기를
달아야 한다는 내용의 삽화다.

서 전에 없던 새로운 모습들이 등장하고 있었다. 행사장에 태극기를 내걸고 애국가를 연주하는 등 새로운 국가적 표상을 중심으로 근대 주권국가의 구성원인 '대한국인大韓國人'의 정체성이 만들어지고 있었다.

근대적인 국가기념일 행사는 갑오개혁 때인 1895년 7월 16일, 태조 이성계가 나라를 세운 날인 개국기원절을 기념하기 위해 경복궁 경회루에서 최초로 개최되었다. 이날 각국 공사가 부부동반으로 고종을 알현하고 각부 칙임관들도 부인과 함께 잔치에 참석했다고 한다.[8] 12월 13일은 흥경절興慶節이라 하여 고종의 등극일과 1월 14일 종묘서고일을 합쳐서 기념했다.[9]

대한제국기에는 고종황제의 탄신일인 음력 7월 25일을 만수성절萬壽聖節, 황태자 탄신일을 천추경절千秋慶節(음력 2월 8일), 황제 즉위일을 계천기원절繼天紀元節(음력 9월 17일)로 삼아 기념했다. 황실의 위상을 강화하고, 황제권을 중심으로 근대국가체제의 구심점을 만들어가기 위해서였다.

고종의 탄신일인 만수성절에는 정부 고관과 개명 지식인들뿐 아니라 수많은 인민이 참여하여 화려한 경축 행사를 열었다. 근대 국민 만들기에 앞장선 『독립신문』은 대한제국 선포 직전인 1897년 8월에도 "나라마다 제왕들이 계신 데는 그 나라 임금의 탄신일이 전국 인민의 경축하는 날이라. 내일은 자주독립한 대조선 대군주 폐하의 45년 탄신일이라. 이런 경축하는 날을 당하여 조선 신민이 되어 나라 일을 생각할 때 조선 인민들이 자기의 임금께 할 직무가 무엇인지 자세히 모르는 고로 오늘 우리가 신민이 되어 해야 할 직무를 대강 말하노라."[10]라고 경축 행사의 필요성을 강조했다. 『독립신문』이 기사에서 신민과 인민이라는 단어를 섞어서 사용한 것은 이 시기 '대한국인'의 정치적 위상이 그만큼 모호했음을 반영한다. 조선왕조 시대의 '민民' 혹은 '백성'에서는 벗어났지만, 아직 완전히 근대국가의 참정권을 가진 '국민'은 아닌 존재를 인민이라 부르기도, 혹은 황제정하의 신민이라 부르기도 하는 것이다.[11]

독립협회가 주관하여 1897년 8월 23일 오후 3시, 훈련원에서 거행한 대군주 폐하 탄신 경축회에는 인민 천여 명이 모여 훈련원 안 대청을 '국기'와 청·홍·백 삼색으로 단장하고, 교우와 부인들, 정부 대신, 고관들이 모여 경축했다는 소식이 전해졌다. 이날 배재학당 교장 아펜젤러Henry Gerhard Appenzeller가 개회 선언을 하고 한성판윤 이채연이 축하 연설을 했다.[12]

국경일에는 각 관청과 학교, 민가에 태극기를 게양하게 하고 황제가 내탕금을 하사하여 축하연을 벌이게 했다. 특히 만수성절에는 곳곳에서 성대한 축하 행사가 열렸다. 대궐에서 잔치가 베풀어졌을 뿐 아니라, 소학교 학생들이 학부에 모여 경축 행사를 가진 뒤 경운궁 대안문 앞에 가서 만세를 불렀다는 기록도 있다. 거리를 지나는 보부상들도 생가笙歌로 축하했다.[13] 『황성신문』은 국경일 하루를 휴간하고, 다음날 만수성절을 축하하는 사설을 싣기도 했다.[14]

국경일 축하 행사에 보이듯이, 새로운 황제국의 신민으로 거듭나게 된 대한제국의 인민들은 국가행사 때마다 등장하는 태극기를

신문 제호에 표시된 태극기

『황성신문』 1898년 9월 5일 창간호   『제국신문』 1898년 8월 10일 창간호

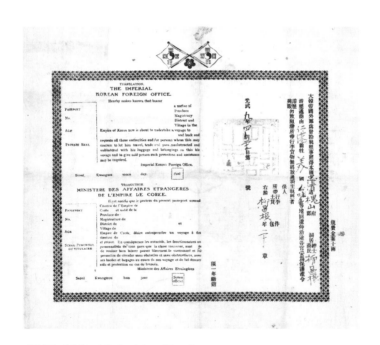

대한제국 여권에 등장한 태극기와 오얏꽃 문양

1905년 대한제국 외부(The Imperial Korean Foreign Office)에서
발급한 여권으로 한자, 영어, 프랑스어를 사용했다. 제물포를 출발해
미국 하와이로 가는 여권으로 당시 대한제국을 영문으로 'Empire Of
Korea'로 표기했음을 알수 있다.

남대문 시장 상가에 걸린 태극기와 장보는 사람들

국가상징물로, 대한제국의 표상으로 받아들이는 과정에 있었다. 이
제 태극기는 관청은 물론이고 민가에서도 국경일이나 행사 때마다
게양하는 국가적 상징 기호가 되었다. 당시 소학교 학생들의 교재에
서도 만수성절에 태극기 게양이 의무임을 가르쳤다. 1882년 일본에
파견된 수신사 박영효가 최초로 국가적 표식으로 활용한 이래,[15] 태
극기는 황제 즉위식에 가는 환구단 행차, 명성황후 국장, 기타 황실
경축일 행사에 등장했다. 또 독립문에 새겨지고 『독립신문』·『황성신
문』·『제국신문』 등 신문 제호, 대한제국의 우표나 여권에 등장했다.
심지어 남대문 시장 상가에 게양된 태극기에서 보이듯이 '대한국인'
의 일상생활에 태극기가 널리 자리 잡았다. 더불어 황실을 상징하는
오얏꽃 문양도 우표, 화폐, 훈장 도안 등에 사용되면서 시각적 상징

으로 활용되기 시작했다.[16]

이처럼 태극기로 대표되는 국가 상징 아래 점차 '대한국인'으로 형성되어 가는 인민들은 왕조시대의 민이나 백성이 아니고, 아직 근대국가의 국민이라 할 수도 없지만, 황제정하의 신민으로 호칭되며 충군애국지심을 요구받았던 것이다.

황제의 초상, 어진과 어사진

대한제국기에 황제의 초상은 사진이라는 근대기술을 만나 무한 복제될 수 있는 어사진御寫眞으로 대중에게 보여지기 시작했다. 전통 시대에 왕의 어진은 대궐 내 깊숙한 곳에 건립된 선원전이나 규장각, 집옥재 등 왕의 서재, 전주의 경기전慶基殿, 한성의 영희전永禧殿과 같이 특정 장소에 모셔진 신성한 봉안의 대상이었다. 하지만 원래 외교 현장에서 국가를 대표하는 표식으로 쓰이던 태극기가 황실 행사나 국경일 행사장에 걸려 대중에게 익숙해졌듯이, 이제 황제의 초상도 사진이라는 신기술 덕분에 국가를 상징하는 시각 매체가 되기 시작했다. 근대국가와 국민의식 형성에 미치는 군주의 초상 이미지 활용이[17] 대한제국에서도 시작된 것이다.

고종은 전통적인 방식으로 어진을 제작하게 했을 뿐 아니라, 여러 차례 서양인들의 카메라 앞에 서서 다양한 초상 사진을 남겼다. 무한복제가 가능한 황제의 사진은 책, 잡지, 신문 등 다양한 인쇄매

1884년 창덕궁 농수정에서
로웰이 촬영한 최초의 고종
사진

명성황후의 시의였던 언더우드 여사의 책
『*Fifteen Years among the Top-knots*』에 실린
고종 사진

↑
1883년 보빙사절단과 로웰
왼쪽부터 민영익, 로웰, 서광범, 홍영식.

←
버튼 홈즈의 책에 실린 대원수복을 입은 고종 사진

체를 통해 보급됨으로써[18] 자연스럽게 국가적 표상으로 자리잡게 되었다. "어사진을 일본—本씩 노나주고 팔지는 않는다더라."라는『독립신문』의 기사는[19] 황제의 사진이 이미 대중적으로 보급되고 있음을 보여준다.『그리스도신문』도 1년 정기 구독자에게 황제의 사진을 나눠주고 판매는 할 수 없게 했는데,[20] 신성한 황제의 사진을 상품화하는 것은 경계하지만, 적어도 일반인들이 소장할 수 있는 단계까지 나아갔음을 알 수 있다.

고종의 초상 사진은 1883년 미국에 파견한 외교사절단인 보빙사를 안내한 미국인 퍼시벌 로웰Percival Lowell이 창덕궁 농수정에서 1884년 봄에 촬영한 것이 최초이다.[21] 이후 고종을 알현한 서양인들에 의해 촬영된 고종의 사진이 신문, 잡지 등 인쇄매체에 실려 보급되었다. 명성황후의 시의로 활동한 언더우드 여사의 책에도 고종의 초기 사진이 실려 있다.[22] 황제의 사진은 화려한 황제 탄신 기념일 행사와 함께 충군애국지심을 고취하고 국민적 구심점을 형성하는 매개체 역할을 했다. 일본의 메이지 천황의 경우에도 일찍부터 각급 학교에 천황의 초상을 걸게 함으로써 국민적 구심점으로서 위상을 확보해 갔듯이,[23] 대한제국의 고종황제의 사진도 그러한 역할을 수행했으리라 생각된다. 특히 1899년 원수부 설치 후 대원수 군복 차림을 한 황제의 사진은 군통수권자로서 '부국강병'의 이미지를 전파했다. 1900년 복제服制 개혁 후 서양식 대례복에 여러 개의 훈장을 패용한 고종의 사진 혹은 초상화는 시각적으로 근대문명의 수용을 상징하는 효과가 있었다.

1901년경 대한제국을 방문한 것으로 알려진[24] 미국인 사진작가이자 여행가 버튼 홈즈Elias Burton Holmes의 책에는 신식 군복 차림을 한 고종의 단독 사진이 실려 있고, 대한제국의 전 황제 고종이라는 설명이 붙어 있다. 고종이 강제 퇴위된 후인 1908년 『버튼 홈즈 트래블로그(Burton Holmes Travellogues; Seoul, the Capital of Korea)』가 출간되었기 때문이다.[25] 그의 책에 실린 사진은 대부분 버튼 홈즈가 직접 촬영한 것이나, 이 사진에는 제임스 헨리 모리스J. H. Morris 촬영이라고 표기되어 있다. 모리스는 1899년 대한제국에 와서 수도, 난방, 발전 기술자로 일했으며, 금광사업에도 종사하는 등 일제강점기까지 약 40년간 체류한 캐나다인으로 투구형 군모에 대원수복을 입은 고종의 사진을 촬영한 것으로 유명한 인물이다.[26] 1899년 반포된 「원수부관제」에 따라 육해군을 친총하는 대원수가 된 고종황제는 대원수 복장에 투구형 군모를 쓰고, 1900년에 제정된 훈장을 패용한 채 매우 어색한 포즈로, 하지만 사뭇 근엄한 표정으로 카메라를 응시하고 있다. 버튼 홈즈의 책에는 동일한 복장을 한 고종이 두 자녀인 황태자, 영친왕과 함께 촬영한 사진도 실려 있는데, 낯선 카메라를 호기심어린 눈으로 쳐다보고 있는 어린 영친왕의 표정이 흥미롭다.

그런데 이때 버튼 홈즈는 황실의 측근이었던 이재순의 요청으로 활동사진 기계를 궁중에 빌려주었고, 황제와 막내 아들이 활동사진을 구경했다고 하므로,[27] 이것이 우리나라 최초로 궁궐에서 동영상을 상영한 기록이라고 할 수 있다. 버튼 홈즈는 그 대가로 이재순의 초청을 받아 대궐에 들어가 궁중 무희들의 공연을 보고 선물을 받았다

↑
전통 복장을 한 젊은 시절의
고종과 왕세자

↗
1900년 복제 개정 이후
투구형 군모와 대원수 예복
차림의 고종황제와 황태자

→
고종황제(중앙)와
황태자(오른쪽) 그리고
영친왕(왼쪽)

←
강사포에 통천관을 쓴
고종의 어진

→
황룡포에 익선관을 쓴
고종의 어진

고 기록했지만, 직접 황제를 알현하거나 사진을 촬영할 기회는 가지지 못한 것으로 보인다. 고종이 대한제국에 부임한 외교관이나 선교사 혹은 외국인 고문 외에 여행자나 일시적 방문객 중에 알현을 허락한 서양인은 앞서 서술한 대로 공식 추천서를 가져온 영국의 여행가 이사벨라 비숍이나 독일 하인리히 친왕과 같은 국빈인 경우였다.

고종이 기꺼이 서양인들의 카메라 앞에 선 목적은 비숍의 알현 사례에서 보이듯이, 대외적으로 자신의 존재를 적극적으로 알리기 위해서였다. 대한제국이 근대 문명세계의 일원임을 알리는 수단으로 자신의 사진을 나라 밖 세상으로 내보내려 한 것이다. 일본의 메이지 천황의 사진도 애초에 외교 현장에서 국가 원수의 사진을 교환할 때 필요해서 촬영되기 시작했다.[28]

반면 전통적인 방식으로 그려진 역대 왕의 어진과 황제의 어진은 여전히 준엄한 의례의 대상이었다. 1900년 10월, 한밤중에 역대 왕의 어진을 모셔둔 진전인 선원전에 화재가 발생하여 태조, 숙종, 영조, 정조, 순조, 문조(효명세자를 익종으로 추존한 후 다시 추존한 호칭), 헌종 등 7대 임금의 영정이 모두 불타버렸다. 고종은 "정묘호란과 병자호란을 제외하고 이처럼 큰 사태가 없었다."라며 안타까워했다. 조선 전기의 어진들은 임진왜란으로 대부분 소실되었으나, 숙종 대 이후 진전 제도가 정비되어 영조, 정조 대에도 주기적으로 어진을 도사圖寫(왕이 생존해 있을 때 직접 보고 그리는 방법)함으로써 왕실의 정통성을 세우는 전통이 형성되어 있었다.[29] 고종은 화재 이후 즉시 선원전 중건을 명하고 영정 모사模寫(원본을 보고 베껴서 그리는 방법)를 지시했는데, 도화서 화원들이 40명 넘게 동원되어 영희전, 냉천정, 평락정 등 곳곳에 봉안되었던 역대 왕들의 어진을 옮겨와 모사했다. 모사를 위해 어진들이 도착할 때마다 황제가 친히 나가 극진한 예로 맞이했다. 역대 임금들의 어진을 모사하고 제작하는 것은 곧 황실의 정통성을 시각적으로 보여주는 작업이었다. 또 어진이 이봉되는 장엄하고 화려한 행렬을 거리에서 목격하는 대중들에게 황제권의 권위를 각인시키는 효과도 있었다. 1901년 7월, 경운궁의 북쪽 권역인 영성문 대궐 내에 새 선원전을 완공하고 모사한 어진들을 봉안했다.[30]

전통을 따르는 어진 봉안 행사에서도 새로운 시대적 변화는 감지되었다. 태조 이성계의 어진을 모사하기 위해 멀리 함경도 영흥 준원전濬源殿에서 경운궁 흥덕전興德殿까지 어진을 모셔 올 때는 대규모 행렬이 꾸려지고 호위단과 군악대까지 동원되었다. 어진 행렬이 지나오는 코스의 도로와 교량을 정비하고 길 위에는 황토를 깔았다. 한양 도성의 인민들뿐 아니라 태조의 어진 봉안 행렬을 구경하는 지방민들도 황실의 위엄을 가시적으로 체험하게 한 것이다. 1900년 3월, 태조 어진을 다시 준원전에 봉안하기 위해 장거리 출장길을 떠나는 의정 윤용선에게 고종은 중간 도착지마다 상황을 보고할 때 전화기를 사용하라고 조언했다. 열악한 도로 사정으로 인해 배달이 원활하지 못한 우편보다는 전화과 주사를 동행하여 전화로 보고하면 더 빠를 것이라는 아이디어였다. 어진 봉안이라는 전통적인 황실 행사에 근대문명의 이기가 동원된 것이다.[31]

1902년에는 즉위 40년을 기념하여 고종황제의 어진을 그리는 작업도 추진되었다. 고종은 황태자와 함께 어진 도사가 진행되던 50 여일 동안 거의 매일 정관헌에 행차하여 어진 제작에 응했다. 이때 그려진 어진과 황태자의 초상인 예진睿眞은 멀리 평양에 건립된 풍경 궁豊慶宮에도 봉안되었다. 풍경궁은 황제의 나라에는 두 개의 수도를 두어야 한다는 궁내부 특진관 김규홍의 상소에 따라 1902년 5월 건립이 시작되었다. 평안도 관찰사 민영철이 적극적으로 나서서 황실의 내탕금 외에 평양 부민富民들로부터 기부금 1천만 냥을 거두어 사용했다. 평양을 서경西京으로 하여 양경제兩京制를 한다는 취지였다.[32]

풍경궁의 정전인 태극전은 정면 9칸, 측면 5칸의 45칸 규모에 정면 월대를 갖추었고, 정문인 황건문皇建門은 정면 3칸, 측면 2칸의 다포식多包式 건물로서 서북인들에게도 황국의 위용을 과시했다 한다.[33] 1903년 11월, 태극전과 편전인 지덕전至德殿, 동궁전인 중화전重華殿을 완공한 후 고종의 어진과 황태자의 예진이 봉안되었다.『어진도사도 감의궤』에는 황금색 가마에 황제의 어진을 싣고 가는「어진예진서경 풍경궁교시시반차도」가 그려져 있고, 신식 군복을 입은 군인들이 행렬을 호위하고 있다. 어진 봉안 행렬을 보고 서북인들이 기뻐서 춤을 추었다는 보고도 있었다.[34] 하지만 러일전쟁 발발 후 1904년 2월「한일의정서」가 체결되면서 풍경궁은 일본군의 군용지로 강제 수용되었다. 러일전쟁 중에는 일본군의 숙소로 사용되었고, 태극전과 중화전에 봉안되었던 황제와 황태자의 어진, 예진은 1908년 4월 순종의 명에 따라 경운궁 정관헌으로 옮겨졌다.[35]

사실 대한제국보다 앞서 근대국가체제에 진입한 일본에서도 번벌관료들이 천황을 구심점으로 한 국민통합을 도모했다. 이들은 천황의 권위를 빌려 민심을 하나로 묶기 위해 새로운 천황상을 만들어 냈다. 1882년 메이지 천황이 군인들에게 내린 「군인칙유」에서는 천황이 육해군 통솔의 정점에 있으며 충군애국주의의 구심점임을 분명히 했다. 천황은 대원수로서 육해군을 수족과 같이 믿고 의지하고, 군인들은 천황을 머리로 받들며 직분을 다하여 충성을 바칠 것이 강조되었다. 이후 천황과 황후는 대규모 군사훈련 및 모의전쟁 시합을 관람하거나 군함 진수식 등에 참석함으로써 국민 앞에 등장하는 일이 잦아졌다.[36] 막부시대에 천황은 단순히 제사 담당자의 역할에 머물러 있으며 어소御所 밖으로 나오지 않는 것이 일반적이었던 데 비해, 메이지 천황은 전국 순행 행사를 통해 근대 국민국가로서 일본제국의 형성에 구심점 역할을 했다. 메이지 천황의 전국 순행은 1885년을 마지막으로 끝나는데, 이후에는 일본 국민에게 보여지는 천황의 모습은 사진으로 통일되었다. 천황의 사진과 칙어勅語 등사본이 한 세트로 하사되어 각급 학교에 보급되고 학교의 공식행사에서 천황과 황후의 사진에 대한 경례, 만세, 칙어 봉독奉読이 국민의례로 자리 잡았다.

1889년 헌법 발포 이후 점차 정국 동향에 관심을 보이기 시작한 메이지 천황은 청일전쟁 당시 대원수로서 히로시마廣島에 설치된 대본영에 직접 가서 기거하면서부터 일약 국민적 상징으로서 권위를 확립하게 되었다.[37] 12세에 즉위한 고종과 마찬가지로 15세의 어린 나이에 즉위한 메이지 천황은 46년 재위기간 동안 2천여 건이 넘는 조칙을 발표했다. 1890년 「교육칙어」에서는 모든 교육의 연원이 천황을 정점으로 하는 국체 사상에 있음을 확실히 했다.[38] 국정교과서에 '교세이御製'라고 하는 천황의 자작 단가短歌를 싣거나, 천황의 신민이라고 불리는 국민들에게 충효, 우애, 공손, 검소와 같은 유교윤리를 주입했다.[39]

　대한제국기 학교 현장에도 메이지 시대 일본에서 시행된 것과 같은 충군애국주의 교육이 도입되었지만, 아직 황제의 어진은 신성한 봉안의 대상이었다. 물론 메이지 천황의 어진도 판매는 엄격하게 금지되어 있었다.[40] 무한복제하여 대중적으로 보급될 수 있는 사진이라는 매체가 있었지만, 영국 빅토리아 여왕의 초상 사진처럼 일반 서민가정의 가족적인 모습으로 대중에게 다가서는[41] 단계는 아니었다.

　고종의 초상 사진은 서양인들에 의해 촬영되어 인쇄매체를 통해 전파되었지만, 그것은 황제가 서양문명에 적극적으로 대응하고 자신을 외국에 알리는 용도로 응한 것이었다. 즉 대외 교섭용으로 한정된 것이지 국내 신민들에게 친근한 모습을 보급하기 위한 용도가 아니었다. 대내적으로는 전통 방식으로 제작되는 어진이 여전히 엄격한 규례에 의거하여 신성하게 도사되고, 봉안되는 관행을 지켰다. 1902년 정관헌에서 면복본, 익선관본, 군복 대본과 소본을 그린 후에도 초본은 전례대로 세초한 후 생초본은 정결한 자기에 담고 궤자에 넣어 흠문각에 봉안하게 했다. 과거 1872년에 그린 어진까지 미흡하다는 이유로 함께 세초하게 했다.[42] 이렇듯 대한제국의 안과 밖은 여전히 편차가 있었다. 대외적으로는 근대적 주권국가로서 인정받기를 원하지만, 대내적으로는 왕조시대의 전통을 준수하며 황제권을 강화하고 신민의 충군애국주의를 강조했던 대한제국은 황제를 중심으로 '아주 천천히' 근대 국민국가로 나아가는 도정에 있었다고 볼 수 있다.

국가기념물과 「대한제국 애국가」

대한제국기에는 황제국을 상징하는 환구단 외에도 도성 내에 전통시대에는 볼 수 없었던 각종 국가기념물이 세워졌다. 우리나라에서 근대적 보훈 기념물로는 최초라고 할 수 있는 장충단奬忠壇이 1900년 설치되어 을미사변 때 순직한 훈련대장 홍계훈과 장병들, 궁내부대신 이경직을 배향했다. 장충단이라는 비석의 글씨는 황태자가 직접 쓰고, 뒷면의 비문은 황실의 측근인 민영환이 칙명을 받아 지은 것이다. 그런데 나라를 위해 순국한 인물들의 충성심을 기리고 대한제국 신민들의 충군애국주의를 고취하기 위해 건립된 장충단은 일제강점기에 훼철되고 그 터에 공원이 조성되었다. 일제는 장충단공원에 이토 히로부미를 기리는 박문사博文寺를 짓고, 심지어 중국 침략과정에서 저지른 대규모 참변인 상하이사변 때 죽은 일본인 장병들의 동상까지 세웠다. 국가기념물로서 장충단이 가지는 상징적 의미를 완전히 전도시킨 조치였다.[43]

한편 1902년에는 고종의 망육순과 즉위 40년을 축하하는 기념

↑
**고종 즉위 40년 기념비와
기념비전**
현재 광화문 사거리에 있다.
→
고종 즉위 40년 기념 석고
석고전은 일제강점기에
장충단으로 옮겨지고, 석고만
현재 황궁우 근처에 남아 있다.
→

장충단비
순종이 황태자 시절 쓴 글씨이다.
뒷면에는 민영환의 비문이
새겨져 있다. 일제강점기에
장충단이 공원으로 조성되면서
건물들은 모두 훼철되고 그 터에
현재는 신라호텔 등이 들어서
있다.

물로 기로소 남쪽, 지금의 세종로 사거리에 기념비와 비각을 세우기 위한 모금 운동이 전직 관리와 유생층을 중심으로 추진되었다. 또 환구단 옆에 석고石鼓를 건립하기 위해 송성건의소頌聖建議所를 결성한 유생단체는 원로대신들의 비판에도 불구하고 비용을 모금하여 석고와 석고전을 건립했다. 이러한 기념물 조성사업은 모두가 황제의 권위를 수식하고 이를 통해 충군애국주의를 고취하기 위해 추진되었다. 황제의 권위가 과거 왕조시대와 같은 암묵적 동의가 아닌 가시적 기념물로 수식되어야 하는 하는 시대가 도래했음을 보여주는 사례이다. 모금 운동이나 건립 주체가 주로 전현직 관리나 유생층이었던 것을 통해 대한제국 황제정의 지지기반을 확인할 수 있다.

이처럼 도성 곳곳에 여태껏 보지 못했던 국가 상징 기념물들이 들어서서 시각적으로 새로운 도시의 모습을 보여주었다면, 대한제국의 신민들은 새로이 창설된 군악대의 양악 연주를 통해 새 시대가 도래했음을 감지하기도 했다. 신식 군대와 연계하여 서양식 나팔과 드럼으로 구성된 군악대가 고종황제의 어가행렬과 같은 행차에 선두에 서서 연주하는 모습과 선율은 그 자체가 화려한 궁중행사의 일부로서 근대국가를 알리는 청각적 효과를 냈다.[44]

1900년 12월 19일 공포된 군악대 설치령에 따라 시위 제1연대에 군악대가 설치되었고, 음악교사로 독일인 프란츠 폰 에케르트Franz von Eckert가 초빙되어 1901년 2월 19일 내한했다. 에케르트는 1879년부터 1899년까지 무려 20년간 일본에서 해군 군악대를 비롯하여 궁내성, 육군 도야마戶山학교, 근위군악대, 동경음악학교 등에서 양악을 가르친 인물이다. 그는 일본의 국가인 기미가요를 서양음악 풍으로 편곡하고 초연한 공로로 두 번이나 훈장을 받았다. 에케르트는 일본에서의 풍부한 경험을 토대로 내한한 지 불과 6개월 만인 1901년 9월 7일, 황제의 생일날인 만수성절에 이태리 가곡 1곡, 독일 행진곡 1곡을 경운궁 경운당에서 연주했다. 1902년에는 황제의 명에 따라 우리나라 최초의 공식 국가인 「대한제국 애국가」를 작곡했고, 그 공로로 훈3등 태극장을 수여 받았다.[45]

고종은 1902년 1월 27일, 조령을 내려 "인심을 감동시켜 분발하게 하고 사기를 진작시켜 충성심을 돋우고 애국심을 고취시키는 데는 국가를 부르고 연주하는 것보다 좋은 것이 없다. 마땅히 나라의 노래를 제정하라."라고 지시하고 가사를 지어 바치게 했다. 가사가 지어지자 에케르트가 서양식 음계와 리듬을 사용하면서도, 한국풍이 나는 애국가를 작곡하여 1902년 7월 1일 완성했다. 그리고 8월 15일 『관보』에 고종이 1월 27일에 내린 조령이 실림으로써 애국가의 제정은 공식적으로 선포된 셈이다.[46]

현재 남아 있는 「대한제국 애국가」 악보집은 태극 문양과 무궁화로 장식된 화려한 표지가 있고 맨 앞에는 원수부 회계국 총장이자 육군부장 민영환의 이름으로 서문이 실려 있다. 그리고 "상제는 우리 황제를 도우사"로 시작하여 "상제는 우리 황제를 도우소서"로 끝나는 국문 가사, 독일어 가사와 함께 플루트와 피콜로, 오보에, 클라리넷 등 화려한 관악기로 편성된 악보가 첨부되어 있다.[47]

「대한제국 애국가」는 7월 1일 완성되자 곧바로 7월 4일, 미국 공

사 알렌에게 보내졌고, 독일 영사 하인리히 바이페르트H. Weipert는 고든 패독Gordon Paddock 미국 총영사에게 독일어 가사를 설명하는 편지를 보내기도 했다. 일본과 러시아도 본국 외무성에 애국가 악보를 보고했다.[48] 국제사회에서 근대적 주권국가로 인정받기를 갈망하던 대한제국답게 서양식 국가가 제정되자 가장 먼저 미국, 일본, 러시아 등 열강의 외교관에게 전달한 것이다.

가사의 내용은 황제의 만수무강과 권위, 복록이 온 세상에 이르고 '오천만세'에 이르도록 상제가 도와달라는 축원에 불과했지만, 일단 그 형식은 나무랄 데 없이 서구적이었다. 1902년 고종 즉위 40년 칭경예식을 대대적인 국제행사로 치르기 위해 서양 각국에 초청장을 보낸 만큼, 이들을 환영하는 행사에 쓰일 양악을 미리 준비한 측면도 있었다고 생각된다.

(서문)

무릇 성악聲樂이 인심에 감동을 주는 것은 언어 문자가 미칠 바가 아니다. 우리나라에 군악軍樂이 있는지는 이미 오래이나 우리 황제 폐하께서 대업을 크게 유신維新할 마음을 품으시고 더욱 정사에 부지런히 하심에 이르러 군악에 대해서도 또한 각국의 성악을 참고하여 새로운 악보를 만들기를 명하셨다. 독일인 교사 에케르트가 성률聲律에 조예가 깊어서 애국의 노래를 살펴 정하니 … 우리 군인들이 그 노래를 찬영하여 그 의로움을 알고, 그 소리가 장중한 즉 분연히 적에 대항하는 용기를 생각하고 … 그 충애지심이 이로 말미암아 생길 터이니 성악지도聲樂之道가 이와 같음이 있다 …

(국문가사)

상뎨는 우리 황뎨를 도으소

성슈무강하사

해옥주를 산갓치 받으시고

위권이 환영에 떨치시고

오천만세에 복록이 일신케 하소서

상뎨는 우리 황뎨를 도으소셔

(독일어 가사 번역)

하느님이 우리 황제를 보우하리라

그의 치세가 여러 해 동안 지속되도록,

해변가에 점점 더 쌓여 언덕을 이루는 모래알처럼

수없이 여러 해 동안 지속되도록

그의 명성이 온 세계를 훨씬 넘어 밝게 빛나도록,

그리고 황궁의 운이 만 년이 천 번 반복되도록 매일 새롭게 번창하

리라.

하느님이 우리 황제를 보우하리라.

그런데 최초의 국가인 「대한제국 애국가」는 서양음악을 참조하

여 군악대를 위한 연주곡으로 만들어졌다. 우선 군악대가 연주함으

로써 충애지심을 고양하고, 일반 인민들도 국경일과 기타 황실 행사, 혹은 학교 행사에서 연주될 때, 또는 황제를 칭송하는 가사를 통해 충군애국지심을 기를 수 있게 했다. 특히 학부에서는 국경일에 태극기 게양과 함께 애국가를 부르도록 각 학교에 지시했다는 기록이 있다.[49] 에케르트가 지도한 양악대는 날로 실력이 늘어서 얼마 지나지 않아 바그너의 서곡을 연주할 정도로 성장했고, 황실의 공식 행사는 물론, 외국인들을 위한 파티와 외교행사, 심지어 탑골공원에서 시민을 위한 음악회를 열기도 했다. 그러나 「대한제국 애국가」는 1910년 병합 후에는 금지곡이 되었으며, 이후 하와이, 중국, 러시아 등 독립운동의 현장에서 가사와 선율이 조금씩 변형되어 연주되었다고 한다.[50]

군악대 행진 사진

7장

근대도시 한성과 경운궁의 확장

도시개조사업으로 한성부 경관이 변모하다

대한제국기에 수도 한성은 근대도시로 변모를 시작했다. 고종이 서양인 집단 거주지인 정동으로 거처를 옮겨 새 황궁으로 경운궁을 건립하면서 한성부의 중심이 경복궁에서 환구단과 경운궁 권역으로 옮겨졌다. 수도 한성이 근대도시로 변모하는 과정에 대해서는 그간 많은 연구가 이루어졌다.[1] 미국 워싱턴 D.C.를 모델로 경운궁을 중심에 둔 도로 체계를 세우고 각종 기념물과 공원 설립을 계획한 근대적 도시개조사업의 결과라는 평가였다. 이 사업은 주미공사를 지낸 경험을 바탕으로 내부대신 박정양과 한성판윤 이채연이 주도했고, 고종황제 역시 미국인 헨리 콜브란Henry Collbran, 해리 보스트윅Harry Bostwick과 함께 세운 한성전기회사에 출자하는 등 적극적으로 후원했다는 사실이 밝혀졌다.[2]

이 시기에 한성을 방문한 외국인들도 한성이 감탄할 만큼 빠른 속도로 근대도시의 면모를 갖추어 가고 있음을 인정했다. 1898년 1월 런던에서 출간된 비숍의 여행기『한국과 그 이웃 나라들』의 서문은 1897년 11월에 작성되었는데, 1894년 3월 처음 한성에 왔을 때에 비해 1897년 1월 말 한성을 떠날 때는 시가지의 모습이 깜짝 놀랄 만큼 달라졌다고 기록했다. 비숍이 마지막으로 한성을 방문한 것이 1896년 10월 20일부터 1897년 1월 23일까지였으므로,[3] 이때의 한성부 모습이 1894년이나 1895년에 비해 획기적으로 달라졌음을 증언하고 있는 것이다. 비숍은 대한제국 선포나 명성황후 국장은 직접 목격하지 못했지만, 아관파천 이후 이루어진 한성의 근대도시로의 변모에 대해 가장 생생하고 구체적인 기록을 남겼다고 볼 수 있다.

비숍은 특히 남대문과 서대문 근방의 변화 때문에 예전 모습을 알아보기가 어려울 정도였다고 서술했다. 도로들은 최소 17미터의 폭으로 넓혀졌고, 길 양쪽에는 돌로 만든 하수구가 설치되었다고 했다. 콜레라가 발생하던 불결한 샛길이 사라지고 쓰레기를 길거리에 내다 버리는 것을 금지하는 법령 시행으로 가장 지저분하던 도시 한성이 극동의 제일 깨끗한 도시로 변모해 가는 중이라고 평가했다. 확 트인 평평한 거리를 따라 자전거를 타고 가는 모습이 보이고 가까운 시일에 기차가 달리는 모습을 볼 수 있을 것이라고 서술했다.[4]

사실 수도 한성을 근대도시로 개조하려는 움직임은 1880년대 개화파에서부터 시작되었다. 개화정책의 추진과정에서 개화파는 근대적인 도시행정을 위한 구상을 밝히고 이를 구체적으로 한성부에서

구현하려 했다. 김옥균이 1882년 말, 임오군란 이후 수신사修信使로 일본에 파견된 박영효를 수행하던 중에 「치도약론治道略論」을 저술한 것이 근대적인 도시위생과 도로정비 등에 대한 최초의 구상이다. 박영효가 귀국 후 이를 고종에게 제출하여 통리교섭통상사무아문에서 반포하게 했다. 일본의 『지지신보時事新報』1883년 1월 13일, 15일 잡보雜報에도 보도되었다. 「치도약론」은 나중에 『한성순보』 26호(1884년 5월 1일)에도 실렸다.[5] 개화파가 일본의 근대화 실상을 보고 난 후 조선에서도 수도 한성부터 도로와 위생시설을 개선하여 근대도시로 탈바꿈시키려 했고, 고종의 승인을 얻어 개화정책의 일환으로 추진할 계획이었음을 알 수 있다.

「치도약론」에서 김옥균은 여러 선진국과 달리 우리나라에 괴질과 전염병이 성행하여 수천 명씩 인명이 죽어 나가는 것은 거처가 불결하고 음식 위생이 불량하기 때문이라고 진단했다. 거리에 오물이 가득 차서 그 독기가 사람을 공격하는 등 관청에서부터 민간 거처에 이르기까지 배수와 하수시설, 도로의 오물처리에 문제가 있음을 지적했다. 김옥균은 수신사 박영효와 부사副使 김만식이 도로 정비 학자 3~5인을 고빙하여 일을 맡길 것이라고 해서 「치도약론」을 저술하게 되었다고 하면서 통리아문統理衙門(외교통상교섭을 담당하는 관청)의 관리들이 자신이 제안하는 치도규칙을 실행해 줄 것을 요청하고 있다. 박영효 등은 국가가 부강해지는 데는 위생과 농상農桑, 도로 정비가 중요한데, 농사가 잘되게 하려면 분전糞田(밭에 분뇨를 주어 기름지게 하는 작업)이 필요하고, 분전을 부지런히 하면 더러운 오물이 없어져 위

↑
도시개조사업 이전의 남대문로
비숍의 『한국과 그 이웃 나라들』에 실린 한성의 남쪽
거리 사진으로, 가가들이 도로를 침범한 모습이다.
↑
도시개조사업으로 도로 폭이 넓어진 남대문로
에밀 부르다레의 『*En Corée*』에 실린 남대문로
사진이다. 길 측면에 전차 선로가 놓이고, 멀리
명동성당이 보인다. 에밀 부르다레는 프랑스인으로
대한제국에 4년간 체류하면서 철도, 광산 관련 기술
자문으로 일했다.

생이 좋아지니 전염병도 없어질 것이라고 주장했다. 또한 농사를 잘 지어도 수송이 불편하면 운반이 어려우므로 도로를 잘 닦아 수레나 말을 이용할 수 있게 되면 인부 열 명이 할 일을 한 명이 하게 되고, 나머지 아홉 명은 다른 일에 종사하여 직업을 얻게 되니 나라에 유익하고 백성을 편리하게 할 것이라는 논리를 폈다.

이러한 생각을 담아 김옥균은 17개 조로 된 「치도약칙治道略則」을 제시했다. 맨 먼저 왕래가 빈번한 요지에 치도국을 설치하고 대관大官에게 관장하게 하는데, 한성판윤 직위 정도라야 임무를 맡기에 마땅하다고 주장했다. 정2품인 한성판윤은 한성부의 최고 책임자로서, 한성이 수도인 만큼 중앙정치에도 적극적으로 영향력을 발휘할 수 있다고 생각한 것이다. 나머지 관원들은 각 부의 대소와 호구 수를 감안하여 임명하고, 도성에서 실시해서 효과가 있으면 점차 지방에도 시행한다고 했다. 수도 한성부터 치도국을 설치하여 근대적인 도시위생 사업과 거리 정비를 실시하고 그 효과를 보아 지방에도 설치하겠다는 구상이었다.

구체적인 사업내용을 보면, 집마다 배출되는 분뇨와 같은 오물을 대문 앞이나 도로에 함부로 버리지 않게 하고 50호마다 순검을 두어 규찰하게 한다고 했다. 각 부에서 모아놓은 분뇨는 매월 말 치도국에서 돈을 주고 사들여 사대문 밖에 저장했다가 독기가 빠지기를 기다려 토양에 사용하게 한다고 했다. 도로를 깨끗이 하고 나면 인력거와 마력거가 다닐 것인데, 가능하면 인력거를 많이 만들어 보급하여 고관들이 타고 다니게 함으로써 소나 말은 농사에 사용하게 한다고 했다. 가로나 동네 길가의 가가를 모두 철거하여 수레나 말의 통행을 방해하지 못하게 하고, 땔감 시장은 사대문 내외나 큰 동네 요지의 빈터에 설치하여 길거리를 막지 못하게 한다고 했다. 전체적으로 도시의 위생과 미관, 도로 정비에 관한 매우 구체적인 조항들을 제시했다.

또한 순검의 역할도 강화하여, 각 부의 요지에 설치된 목조 창고에서 주야로 거처하면서 수해나 화재 방지, 도적 규찰 임무까지 수행하게 하려고 구상했다. 50호마다 1명의 순검을 임명하면 자연스럽게 호구조사까지 겸하게 되므로 이를 한성판윤이 총괄하여 호구의 증감 파악에 활용한다는 것이다. 이와 같은 치도국 구상이 실현되면 도로 정비, 순찰 등 기본 업무뿐 아니라, 기존에 3년마다 호구를 조사하던 한성부의 중요 업무와도 중복됨으로서 한성부의 업무 범위가 크게 변할 수 있었다.[6]

실제로 수신사로 일본에 체류한 지 3개월여 만에 귀국한 박영효는 곧바로 한성판윤에 임명되어 치도국과 순경부巡警部 설치를 추진했고,[7] 그동안 개화파가 구상해온 근대적인 수도행정을 펼치기 시작했다. 하지만 박영효가 야심차게 시작한 치도국 업무는 도로 정비를 둘러싸고 시민들의 반발을 불러일으키는 바람에 불과 3개월 만에 중단되고, 박영효는 광주유수廣州留守로 자리를 옮기게 되었다. 한성부 내의 순찰 업무와 도둑 방지를 위해 설치하려 했던 순경부는 갑오개혁기에 경무청 설치로 실현된다. 갑신정변 후 김옥균이 작성한 『갑신일록』 중에 실린 14개 조 개혁정강 중에도 '순사를 시급히 설치하여 절도를 막는다'라는 조항이 있었다.

박영효는 갑신정변 실패 후에도 1888년 고종에게 올린 상소문에서 부국강병을 위한 여러 개혁방안으로 원활한 유통과 상업 발달을 위한 교통과 통신의 중요성을 강조하면서 치도사治道司와 우정국 설치를 제안하고 있다.[8] 그리고 갑오개혁 때 다시 정권을 잡고 내무대신이 된 후 본격적으로 치도사업을 시작했다. 1895년 3월 10일 자로 발표된 총 88개 조에 달하는 「내무아문훈시內務衙門訓示」에서 도로 정비에 대한 사항은 대로를 각 동리에서 맡아 수리하게 할 것(제58조), 물길을 트고 다리를 수리하는 일은 농사철이든 아니든 상관없이 왕래에 편리하게 할 것(제59조) 등이었다.[9]

이에 따라 4월 16일에는 가가 금지령이 내려졌고, 박영효의 갑작스런 실각 이후 후임으로 임명된 박정양도 7월 13일 도로위생과 청소, 호적에 관한 훈령을 한성부 각처에 고시하게 했다.[10] 9월 20일 「도로 수치修治와 가가 기기基址를 관허하는 건」은 한성부 내 도로 폭과 가가의 높이 등에 관한 규정을 마련한 것이다. 주요 내용은 남대문에서 종로까지 도로 폭을 정하고, 가가는 부분적으로만 허용하는 한편, 철거될 가가의 주인에게는 반발을 고려하여 보상금을 지급하는 방안이었다.[11] 1895년부터 1897년 사이 도로정비사업의 시행 구간은 종로 대광통교大廣通橋(현재 종로 사거리에서 을지로 사거리 방향으로 청계천 위에 놓인 광교를 말함)를 비롯하여 종로-남대문, 서대문-의 주로, 현재의 세종로 사거리 황토현黃土峴에서 동대문, 정동 일대와 서소문 안팎이었다.[12]

1896년 이후에는 한성판윤으로 임명된 이채연과 내부 토목국장 남궁억 등이 함께 한성부 내의 거리와 도시 미관을 위한 각종 조치들을 추진했다. 탁지부 고문관 브라운J. M. Brown도 도로의 측량 및 확장, 신설과 예산 마련 등에 협조했다. 2년 동안이나 한성판윤을 지낸 이채연은 주미공사관에 근무했던 1893년, 시카고박람회에서 한국관Korea Pavilion을 개설한 경험이 있었다. 당시 미국에서는 시카고박람회 개최를 계기로 도시미화운동이 한창이었다. 위생적인 도시 만들기와 가로 정비, 광장 및 공원 만들기를 핵심으로 한 이 운동을 보고 온 이채연이 한성부 도시개조사업에도 그 경험을 반영한 것이라고 평가된다.[13]

한성부는 우선 남대문 안 큰길가에서 종로 큰길가까지 상민商民의 가가들을 헐되, '개국 504년(1895년) 이후에 지은 가가는 보상 없이 철거한다'라는 방榜을 남대문에 내걸었다.[14] 또한 종로 및 대광통교 주변의 가가 정리와 교량 및 천변 수리, 정동 장전 골목과 남대문 안 7칸 이상과 모교 이하 도로의 가가 정리, 서대문에서 의주로와 경복궁까지의 가가 정리, 명례궁 뒷문에서 군기소 뒷문으로 야주개[15]까지의 가가 정리와 샛길 건설, 경복궁에서 경운궁에 이르는 도로 주변의 가가 정리 등이 이루어졌다.[16]

가가 정리 결과 도로 폭에 대해서는 1896년 9월 29일, 내부령 제9호「한성 내 가로의 폭을 규정하는 건」에 의거해 관리했다. 황토현에서 흥인문까지와 대광통교에서 숭례문까지 두 길은 일국의 대도로서 집들이 도로를 침범하는 것은 법에 의해 금해야 한다는 규정 아래, 도로 폭을 55척까지로 통일하고 도로 양쪽의 남은 땅에는 상인들이 가가를 건축할 수 있게 했다. 즉 두 도로의 너비가 어떤 곳은 50여 척, 어떤 곳은 70~80여 척으로 실제 상무商務에 필요한 도로 너비보다 지나치게 넓다고 하면서, 현재의 종로와 남대문로 주변 가가를 모두 철거한 후 일률적으로 도로 폭을 55척으로 통일했다.[17] 들쭉날쭉하지 않게 일직선상의 도로를 만든 후에는 도로 양편에 기둥 높이 9척의 일자형 가가를 건축하게 했다.

도로 청소와 위생에 대해서도 내부 훈령을 내려 한성부 내 각처에 고시하게 했다. 도로 개선을 위해 각 동리의 거리와 구렁텅이, 좁은 길을 정돈하고 개천에 돌을 쌓아 관리하며, 도로를 침범하여 집을 짓거나 좌판을 벌여 놓는 행위, 노상에 대소변을 누는 행위 등을 금했다. 경무청에서도 도로를 청결하게 하는 방안 일곱 조목을 배포했다.[18]

이러한 도시개조사업에 대해 『독립신문』에서도 그 성과를 극찬하면서 호응을 보냈다. 한성판윤 이채연은 도시개조사업을 추진하면서 직접 순검들을 거느리고 한성부 전역을 다니며 가가를 단속하고 좌판 설치로 교통을 방해하는 행위를 금지했다. 도로뿐 아니라 각종 오물이 쌓여 위생이 불량한 개천과 우물도 대대적으로 정비했다. 쓰레기나 분뇨 등 오물을 함부로 버리지 못하게 함으로써 한성부의 도시위생과 미관을 개선했다. 내부와 한성부는 훈령이나 고시를 빈번히 내려 시민들이 각자 집 앞을 청결하게 할 것, 노상 방뇨하지 말 것 등을 훈계하고 각 동에 쓰레기 적치장을 설치하기도 했다.[19]

이렇게 근대적 도시로 변모한 한성부에 황도皇都로서 위용을 갖추기 위해 각종 기념물과 양관洋館을 건축하기 시작했다. 경운궁 내에 석조전을 비롯하여 수옥헌漱玉軒(나중에 중명전으로 이름이 바뀜), 구성헌, 정관헌, 환벽정, 돈덕전 등 서양식 건물들이 착공되거나 완공되었다. 1901년에는 경운궁에 전등이 가설되었고, 종로의 보신각 맞은편에 시계탑이 설치된 서양식 2층 건물로 한성전기회사 사옥이 준공되었다. 1902년 고종 즉위 40년을 기념하는 기념비와 기념비전, 석고와 석고전 건립이 시작되고, 칭경예식에 초대한 외국 사절을 위한 공연 장소로 콜로세움을 모방한 원형극장으로 협률사가 야주개에 세워졌다. 우리나라 최초의 근대적 실내 공연시설이 현재 서울 신문로 새문안 교회 인근에 세워진 것이다.[20] 최초의 근대적 도시공원으로

→
탑골공원 팔각정에 선 군악대의 모습
↘
원각사
1902년 건립된 원형극장 협률사가
1908년 원각사라는 이름으로
재개관했다.

기획된 탑골공원 내에 팔각정도 건축되었다.[21] 반듯하게 잘 닦인 널따란 도로에 시민을 위한 공원과 공연장까지 갖춘 한성은 바야흐로 근대도시의 모습을 갖추어 가고 있었다.

근대도시의 경관, 전차와 가로등

대한제국기에 경운궁은 새로운 도로망과 근대적 도시 경관의 중심에 위치하고 있었다. 새 황궁으로 경운궁이 정동지역에 자리 잡으면서 한성부의 중심 공간은 경복궁과 창덕궁이 위치한 북쪽에서 경운궁을 중심으로 한 남쪽으로 이동했다.[22] 경복궁 앞 육조거리와 황궁인 경운궁을 연계하는 도로가 새로 개설되고, 경운궁에서 환구단을 오가는 도로는 남대문 상권을 정동 권역으로 확산시키는 루트가 되었다. 경복궁-광화문 앞 육조거리와 한성부를 동서로 가로지르는 운종가雲從街(시전 등 점포가 많아 '사람이 구름처럼 몰려 들었다'는 의미를 담고 있다. 지금의 종로 일대) 중심의 기존의 가로망은 새롭게 경운궁을 중심으로 한 방사상 도로망으로 변해갔다.[23] 이후 경운궁을 중심으로 현재의 서울시청 앞 광장이 한성부의 새로운 도심이 되었다. 정동에 위치한 경운궁은 백악산을 등 뒤에 두고 깊숙이 자리한 경복궁과 달리 일반 민간의 주거지 및 상업지역 속으로 궁궐이 들어온 셈이었다.[24]

황제가 있는 경운궁을 중심으로 경운궁의 동쪽 담장에 나 있던 포덕문에서 지금의 세종로 사거리에 있던 야트막한 고개인 황토현으로 이어지는 신교新橋와 황제 즉위식을 거행한 환구단으로 향하는 길(현재의 소공로)이 중요한 도로가 되었다. 명성황후 국장 행렬도 국장을 위해 새로 만든 신작로를 지나 현재의 세종로와 만나는 신교를 거쳐 종로를 통과했다.[25] 중국의 천단天壇이 도성 밖 남쪽에 세워진 것과 달리 환구단은 경운궁과 인접한 도성 한복판에 자리함으로써[26] 황제국을 상징하는 새 황궁 경운궁과 함께 새로운 도시 공간을 상징했다.[27]

소공로를 기준으로 환구단 맞은편에는 외국인을 위한 게스트하우스로서 대관정大觀亭이 언덕 위에 자리하여 귀빈 접대 장소로 활용되었다. 대관정은 헐버트Homer B. Hulbert가 신축한 서양식 벽돌집을 궁내부가 사들여 미국인 고문 샌즈William F. Sands의 숙소로 제공하고, 때로는 방한한 외국 귀빈을 위한 연회 장소로 활용했다.[28]

그런데 무엇보다도 한성부의 도시 경관에 경천동지할 변모를 가져온 것은 전차의 개통이었다. 1898년 1월, 고종황제가 출자하고 미국인 콜브란과 보스트윅이 설립한 한성전기회사가 9월 경희궁 흥화문 앞에서 전차궤도 기공식을 거행했다. 이듬해인 1899년 5월, 종로를 관통하여 동대문까지 이어지는 전차가 개통되었다. 8월에는 이 노선이 청량리 홍릉까지 연장되고, 12월에는 종로에서 남대문, 남대문에서 용산에 이르는 선로가 완공되었다. 1900년에는 남대문에서 서대문으로 이어지는 선로가 부설되었다. 종로 사거리에서 남대문을 거쳐 용산에 이르는 노선이 개통되고, 남대문-서대문 구간도 개

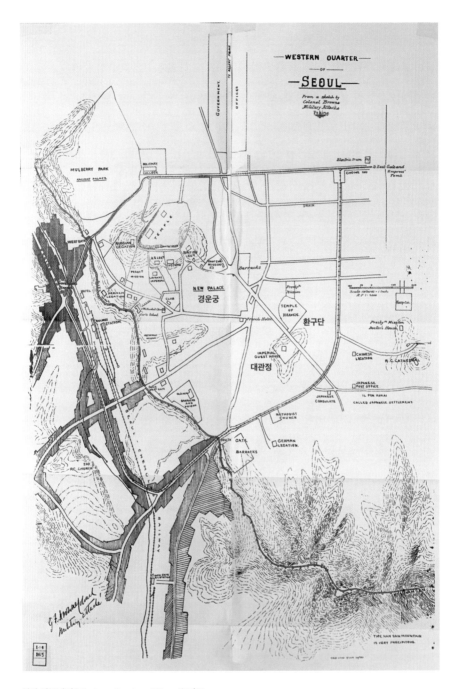

한성 서부지역(Western Quater of Seoul) 지도
1901년 북경 주재 영국공사관의 무관 브라운스 대령이 작성한 지도에는 대관정을
'Imperial Guest House'로 표기했다. 경운궁은 'New Palace', 환구단을 'Temple
of Heaven'으로 표기했다. 종로, 남대문로를 지나는 전차 노선과 경인선 철도 노선도
표시되어 있다.

통됨으로써 전차는 한성부민들의 중요한 교통수단이 되어갔다. 전차로 인한 인명 사고로 인해 적대적인 분위기도 일부 존재했지만, 전차를 탈 사람은 신분 고하에 상관없이 누구나 일정한 시간에 정거장에 나와야 하고, 아녀자들도 이동할 수 있는 거리가 훨씬 넓어지는 등,[29] 전차는 한성 도성 내 사람들에게 새로운 세상을 열어 주었다.

이처럼 근대문명의 상징인 전차가 일본의 도쿄보다도 4년이나 이른 시기에 개통된 것은 고종이 명성황후의 무덤이 있는 홍릉까지 편하게 행차하기 위해서이기도 했다.[30] 이미 1891년에 전차 부설을 계획했으나, 당시에는 내정간섭을 자행하던 위안스카이의 반대로 포기했던[31] 고종은 1900년 4월, 직접 황실 전용 전차를 타고 홍릉에 행차했다.[32]

전차 궤도 옆으로는 전신주가 세워져 전기선과 전신선이 걸리고, 전신주에는 가로등이 설치되어 한성의 밤을 환히 밝혔다. 1898년 1월만 해도 한성부에서는 사거리 각 상점 앞에 석유 장명등을 걸라는 지시를 내렸다. 나무 막대나 철사로 처마 모퉁이나 담장에 장명등을 달아 '달이 없을 때' 주변을 밝히라는 지시였다. "각처의 대로상에 밤이면 장명등을 집집마다 높이 달아 그 광명이 낮과 같으니, 이는 우리 제국에 처음 있는 일이라. 인민이 왕래하기에 편하고 상업에 도움이 될 뿐 아니라 도둑이 적어지니 모두 다 한성판윤 이채연과 경무사 이충구를 칭송하더라."라는 기록도 있다.[33]

전차 개통 후에는 1900년 3월, 종로거리에 가로등 공사가 시작되었다. 1887년 3월 경복궁 향원정 연못에서 발전發電을 시작하고 건

전차개통식
1899년 5월 4일, 경희궁 흥화문 앞에서 동대문을 잇는
전차 개통식을 구경하기 위해 모인 사람들이 동대문 옆
성벽에까지 올라가 있는 모습이다. 대한제국의 전차는
일본 도쿄보다 4년 먼저 개통되었다.

전차가 지나는 종로거리
주한 이탈리아 영사를 지낸 까를로 로세티의 『꼬레아
꼬레아니』에 실린 사진이다.

한성전기회사
1901년 현재의 종각 건너편에
건립되었고, 시계탑이 시간을 알려
주었다.

전차노선도 및 요금표
1900년 7월 6일,
영국교회 선교 출판사에서
발간한 자료로, 영문으로
되어 있다. 서대문에서
종로-동대문-홍릉 노선뿐
아니라 용산-남대문-종로
노선도 표시되어 있다.

PASSENGER FARES.

		Yung San.								
1st Class	10 cts	Delmero								
2nd Class	5 cts	Guit.								
1st Class	15 cts	10 cts	South							
2nd Class	10 cts	5 cts	Gate.							
1st Class	20 cts	15 cts	10 cts	Chong						
2nd Class	15 cts	10 cts	5 cts	Ho.						
1st Class	25 cts	20 cts	15 cts	10 cts	West Gate (Govr's Yamen).					
2nd Class	20 cts	15 cts	10 cts	5 cts						
1st Class	15 cts	10 cts		15 cts	10 cts	South Gate Junct.				
2nd Class	10 cts	5 cts		10 cts	5 cts					
1st Class	25 cts	20 cts	15 cts	10 cts	15 cts	20 cts	East Gate.			
2nd Class	20 cts	15 cts	10 cts	5 cts	10 cts	15 cts				
1st Class	30 cts	25 cts	20 cts	15 cts	20 cts	25 cts	10 cts	Imperial		
2nd Class	25 cts	20 cts	15 cts	10 cts	15 cts	20 cts	5 cts	Tomb.		

SEOUL ELECTRIC CO.

SEOUL, KOREA.

In Effect

July 6th, 1900.

By Order.

SPECIAL
FIRST CLASS TICKETS,

Entitling the holder to 50 five-cent continuous rides as per sections shown—

YEN 2.50.

SPECIAL CARS
FOR PRIVATE PARTIES,

(To seat 20 persons)

For particulars and rates apply at the East Gate Office.

Temb ✻

5 cts.   5 cts.   5 cts.

West Gate   Chong No.   ✻ East Gate.

5 cts.   5 cts.

South Gate. ✻

5 cts

Delmero Guit Switch. ✻

5 cts

✻ Yung San.

English Church Mission Press, Nak Tong, Seoul.   P. 375—500.

청궁에 전등을 밝힌 지 13년 만에 종로에 가로등까지 설치한 것이다. 건청궁에 설치된 전등 설비는 16촉광 750개 규모였고, 전력 공급을 위해 에디슨사가 제작한 7킬로와트 발전기 세 대와 발전소가 설치되었다.[34] 에디슨이 1879년에 백열전구를 발명했으니 불과 7, 8년 만에 조선의 궁궐에 전등이 켜지고, 또 그로부터 10여 년 후에 한성부에 가로등이 점등된 것이다. 경운궁 안에도 별도의 발전소와 전기시설을 설치하고 1901년 6월 17일 전등이 켜졌다. 1897년 러시아공사관에서 경운궁으로 환궁한 고종이 한성판윤 이채연에게 "변사화란變事禍亂은 밤에 일어나니 밤을 낮같이 하라."라고 전등 가설을 명하여 시행된 것이다.[35] 한성전기회사는 1901년 8월 17일 동대문 밖 발전소에서 전등 개설식을 치른 이래 본격적으로 민간에도 전등 영업을 시작했다. 특히 일본인 주거지역인 진고개(지금의 충무로 지역)를 중심으로 치안 확보를 위해 거리와 상점에 전등이 개설되었다.[36]

그밖에 시내 곳곳의 작은 도로들이 확장되고 자갈로 포장되었으며, 1900년에서 1901년 사이에는 남대문과 황토현을 잇는 가로가 개설되었다. 남북 방향을 잇는 이 신설 도로는 한성부를 동서로 관통하는 종로와 이어졌다.

1900년에 완공된 경인철도도 한성부의 도시경관을 획기적으로 바꿔 놓았다. 경인철도는 처음에 미국인 제임스 모스James R. Morse가 부설권을 획득하여 1897년 3월 28일 인천 우각현에서 공사를 시작했으나, 자금난으로 1898년 5월 10일, 일본 경인철도합자회사에 부설권을 넘겼다. 1899년 9월 18일, 우선 인천-노량진 구간이 개통되었고, 1900년 7월에는 한강철교가 완공되어 11월 12일, 한강을 건너 서대문을 종착역으로 하는 경인철도가 완공되었다. 노량진역-용산역-남대문역-서대문역 구간이 완성된 것이다.[37] 경인철도는 서대문에서 1899년 개통된 전차와 연결되었다. 제물포에 도착한 외국인 여행객들이 기차로 서대문에 도착한 후 서대문에서 바로 전차로 환승할 수 있는 시스템이 갖춰진 것이다.[38]

1901년 대한제국을 방문한 버튼 홈즈 역시 제물포에서 경인선 열차를 타고 한성에 들어와 당시 경인선 종착역이던 서대문역 근처 스테이션STATION 호텔에 묵었다.[39] 이때 버튼 홈즈가 한성부 거리 곳곳에서 확인한 것은 바로 비숍이 1897년 1월 말 조선을 떠날 때 예측했던 도시개조사업의 성과라고 볼 수 있다. 버튼 홈즈는 미국 워싱턴에서 본 것을 실현하고자 한 관료의 노력으로 초가집과 판잣집으로 가득했던 넓은 거리가 깨끗이 정비되고 도로가 포장되었으며, 도로 보수와 유지에 관한 법령이 제정되었다고 기록했다. 미국인 버튼 홈즈의 입장에서 주미공사관 근무 경험이 있는 한성판윤 이채연의 업적을 강조한 것이라고 볼 수 있다. 버튼 홈즈는 이전에는 베이징보다 열악했지만 지금은 동양의 어느 토착 도시보다 낫다는 평가와 함께 한성부 주요 거리와 사람들의 사진을 제시했다.[40]

특히 도시 생활에 혁명적 변화를 가져온 전차가 서대문, 동대문의 아치형 홍예를 통과하는 사진을 책에 싣고 그야말로 '전차 혁명'이라고 서술했다. 그리고 그 너머로 전신과 전화선이 이어지고 있는 모습에 대해 "근대적 기업이라는 거미가 이 잠자는 동양의 거대 도시에 철鐵로 거미줄을 치고 있는 중"이라고 표현했다. 중세의 생활 풍속과 방식이 아직도 지속되고 있는 기묘한 도시에 극적인 '대조'를 이룬다고도 했다.[41] 서양인들의 눈에는 대다수 한국인들, 특히 과거의 생활 풍속과 방식을 유지하는 전국 방방곡곡 산골의 촌부가 호기심 어린 카메라워크의 대상이었겠지만, 한성부 도심을 관통하는 전차 노선이 날로 정거장을 늘려 나가고 있는 것도 엄연한 사실이었다. 승객들로 가득 찬 전차와 전통적인 이동 수단인 가마가 문제없이 공존하는 기묘한 현실이 당시 한성부 사대문 안 거리의 새로운 풍경이었다. 버튼 홈즈는 유럽식 제복을 입은 전차 차장이 서양인 여행객에게 전차표가 있냐고 서투른 영어로 물어보는 한성부에서 서양인들이 서양 문명의 상징이라고 여기는 전차를 동양 땅에 강요한 것이 섬뜩하다고 비판했다. 하지만 그러한 시각 역시 서양인 여행객이 가진 오리엔탈리즘적 편향일 수도 있다. 버튼 홈즈 스스로도 '전차 혁명'이라고 표현했듯이, 전차는 한성부민의 생활문화를 확 바꾸어 놓았다. 전차 사고로 인한 인명 피해 등을 이유로 반대하는 움직임도 분명 있었지만, 홍릉에 행차하는 고종황제의 편의뿐 아니라, 여성들의 나들이길도 전차가 바꿔놓은 사실을 우리는 기억해야 한다. 동양과 서양, 과거와 현재가 공존하며, 쓰개치마를 두른 여인들 옆으로 떠꺼머리 총각이 탄 전차가 서대문을 통과하고, 서대문 옆 한양 성곽 위로 전봇대가 높이 솟은 거리의 모습을 기이하다고 본 것은 단지 버튼 홈즈 자신의 편견일 뿐이었다.

1902년 말 베이징 근무를 마치고 대한제국에 부임한 주한 이탈

←
돈의문(서대문)을 통과하는 전차와 여인들
전차 옆으로 쓰개치마를 두른 여인들이 지나가고 있다.
╱
전차가 통과하는 동대문 풍경
동대문을 통과하는 전차 주위로 전봇대와 전깃줄이 보인다.

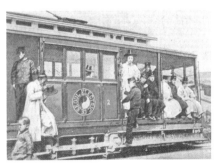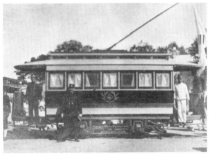

↑
대한제국기의 전차 모습
╱
황실 전용 전차

리아 총영사 까를로 로세티Carlo Rossetti는 한성은 중국의 진흙탕 거리
와 달리, '한쪽 끝에서 맞은 편 끝까지 가로지르는' 매우 넓고 깨끗한
4개 내지 5개의 큰 간선도로를 보유하고 있는데, 가장 중요한 도로는
서대문에서 시작해서 직선으로 4킬로미터 이상 뻗어 동대문에 이르
는 동대문로라고 기록했다. 이 길은 한성을 남북으로 나누고 폭 60미
터가 넘는 이 도로를 따라 각종 상점들이 자리잡고 있다고 했다. 무
엇보다도 한성에 도착한 여행자들이 가장 놀라워하는 것은 전차가
완벽하게 관리되고 있으며, 그 전차들이 도성 바깥에 이르는 간선도
로를 통과하고 있는 점이라고도 했다. 전차로 인해 한성은 근대적 교
통시설을 확보한 극동 최초의 도시라는 명예를 얻었다는 표현도 주
목할 만하다.[42]

민의의 광장, 인화문 앞에서 대안문 앞으로

정동지역에 위치한 경운궁은 부지 자체가 각국 공사관에 둘러싸
여 있어서 황궁으로서 위상에 걸맞게 궁역을 확대하는 데 많은 애로
가 있었다. 게다가 정동에는 서양 열강의 공사관 외에도 이미 선교사
들의 집과 학교, 각종 상업시설 등 서양식 건물들이 높이 들어서 있
어서 궁궐의 보안상에도 여러 문제가 있었다. 따라서 한성부에서는
궁궐이 내려다보이는 높은 건물을 짓지 못하도록, 궁궐 담장으로부
터 500미터 이내 지역에 건축을 금지하는 법령을 발표하기도 했다.[43]

그런데 경운궁은 연접한 미국공사관과 영국공사관, 러시아공사관을 그대로 둔 채 건립되었기 때문에 장방형의 반듯한 부지에 조성된 경복궁과는 달리 여러 권역으로 나뉘어 존재하는 것처럼 보이게 되었다. 즉 현재의 덕수궁 영역이라고 할 수 있는 경운궁 중심 지역과 신성한 의례 공간이라고 할 수 있는 북쪽의 영성문 대궐, 서쪽의 수옥헌 지역 등 크게 세 권역으로 나뉘어 불리기도 했다.[44]

경운궁의 확장은 열강 공사관을 제외하고 인접한 외국인 거주지들을 차츰 매입하는 방식으로 이루어졌다. 서쪽으로 미국 장로교 선교사들의 사택 터와 정동여학당 터를 사들여 수옥헌(중명전)이 건립되고,[45] 미국공사관과 러시아공사관 사이에 있던 언더우드의 집도 궁내부宮內府에서 사들였다.[46] 북쪽으로는 사성당과 의효전懿孝殿, 홍덕전, 홍복전興福殿 등 의례 공간이 마련되고, 화재 이후 재건되는 선원

세 구역으로 나뉜 경운궁

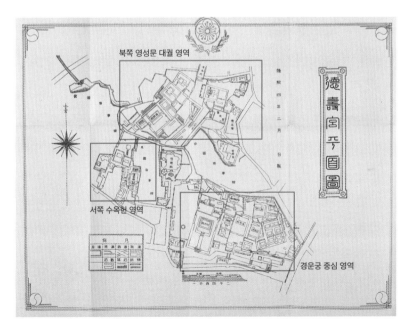

전도 이곳에 지어져 영성문 대궐로 불렸다. 원래 경운궁 내 함녕전 가까이에 있었던 진전인 선원전은 1900년 10월, 화재로 소실된 후 영성문 대궐 권역에 재건되어 8개월 만에 새로 모사한 어진들을 봉안하였다. 1902년 8월에는 영성문 권역에서 경희궁을 연결하는 홍교虹橋가 건설되어 경운궁의 영역이 확장되는 효과를 가져왔다.[47]

남쪽으로는 독일영사관이 있던 땅을 1900년 3월 매수하여 경운궁 밖에 건립된 정부 건물까지 경운궁 권역을 확장하고자 했다.[48] 1902년 5월에는 독일 영사관이 회동으로 이전되면서, 확보한 공간과 기존의 경운궁을 연결시키기 위해 운교雲橋를 가설했다.[49] 인화문 앞의 도로까지 경운궁 공간으로 확장하려다가 여의치 않아 운교를 가설함으로써 경운궁의 확대를 도모한 것이다. 현재 덕수궁 남쪽 담장에서 운교를 가설했던 흔적을 찾아볼 수 있다.

원래 경운궁의 정문이었던 남문인 인화문은 명성황후 국장 시 고종황제가 영가를 영결했던 곳이고, 독립협회 운동이 한창일 때 황제가 직접 나와 유시諭示를 내린 곳이기도 하다. 인화문 앞 공간은 독립협회 회원들이 모여 만민공동회를 열고, 보부상 수천 명이 이를 공격했다는 기사로 볼 때 어느 정도 규모가 있었을 것으로 생각된다. 고종은 1898년 11월 26일, 인화문 앞에 직접 나와 각국 공사 및 영사들이 보는 가운데 독립협회 회원들과 민인民人들에게 다음과 같이 칙어를 내렸다.

짐은 다음과 같이 말한다. 너희들 모두는 짐의 말을 들을 것이다. 전

↑
인화문

→
경운궁 남쪽 담장과 궐외각사
지역을 연결하는 운교

후하여 내린 조칙에 대해서 너희들은 대부분 따르지 않고 밤새도록 대궐문에서 부르짖었으며 네거리에 가설로 문을 설치하고 제 마음 대로 도리에 어긋나게 사나운 짓을 하면서 사람들의 가산을 파괴하는 데까지 이르렀다. 이것이 어찌 500년간 전제 정치의 나라에 마땅히 있어야 할 일이겠는가?

너희들은 한 번 그 죄가 어떠한 것인가를 생각해 보아라. 나라에 떳떳한 법이 있는 만큼 중형에 처해져야 할 것이다. 그러나 짐이 나라를 다스린 이래로 정사가 뜻대로 되지 않아 점차 소동을 일으키게 되었는데 오직 너희 만백성의 죄는 나 한 사람에게 있다는 것을 오늘 바로 크게 깨닫고 짐은 매우 부끄러워한다.

물론 정부의 모든 신하들이 짐의 뜻을 받들어 나가지 못함으로써 아래 실정이 위에 전달되지 못하게 하여 중간이 막힘으로 해서 의구심이 생기게 되었다. 오직 너희 백성들이 먹을 것이 없어 울부짖는 것이 어찌 너희들의 죄이겠는가? 짐이 오늘 직접 대궐문에 나와서 어린아이를 품에 안듯이 하고 간곡히 타일렀으니 글 한 자, 눈물 한 방울은 하찮은 사람에게도 믿음을 주고 목석같은 사람에게도 감동을 주리라.

오늘부터 시작하여 임금과 신하, 상하 모두가 한결같이 믿음을 가지고 일해 나가며 의리로써 서로 지키고, 온 나라에서 어질고 유능한 사람을 구하며 무식한 자의 의견에서도 좋은 생각을 가려서 받아들이고, 근거 없는 말을 너희들은 퍼뜨리지 말며 미덥지 않은 계책을 짐은 쓰지 않을 것이다.

새벽 이전까지의 일에 대해서는 죄가 있건 죄가 없건 간에 경중을 계산하지 않고 일체 용서해주며 미심스럽게 여기던 것을 환히 풀어주어 모두 다같이 새롭게 나갈 것이다.

아! 임금은 백성이 아니면 누구에게 의지하며 백성은 임금이 아니면 누구를 받들겠는가? 이제부터 권한의 범위를 넘어서거나 분수를 침범하는 문제는 일체 철저히 없애도록 하라. 이와 같이 개유開諭한 후에 혹 혼미한 생각을 고집하며 뉘우치지 못하고 독립의 기초를 견고하지 못하게 만들며 전제 정치에 손상을 주게 되는 것과 같은 것은 결코 너희들이 충애하는 본래의 뜻이 아니다. 나라의 법은 삼엄하여 결코 용서하지 않을 것이니 각각 공경스럽게 지켜 날로 개명開明으로 나아가도록 하라.

짐은 식언食言하지 않으니 너희들은 삼가야 할 것이다. 민회民會의 사람들과 상인들은 모두 짐의 적자赤子이다. 지극한 뜻을 잘 받들어 자애롭고 사이좋게 손을 잡고 함께 돌아가 각기 생업에 안착하라.[50]

독립협회와 만민공동회의 반정부운동이 절정에 달했을 때 각국 공사들이 지켜보는 앞에서 고종이 직접 인화문 밖에 나와 효유曉諭(알아듣도록 타이름)하는 장면을 연출한 것이다. 독립협회와 민회의 요청을 '전제정치'를 어지럽히는 '소동'으로 보지만, 그 죄의 원인은 곧 황제 자신에게 있다는 것을 인정하고 매우 부끄러워한다는 구절이 주목된다. 민회에 모인 사람들을 참정권을 요구하는 '국민'으로 대하지 않고 여전히 '짐의 적자'로 인식하는 한계를 보이지만, "무식한 자의 의견에서도 좋은 생각을 가려서 받아들이겠다."라는 진일보한 면도 보이는 것이다.

주지하듯이 독립협회 운동은 결국 실패로 돌아갔지만, 이처럼 경운궁 인화문 앞은 우리 역사상 최초로 '민회'라는 이름으로 시위 군중이 모여 황제를 궁궐 밖으로 나오게 한 의미 있는 장소로서 기억되어야 한다. 오늘날 우리가 떠올리는 민의民意 창달의 장소로서 상징성을 가진 시청 앞 광장이나 광화문 광장의 기원이 1898년 경운궁 인화문 앞에 있었다고 볼 수 있다.

그런데 인화문은 1902년 고종 즉위 40년 칭경예식을 준비하면서 새로 중화전을 건립하는 과정에서 훼철된 것으로 보인다. 그동안 경운궁의 법전 역할을 해 온 즉조당이 규모가 작아 큰 행사를 치르기에 적합하지 않았으므로 경운궁의 정전으로 중화전을 신축했는데, 법전의 격식을 갖추기 위해 중화전 앞에 중화문을 세우다보니 중화문 바로 앞의 인화문의 위치가 문제가 되었기 때문이다. 즉 중화문과 남문인 인화문과의 간격이 너무 짧아 공간이 부족한 문제가 발생한 것이다. 이에 인화문을 철거한 대신, 동쪽으로 조원문을 세우고, 동문인 대안문과 함께 외삼문 체제를 갖추게 된 것으로 보인다.[51]

인화문의 훼철 시기는 명확하지 않으나, 1902년 8월 초, 정부 관리 중에서 외국어와 일 처리에 능숙한 사람을 칭경예식 사무위원으로 선발하여 '경운궁 인화문 앞 시종원侍從院'에 사무소를 설치하고 업무를 시작했다는 기록,[52] 또 9월 29일 한성부 공문에서 궁내부 치목소治木所가 인화문 밖에 있다고 한 기록 등으로 보아 적어도 1902년 9

월 말까지는 인화문이 존재했던 것으로 생각된다. 따라서 인화문의 훼철 시기는 새 법전으로 중화전이 완공되고 중화문과 조원문이 완공된 11월 6일에서 1902년 말 이전으로 추정된다.[53]

중화전 건립 공사는 1901년 8월, 고종이 새 정전 건립을 명하고, 10월에 기초 공사를 실시함으로써 시작되었다. 1902년 5월, 기념 예식에서 정전으로 사용될 전각의 이름이 중화전中和殿으로 결정되면서 옛 중화전 즉 즉조당은 원래 이름으로 되돌렸다.[54] 하지만 1902년 10월 18일로 정해진 기념식이 가까워진 9월 초에도 주요 예식을 치를 장소인 법전으로서 중화전은 여전히 공사 중이었던 것으로 보인다. 이에 중화전 영건도감 제조 윤정구는 중화전 공사가 기일 내 끝나지 못할 것을 우려하여 여타의 공역은 일단 중지해 줄 것을 요청할 정도였다.[55] 조서 반포일로 정해진 10월 19일을 며칠 앞둔 10월 10일 무렵에도 공사는 계속되었지만, 고종은 예정대로 공사를 끝낼 것을 독촉하면서[56] 중화전의 외삼문外三門의 이름을 조원朝元으로 정하고, 10월 19일 중화전에 나아가 대사령을 반포했다.[57]

중화전 답도에 새겨진 용 조각

이때 완공된 중화전은 현재의 중화전과 달리 중층 지붕으로 건립되었다. 중화전 답도踏道(왕이 가마를 타고 지나가는 계단)에는 1899년 9월 한청통상조약 체결로 완전히 청과 대등한 외교관계에 들어선 것을 의식한 듯 화려한 용 조각까지 새겨졌다. 중화전의 완공은 황제국의 황궁으로서 경운궁이 일단 완성 단계에 들어선 것을 의미했다.

한편 인화문이 철거된 후에는 자연스럽게 동문인 대안문이 경운궁의 정문 역할을 하게 되었다. 사실 인화문 남쪽에는 언덕이 있어서 더 이상 공간 확장이 어렵다는 문제점도 있었다. 반면 대안문 앞은 현재 서울 시청 앞 광장에서 볼 수 있듯이, 사방이 탁 트인 공간에 건너편에 환구단까지 보이는 장점을 가지고 있었다.

이제 인화문을 대신하여 경운궁의 정문이 된 대안문은 환구단 쪽 대로를 향해 나 있는 동문으로, 1898년 6월 이후 건립된 것으로 추정된다.[58] 또『독립신문』기사에 따르면 1899년 3월 3일, 경운궁 동쪽 담장에 새로 만들어진 대문에 대안문大安門이라는 현판을 달았고, 그 문 앞 축대 역사役事도 시작했다고 했다.[59] 대안문 앞 월대 공사를 축대 공사라고 표현한 것은 초기 대안문의 월대가 6~7단의 높은

최초의 대안문 월대
어른 허리 높이 정도의
축대 형식이다.

월대였기 때문이다. 1899년에는 「대한국국제」를 반포하고 원수부를 창설하는 등 황제 중심의 권력구조가 확립된 시기로서 황궁의 위상을 높이기 위해 대안문 앞에 월대를 축조한 것으로 생각된다.

대안문 건립 직후 최초의 월대 형태를 보여주는 사진을 보면 월대의 높이가 어른의 허리 높이 이상으로 높다. 현재 민속박물관에 소장 중인 이 사진의 촬영자는 확인할 수 없다. 1898년부터 1899년 사이 주한 미국공사관 1등 서기관으로 근무했고, 1899년부터 1904년까지 궁내부 고문을 지냈던 샌즈가 선교사에게 선물한 사진이라고 알려져 있으나, 샌즈가 남긴 저서 『Undiplomatic Memories』[60]에는 이 사진이 실려 있지 않다.

그런데 1900년 1월에 경운궁 담장 공사를 끝냈다는 기록이 등장하고,[61] 8월에는 대안문 북편에 3층 벽돌집을 짓던 독일인의 집을 궁내부에서 사들였다는 기사가 나온다.[62] 대안문 주변에 민가의 건립을 제한하고, 궁궐을 내려다 볼 수 있게 높이 지은 외국인 가옥은 매입해 버린 것이다. 한성부는 1900년 8월 9일, 대안문에서 대관정 사이에 있는 가사家舍는 모두 관유로 하고 가사를 매매하는 민인은 신고하라고 고시하기도 했다.[63] 대안문이 경운궁의 정문이 되면서 황궁의 정문으로서 위상을 고려하여 주변을 정리한 기록들이라고 볼 수 있다.

이후 대안문 앞 월대는 여러 차례 개축되었다. 1900년 9월 7일, 대안문 월대 개축 및 용두석 설치 공사비 청구 내용을 보면, 이때 대안문 앞 월대 개축 공사가 이루어졌음을 알 수 있다.[64] 이 시기에는 대안문 월대뿐 아니라 경운궁 내 여러 전각의 신축 및 수리 공사가 진행되고 있었는데, 대안문 월대 개축 및 용두석 설치 공사비를 포함하여 경운궁 각 전각의 신축, 수리비용, 도배비, 경운궁 담장(돌담과 판자 울타리) 설치 내역, 각 전각 앞 계단 보수비용, 궁역 확장을 위한 주변부지 매입 가격 등에 대한 상세한 기록이 남아 있다. 심지어 마굿간과 주방, 변소, 우물, 창 설치 관련 기록도 있다. 경운궁 전체에 걸쳐 대대적인 신·개축 공사가 벌어지고 있고 그 과정에서 대안문 월대 개축도 이루어졌음을 알 수 있다.

그 결과 1901년 경 대안문 앞 월대 사진을 보면 대안문 건립 초기의 높은 월대(최소 6~7단, 어른 허리 높이)가 아닌 낮은 월대이다. 이 사진은 버튼 홈즈가 1901년 대한제국을 방문한 후 남긴 여행기『버튼 홈즈 트래블로그』에 실린 사진이다.

또 주한 이탈리아 총영사 까를로 로세티의 책『꼬레아 꼬레아니』에 '황제의 궁인 정동궁의 출입문'이라는 설명과 함께 실려 있는 사진도[65] 대안문과 개축된 월대를 명확히 보여준다. 로세티는 1902

1901년 경 버튼 홈즈의 책에 실린 대안문 월대 모습

년 11월 4일 한국에 도착해서 7개월간 체류했는데, 외교관으로서 고종황제 알현이나 궁중 연회에 초대받은 경험으로 인해 경운궁과 궁궐 주변에 대해 많은 사진을 수집한 것으로 생각된다. 이 사진에 보이는 대안문 앞 월대는 초기의 높은 축대 형태에 비해 상당히 낮고 용두석이 설치된 형태로 개축되었음을 확인할 수 있다.

이제 황궁의 정문으로서 삼도를 갖춘 월대까지 설치한 대안문을 통해 고종황제는 궁궐 밖 행차에 나섰다. 버튼 홈즈의 책에 실린 모리스가 촬영한 사진은 대안문 안쪽에 중층 지붕의 중화전 건물이 보이지 않는 것으로 보아 1902년 10월 중화전 완공 이전 시기로 추정된다.[66] 또 하나 궁장 우측 상부에 중화전이 중층으로 건립되고 있는 모습이 가설 목재(비계)를 통해 희미하게 보이는 사진은 최초의 중화전 건립 과정, 즉 1902년 1월 29일에서 같은 해 9월 18일 사이에 촬영된 사진으로 추정된다. 두 사진 모두 황제의 행차에 무수히 많은 인원들이 화려한 깃발을 들고 수행하는 행렬 모습을 보여준다.

한편, 1901년 6월에는 고종황제가 대안문 안에 나아가 강화진위대와 수원진위대의 조련 행사를 가졌다는 기록도 있다.[67] 대안문 바로 옆에 경운궁 담장과 벽을 공유한 원수부 건물 2동이 있었으므로, 그 원수부 앞에서 진위대 조련 행사가 열렸음을 알 수 있다. 뿐만아니라 대안문 앞은 앞서 인화문과 마찬가지로 황제가 일반 민인과 만나는 장소로 활용되었다. 1902년 고종이 망육순, 즉 51세를 맞이하여 기로소에 입소할 때, 현재 세종로 사거리에 있던 기로소까지 행차하고 돌아오는 길에 기로소 동구 밖에서 대안문에 이르는 동안 백성들

낮은 월대로 개축된 후의 대안문 모습
현재 복원된 덕수궁 대한문 앞
월대처럼 용두석이 설치되어 있다.
까를로 로세티의 책에 실린 사진이다.

↑
대안문 앞 황제의 행차 모습
모리스가 촬영한 사진이다. 대안문 바로
옆에 원수부 건물이 벽돌조 2층으로
건립되어 있다.
↑
대안문 앞 낮은 월대

↑
대안문과 황제의 행차
대안문 안쪽으로 1902년 건축 중인
최초의 중화전(중층 지붕) 모습이 보인다.
↑
월라드 스트레이트가 찍은 월대 사진
총검을 장착한 신식군인들의 호위 속에
대안문을 나서는 황제의 행차 모습이다.

이 고통받는 바에 대해 상언上言을 할 수 있게 했다는 기록이 있다.[68]

오늘 함께 즐기는 의도는 상하의 마음을 소통하게 하기 위한 것이
다. 그러므로 백성들의 모든 고통에 대하여 아뢰게 할 것이니 대궐
로 돌아갈 때 기로소 동구 밖으로부터 대안문에 이르기까지 상언을
받으라.

독립협회 운동 당시의 인화문처럼 대안문도 이러한 과정을 거
쳐 점차 민의 상달의 창구로서 상징성을 획득해 갔을 것이다. 나중에
1919년 고종이 사망했을 때 망곡 처소가 된 곳도 대안문이 이름을
바꾼 대한문 앞이고, 3·1운동 당시 만세 군중이 시가행진을 벌일 때
찾아간 목적지 중 한 곳도 덕수궁 대한문 앞이었다.

대안문은 1904년 경운궁 대화재 이후 경운궁이 중건될 때 1906
년에 대한문으로 편액을 바꾸어 달았다. 경운궁 내 전각들과 달리
대안문은 화재로 피해를 입지 않았지만, 경운궁 중건이 완성되자 면
모를 일신하는 차원에서 정문인 대안문의 이름도 바꾼 것으로 생각
된다.

1904년 러일전쟁 당시 로이터와 AP통신 특파원으로 대한제국에
온 윌라드 스트레이트Willard Dickerman Straight가 찍은 사진에는 1904년
화재 전후의 대안문 앞 월대라고 추정되는 모습이 담겨 있다. 윌라드
는 1905년 6월 하순에는 주한 미국공사관의 부영사 겸 모건E. Morgan
공사의 개인 비서로 부임했다. 그는 1905년 11월 17일 밤, 미국공사

대안문 앞에 태극기를 들고 모인 군중

관 바로 옆의 수옥헌에서 을사늑약이 강요될 때 담장 너머로 현장을 목격하고, 11월 18일 새벽 1시 30분 수옥헌 주변 동정을 묘사한 일기를 남긴 인물이다.[69] 미국이 을사늑약 후 공사관 철수를 공식 통보한 것은 열강 중에서 가장 먼저인 1905년 12월 24일이고, 윌라드도 공사관 철수와 함께 1906년 1월 중순 요코하마로 출발하여 7월 심양 주재 총영사로 부임한다. 따라서 이 사진은 1904년 특파원으로 대한제국에 왔을 때, 혹은 1905년 부영사 시절 직접 찍었을 가능성이 크다. 이 사진의 촬영 혹은 수집 시기를 1905년 이전으로 추정해 볼 수 있다면, 윌라드 스트레이트가 대한제국에 체류하던 때 일어난 1904년 4월 경운궁 대화재 시 대안문은 전혀 피해를 입지 않았다는 증거

대한문
대안문은 1906년 대한문으로
편액을 바꿔 달았다.

가 될 수 있다.[70]

　그럼에도 대화재 이후 경운궁을 재건하면서 대안문大安門의 편액을 대한문大漢門으로 바꿔 달았다.『경운궁중건도감의궤』에 따르면 1906년 음력 4월 12일, 대안문 수리 역사가 시작되었다. 1906년 음력 4월 24일 자로 영돈령사 이근명이 짓고, 궁내부 특진관 윤용구가 쓴 대한문 상량문에 의하면, 인조가 임하신 곳이요, 선조가 어거御居하신 황화皇華의 터인 경운궁의 법전인 중화전에 나아가 대한정문大漢正門을 세우고 '소운霄雲과 운한雲漢의 뜻을 취하니 덕德이 호창皥蒼에 합한다.'라는 구절이 있다. 소운은 하늘, 운한은 은하수를 가리키므로 결국 '대한'이라는 새 이름은 '큰 하늘'이라는 뜻을 취한 것임을 알 수 있다.[71] 화재 이후 경운궁 재건 공사가 마무리되는 시점에서 대안문의 이름도 바꿔서 대한제국의 정궁 경운궁의 정문으로서의 위상을 다시 한번 새롭게 하려는 의도였다고 생각된다.

8장

경운궁에 세워진 서양식 건물

'신구절충'을 경운궁에 구현하다

대한제국기에 경운궁에는 전통 양식의 전각들과 함께 양관洋館도
여러 채 지어졌다. 대한제국의 황궁 경운궁을 대표하는 양관으로서
석조전 외에도 수옥헌(중명전), 구성헌, 정관헌, 환벽정, 돈덕전 등이
건립되었다. 정동지역에는 이미 서양인들의 건물이 다수 들어서 있
었던 데다 고종 또한 대한제국의 근대화 의지를 드러내기 위해 양관
건립에 적극적이었다. 고종은 서양인 선교사, 외교관, 여행가 등과 접
촉하면서 누구보다 서양 문물과 정보에 익숙했고, 전등, 시계, 샴페인
등 서구식 일상생활용품 도입에도 적극적이었다. "사방에서 물건을
사들이는 동시에 왕은 자신의 왕국에 유럽식 건물의 건설을 명령했
다."라는 프랑스 외교문서의 기록이 당시의 분위기를 일부 증언한다.[1]

↑
최초의 중화전과 양관들
1902년 완공된 최초의 중화전은
중층 지붕이다. 중화전 옆에
지금은 없어진 양관인 구성헌이
있고, 돈덕전은 나무에 가려져
뾰족한 튜렛 지붕만 보인다.
사진 왼편에 멀리 보이는 양관은
2층으로 재건된 수옥헌이다.

←
**1904년 화재 이후 재건된 현재의
중화전**

    위의 자료에서 언급한 유럽식 건물이 고종이 경복궁 안에 최초로
건립한 서양식 건물 관문각觀文閣이다. 관문각은 경복궁 내에서 가장
깊숙한 곳에 세워져 고종과 명성황후의 거처로 활용된 건청궁 권역에
건립되었다. 러시아인 기사 사바틴A. I. Seredin Sabatine이 참여하여 1888
년 2월 14일 공사를 시작했고 1891년 8월 13일에 완공했다. 원래 어
진을 봉안하던 관문각을 서양식 건물로 다시 지은 것인데, 사바틴은
시위대 교관인 미국인 윌리엄 다이William McEntyre Dye와 함께 을미사변
당일 경복궁에서 숙직을 서다가 사건 현장을 목격하기도 했다.[2]

고종이 아버지 대원군의 섭정에서 벗어나 친정을 선언한 1873년 건립된 건청궁은 처음엔 어진 봉안처 등으로 사용되었으나, 갑신정변 후 고종이 개화정책을 직접 추진하면서부터 국정운영의 핵심 장소가 되었다. 1891년 7월, 건청궁 옆에 창덕궁에서 이건해 온 집옥재에는 당시 중국으로부터 수입한 수만 권의 서적이 수장되어 있었고, 이 중 상당수는 서양 사정을 소개하는 개화 서적들이었다. 일찍이 『해국도지』, 『영환지략』 등 개화 서적들을 읽은 고종은 집옥재에서 일본공사, 미국공사, 오스트리아공사 등 외교사절을 접견하고 국서를 봉정받았다.[3]

대한제국기에도 고종은 경운궁 내에 양관을 건립하여 자신이 서구식 문물을 수용하는 개명군주임을 분명히 하고, 국제사회를 향해 대한제국의 근대적 지향을 더욱 적극적으로 보여주고자 했다.[4] 그 결과 경운궁은 중화전을 중심으로 즉조당, 준명당, 석어당, 함녕전 등 전통 양식의 전각들과 석조전, 구성헌, 돈덕전, 정관헌, 환벽정, 수옥헌(중명전) 등 양관이 혼재하는 독특한 경관을 보여주었다.

그런데 경운궁에 세워진 양관들에 대해서는 건립과 관련된 구체적인 논의나 기록 등이 거의 남아 있지 않다. 전통적인 궁궐 내 전각들과는 달리 주로 외국인들에 의해 건설되었기 때문에 영건도감의 설치나 의궤 편찬이 없었기 때문이다. 다만 중국인 임택성이 1903년 3월에서 1905년 3월 사이에 구성헌, 정관헌, 환벽정 등 양관 수선 공사 및 물품 대금에 대해 청구한 것과 같은 기록 등을 통해 건립 과정을 짐작할 수 있을 뿐이다.[5]

현재 대한제국을 상징하는 경운궁 내 최대 규모의 양관인 석조전은 대한제국 선포 직후인 1897년부터 건립 계획이 시작되었다. 영국인 총세무사 존 맥리비 브라운J. M. Brown의 건의로, 설계는 상하이에서 활동하던 영국인 존 레지널드 하딩John Reginald Harding에게 의뢰했는데, 설계에만 2년여가 걸렸다. 대한제국 선포 후 만국공법체제 하의 근대 주권국가를 지향하면서 황궁으로서 경운궁의 권위를 높이고자 서양 신고전주의 양식의 건물 건립을 추진한 것이라 볼 수 있다. 그런데 1897년 4월 6일 『독립신문』 기사를 보면, "영국사람 브라운 씨와 통변관 최영하 씨가 3월 15일 경운궁에 들어가서 궁 안의 지형을 측량하고 나왔다."라고 하므로, 대한제국 선포 이전에 이미 경운궁 안에 서양식 건물 건립을 위한 측량을 실시했다고 볼 수도 있다. 일본 건축잡지 『건축세계』에는 1897년, 청국에 거주하고 있던 하딩에게 설계가 의뢰되었다는 기사가 나오고, 하딩의 석조전 도면에는 1898년 2월 20일이라는 날짜가 나오므로 적어도 1898년에는 석조전 설계도가 완성된 것으로 보고 있다.[6]

석조전 설계가 끝난 후 실제적인 착공은 1900년에 시작되었다. 일본에서 건축 기사를 초빙하고 창의문 부근의 화강석재를 채취하여 1901년 가을에 기초 공사를 마쳤다. 공사에는 한국인 기사 심의석과 사바틴이 참여했고, 감독은 영국인 카아트맨, 일본인 오가와 요키치小川陽吉 등이 맡았다. 공사는 1902년 중화전 건립 공사 등으로 인해 한동안 중단되었다가 1903년 9월 일본 토목기업인 오쿠라구미大倉組에 의해 다시 시작되었다. 이때 설계를 맡았던 하딩이 공사감독으로 임

↑
1905년 무렵 건축 중인 석조전
엠마 크뢰벨이 1909년 출간한 회고록에 실린 사진이다. 독일 여성인 엠마 크뢰벨은 휴가를 떠난 손탁을 대신하여 1905년 8월부터 1906년까지 황실에 근무했다.
→
석조전 현재 전경
↘
석조전 1층 접견실

명되어 동대문 영풍정 부근의 화강석을 채취하여 건축에 사용했다고 한다. 1905년 봄에는 2층까지 완성되었고, 하딩에 이어 데이비드슨 William Davidson이 공사감독을 맡았다. 1906년 무렵에는 지하실을 제외한 건축 공사의 대부분이 마무리되어 1907년부터 실내 공사가 시작되었고, 1910년 강제 병합 직전에 모든 공역이 마무리되었다.[7]

경운궁 안에는 석조전 외에도 원수부 건물을 비롯하여, 또 다른 양관들이 속속 지어졌다. 원수부는 대안문 바로 옆 담장으로 입구를 내고 같은 모양의 벽돌조 건물 두 동으로 건립되었다. 건축 공사와 관련된 구체적인 기록은 없고, 사진으로만 확인할 수 있다. 그밖에 1899년 7월 10일, 법규교정소 총재 윤용선이 사무소를 임시로 포덕문 안의 '서양식 건물'로 옮겼고, 오늘부터 회동會同하여 개의開議하겠다고 보고한 것으로 보아[8] 경운궁 내 동쪽 지역에도 여러 채의 서양식 건물들이 있었을 것으로 추정된다. 기존에는 경운궁 권역을 동과 서로 나누어 동쪽에는 전통식 전각, 서쪽에는 석조전을 비롯한 서양식 건물로 양분해서 이해하는 경향이 있었다. 하지만 이는 대한제국이 표방하는 '구본신참舊本新參' 혹은 '신구절충新舊折衷'이라는 이념을 신·구의 융합이 아닌, 신·구의 병존이나 동·서 대립의 개념으로 오해한 결과였다고 생각한다. 실제로는 이러한 엄격한 구분 없이 건물의 용도에 따라 적절한 건축 양식을 택한 것으로 생각된다. 그야말로 실용주의적 절충 양식이라고 볼 수 있다.

실제로 1904년 화재 당시 『The Korea Review』에 실린 경운궁 내 건물 배치도를 보면 동쪽이나 서쪽 방향에 상관없이 건물 용도에 따라 전통식 전각 혹은 서양식 건물을 지은 것으로 보인다. 서쪽의 석조전뿐 아니라, 동쪽 포덕문 주변 궐내각사 지역의 의정부회의소, 외국인 접견 대기소 등도 서양식 건물로 지어졌을 것으로 추정된다. 전화국 건물이 별도로 존재하는 것도 이채롭다.

경운궁 내 서양식 건물 중에 구성헌九成軒은 현재는 없어졌지만 고종이 외국인들을 접견할 때 활용한 건물이다. 고종이 러시아공사관에서 경운궁으로 환궁한 초기에는 주로 함녕전에서 각국 공사를 접견하거나 대신들을 만나는데, 1899년 이후에는 서양식 건물에서 접견했다는 기록들이 등장한다. 외국 사신 접견을 위해 신축한 구성헌에 대한 기록은 1899년 7월 처음 등장한다. 1899년 7월 11일, 독일인 궁중 고문 뻘스가 오후 4시에 구성헌에서 고종황제를 폐현하기로 했다는 기록이 그것이다.[9] 『독립신문』도 1899년 10월 22일 기사에서 "금번 계천기원 경절에 궁내부에서 구성헌으로 각국 공·영사의 폐현을 시키며 본국 각부 대신들이 함께 참례하여 대관정에서 큰 잔치를 배설한다더라."라고 하여 구성헌과 대관정이 각국 외교관 접견 및 연회 장소로 활용되고 있음을 보여준다.[10]

이후에도 구성헌은 주로 각국 공사를 만나는 장소로 활용되었고, 1907년에는 황태자인 영친왕이 구성헌에서 행차한 기록도 남아 있다. 즉 10월 1일 오전 11시 30분, 황태자가 구성헌에서 출발하여 고등학교와 무관학교를 순람하고, 같은 날 4시 30분에 돌아오는 행사 일정에 의하면, 황태자의 이동 경로는 구성헌 정문을 출발하여 평성문 앞길과 운교 아래 길을 지나 대한문 앞길과 포덕문 앞길을 통과

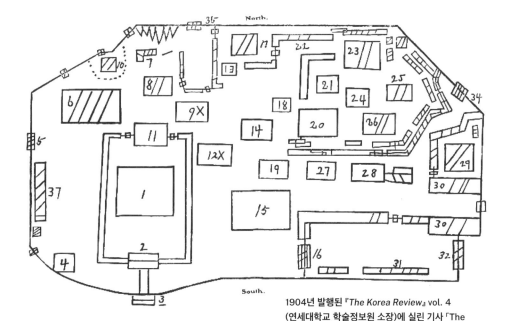

1904년 발행된 『The Korea Review』 vol. 4 (연세대학교 학술정보원 소장)에 실린 기사 「The Burning of Palace」에 등장하는 경운궁 내 건물 배치도

1. 중화전(Audience Hall)
2. 중화문(Chung-wha Gate)
3. 운교(Viaduct)
4. 전기 발전소(Electric Plant)
5. 평성문(Pyung-sung Gate), 경운궁의 서문
6. 석조전(New unfinished Palace; 새로 건축 중인 궁궐)
7. 수라간(Kitchens)
8. 즉조당(Emperor's Portrait House; 어진 봉안처)
9. 준명전(Emperor's Occasional Apartment; 황제가 사용하는 편전)
10. 전 해관(Former Custom House)
11. 관명전(Building occupied by Emperor at time of fire; 화재 시 고종이 머물던 전각)
12. 석어당(Building on the site of building where king Sun-jo lived for fourteen years after Japanese invasion; 임진왜란 후 선조가 14년간 기거한 전각)
13. 전화국(Telephone Office)
14. 경효전(Late Queen Tablet House; 명성황후 위패를 모신 혼전), 현재의 덕홍전 자리
15. 외국인 접견 대기소(Foreign Reception Hall)
16. 조원문(Cho-won Gate)
17. 정관헌(Dining Hall)
18. 유희실(Recreation Hall)
19. 예식원(Ceremonial Office)
20. 함녕전(Former Imperial Apartment where fire began; 화재 발생전 황제의 거처)
21. 행각(Connected with Apartments)
22. 시종원(Eunuch's House)
23. 수인당(Late Queen Dowager's House; 명헌태후 빈전)
24. 황태자 처소(Crown Prince's Apartments)
25. 의정부 회의 장소(Cabinet Meeting House)
26. 영복당(Lady Om's Apartments; 엄비의 처소)
27. 사업 부서(Business Offices)
28. 의정부(Imperial Cabinet Apartments)
29. 궁내부(Household Department)
30. 원수부(Board of Generals)
31. 병영(Barracks)
32. 대안문(Ta-an Gate)
33. 평장문(표시 없음)
34. 포덕문(Po-tong Gate)
35. 생양문(Sang-yang Gate)
36. 회극문(표시 없음)
37. 창고 및 병영(Store-house and Barracks)

*괄호 안 영문은 실제 배치도에 표기된 원문임.

하고, 신교와 황토현 혜정교를 지나 종로로 접어든다. 고등학교와 무관학교를 순시한 후에 돌아올 때도 역시 같은 코스를 거쳐 구성헌으로 복귀한다.[11] 경운궁 서문인 평성문을 나서서 오늘날로 치면 덕수궁 돌담길을 따라 운교 아래를 지나고, 대한문 앞길을 통해 세종로 사거리까지 간 후 종로로 접어드는 코스였다. 구성헌이 황태자의 거처로 활용되고 있고, 또 황태자가 경운궁 밖으로 외출할 때는 대한문이 아니라 정동 쪽으로 난 경운궁의 서문인 평성문을 사용했다는 것을 알 수 있다.[12] 이처럼 1907년까지 존재했던 구성헌은 1910년 지도에서는 보이지 않으므로 영친왕이 일본으로 떠난 1907년 12월 이후부터 1910년 사이에 훼철된 것으로 추정된다.

그 밖에도 1899년 하반기부터 1900년 상반기까지 경운궁 내에는 다양한 양관들이 들어섰다. 현재 남아 있는 경운궁 후원 지역의 휴게 공간인 정관헌은 1899년 말에서 1900년 초에 신축된 것으로 추정된다. 정관헌에 대한 기록은 『각부청의서존안』 1899년 11월 13일

정관헌

에 등장한다. 경운궁 내 휴게소 신축 비용을 예산 외로 지출해 달라는 기록이다.[13] 이듬해인 1900년 1월 22일에는 경운궁 내 휴게소 복도를 양식으로 새로 짓기 위한 건축비를 예산 외로 지출해 달라는 청의서가 제출되었다.[14] 이러한 기록들을 종합해볼 때 정관헌은 1899년 말에서 1900년 초 사이에 완공된 것으로 보인다. 정관헌은 휴게 공간 외에도 잠시나마 태조의 영정을 모시는 진전으로 사용되었고, 고종과 황태자의 어진과 예진을 그리는 장소로 사용된 적도 있다.[15] 정관헌은 건물의 전면과 양 측면에 베란다가 있고 로마네스크식 기둥이 설치되어 있는 서양식 건물이다. 하지만 팔작지붕 형식이나 세부 장식에는 한국적인 요소도 많이 가미되어 있는,[16] 동서절충과 신구융합을 보여주는 건물이라고 할 수 있다.

경운궁 최초의 양관 수옥헌

경운궁 권역 내에 지어진 최초의 양관은 수옥헌으로 1906년을 전후한 시점부터 현재까지 중명전이라고 불린다.[17] 수옥헌은 1897년 9월 30일 알렌이 작성한 미국공사관 주변 지도에 'King's Library'라고 표기되어 있듯이 황제의 서재로 지어졌다. 궁궐 내 최초의 양관인 관문각과 마찬가지로 어진 봉안이나 도서 수장고 기능을 가진 건물로 계획된 것이다.

최초의 수옥헌은 1897년 6월 이후 건립이 시작되어 1899년 3월 이전에는 완공된 것으로 보인다. 고종은 경복궁의 집옥재나 관문각처럼 어진 봉안 외에도 도서를 수장하거나 서재 역할을 할 수 있는 건물을 신축하고자 한 것 같다. 1897년 10월 23일, 『독립신문』 영문판은 미국공사관 옆에 신축 중인 제실帝室도서관에 대한 기사를 실었는데, 이 도서관은 2층의 유럽식 건축으로 지어질 예정이며 설계자는 '다이Dye'라고 소개되어 있다. 지금까지는 수옥헌의 설계자가 러시아인 건축기사 사바틴으로 잘못 알려져 있었으나, 이 기사에서 다이는 1888년 설립된 연무공원鍊武公院에 군사교관으로 고빙된 미국인 육군 소장 다이의 아들인 존 헨리 다이John Henry Dye이다.[18]

원래 정동여학당이 있던 자리에 들어선 수옥헌은 1899년 3월 아펜젤러가 촬영한 사진에 완공된 모습이 처음 등장한다. 현재는 덕수궁 담장 바깥, 미국대사관저 옆에 남아 있는 중명전(원래 이름 수옥헌)과 같은 2층 건물이 아니라 화재 이전의 모습 사진이다. 『독립신문』 기사와 달리 2층 건물로 보이지는 않는다. 아마도 처음에 2층으로 지으려던 공사 계획을 변경하여 단층으로 완공한 것으로 추정된다.

수옥헌은 고종황제가 외국인들을 접견하는 장소로 사용되었는데, 1899년 6월, 독일 황제 빌헬름 2세의 동생인 하인리히 친왕이 방한했을 때도 이곳에서 접견했다.[19] 독립협회 해산 이후 일본인의 집에 숨어 지내던 만민공동회장 고영근이 정부 고관들의 집에 폭약을 투척하는 사건이 일어났을 때 놀란 고종이 미국공사관과 영국공사관 사이 '서적창고'로 피신했다는 일본 측 기록에서[20] 서적창고는 곧 수옥헌을 가리킨 것으로 보인다.

↑
최초의 수옥헌
1899년 3월 아펜젤러가 촬영한 사진으로, 처음
세워진 수옥헌이 단층 건물임을 알 수 있다.
↑
2층으로 재건된 수옥헌
1901년 화재 후 1902년부터 1903년 사이
재건된 모습이다.

그런데 1901년 11월 16일 새벽 2시경 수옥헌에 큰 화재가 일어나 주변 전각인 문화각文華閣, 정이재貞彝齋 등이 모두 불타고 겨우 벽돌만 남았으나, 다행히 각종 보물을 저장하는 곳간은 화를 면했다고 한다.[21] 문화각에는 옥새와 책문, 인장 등이 보관되어 있었고, 1901년 2월 이후에는 황제의 어진까지 봉안되어 있었는데, 수옥헌 뒤편 한 건물에서 시작된 화재가 수옥헌은 물론 주변 전각들까지 다 태워 버린 것이다. 『The Korea Review』도 "미국공사관 바로 서쪽에 붙어 있는 제실도서관 후면 외곽의 건물 하나에서 원인불명의 화재가 발생했다."라고 소식을 전했다. 만약 어떤 응급조치가 있었다면 본 건물로 번지기 전에 불길을 진화할 수 있었을 텐데, 겨우 물동이 서너 개밖에 없었던 탓에 매우 귀중한 건물을 잃고 말았다고 안타까워 하며 보도했다. 수옥헌에는 귀한 서책들이 많이 있었는데, 이 책들이 피아노 한 대를 포함한 가구 일체와 함께 모두 소실되었다고 전했다.[22]

김윤식도 『속음청사續陰晴史』에서 수옥헌 화재가 문화각을 비롯한 여러 곳으로 불길이 번졌는데, 수옥헌은 일명 책고冊庫이며 옥책과 금보, 금은 주단 등의 보물을 보관하는 곳이라고 기록하고 있다.[23] 조선시대 도서 수장고와 달리 서목書目이 남아 있지 않아 수옥헌에 수장되어 있던 귀한 서책들이 어떤 책들이었는지 현재로선 알 수 없다. 피아노 한 대가 소실되었다고 하는 것으로 보아 서양에서 들여온 가구나 물품들, 개화정책 실시 이후 수집한 서양 관련 서적들이 보관되어 있지 않았을까 추정해 본다. 고종은 곧바로 문화각에 있던 옥책과 인장 등 화재로 손상된 것을 고쳐서 만들고 보수하라는 지시

를 내렸다.[24]

　수옥헌 건물의 재건은 다음해인 1902년 봄부터 시작되었으나, 고종 즉위 40년 칭경예식을 위한 중화전 건립 공사에 집중하기 위해 공사는 잠시 중단되었다. 1902년 10월 중화전이 완공된 후에 수옥헌 재건 공사가 재개되어 1903년 무렵에는 완공되었을 것으로 추정된다. 재건된 수옥헌은 현재의 중명전처럼 베란다가 있는 2층 벽돌조 건물이었다.

　1902년 12월 3일, 고종은 새로 완공된 정전인 중화전에서 즉위 40년 및 망육순을 기념하는 외진연外進宴을 행하고, 이어서 중화전, 관명전, 함녕전 등에서 내진연을 거행했다. 하지만 중화전이 완공된 지 2년도 안 된 1904년 4월 14일, 함녕전에서 큰불이 시작되어 함녕전, 중화전, 즉조당, 석어당 등 경운궁 중심부의 전각들이 모두 잿더미가 되어 버린 큰 사건이 일어났다.[25]

　『황성신문』은 화재 피해가 커진 이유에 대해 원래 대궐 안에서 불이 나면 즉시 불을 끄는 작업에 착수하지 못하고, 궁문을 폐쇄하여 외부 사람의 출입을 막고 군졸들이 파수를 엄중히 한 후에야 비로소 진화 작업에 착수하기 때문이라고 보도했다. 궁중에 대화재가 난 혼란 속에 일어날 수 있는 정변과 같은 변괴를 더 두려워한 것이라고 볼 수 있다. 이날 밤에도 바람이 거세게 불어 불길이 갑자기 커진 상황인데, 정동 일대 외국인들이 진화기구들을 들고 달려왔음에도 불구하고 국법을 이유로 진화 작업에 참여할 수 없었다고 안타까워했다.[26]

↑
1904년 4월 14일 경운궁 대화재 현장을 담은 사진

↑
화재가 난 경운궁 대안문 앞에 나타난 일본 군대의
모습이 담긴 삽화

이때 고종황제의 시의로 근무했던 독일인 의사 분쉬Richard Wunsch도 "어젯밤 황궁이 몽땅 불에 타 내려앉았습니다. 목조건물인 데다 바람이 불자 웅장한 건물 덩어리가 온통 타올라 불바다가 돼버렸답니다. 불은 어젯밤 9시 30분에 났는데, 화재 현장으로 달려갔으나, 일본군과 한국군이 길을 통제하고 있어 아무도 지나갈 수 없었습니다. 그래서 우리는 궁전 가까이에 있는 언덕 위로 올라가 불타는 궁전을 자세히 바라보았고, 강풍이 몰아치는 가운데 일본소방대와 일본군인, 미국군인과 영국인, 프랑스수비대 등이 궁벽 안에서 불길을 잡으려 애썼지만 커다란 성벽 때문에 불길이 잡히지 않았습니다."[27]라는 기록을 남겼다. 러일전쟁 발발 직후부터 도성 안에 주둔하고 있던 일본군이 화재 현장에 등장하고 있음이 주목된다.

이날 밤 11시 고종황제는 황태자와 함께 경운궁의 서문인 평성문을 통해 미국공사관 서쪽의 수옥헌으로 피난했다. 일본공사는 고종황제에게 창덕궁으로 이어할 것을 요청했으나, 황제는 명헌태후의 국상 기간이므로 혼궤魂櫃를 이동할 수 없다고 핑계를 대며 창덕궁 이어를 거부했다.[28] 경복궁은 을미사변이 일어난 참혹한 비극의 현장이고, 창덕궁 역시 1882년 임오군란과 1884년 갑신정변이 일어난 장소로서 고종에게는 결코 돌아가고 싶지 않은 곳이었을 것이다. 그에 반해 근대적 황제국으로서 대한제국을 선포하며 건립한 경운궁은 비록 화재로 잿더미가 됐더라도 이미 한성의 중심으로서, 서양 열강 공사관에 둘러싸인 입지 등을 고려할 때 쉽게 버리고 떠날 수 없는 공간이었다.

고종은 화재 당일 바로 수옥헌에서 정부대신들을 접견하고 재물과 비용이 궁색하더라도 경운궁을 반드시 다시 세워야 할 것이라고 지시했다. 곧바로 경운궁 중건도감이 설치되고 도제조 이하 관원들이 임명되었다. 1904년 4월 20일 시역始役에 들어간 중건사업은 1906년 1월 13일, 태묘에 준공을 고함으로써 완료되었다. 경운궁의 법전인 중화전 재건이 완료된 것은 1905년 11월이고, 이때 재건된 중화전은 최초의 중화전과 달리 중층 지붕이 아닌 단층으로 축소되었다. 건평 20칸은 그대로 유지했으나 지붕이 축소되어 전보다 왜소해졌다. 재정적인 압박이 그 이유였다. 그밖에 중화문, 함녕전, 즉조당, 석어당, 준명당, 영복당 등 전각들도 1906년 무렵까지 모두 재건되었다.[29]

경운궁의 재건이 완료된 후에도 고종은 여전히 수옥헌 권역에 머물렀다. 고종황제가 수옥헌을 거처로 삼게 됨으로써 수옥헌의 성격은 완전히 변화하게 된다. 단순히 어진을 봉안하고 도서를 수장하는 전각이 아닌, 황제의 시어소인 편전의 역할을 수행하게 된 것이다. 또한 대화재 이후 경운궁 원 공간에서 여러 전각이 수옥헌 권역으로 옮겨서 재건되면서, 수옥헌은 단순히 하나의 건물이 아니라 경운궁의 한 권역을 부르는 대표 명칭이 되어갔다.[30]

그런데 이 수옥헌이 1905년 11월 17일에는 을사늑약을 강요당한 운명의 장소가 되었다. 을사늑약 체결을 위해 일본 천황의 특사로 파견된 이토 히로부미는 11월 10일, 오후 12시 반 수옥헌에서 고종을 알현했다. 이토와 함께 주한 일본공사 하야시 곤스케林權助도 공

← ↑
제목이 없는 을사늑약 원문
외부대신 박제순과 일본 측
특명전권공사 하야시 곤스케의
도장이 찍혀 있다.

↑
고종황제 친서에 사용된 어새
→
**을사늑약 무효를 선언한 1906년
1월 29일 자 고종황제의 친서**

사관원들을 대동하고 입궐했다. 대한제국 측에서는 의양군 이재각을 비롯하여 외부대신 박제순, 궁내부대신 이재극, 시종무관장 민영환, 시종원경 민영휘, 예식원경 이근상, 제실회계심사국장 박용화, 예식과장 고희경, 예식관 현백운 등이 동석했다. 박용화는 고종황제의 통역을 담당했다.[31] 이때 알현 장소는 수옥헌 '계상階上의 일실一室'이었다는 기록으로 보아 수옥헌 2층의 큰 방이었을 것으로 추정된다. 위의 인원들을 모두 수용할 수 있는 방은 2층의 가장 큰 방이다. 알현이 끝난 후 오후 1시부터는 수옥헌 '계하階下의 일실', 즉 수옥헌 1층의 가장 큰 홀에서 오찬 행사가 있었다.

이토가 을사늑약 초안을 가지고 다시 고종을 알현한 것은 11월 15일이다. 11월 13일부터 이토가 황제 알현을 요청함에도 불구하고 고종은 병을 칭하며 만나주지 않았으나, 결국 이토는 15일 오후 3시부터 7시까지 무려 네 시간 동안이나 고종을 알현하고 조약안을 누누이 설명했다. 이날 알현에는 통역관으로 고쿠분 쇼타로國分象太郎 일본공사관 서기관과 박용화만 배석했다. 이토는 외부대신에게 협상하라고 지시해 줄 것을 거듭 요청했지만, 황제는 다만 시원임(현직과 전직) 대신과 여론에 자문한 후 결정하겠다면서 확답을 피했다. 하지만 이토가 군주 전제의 국가에서 여론을 핑계로 결정을 미룬다고 거듭 협박하자, 고종은 결국 외부대신을 통해 정부에 조약안을 제출하면 정부에서 의논한 뒤 재가를 청하게 하겠다는 칙명을 내리고 말았다. 이에 따라 하야시 공사는 박제순 외부대신에게 조약안을 송부했다.[32]

이튿날인 11월 16일, 이토는 정부대신들을 자신의 숙소인 정동

의 손탁호텔로 불러 협조할 것을 강요했다. 11월 17일 오전에는 하야
시 공사가 정부대신들을 남산에 있던 일본공사관으로 불렀고, 이 자
리에 함께한 이토는 또 조약 체결을 강요하는 일장연설을 했다. 대신
들은 황제와 의논하겠다며 오후 3시 입궐했고, 황제와 대신들이 수
옥헌에서 대책회의를 한 결과 며칠만 연기해 달라는 전갈을 이토에
게 보냈다. 하야시 공사는 정부대신들과 협의가 잘 진척되지 않자 저
녁 6시경 주차군사령부가 설치된 대관정에 사람을 보내 이토가 직접
나서줄 것을 요청했다. 1904년 2월 러일전쟁 발발과 함께 「한일의정
서」체결을 강요한 일본은 한반도 곳곳을 군용지로 강점하고 주차군
을 주둔시켰는데, 한때 궁내부 영빈관으로 사용한 대관정을 주차군
이 점령하고 있었던 것이다.

　　이토는 하세가와 요시미치長谷川好道 주차군사령관과 함께 마차를
타고 밤 8시경 대관정에서부터 수옥헌으로 달려왔다. 일본 헌병과
주차군 병력이 경운궁 주위를 삼엄하게 둘러싼 가운데 막 퇴궐하려
는 정부대신들을 막아섰다. 이토는 다시 의정부 회의를 열었고, 을사
오적의 찬성 의사를 받아낸 후, 18일 새벽 1시경 일방적으로 조약 체

을사늑약 당일 저녁,
대관정을 출발하는
통감 이토 히로부미와
주차군사령관 하세가와
요시미치

결을 선언했다. 이 과정에서 끝까지 반대 의사를 밝힌 참정 한규설은 수옥헌 1층의 한 협실에 갇혀 있었다고 훗날 회고했다.[33]

그런데 을사늑약 후에도 고종은 계속 수옥헌에 머물렀다. 화재로 불타 버린 경운궁의 주요 전각들이 재건된 후에도 가끔 준명전濬明殿 등으로 나아가 접견 업무를 수행할 때를 제외하면, 1907년 7월 강제 퇴위당할 때까지 수옥헌을 떠나지 않았다. 아마도 미국공사관과 담장을 같이 한 수옥헌의 입지적 조건 때문이었을 것으로 생각된다. 을사늑약 당시 미국공사관에 부영사로 근무하고 있던 윌라드 스트레이트는 그날 밤 일기에 담장 너머 수옥헌 앞마당에 총칼로 무장한 일본군들이 빽빽이 들어선 광경을 목격했다고 기록했다.[34] 하지만 미국은 조미조약 제1조에 명시된 중재 노력을 전혀 하지 않았고, 열강 중에서도 가장 먼저 공관을 철수해버렸다.[35]

수옥헌이 사실상 고종황제의 편전이 되면서 명칭도 1906년 이후 어느 시점부터 중명전重明殿으로 바뀌었다. 경운궁 중건 과정에서 정문인 대안문의 이름이 대한문으로 개칭될 무렵, 수옥헌도 편전으로서의 지위에 걸맞게 중명전이라는 명칭을 부여받은 것이라 생각된다. 고종은 중명전에서 1907년 4월, 헤이그 만국평화회의 특사를 파견한 것으로 알려져 있고, 이것이 빌미가 되어 강제로 퇴위당했다. 강제 퇴위 후 고종의 거처는 경운궁 중심 영역에 있는 함녕전으로 옮겨졌고, 이후 중명전은 오랫동안 비어 있다가 일제강점기에 외국인을 위한 클럽 건물로 대여되었다.[36]

수옥헌 권역에 있던 또 다른 양관인 환벽정環碧亭은 1903년 3월부

터 1905년 3월 사이에 수선했다는 기록이 있으므로 1903년 3월 이전
에 완공되었다고 볼 수 있다.[37] 수옥헌의 북쪽, 러시아공사관의 남쪽
에 있었던 것으로 추정되는 환벽정은 순종이 황태자 시절 처소로 사
용했으며, 순종이 황제로 즉위한 후 창덕궁으로 이어하면서 철거된
것으로 보인다.[38] 1904년 경운궁 대화재 이후 고종황제가 수옥헌을
거처로 삼게 되자 황태자도 수옥헌 권역 내의 환벽정에 머무르게 된
것이라고 생각된다.

영빈관으로 지어진 돈덕전

돈덕전은 1902년 고종 즉위 40년 칭경예식을 치르기 위한 영빈
관 혹은 알현관으로 건립되었다. 처음부터 서양인들을 위한 장소로
기획된 돈덕전은 석조전 완공 이전에는 경운궁 내에서 가장 화려한
양관이었다. 돈덕전 이전에는 경운궁 내에 있던 양관은 아니지만 미
국인 헐버트의 집이었던 대관정을 궁내부에서 사들여 외빈 접대 장
소로 사용했다.[39]

대관정은 1898년 3월, 현재 서울 중구 소공동 플라자 호텔 주차
장 자리에 세워진 2층 벽돌조 건물로서, 궁내부에서 9월에 매입하여
미국인 고문 샌즈의 숙소로 사용했다. 샌즈는 궁내부 찬의관, 외부
고문 등으로 1904년까지 근무하며 대한제국의 중립화 외교에 큰 영
향을 끼친 인물이다.[40]

버튼 홈즈가 샌즈의 숙소 즉 대관정에서 찍은 사진에서 알 수 있듯이, 대관정은 높은 언덕 위에 건립되어 경운궁이 그대로 내려다보이는 위치에 있었다. 이러한 이유 때문에라도 궁내부는 헐버트로부터 이 집을 사들여야 했다. 이후 대관정은 궁내부 소속 게스트하우스로서 주로 귀빈을 접대하거나 연회를 베푸는 장소로 활용되었다.

1899년 6월, 독일 황제의 동생인 하인리히 친왕이 방한했을 때 대관정에 머물렀고, 고종이 황태자를 대동하고 이곳을 방문하기도 했다. 하인리히 친왕은 대한제국 수립 후 최초로 방한한 국빈으로서 1899년 6월 8일부터 19일까지 대한제국에 체류했다. 당시 자료에 의하면 하인리히 친왕을 맞이하기 위해 대관정 주변 도로를 치우고 담장을 개선했으며, 참정 이하 각부대신의 영접과 각국 공·영사의 회동이 이어졌다.[41]

『독립신문』은 1899년 6월 6일 기사에서 "덕국 친왕이 이달 9일 9시에 인천에 하륙하여 10시 반에 거기서 떠나 하오 4시에 남대문으로 들어오는데, 참정 이하 각부 대신이 다 남문에 나아가 영접하고 공동公洞 벽돌집에 이르러 6시에 폐현한 후 황제 폐하께서 연향하시고 … "라고 보도했다. 공동 벽돌집이 곧 대관정이며, '공동 양제집' 또는 '대한여관' 등으로 불리기도 했다. 다음날 상오 11시에는 황제가 직접 공동에 가서 독일 친왕이 베푼 잔치에 참여하고, 3시에는 각국 공·영사가 대관정에서 회동했다. 4시에는 대궐 내에서 군사훈련을 관람하고 6시에 황태자 폐현과 연향 등 행사가 있었다고 한다.[42] 또 『독립신문』 6월 12일 기사에는 미국공사관 옆에 새로 조성한 벽돌집에서 덕국 친왕을 영접했다는 보도가 있는데, 이 벽돌집은 곧 수옥헌을 가리킨다. 하인리히 친왕의 숙소는 대관정이었고, 황제가 경운궁 내에서 하인리히 친왕을 접견한 장소는 수옥헌이었던 것이다.[43]

대한제국 선포 후 당당한 근대 주권국가로 알려지길 원했던 고종은 서양 열강과의 교류에 상당한 정성을 기울였고, 대관정은 바로 그러한 근대 외교의 현장이었다. 1901년 주중 영국공사관 무관 브라운스Browns 대령이 한국을 방문하여 작성한 지도에도 대관정은 'Imperial Guest House'라고 표시되어 있으며, 『황성신문』 1901년 9월 2일 기사에도 대관정에서 각국 공·영사 및 신사가 연회를 개최했다는 보도가 있었다.

그런데 러일전쟁이 발발한 후 대관정의 용도는 완전히 달라졌다. 대한제국의 전시중립선언에도 불구하고 즉시 2만여 명의 대규모 병력을 파견하여 「한일의정서」 체결을 강요한 일제는 경운궁이 훤히 내려다보이는 대관정을 무단으로 점령하여 주차군사령부로 사용했다.[44] 1904년 4월 3일, 대관정에 주차군사령부가 설치되고, 일본 육군소장 하라구치 켄사이原口兼濟가 초대 사령관으로 부임했다가, 곧이어 10월에는 악명 높은 하세가와 요시미치가 부임했다. 육군대장 하세가와는 병합 과정에서 공로가 혁혁하여 나중에 제2대 조선 총독으로 임명되고, 소공동 일대가 하세가와쵸長谷川町로 명명되기도 했다.[45] 대한제국이 근대적 황제국을 지향하며 외빈 접대 장소로 마련한 대관정이 원래의 목적이 아닌, 일제 침략의 기반시설로 전락한 것이다.

돈덕전도 원래 대한제국을 방문하는 외빈들이 황제를 알현하는

대관정의 모습을 담은 엽서

버튼 홈즈가 샌즈의 숙소였던 대관정에서 내려다보며 찍은 사진
사진 오른쪽 상단에 환구단과 황궁우가 보인다.

장소로 건립되었으나 대관정과 비슷한 운명을 걸었다. 돈덕전이 들어선 부지는 해관이 있었던 곳이다. 주한 미국공사 알렌의 기록에 의하면 총세무사의 옛 관사 자리에 1902년 5월경 연회시설이 지어지고 있었다.[46] 1901년 3월 28일『제국신문』기사에는 수개월 전 황실에서 해관부지를 쓰려고 총세무사 브라운에게 백 일 안에 해관을 옮기라고 했으나, 브라운의 거부로 갈등을 겪다가 결국 타협이 되어서 해관은 다른 곳으로 옮기고 궁내 관아를 만든다고 했다.[47] 따라서 1901년 3월에 이미 해관이 이전되었고, 그곳에 있던 한옥 건물을 철거하고 새로 양관인 돈덕전을 짓기 시작했다고 볼 수 있다. 1902년 고종황제 즉위 40년 칭경예식을 앞두고 대규모 알현관Audience Hall과 황실도서관이 건축되고 있었다는데, 알현관이 바로 해관부지에 건립된 돈덕전이다. 황실도서관인 수옥헌도 1901년 11월 화재 이후 1902년 5월에 재건되고 있었음을 알 수 있다.

1901년 6월부터 11월 초까지 약 반년간 한국을 여행한 독일 기자 지그프리트 겐테Sigfried Genthe도 해관부지에 새로운 궁전을 짓고 있다고 기록했다. 정동의 새 궁궐 바로 옆 해관부지에 웅장하고 위엄 있는 러시아공사관을 모델로 많은 비용을 들여 새로 궁전을 짓고 있다는 서술이다. 하지만 대기실과 기둥을 갖춘 베란다가 딸린 전체 건물은 튼튼한 화강암으로 세워 진정 장엄해 보일 것이라고 한 겐테의 기록은 벽돌로 지어진 돈덕전과는 다소 거리가 있다. 겐테는 황제의 생활습관이 아직 순수한 조선식이기 때문에 몸소 새 궁전에 거주할지는 의문이지만, 황제 덕택에 유럽인들의 궁궐 방문이 아시아 여행에서 가장 흥미로운 경험이 될 것이라는 소감을 남겼다.[48] 전통적인 생활방식을 고수하는 고종이 양관을 짓는 것은 근대적 황제국으로서 국제사회에서 평가되기를 바란 것이라는 건립 목적을 간파한 지적이라고 볼 수 있다.

돈덕전이 완공된 시점은 정확히 알 수 없으나, 1902년 10월로 예정되었던 칭경예식에는 등장하지 않고, 1903년 4월로 연기된 칭경예식 장소로 나타나는 것으로 보아 1903년 이전에 완공되었다고 볼 수 있다. 돈덕전의 건축양식은 러시아공사관을 모델로 했다는 겐테의 서술처럼 지금까지 러시아인 건축기사 사바틴이 설계한 것으로 알려져 있었다. 하지만 1905년에서 1906년 사이 황실에서 근무한 독일 여성 엠마 크뢰벨Emma Kroebel은 파리식을 모델로 한 것이라고 주장했다.[49] 돈덕전의 외관은 일단 러시아공사관과는 달리 함석지붕에 앞뒤 3개소의 각기 다른 크기의 튜렛turret(작은 탑 형태의 부속 건물)을 세운 르네상스와 고딕 절충양식이었다. 남측 부분은 상하층 모두 아케이드로 뚫린 발코니로 장식되었다. 석재 섞인 벽돌조 2층으로 건립된 돈덕전은 길이가 127척, 폭 95척으로 건평 약 350평, 연 700평의 거대한 규모였다.[50]

돈덕전의 내부 구조는 중앙에 6개의 대원주가 선 100평 홀이 있어서 큰 행사를 치를 수 있었다. 6개의 대원주에는 금색의 용이 조각되었고, 네 벽과 창은 홍색과 황색의 금수錦繡(수를 놓은 비단)로 치장되었다. 중앙에 한 단 높은 곳에 놓인 옥좌와 탁자, 의자 등은 금색으로 찬란했다고 한다.[51] 병합을 기념하여 일본에서 발행된 책자에 돈

↑
돈덕전
↑
돈덕전 내 침실

덕전의 침실을 촬영한 사진이 소개되었는데, 침대의 모습과 창호, 커튼 및 가구 등을 보면 전형적인 서양식 침실임을 알 수 있다.

고종황제가 기거하며 편전으로 활용한 수옥헌(중명전)과 달리 돈덕전은 처음부터 서양식 연회를 목적으로 화려하게 지어졌다. 엠마 크뢰벨은 돈덕전은 완전히 유럽풍으로 지어진 건물로 실내 장식이 놀랄 만큼 품위와 우아함을 뽐냈다고 회고록에서 서술했다. 엠마는 잠시 고향으로 휴가를 떠난 손탁Marie Antoinette Sontag을 대신해 황실에서 근무하는 동안 1905년 9월 미국 시어도어 루스벨트Theodore Roosevelt 대통령의 딸 앨리스 루스벨트Alice Roosevelt 일행의 국빈 방문 행사, 11월 을사늑약을 강요하러 방한한 이토 히로부미의 접대 행사에 직접 참여한 인물이다. 접견실은 황제의 색인 황금색으로 장식되었고 황금색 비단 커튼과 황금색 벽지, 이에 어울리는 가구와 예술품들을 갖추었는데, 모든 가구는 황제의 문장인 오얏꽃으로 장식되었다고 서술했다. 아마도 황태자가 사용했을 것으로 추정되는 두 번째 방은 붉은색으로 장식되었고 화려함에서 전혀 뒤지지 않는 세련되고 사치스러운 궁궐이라고 했다.[52]

돈덕전은 일본이 서구화를 적극 추진하는 과정에서 1883년 건립한 로쿠메이칸鹿鳴館과 비교 대상이 될 수 있다. 2층 벽돌 건물로 화려하고 호화스럽게 지어진 로쿠메이칸은 외빈을 접대하거나 상류층 사교 모임 장소로 건립되었다. 양장을 하고 양식을 먹으며, 서양음악에 맞춰 춤을 추는 무도회장으로 사용되는 등 일본의 서구화를 상징하는 장소였다.[53] 돈덕전도 식당과 침실, 연회장을 갖추고 대규모 연회를 열거나 외빈 숙소로 활용되는 등 대한제국의 서구문화 수용을 상징했다.

하지만 돈덕전의 원래 용도는 알현관으로 불리운 데서 알 수 있듯이 외국인들이 황제를 알현하는 장소였다. "어제는 대황제 폐하 만수성절이라 상오 10시에 돈덕전에 친어하사 각국 공·영사의 축하를 받으시고 10시 반에 고용된 외국인원들도 입참하였다더라."[54]와 같은 기록을 통해 그 주요 용도를 확인할 수 있다.

그런데 1905년 11월 을사늑약 이후에는 돈덕전의 용도 또한 수옥헌과 마찬가지로 변질되기 시작했다. 일본인 통감부 관료들과 친일내각 대신들의 회의 장소, 회식 장소, 심지어 일본 경관들이 상주하며 궁궐 출입을 통제하는 거점으로 사용되기도 했다. 재정고문 메가타 주타로目賀田種太郎가 화폐정리사업을 주도하면서 돈덕전에서 내각회의를 개최했다는 기록이 있고,[55] 돈덕전에서 지근거리인 수옥헌에 기거하는 고종황제의 동향을 감시하는 초소 역할을 하기도 했다. 일제는 반일 저항의 구심점인 황제권을 해체하기 위해 '궁금숙청宮禁肅淸'을 발표하고 궁궐 출입을 통제했는데,[56] 문표 없이 궁중에 출입한 황제의 측근들이 쫓겨나는 사건도 있었다. 1906년 11월 29일, 주전원경主殿院卿 이기동이 문표 없이 입궐했다가 일본 순사에 의해 돈덕전에 끌려가 조사받고 쫓겨나고,[57] 귀인 이씨가 엄비를 만나러 입궐하자 돈덕전에서 일본 경부警部가 시종원에 추궁한 일로 황제의 진노를 사기도 했다.[58]

그럼에도 돈덕전은 고종황제가 강제퇴위되기 전까지는 여전히 각국 공사를 접견하는 장소로 주로 활용되었다. 혹은 황제 알현 전에 대기 장소로 활용되거나 국빈급 외국인이 왔을 때 숙소나 연회장으로 사용되었다. 국빈이 돈덕전에 머무르고 있을 때 고종황제는 간편한 차림으로 가마를 타고 돈덕전으로 가서 회사례回謝禮를 행하기도 했다. 창덕궁 후원에서 국내외 관리, 신사 및 신문기자 등을 초청하여 원유회園遊會를 베풀고, 밤에는 돈덕전에서 연회를 열었다.[59]

1905년 9월 19일 내한한 앨리스 루스벨트의 숙소 역시 돈덕전이었다. 앨리스의 수행원들은 정동의 미국공사관이나 손탁호텔에 묵었다고 한다.[60] 1907년 1월 거행된 순종과 순정효황후의 가례 때 참석한 일본 특사 다나까 미쓰야키田中光顯도 돈덕전 연회에 참석했다.[61] 6월, 데라우치 마사타케寺内正毅 일본 육군대신이 대한제국을 방문했을 때도 돈덕전에서 폐현 및 연회가 이루어졌다.[62] 10월, 대한제국을 방문한 일본 황태자 요시히토嘉仁는 돈덕전에 초청된 외빈 중 가장 융숭한 대접을 받았다.[63] 요시히토는 나중에 다이쇼大正 천황이 되는 인물이다. 돈덕전의 별실에서 황제가 초청한 점심식사에는 일본 황태자 일행뿐 아니라 영친왕, 의양군 이재각, 완순군 이재완, 영선군 이준용, 궁내부대신 이윤용, 총리대신 이완용, 이토 통감, 소네 아라스케曾彌荒助 부통감, 하세가와 주차군사령관 등 45명이나 참석했다.[64] 돈덕전 내부에 이러한 대규모 인원을 수용할 만한 크기의 연회장이 존재했음을 미루어 짐작할 수 있다.

돈덕전 2층 베란다에 나와 있는 갓을
쓴 고종과 순종 그리고 한 칸 건너에
있는 어린 영친왕

9장

만국공법의 세계로 나아가다

중국과 대등한 외교관계를 맺다

대한제국의 황제국 선포에 대해 어떤 열강보다도 부정적인 반응을 보였던 청은 청일전쟁 이후의 국제정세를 인정하며 1899년 한청 통상조약을 체결했다.[1] 대한제국 선포로부터 2년이나 지난 시점에 결국 대한제국을 대등한 수교국으로 인정할 수밖에 없었던 것이다. 시모노세키 조약으로 오랜 사대조공관계는 종식되었지만, 1880년 대 이래 속방화 정책을 추진하며 조선의 내정에까지 적극적으로 간섭해온 청의 인식까지 단번에 바꾸지는 못했다. 조선에 대한 청의 속국 인식은 이후에도 끈질기게 존속되었다. 청은 고종의 황제 즉위와 환구단 설치, 제국 선포에 대한 승인을 청일전쟁 패배보다 더 자존심 상하는 일이라고 여겼을 정도로 구래의 속국 인식을 탈피하지 못하

고 있었다.[2]

청은 정식으로 근대적인 수호통상조약을 체결하고 베이징에 상주 외교사절을 파견하겠다는 대한제국의 끈질긴 요구에 마지못해 협상에 나섰지만, 이에 임하는 청 관료들의 심리적 근저에는 여전히 속방인식이 남아 있었다. 심지어 1905년 을사늑약 이후에야 비로소 속방체제가 완전히 해체되었다고 인정할 만큼,[3] 한중 간의 상호인식에는 상당한 격차가 있었다. 이 때문에 한청통상조약 교섭을 위해 쉬서우펑徐壽朋이 파견된 지 근 1년여 만인 1899년 12월 14일에야 비로소 청과 대한제국 간에 비준서 교환이 완료될 만큼 조약체결 교섭에 시간이 걸렸다.

청에 대한 통상조약 체결 요구는 대한제국 선포 이전, 아관파천 기간인 1896년 6월부터 시작되었다. 하지만 4천 명이 넘는 청상淸商 보호라는 명목으로 조선에 와있던 탕사오이唐紹儀는 매우 불쾌감을 표시하면서 "지금 조선의 국왕이 계속 러시아공사관에 머물고 있으면서 어떻게 독립했다고 말할 수 있으며, 독립의 권리가 없으면 사신을 보낼 수 없다는 것은 공법이 밝히고 있는 바"라고 반박했다. 또 시모노세키 조약에서 '자주'를 인정함은 구래의 조공책봉체제를 실시하지 않는다는 것이고, 조약 체결은 상호 평등 관계를 인정하는 것이므로 서로 다르다고 주장했다.[4]

탕사오이의 보고를 받은 리훙장李鴻章도 불쾌하기 그지없다는 반응이었지만, 그렇다고 러시아와 일본이 각축하고 있는 과거의 번속국 조선을 완전히 포기할 수도 없다고 판단했다. 이 때문에 '영국, 프랑스, 독일 등이 한국에 총영사를 파견했듯이', 혹은 '러시아, 오스트리아, 독일 등이 남미의 페루나 볼리비아 같은 작은 나라에도 모두 총영사를 보냈듯이' 조선과도 통상장정을 체결하고 총영사를 파견하되 결코 국서를 보낼 수는 없다는 결정을 내렸다. 이러한 청의 결정에는 일본과의 시모노세키 조약에서 이미 조선이 자주국이 되었음을 승인한 만큼 러시아 등 열강의 개입이 있기 전에 총영사 파견 정도로 적당한 선에서 대한제국의 요구에 응대하자는 판단이 있었다. 하지만 여전히 국서 교환이나 상주 외교사절 파견 없이 '속국屬國의 체体'를 지켜야 한다는 단서가 붙어 있었다.[5]

청의 이러한 반응에도 불구하고 조선은 계속해서 대등한 조약 체결과 상주 외교사절의 파견을 주장했다.[6] 1897년 대한제국 선포 후에는 보다 분명한 명분을 가지고 본격적인 조약교섭에 들어갔다. 외부대신 민종묵이 탕사오이에게 '우리나라의 주상이 대군주를 칭한 것은 역사에 없던 일인데, 우리나라가 존호하여 황제를 칭한다면 중국은 어떻게 볼 것인가'라고 의견을 묻자, 탕사오이는 '갑오년 이후 청은 아직 조선이 평행 자주국이 되었음을 인정하지 않고 있는데 하물며 국왕을 황제로 부르는 것을 인정하겠는가?'라고 반문했다. 심지어 남아메리카와 아프리카에는 일찍이 야만스런 흑인 소국들이 있지만, 그 무리의 우두머리들이 자칭 왕지왕王之王, 황제라고 불러도 그 나라들이 조금도 강대하지 않다고 조롱했다. 민종묵은 일본과 러시아의 각축 속에 청이 한국을 버려 불리한 위치에 놓이는 것은 좋은 방책이 아니라고 설득했다. 하지만 탕사오이는 러시아와 일본 간의 밀약에서 볼 수 있듯이 대한제국은 자주권이 없는 나라이니 감히 겉치레로라도 사신을 보내고 외교를 하겠다는 헛된 꿈을 꾸지 말라고 못 박았다.[7] 탕사오이는 미국 콜롬비아 대학 유학생 출신으로 만국공법체제에 대해 잘 알고 있는 근대 지식인이었지만, 위안스카이 아래에서 오래 조선에 근무한 경험으로 인해 청일전쟁 후 바뀐 청의 위상과 조선에 대한 인식을 쉽사리 바꾸지 못한 것이다.[8]

　이러한 청의 완강한 반응을 보고 고종은 영국·러시아·일본 공사 등에게 청에 압박을 가해줄 것을 청했다. 열강의 압력으로 더 이상 조약 체결을 미룰 수 없는 형편이라는 걸 감지한 탕사오이는 마침내 본국 정부에 조약 체결 의견을 상신했다. 탕사오이의 제안은 조선이 먼저 사신을 파견하기 전에 중국이 먼저 4등 공사 정도를 파견해서 옛 번속국을 극진하게 대우함을 보여주자는 것이었다.[9] 대한제국을 대등한 국가로 인정하기보다는 동아시아 전체가 만국공법의 질서로 급속히 재편되어 가는 와중에 한·청 관계만 구래의 번속 관계를 유지할 수 없다는 정세판단에서였다. 서양 열강이 아시아에서 패권을 다투고 있는 상황에서 한·청 관계만 무조약 상태로 남아 있으면 향후 어떤 문제가 발생했을 때 곤란한 경우가 있을 수 있다는 우려, 보다 직접적으로는 이 문제로 자칫 열강의 개입을 불러일으킬 수 있다는 우려 때문에 마지못해 교섭에 나섰던 것이다.

　한·청 간의 상이한 상호 인식에 근거하여 시작된 조약교섭은 1898년 6월 청 조정의 결정, 9월 흠차대신欽差大臣 쉬서우펑의 임명으로부터 근 1년여가 지난 1899년 9월에야 끝이 났다. 교섭과정의 쟁

점은 영사재판권 철폐 문제, 내지행상권 단속과 한성철잔漢城撤棧(도성 내에 개설한 점포의 철수) 문제, 국경선 획정과 월경민 문제, 홍삼 금수 禁輸 문제 등이었다.[10]

이들 현안 중 영사재판권은 상호 인정하는 것으로 결정되었고, 한성철잔에 관한 건은 대한제국의 요구를 관철시키지 못했다. 국경선 획정을 위해 관원을 파견하여 경계를 살펴보자는 문제도 결론을 보지 못했다. 다만 조약 제12조에서 양국의 육로무역에 대한 지침과 함께 월경민들에 대한 조항을 마련했다. 양국 국경민들의 거래는 다시 육로통상장정세칙을 맺어서 해결하고 국경을 넘어 땅을 개간한 자는 모두 생명과 재산을 보존하되 차후에는 이를 모두 금지하는 것으로 결정했다.[11]

한·청 양국 간에 첨예한 이해관계가 걸린 국경선 획정 문제를 훗날 논의사항으로 미루고 봉합한 것은 큰 한계로 지적될 수 있다. 청과 형식상 대등한 조약을 체결한다는 명분을 앞세운 대한제국 정부와 형세상 불가피하게 대등한 조약을 체결하지만 구래의 종주국으로서의 지위를 전혀 포기할 생각이 없는 청의 입장이 일시적으로 타협한 결과였다. 이로써 대한제국기에 압록강, 두만강 연안에서 한·청 간의 국경 분쟁은 오히려 격화되는 결과를 가져왔다.

하지만 대한제국 입장에서 보면, 1880년대 이래 숙원이던 청과의 대등한 조약 체결을 이루어냈다는 점에서 대한제국 출범으로 시작한 만국공법체제 편입을 형식상 완결지은 셈이었다. 아래와 같이 시작되는 청 황제의 국서를 받아낸 것도 괄목할 만한 외교적 성과였다.

「한청조약」

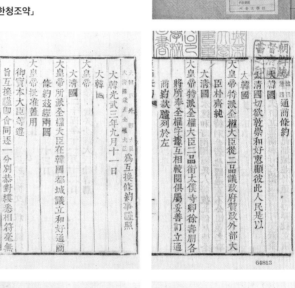

大韓國
大淸國切欲敦崇和好惠顧彼此人民是以
大皇帝特派全權大臣從二品議政府贊政外部大
臣朴齊純
大淸國
大皇帝特派全權大臣二品衛太僕寺卿徐壽朋各
將所奉全權字據互相較閱俱屬妥善訂立通
商約款臚列於左

大韓國
大皇帝
大淸國
大皇帝
大皇帝所派全權大臣在韓國都城議立和好通商
條約茲經兩國
御寶本大臣等遵
旨互換禮即會同逐一分別恭對樓悉相符毫無
大韓光武三年九月十一日　爲互換條約事謹照

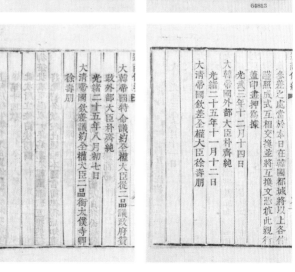

象差之處當於本日在韓國都城將以上各件
譜照成式互相交換並將互換文憑彼此親行
蓋印畫押爲據
光武三年十二月十四日
大韓帝國外部大臣朴齊純
光緒二十五年十一月十二日
大淸帝國欽差全權大臣徐壽朋

大韓帝國特命議約全權大臣從二品議政府贊
政外部大臣朴齊純
光緒二十五年八月初七日
大淸帝國欽差議約全權大臣二品衛太僕寺卿
徐壽朋

대청국 대황제는 대한국 대황제에게 안부를 묻습니다. 우리 두 나라는 함께 아시아에 있으며, 수륙으로 연이어 있고 수백 년 동안 깊이 교제하며 서로 도왔습니다 … 광서 21년의 시모노세키 조약 제1관으로 귀국의 독립 자주를 인정했습니다. 옛날의 좋았던 것을 깊이 그리워하며 요즘의 어려움을 가까이 관찰하여, (두 나라가) 순치脣齒의 관계임을 더욱 절박하게 느낍니다.[12]

러시아, 일본, 영국 등 열강의 압력을 동원한 것은 한계로 남지만 각축하는 국제정세 속에서 청을 압박할 만한 외교적 카드를 생각해 낸 것은 한편으로 탁월한 전략이었다. 결과적으로 청 황제가 보낸 국서의 표현대로 청으로 하여금 대한제국과 '순치'의 관계라는 점을 인정하게 한 셈이고, 따라서 옛 조공국의 요구가 부당하게 여겨질지라도 무조약 상태로 방치하거나 무시할 수는 없다는 판단을 청이 하게 한 것도 대한제국 외교의 성과였다.

주청공사관의 개설과 외교활동

한청통상조약 제2조에 의하면 양국은 서로 수도에 주차대신駐箚大臣을 파견할 수 있었다. 하지만 1899년 9월, 한청통상조약 교섭이 끝난 후 쉬서우펑이 광서제에게 올린 보고에서 "대한제국이 비록 현재 자주를 표방하고 있지만 그 군주를 비롯하여 신하들까지도 여전히 우리나라를 따르는 마음('내향지심內嚮之心')이 있어서 조약을 체결하는 일이 쉽게 성사될 수 있었습니다."[13]라고 했을 만큼 여전히 과거의 번속국 인식을 버리지 않고 있었다.

따라서 실질적으로 대등한 외교관계 수립을 의미하는 주청공사 파견은 계속 미뤄졌다. 초대 청국공사로 박제순이 임명된 것은 1902년 1월 30일이고, 박제순이 9월 21일 한국을 출발하여 베이징에 도착, 청국 주재 대한제국 공사로서 청 황제에게 신임장을 제출한 것은 10월 31일이다. 조약 체결일인 1899년 9월 11일로부터 따지면 무려 3년이 지난 시점이었다. 과거의 종속국이 베이징에 와서 서양 열강과 어깨를 나란히 하며 청과 대등한 외교를 한다는 사실을 꺼리던 청의 입장이 반영된 결과라고 생각된다. 통상조약을 체결하더라도 '주복主僕(주인과 신하)'의 구별은 분명히 해야 한다는 것이 청의 생각이었다.[14]

하지만 고종은 1902년 즉위 40년 칭경예식을 대대적인 국제행사로 기획하면서 서양 열강 각국을 초대해 놓은 만큼, 대한제국이 근대적 주권국가임을 확실히 증명하기 위해 더욱 주청 공사관 개설을 서둘렀다. 베이징에 파견되는 박제순에게 고종은 "4천 년 만에 지금 동등한 나라로 된 것은 기쁜 일이기는 하나 오늘날 힘써야 할 것은 교제를 잘하는 것뿐이니 꼭 명심하라."라고 당부했다. 4천 년 만에 동등한 나라가 된 만큼 외교활동을 잘해야 한다는 당부였다.[15]

박제순은 1882년 청이 임오군란을 진압한 후 체결한 「조중수륙무역장정」에 따라 1884년 초대 상무위원商務委員의 종사관으로 텐진에 파견되어 근무한 경력이 있다. 1886년에는 톈진 주재 통상사무 독리督理로 승진하여 1887년 6월까지 근무했다.[16] 하지만 이때 상무위원은 청의 지방관들과 동급이고 조선을 대표하여 청 조정과 교섭할 수 있는 위상이 아니었다. 청이 「장정」 전문에서 조선이 속방임을 명문화하고, 제1조에서 조선의 국왕을 청의 북양대신과 동격으로 규정했기 때문이다. 그런데 이제 대등한 위상으로 체결한 통상조약에 따라 청의 수도 베이징에 정식으로 공사로 파견된 것이다.

박제순은 1902년 10월 3일, 톈진을 거쳐 베이징에 도착했고,[17] 청 외무부에 고종황제가 보내는 국서 봉정 일시를 문의했다. 그리고 청력淸曆 10월 1일 사시巳時 정각에 건청궁에서 청 황제를 알현하는 것으로 업무를 시작했다.[18] 공사관 건물이 아직 마련되지 않은 관계로 우선 주중 미국공사와 상의하여 숭문문崇文門 내 성 부근에 쓰러져가는 집 한 채를 빌려서 대충 수리해서 잠시 쓰기로 했다. 위치는 미국공사관 후문 바깥에 있고, 미국공사관에서 사 놓은 건물이었다.[19] 나중에 미국공사관은 1월부터 3월까지 3개월간의 공사관 건물 임대료 725달러와 건물 수리비 137.13달러 등 총 862.13달러를 지불해 줄 것을 청구했다.[20]

그런데 황현에 의하면, 박제순이 부임할 때 고종은 지금부터 청국과 맞먹는 예의를 갖추어야 하기 때문에 의절儀節이 구차하면 청국인들에게 웃음거리가 된다면서 특별히 내탕전 15만 원을 지출하여 공관을 구입하게 했다고 한다. 공관을 극히 화려하게 꾸며서 다른 나라의 공사관 건물과 조화를 이루려고 했다는 것이다. 하지만 베이징에 부임한 박제순이 새 공관을 신축하려고 비용을 계산해 보니 수백만 원이 들지 않으면 불가했다. 그러던 차에 마침 미국공사가 옛 공관을 매도하려 해서 14만 원을 주고 매입했는데, 건물이 매우 크고 훌륭했다고 한다. 미국공사관이 사용하던 건물이므로 어느 정도 규모는 있었으리라 생각된다. 박제순은 각국 공관과 왕래하며 그들이 거처하는 생활환경을 보고 모두 선궁仙宮과 같았다는 소감을 남겼다.[21]

현재 규장각에 소장되어 있는 「주청대한공사관지도」에 의하면, 공사관의 총 면적은 6,380제곱미터로 관내에 공사관 직원들의 숙소와 사무실 등 모두 다섯 동의 건물이 있었다.

『주청래거안』의 내용과 『매천야록』의 기록을 종합해 보면 박제순은 처음에 임시로 공관 건물을 임대해서 사용하다가 다른 나라들과 대등하게 보이기 위해 황제의 내탕금을 들여 미국이 사용하던 건물을 사들인 것으로 추정된다.[22] 임시 공관에 거주하는 동안 프랑스 상인을 통해 집기를 사들이고 정식으로 공관에 이사한 것이 1903년 4월이었다. 약 6개월간 임시 공관을 빌리고 수리비, 집기를 구매하는 데 총 4,000여 원이 들었다.[23] 공사관 설치비용은 애초에 본국에 5만 원을 요청했는데 만 원으로 줄어들었기 때문에 부족한 비용은 옛 텐진 공관 터를 일본공사관에 판 돈으로 충당했다는 기록도 있다.[24] 즉 예전에 텐진에 설치했던 공관을 매각한 대금이다. 텐진 공관은 1895년 시모노세키 조약으로 조청관계가 단절되면서 관원들이 철수한 후 방치되었는데, 1900년 의화단 사건 당시 일본군이 난입하여 '조선관

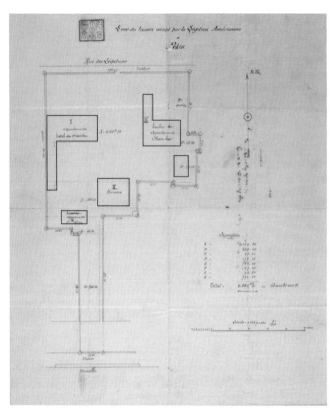

朝鮮館'이라는 편액을 떼고 폐허로 만들어 버린 상태였다. 박제순은 직접 톈진에 내려가 일본 영사와 담판을 거쳐 부지와 건물에 대한 배상을 받아냈다.[25]

　　공사관 개설비 만 원은 박제순이 직접 총세무사 브라운으로부터 발급받아 왔고, 첫 3개월 봉급 및 경비로 4,215원의 지불을 요구하고 있다.[26] 공사관 경비를 탁지부가 아닌 영국인 브라운이 장악하고 있는 해관세에서 지급하고 있음도 주목된다. 경비는 3개월 분씩 지급받는 것이 관례였는데, 매번 늦게 지급되고 베이징의 물가는 날이 갈

수록 솟구치니 공사관 운영이 매우 곤란하다는 보고가 빈번히 외부에 올려졌다. 공사관 개설 초기에는 설치비용과 집기 구매비 건으로 여러 차례 보고와 훈령이 오갔고, 1904년 3월 3일, 박제순 공사의 후임으로 민영철 공사가 부임한 후에는 각국 공사를 초청하여 각종 연회를 개최한 비용 문제로 지급 요청을 호소하는 경우가 많았다.[27]

초대 공사관 직원은 박제순 공사 외에 2등 참서관 박태영, 3등 참서관 김필희, 서기생 김균정, 서기생 서병업, 공사 수행원 박일양이 있었고, 공사 및 참서관이 데리고 간 하인이 총 5명이었다.[28] 가족을 대동하고 부임한 경우는 없지만, 참서관 김필희의 부인이 1902년 12월 22일 베이징에 왔을 때 그 여행비를 공적으로 지급할 것인지 문제된 경우는 있었다. 공사관 측은 공사관 비용령 제19조에 외교관의 처가 대동하지 않은 여행으로 본국에서 임소에 왕래했을 때 각 1회에 한해 비용을 지급한다는 규정을 들어 탁지부에 김필희 부인의 여비를 청구하고 있다.[29]

청의 반대에도 불구하고 끈질긴 교섭 끝에 조약을 체결하고, 그로부터 3년이나 지나 어렵사리 공사관을 개설한 만큼, 박제순은 현지 외교활동을 통해 대한제국이 당당한 국제사회의 일원임을 보여주고자 했다. 청 황제에게 국서 봉정 시에도 과거 조공사절이라면 3궤9고두례三跪九叩頭禮를 해야 했으나, 이제 서양 열강과 똑같이 건청궁에서 국궁례를 행했다. 국서 봉정 후 가장 먼저 한 일은 11월 1일 자로 고종황제 즉위 40년 칭경예식이 1903년 4월 30일로 변경되었다는 조회를 청 외무부에 발송한 것이다. 또 청 황제에게 국서를 봉정한 사실을 일본, 미국, 영국, 독일, 러시아, 프랑스, 오스트리아, 벨기에 등 각국 공사관에 조회했다. 주청 대한제국 공사가 공식적으로 외교활동을 개시했음을 각 열강에 알린 셈이다.

이에 대해 일본공사관과 영국공사관에서 제일 먼저 회신을 보내왔고 미국공사는 직접 내방하여 인사했다. 이어서 박제순 공사는 참서관 박태영을 대동하고 영국 국왕 탄신 기념일 인사를 다녀왔으며, 이 일로 영국 공사의 회배回拜를 받기도 했다. 신임 프랑스공사가 인사를 왔고, 박제순 공사가 박태영을 대동하고 이탈리아공사관에 인사를 갔으며, 청 외무부의 경친왕慶親王이 직접 대한제국 공사관을 방문하기도 했다.[30] 각국 공사가 내방하고 각국 공사관의 연회에 초대받는 등 대한제국이 그토록 희구하던 대등한 국제외교의 문이 활짝 열린 것 같았다. 주청 한국공사관의 외교활동은 형식상, 내용상 근대적 외교관례에 전혀 어긋남이 없었으며, 경비부족으로 인한 궁색함 외에 청 외무부나 각국 공사관과 외교활동에서 부딪치는 문제는 별로 없었던 것으로 보인다.

하지만 얼마 안 가 러일전쟁이 발발하자 을사늑약으로 외교권이 박탈되기도 전부터 브라운과 미국인 외교 고문 스티븐스Durham W. Stevens는 공사관 경비 지원을 끊어 버리는 방법으로 실질적으로 대한제국의 해외공관 철수를 시작했다.[31] 오랜 사대종속 관계에서 벗어나 근대적 주권국가로서 대한제국이 중국과 맺은 대등한 외교관계의 기간은 너무도 짧았다고 볼 수 있다.

유럽 열강에 개설한 공사관

근대 국제사회의 일원이 되고자 하는 외교활동은 1896년 민영환이 러시아 니콜라이 2세 대관식에 파견되면서부터 시작되었다. 사절단 일행은 러시아 황제에게 국서를 봉정하고 대관식에 참여했을 뿐 아니라 각국 공사들과 교류하고 러시아 외무대신과는 여러 차례 만나 지원을 요청하고 돌아왔다.[32] 민영환은 1897년 1월에도 영국 빅토리아 여왕 즉위 60주년 축하 기념식에 파견되었다. 그는 영국·프랑스·독일·러시아·오스트리아·이탈리아 6개국 전권공사 자격으로 기념식에 참석하는 한편,[33] 유럽 각국, 특히 프랑스와 독일에 친서를 전달할 임무를 부여받고 있었으나, 그 구체적인 성과는 분명히 알려진 바가 없다.

일본 측 첩보 기록에는 민영환이 전 주한 러시아공사 베베르Karl I. Waeber의 부인과 동행하여 러시아의 수도에 들렀다 가는 바람에 영국에서 활동에 차질이 있었고, 영국 정부가 러시아에 먼저 들른 것 때문에 냉담한 반응을 보이면서, 고종의 친서 및 국서 봉정을 거절했다고 기록하고 있다. 그 때문인지 민영환은 영국에 도착한 후 기념식에 참석했는지, 혹은 친서를 봉정했는지 궁금해하는 궁중의 전보에 대해 전혀 답보하지 않고, 돌연 미국으로 건너가 이범진 주미공사 대신 자신을 임명해달라고 요청했다가 면직되었다.[34]

1897년 8월에는 1886년 무렵 중국 상하이로 출국하여 10여 년 동안 해외에 체류 중이던 민영익을 영국·독일·러시아·이탈리아·프

← 주미공사와 주러공사를 지낸 이범진
↙
주프랑스공사 민영찬

랑스·오스트리아 6개국 전권공사로 임명하여 편의대로 주재하게 했다는 기록이 나오나,[35] 민영익이 실제로 유럽에 부임했는지는 확인할 수 없다. 대한제국 선포 후에는 좀 더 적극적으로 대외진출을 모색하면서 유럽 열강과 외교를 강화했는데, 1899년 무렵까지는 한 나라에 단독으로 공사관을 개설하지는 못하고 몇 개국을 묶어 순회대사를 파견하는 체제였다. 1898년 5월 성기운을 영국·독일·이탈리아 전권공사로 임명하고, 윤용식을 러시아·프랑스·오스트리아 전권공사로 임명한 것은[36] 현실적으로 6개국을 순회하는 것이 어려우므로 3개국씩 담당국을 나눈 것이라고 볼 수 있다. 1898년 10월에는 민영돈을 러시아·프랑스·오스트리아 전권공사로 임명하여 출발하게 했으며,[37] 1899년 3월, 주미공사 이범진을 러시아·프랑스·오스트리아 주재 공사로 임명하고, 대신 민영환을 주미공사로 파견했다.[38]

고종은 유럽 열강을 대상으로 충실한 외교활동을 할 수 있도록 인원을 보강하는 등 각별히 지원했던 것으로 보인다. 대한제국 선포 직전인 1897년 10월 5일, 의정부에서 외부의 요청으로 공사관에 참서관 1명을 더 두는 것에 대해 상주하자, 고종이 제칙制勅을 내리기를, "이번에 6개 나라에 주재해야 하므로 사신의 임무가 복잡하게 되었으니 참서관 1인을 더 파견하라."라고 했다. 실제로 외교관들이 6개국 순회대사의 역할을 수행하고 있었음을 알 수 있다.

더 나아가 1900년 이후에는 유럽 각국에도 단독 공사를 파견하기 시작한 것으로 보인다. 1901년 3월, 러시아·프랑스·오스트리아 공사를 겸직하고 있던 이범진을 주러시아 공사로 임명하여 러시아와의 외교에 전념하게 했고, 대신 민영찬을 주프랑스 공사로 파견했다. 또 영국·독일·이탈리아 특명전권공사를 겸직했던 민철훈을 독일과 오스트리아 공사로 임명하고, 민영돈을 영국과 이탈리아 특명전권공사로 임명했다.[39] 이로써 유럽 열강 중 프랑스와 러시아에는 단독으로 공사를 임명하고 독일과 오스트리아, 영국과 이탈리아에는 겸임 공사를 파견하는 체제가 갖추어졌다. 대한제국과 밀접한 관계인 프랑스와 러시아를 중시한 처사였다. 하지만 현재까지 유럽 각국에 개설한 대한제국 공사관 관련 사실은 아직도 정확히 정리되어 있지 않다.

하지만 가까운 일본에는 1900년 6월, 도쿄에 주일공사관 건물을 직접 신축할 정도로 외교에 신경을 썼으므로, 유럽 각국의 공사관 운영에 대해서도 상당한 재정을 사용했을 것으로 생각된다. 주일공사관은 종래에는 대부분 건물을 임대하여 주재했으나 이하영이 전화로 신축을 간청하여 신축비 8만 원을 지급했다고 한다.[40] 이미 워싱턴 D.C.에 주미공사관 건물을 매입한 사례에 따른 것이라고 볼 수 있다.

주지하듯이 1882년 조미조약 체결 후 고종은 청의 반대에도 불구하고 1887년 초대 주미전권공사로 박정양을 파견했고, 1888년 1월 첫 번째 공사관을 임대해서 개설했다. 1889년 2월에는 현재 위치인 로건 서클Logan Circle 지역의 건물로 이전했고, 1891년에는 건물 소유자인 미 국무부 차관 브라운Sevellon A. Brown과 공식 매매 계약을 체결하고 25,000달러에 사들였다. 공사관 건물에는 주권국가의 상징으로 태극기도 게양했다. 1893년 시카고박람회 참가는 최초로 국제사

←

주미 대한제국 공사관
1905년 을사늑약으로
일본에 헐값으로
넘어간 후 미국인에게
매매된 건물을
2012년 문화재청(현
국가유산청)이 매입하여
복원, 리모델링을 거쳐
2019년 재개관했다.

←
주영 대한제국 공사관
↙
주프랑스 대한제국 공사관
↓
주러시아 대한제국 공사관

회에 신고식을 한 셈이었다.[41] 이러한 경험을 바탕으로 대한제국기에는 일본 도쿄에 이어 청의 베이징에도 공사관 건물을 매입하여 안정적으로 운영하고자 했다. 근대적 주권국가로서 국제사회에서 대한제국의 위상을 높이려는 시도였다.

유럽에 파견된 외교관들은 대부분 고종황제의 측근 친위세력이라고 할 수 있는 인물들이었다. 주미공사와 주러시아 공사를 역임한 이범진을 제외하고는 모두 민씨척족이었다. 이들이 높은 지위를 내세워 외국과 교섭하는 데 유리하고, 또 민씨들은 고종의 처족, 혹은 외척으로서 내밀한 의사소통이 가능했기 때문이다. 여흥민씨는 명성황후의 출신 가문이면서 동시에 고종의 생모인 여흥 부대부인 민씨의 집안이기도 했다. 민영돈, 민영찬, 민철훈 등은 1905년 을사늑약으로 해외공관이 철수될 때까지 근무하다가 귀국하지 않고 일단 민영익이 있는 상하이로 갔다. 이들 유럽에 파견된 외교관들이 현지에서 구체적으로 어떤 외교활동을 펼쳤는지에 대한 연구는 많지 않지만, 고종황제의 지시에 따라 주로 대한제국의 중립국화 방안을 모색한 것으로 알려져 있다.[42]

한편 대한제국은 만국공법이 지배하는 국제사회와 직접 교류하기 위해 국제기구 가입이나 국제조약 체결도 적극 추진했다. 1897년 5월 워싱턴에서 열린 만국우편연합회의에 주미공사 이범진을 전권위원으로, 주유럽 공사관 참서관 민상호를 2등 전권위원으로 파견하여 1899년 1월 1일 자로 가입했다. 국제우편 업무를 위해 1898년 9월에 프랑스인 우편전문가 끌레망스E. Clémencet를 고빙하고, 스위스에서 필요한 기자재를 들여오는 준비 끝에 1900년 1월 1일부터 대한제국도 정식으로 외국과 우편물을 교환할 수 있게 되었다. 3월에는 우편과 전신업무를 담당할 독립기관으로 통신원을 설치하고 농상공부 협판 민상호가 통신원 총판을 겸임하게 했다.[43]

1903년에는 국제적인 적십자 구호활동을 위한 제네바협약 가입국이 되었다. 1902년 2월, 주프랑스공사 겸 벨기에공사로 임명된 민영찬이 출국할 때 고종은 1864년 제네바협약과 1899년 헤이그협약의 주무국인 스위스와 네덜란드 정부에 보내는 국서를 내렸다. 이를 스위스 정부에 제출한 결과 1903년 1월 육군전쟁 부상자 구호를 주요 내용으로 하는 제네바협약 가입국이 되었고, 이어서 2월 7일에는 제네바협약을 해전에 응용한 헤이그협약에 가입했다. 1904년 12월에는 헤이그에서 열린 병원선에 관한 회의에 민영찬을 대표로 파견하여 병원선에 관한 협약에 가입했다. 국제조약 가입은 대한제국이 근대 문명국가로서 국제사회의 일원으로 활동하려는 의지를 보여주는 것이었다.[44]

하지만 이러한 끊임없는 노력에도 불구하고 현실적으로 대한제국을 둘러싼 국제환경은 결코 녹록치 않았다. 한반도와 만주를 둘러싼 러시아와 일본의 각축 속에 특히 일본의 한반도 침략 의도는 현실적인 위협으로 다가오고 있었다.

1902년 만국평화회의 가입 신청은 향후 일본의 대한제국 주권 침탈 시 국제사회의 중재를 바라고 참여를 희망한 것이라 볼 수 있다. 만국평화회의가 국제분쟁을 평화적으로 해결하기 위해 설립한

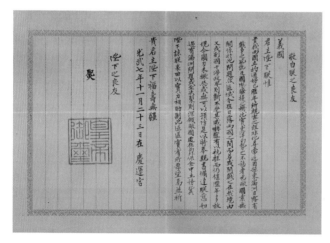

↖↑ **한·벨기에 수호통상조약**
대한제국은 대한국으로, 벨기에는 대비리시국(大比利時國)으로 표기되어 있다.

← **이탈리아 황제에게 보낸 고종의 친서**
러일전쟁 발발의 위기 상황에서 대한제국은 엄정중립을 유지할 것임을 천명한 내용이다.

국제회의라는 데 주목한 것이다.[45] 적십자조약 가입도 적십자사 활동지역은 중립지역으로 인정받는다는 데 착안하여 만일의 사태 발생 시 대한제국을 중립지역으로 인정받으려는 의도가 있었다.

대한제국의 중립국화에 대한 열망은 영세중립국인 벨기에와 수교에서도 확인할 수 있다. 고종은 1900년 6월 주일공사를 통해 주일 벨기에공사와 수교 교섭을 지시했다. 벨기에로부터 대한제국의 중립국화 정책 추진에 자문과 조력을 얻고자 한 것이다. 또한 벨기에에 소재하고 있는 각종 국제기구 사무국을 통해 좀 더 적극적으로 국제사회에 진출하려는 의지가 포함된 조처였다. 11월부터 전권대신 레옹 뱅카르L. Vincart와 수교 교섭을 시작하여 1901년 3월, 한·벨기에 수호통상조약이 체결되었다. 그리고 1902년에는 덴마크와도 수교함으로써 대한제국은 총 11개국과 수교한 나라가 되었다.

고종황제는 1902년 1월, 벨기에 국왕에게 대한제국의 중립국화를 지지해 줄 것을 요청하는 친전을 보냈다.[46] 외부대신 박제순은 만국평화회의 가입신청서를 낼 때 벨기에 총영사와 협의했다.[47] 대한제국의 국제사회 진출과 외교활동의 현실적인 목표는 일본의 국권침탈로부터 독립주권을 수호하는 것이었으므로 열강이 보장하는 중립국화 노선을 성사시키기 위해 이처럼 부단히 노력했다. 유럽의 중립국인 벨기에와 통상수호조약을 체결하고 벨기에인 델꼬안느Delcoigne를 고문으로 초빙한 것도 그러한 배경에서였다. 국제조약 가입과 국제회의 참여를 통해 대한제국이 근대 국제법이 지배하는 국제사회의 일원임을 끊임없이 환기시키고자 했던 것이다.[48]

한편, 프랑스도 벨기에와 함께 대한제국의 중립국화를 지원했다. 프랑스는 1891년 이래 러시아와 군사동맹 관계로서, 미국 및 독일이 영일동맹을 환영한 데 대해 1902년 3월 16일 '러불선언'으로 맞설 정도로 극동정책에 있어서 친러시아적이었다. 하지만 러일 간의 전쟁에 대해서는 반대하는 입장이었다. 만약 러시아가 패전한다면 유럽에서 독일과의 대결에서 프랑스에게 불리하게 작용할 것이고, 아시아에서도 인도차이나제국에 대한 일본의 위협이 커질 것이므로 차라리 러일 간의 타협에 의한 전쟁 회피를 원했다. 1902년 5월 러시아를 방문한 에밀 루베Émile Loubet 프랑스 대통령은 러시아 황제에게 대한제국을 중립화하든가 혹은 러시아가 항구 하나를 점유하는 조건으로 일본에 넘겨주는 방안을 제시하기도 했다.[49]

고종은 러일전쟁 발발을 앞둔 위기 속에서 1903년 8월 21일, 궁내관으로서 프랑스어에 능한 현상건을 프랑스에 파견했다. 현상건의 사명은 파리에서 오래전부터 대한제국 중립국화 방안을 모색하고 있던 주프랑스 공사 민영찬과 합류하여, 헤이그의 국제사법재판소에 가서 러일개전 시 양국 군대가 대한제국 영토를 유린할 경우에 대비하는 조언을 구하는 것이었다. 나아가 대한제국을 영구 중립국으로 하는 문제를 프랑스를 비롯한 유럽 각국과 상담하는 것이라고 알려졌다.[50]

프랑스에 도착한 현상건은 민영찬과 함께 프랑스 외무대신 델카세Delcassé를 만나 상담한 결과 호의적인 반응을 얻었고, 러시아 및 프랑스와 친선 유지를 권유하는 편지와 에밀 루베 대통령이 고종에게

보내는 친서를 받았다. 현상건은 10월 하순 파리를 떠나 베를린을 거쳐 11월 14일 러시아의 수도 페테르부르크에 도착했다. 전 주한 러시아공사 베베르에게 고종의 밀서를 전달한 현상건은 귀로에는 뤼순에 들러 러시아 극동 총독을 만나고 최종적으로 1904년 1월 11일 러시아 군함을 타고 귀국했다.[51]

현상건이 귀국한 후 딱 열흘 뒤인 1월 21일, 대한제국은 중국 산둥반도의 항구 도시 즈푸芝罘(현 옌타이烟台)에서 세계를 향해 전시중립선언을 타전했다. 이 선언은 황제의 측근인 이용익의 지휘로 궁내관들이 프랑스어 교사 에밀 마르텔Émile Martel과 벨기에인 고문의 협조를 받아 작성하였다고 알려졌다. 선언문을 프랑스어로 번역한 것은 주한 프랑스공사관의 퐁트네Fontenay였고, 외부 번역관 이건춘이 밀사로 즈푸에 파견되어 즈푸 주재 프랑스 부영사가 직접 타전하게 했다. 즈푸의 프랑스 부영사는 대한제국 총영사를 겸직하고 있었다.[52]

하지만 이러한 전시중립선언에도 불구하고 일본은 러시아와 개전과 동시에 한반도에 수만 명 군사를 파병하고 불법적으로 군사

1903년 주한 미국공사관에서 각국 외교관들이 함께 찍은 사진

적 강점을 진행했다. 1902년 고종 즉위 40년을 맞아 각국 특사들을 초청하고 성대한 칭경예식을 치르려고 준비하고 있던 대한제국은 1903년 4월 30일로 예식을 연기했다가 러일전쟁의 위기 속에서 결국 취소하고 말았다. 프랑스의 지원을 받아 어렵사리 준비한 전시중립선언도 러일전쟁 발발이라는 실제 상황에서는 한낱 종이조각에 불과했다.

대한제국은 만국공법이 지배하는 근대 국제사회의 일원이 되고자 부족한 재정에도 불구하고 유럽에 상주 공사관을 설치하고 파리박람회에 한국관을 설치하는 등 노력을 다했으나, 어엿한 근대세계의 일원으로 등장하려는 순간 일제에 의해 보호국protectorate으로 전락하고 말았다. 1905년 일제의 보호국이 되면서 열강 공사들은 대한제국을 떠나고, 글로벌 외교타운 정동도 종말을 맞이했다.[53]

1900년 파리박람회와 중립화 외교

대한제국은 근대 국제사회의 일원임을 증명하고자 1900년 파리박람회에도 참여했다. 박람회는 국제적인 기구나 협약은 아니지만, 세계 각국에서 수많은 사람이 모이는 대규모 행사이므로 국제사회에 대한제국의 존재를 알리는 좋은 기회가 될 수 있었다. 사실 파리박람회 참여는 이미 8년 전인 1892년 7월에 결정된 것이었다. 1893년 5월 프랑댕Hippolyte Frandin의 편지에 의하면 "조선의 고위관료들과 고종은 이같은 국제행사 참여를 큰 관심을 가지고 결정했다."고 전하고 있다. 프랑스 정부의 공식 초청은 1896년 1월 르페브르Lefevre를 통해 이루어졌고, 1896년 4월 다시 조선에 부임한 플랑시 공사는 열정적으로 파리박람회 준비를 도왔다.[54] 뛰어난 동양학자이기도 한 플랑시는 모리스 쿠랑Maurice Courant과 샤를 바라Charles Varat로 하여금 한국 물품을 수집하여 파리박람회의 한국관 전시를 준비하게 했다.[55]

파리박람회 참여는 단지 대한제국의 문화와 물품들을 유럽에 소개하는 차원을 넘어서, 장차 국제사회에서 프랑스의 정치외교적 지원을 기대하는 의미도 담고 있었다. 따라서 고종의 막대한 지원과 관심하에 진행되었고, 전권위원도 황실의 측근인 민씨척족 중에서 민영찬이 임명되었다. 대한제국이 러시아, 프랑스, 독일, 영국 등지에 상주 공사관을 개설함으로써 미국 외에 유럽 열강을 상대로 한 외교에 한층 치중하기 시작했을 때, 대한제국의 유럽 외교에 가장 적극적으로 호응한 것은 프랑스였다.

파리박람회 한국관 모습
1900년 12월 16일 프랑스
일간지 『Le Petit Journal』에
게재된 사진이다.
↓
파리박람회 한국관 화보

프랑스는 청일전쟁 후 1895년 삼국간섭에 참여하여 일본에 의한 조선 보호국화를 저지했을 뿐 아니라, 1896년 7월 서북철도 부설권 획득에서 보여지듯 상당히 적극적인 대한정책을 펼치고 있었다.[56] 특히 플랑시 주한 프랑스공사는 고종에게 프랑스만이 중립적인 견지에서 대한제국을 보호해줄 수 있다는 기대를 갖게 했다.[57] 본래 극동아시아에서 현상유지 정책을 지향하고 있던 프랑스가 1897년경부터는 플랑시 공사를 통해 적극적으로 고종에게 접근하고 있었기 때문이다. 고종은 러·일 간에 한반도 분할설이 유포되자 1897년 3월 민영환을 프랑스에 특명전권공사로 파견하여 대한제국 독립에 관한 비밀협정을 체결할 것을 지시하기도 했다.[58]

프랑스는 1898년 로젠·니시협정 이후 러시아와 일본이 대한제국의 내정에 직접적으로 간섭하지 않는 틈을 이용해 영향력을 더욱 확대해 갔다. 플랑시를 대리공사에서 특명전권공사로 승격시키는 한편, 법률고문 크레마지Laurent Crémazy를 비롯하여 군사고문과 기기창, 서북철도국, 궁내부 광산 등에 다수의 기술고문관을 파견했다.[59] 러일전쟁 이전 파견된 서양인 고문 중 압도적으로 많은 14명이 프랑스인일 만큼 영향력을 급속히 확대하고 있었다.[60] 또한 1900년 12월 평양광산 채굴권 획득, 1901년 운남상사Rondon Plaisant & Compagnie 차관[61] 및 안남미 공급 계약 등에서 보이듯이 경제적으로도 활발히 진출을 시도했다. 대한제국 정부 역시 러시아와 일본의 각축 속에서 중재 역할을 하거나 식산흥업정책을 지원해 줄 나라로 프랑스를 생각했고, 프랑스는 천주교 전파와 프랑스계 자본 진출을 위해 이에 적극 호응했다.

1900년 파리박람회는 새로운 밀레니엄을 기념하기 위해 파리에서 개최되었고, 56개 초청국 중 40개국이 참가했다. 약 5천만 명의 관람객이 몰렸으며, 주 전시회장의 규모가 약 33만 평에 달했다. 1851년 런던의 수정궁The Crystal Palace에서 시작된 박람회 시대의 절정기를 보여주는 행사였다. 19세기 후반에서 20세기 전반 만국박람회는 각국의 산업과 문화, 그리고 정치력을 국제무대에서 '근대'라는 이름으로 평가받는 장소였다. 파리박람회 기간(1900년 4월 14일부터 11월 12일까지) 동안 대한제국은 별도의 전시관인 '한국관Pavillon de la Corée'을 설치하고 한국 물품을 전시했다.[62] 1883년에도 미국 보스턴 만국박람회에 비공식적으로 몇몇 공예품을 출품했고, 1893년 시카고박람회에도 공간을 마련해 출품한 경험이 있으므로 이를 바탕으로 이제 독립 전시관을 세우고 한국 물품을 소개하게 된 것이다. 47개국이 참여한 시카고박람회 때는 6~7칸의 기와집을 지어 전시관으로 삼고 옷감, 발簾席, 나전칠기 장롱, 수놓은 병풍 등을 전시했다.[63]

파리박람회를 위해 처음에는 글레옹 남작Baron Delort de Gléon이 주도하여 대한제국 전시관의 도면을 작성했다. 하지만 그의 갑작스런 사망으로 다시 오귀스트 미므렐August Mimerel 백작을 후원자로 임명하고 민영찬을 프랑스로 파견하여 한국관 공사를 마무리할 수 있었다.[64]

구체적인 박람회 참가 준비는 개막 2년 전인 1898년부터 본격화되었다. 1898년 5월 23일, 의정부 참찬 민병석이 파리박람회 서울 주재 본국 박물사무博物事務 총재대원에, 현지의 프랑스 남작 글레옹이 한국 박물사무 총재대원에 각각 임명되었다. 5월 28일에는 중추원 의관 고영근, 봉상사 부제조 윤덕영, 군부 외국과장 이인영 등이 서울 주재 본국 박물사무 위원으로, 현지 실무자로 프랑스인 파리 주재 총영사 룰리나C. Roulina, 동양학과 출신인 메인Méine, 프랑스 외무부 속원屬員인 모리스 쿠랑 등이 한국 박물사무 위원으로 임명되었다. 이어서 6월 13일에는 법부협판 민영찬이 서울 주재 본국 박물사무 부원副員에 임명되고, 1899년 5월에는 박물사무 총재대원인 민병석이 농상공부에 파리박람회 한국 사무위원의 임명을 요청했다. 파리박람회 참가 경비로는 1899년에 5,000원(여비), 1900년에 4만 5,700원(물품 운송 및 현지경비)이 각각 농상공부 임시비 예산에 책정되었다. 이러한 준비작업 끝에 마침내 1900년 1월 16일 학부 협판 민영찬이 박물사무 부원으로, 2월에는 서울에서 박물사무에 종사하던 프랑스인 알레베크Charles Alévêque가 자원에 의해 박물사무위원으로 임명되어 한국에서 출품한 물품 16궤짝을 가지고 파리로 출발했다.[65]

한국관의 도면은 글레옹 남작의 초안과 미므렐 백작의 최종안이 있는데, 초안은 '고종황제의 여름궁전'과 '인천 제물포의 조선인 거리' 부분으로 구성되어 있었다. 글레옹 남작의 갑작스런 죽음으로 초안은 취소되고, 최종안은 경복궁의 근정전을 재현한 주전시관과 별채에 옛 국왕들의 위패를 모셔놓은 사당으로 꾸며졌다. 한국관 건축은 "극동의 모습을 가장 잘 살린 우아하고 독창적인 건축물"이라는 극찬을 받았다. 대한제국이 출품한 물품은 다양한 산업의 생산품과 복식, 가구, 공예품 및 예술품, 무기류까지 매우 광범위했다. 여기에 플랑시 공사를 비롯한 개인 소장가의 수집품을 함께 출품했다. 대한제국은 식물성 농업식품 분야에서 대상을 받았다. 하지만 아쉽게도 한국관에 전시된 물품의 구체적인 내역에 대해서는 정확히 알 수 없고, 모리스 쿠랑이 『서울의 추억(*Souvenir de Seoul*)』에서 한국관에 대해 묘사한 글, 말리테C. Malitte가 촬영하여 남긴 사진, 그리고 폴 제르Paul Gers의 『1900년(*En 1900*)』에 실린 화보 등을 통해 대략적인 구성을 알 수 있을 뿐이다.[66]

특히 뛰어난 동양학자로서 한국에 관심이 많았던 모리스 쿠랑은 비단, 놋그릇, 장롱, 도자기, 칠보, 돗자리 등 진열품과 궁궐 건물을 모방한 한국관 건물에 대해 소개하면서 한국 문화가 얼마나 섬세한지, 또 기하학적으로 완벽하고 아름다운지 알 수 있다고 감탄했다. 또 앞선 인쇄술을 전시함으로써 한국이 유럽인들에게 국위를 선양하게 되었다고 평가했다. 하지만 정작 민영찬은 1901년 1월 귀국 보고에서 박람회에 출품한 물품들은 정교하지 못하고 다시 가져오려면 운반비가 과다하여 현지 박물관에 기증했다고 했다. 이후 여러 나라에서 박람회 참가를 초청받았으나 대한제국은 출품할 것이 별로 없다는 이유로 대부분 사양했다.[67]

사실 파리박람회 참여도 산업적 수요보다는 외교적 의의가 더 컸던 만큼, 민영찬은 박람회가 끝난 후 곧바로 주프랑스 공사로서 벨기에 공사를 겸임하며 대한제국의 유럽 외교에서 핵심 역할을 담당했다. 고종은 러·일의 각축 속에서 대한제국의 중립국화 방안을 유럽 각국과 상의하라는 특명을 민영찬에게 내렸고, 네덜란드 헤이그의 만국평화회의 사무국과도 긴밀한 관계를 유지하게 했다.[68] 민영찬은 을사늑약 후 자결한 민영환의 동생이다.

10장

고종 즉위 40년 칭경예식과
서양식 연회문화

국제행사로 칭경예식을 기획하다

1902년 고종 즉위 40년 칭경예식은 외국 귀빈을 다수 초청한 대규모 국제행사로 기획되었다. 전통적인 방식을 벗어나 유럽 제국처럼 각국 축하사절을 대대적으로 초대한 화려한 황실 행사로 황제의 위상을 높이고 고종이 세계 각국 원수와 대등한 지위에 있음을 대내외적으로 과시하고자 했다.

1902년 2월 8일(음력 1월 1일), 고종은 즉위 40년 및 망육순을 맞아 중화전(새로 중화전이 지어지기 전에 중화전이라 불렸던 현재의 즉조당을 말함)에서 신하들의 축하를 받고 대사령을 반포했다. 3월 29일에는 51세를 맞이하여 기로소에 들어갈 것을 제안받고 기로소를 중수하는 공사를 시작했다. 경축 연회로 외진연은 중화전에서, 내진연은 함녕전에서 시행하라는 분부가 내려지고, 5월 30일에 외진연, 5월 31일에 내진연이 거행되었다. 황태자가 주관하는 회작會酌도 6월 1일 함녕전에서 열렸으며, 6월 19일에는 각국 공사 및 영사 등을 초청하여 대관정에서 연회를 베풀었다.[1]

기념 어진 제작도 5월 17일부터 시작되어 정관헌에서 황태자와 함께 면복본冕服本 한 본, 익선관본翼善冠本 두 본, 군복軍服 대본 한 본, 소본 한 본 등 다섯 본과 여섯 본의 예진이 그려졌다. 완성된 어진과 예진 정본은 흠문각에 봉안하였고, 서경(평양)의 풍경궁에도 모셔졌다.[2] 이러한 전통적 방식의 기념행사 외에 고종황제가 더욱 관심을 가진 것은 각국의 특사를 초청하여 서구 열강과 같은 근대적인 방식으로 칭경예식을 치르는 것이었다.

고종은 4월 24일, 즉위 40년 칭경예식을 준비하라는 조령을 내렸고, 10월 18일(고종의 황제 등극일인 음력 9월 17일)로 기념식 날짜가 결정되었다. 외부外部는 5월 초부터 일본, 영국, 미국, 독일, 러시아, 프랑스, 벨기에, 이탈리아 등지에 주재하는 공사들에게 각기 주재국 정부에 조회하여 기념식에 축하사절을 파견할 것을 요청하고 참석인사의 성명을 파악하라는 훈령을 내렸다. 이에 프랑스에서는 주한 프랑스공사로 대리한다는 통보를 해왔고, 영국은 주일공사 맥도날드를 특파하겠다는 회답을 보내왔다. 이탈리아도 대사를 파견하여 참석하게 한 후 그를 주한 공사로 임명하겠다는 회신을 보내왔다. 일본에서는 황족이 경축식에 참석할 것을 알리면서 그 일정을 묻는 공문을 보내왔다. 청나라 역시 황족 가운데 한 사람을 특사로 파견한다는 소문이 있다가 결국은 주한 청국공사가 대사를 대리하기로 결정되었고, 미국도 대사를 특파하겠다는 전문을 보내왔다. 5월 13일에는 각국에서 파견되는 축하사절들의 폐현陛見과 환영, 환송 절차가 마련되었다. 표훈원에서는 황제의 지시로 기념식 때 나누어 줄 즉위 40년 기념장으로 금장 1천 개, 은장 1천 개를 만들기 시작했다. 6월에는 궁내부에서 기념식 연회 때 쓸 프랑스제 양식기와 양등洋燈을 주문했다.[3]

의정부에서는 7월 20일, 칭경예식의 구체적인 계획을 보고했는데, 10월 18일 경축일에 환구단에서 고유제를 친행하고, 종친과 문무백관의 하례는 중화전에서 받는 것으로 결정되었다. 관병식, 원유회 및 각종 연회는 예식원에서 규례대로 시행하는 것으로 보고되었다.[4]

궁내부 예식원은 대한제국기에 들어서 근대적인 외교 의례를 관장하기 위해 설치된 관서였다. 관병식, 원유회, 연회 등은 왕조시대

홍교 주변 풍경

경운궁 북쪽 '영성문 대궐' 지역(현재 선원전 복원 사업 중)과 경희궁을 연결하는 홍교이다. 1902년 경희궁 관병식 때 황제가 이동하는 어로로 조성되었다. 홍교 아래 현재의 새문안길로 전차가 다니고 있다. 구름다리를 뜻하는 운교(雲橋) 혹은 무지개다리라는 뜻으로 홍교(虹橋)라고 불렀다.

의 축하연인 진연과는 다른 근대적인 행사 방식이다. 관병식은 경희궁에서, 기념식에 참석하는 각국 대사들을 위한 원유회 장소로는 창덕궁 후원 옥류천이 결정되었고, 준비공사가 시작되었다.[5] 축하 공연 무대를 봉상사奉常司 내에 설치하고 한성부 내에서 노래 잘하고 춤 잘 추는 여성들을 뽑아 연습하는데 참령 장봉환 씨가 담당한다는 기사도 보도되었다.[6] 7월 24일, 이러한 모든 행사를 담당할 칭경예식 사무원장에 예식원장 민영환이 임명되었다. 민영환이 1896년 러시아 니콜라이 2세 대관식, 1897년 영국 빅토리아 여왕 즉위 60주년 기념식 등 서양 열강의 국제행사에 참석한 경험을 고려한 임명이라고 볼 수 있다. 칭경예식을 전통적인 방식이 아니라 서양식 예식에 따라 국제행사로 치르겠다는 의지의 표현이었다.

8월 초에는 정부 관리 중에서 외국어에 능한 사람과 한성에 거주하는 서양인을 다수 포함한 칭경예식 사무위원이 선정되어 경운궁 인화문 앞 시종원에 사무소를 설치하고 업무를 시작했다. 즉위 기념식에 초청을 받은 각국 대표들로서, 전 주한 러시아공사 베베르가 특사로 임명되어 페테르부르크를 출발했다는 소식이 들려왔다. 행사일이 다가오자 예식사무소는 전국 각 진위대에서 의장병을 선발하여 상경시키는 한편, 따로 200명의 기병대를 조직했다. 8월 26일에는 외국 사절단 입경에 대비해 전면적인 도로 청소가 진행되었고, 만수성절에는 한성부 곳곳에 태극기가 걸려 경축 분위기가 고조되었다. 민간에서도 조야송축소朝野頌祝所를 결성하여 외국사절을 접대하고 칭경기념비전을 건립하기 위한 모금운동을 시작했다. 9월 6일에는 기넘식 참석차 각국 대사가 인천에 도착할 때 예포禮砲를 쏘기 위해 인천 월미도에 포대를 구축하는 한편 군부와 경무청 관리 전원, 시원임 육군부장 이하 무관 전원에게 단발을 지시하고 새 피복을 지급하는 등 칭경예식 준비가 무르익었다.[7]

칭경예식 행사 중 관병식은 근대국가로서 대한제국의 부국강병을 국제적으로 과시하기 위해 가장 공들여 준비되었다. 1902년 8월 18일, 관병식을 위해 임시 혼성여단을 편제하라는 지시가 내려졌고, 8월 25일 보병 2개 연대와 기병 1개 중대, 포병 1개 중대로 임시 혼성여단을 구성한다는 「임시혼성여단편제」가 반포되었다. 혼성여단은 다양한 병종이 혼합된 군사조직으로, 국가 의례를 위한 필요에 따라 운영되기도 했다. 관병식 장소인 경희궁으로 황제가 편하게 이동하기 위해 경운궁 북쪽 영성문 대궐 지역과 경희궁을 연결하는 홍교 가설도 8월에 마무리되었다.[8] 지금의 새문안로를 가로질러 설치된 홍교 밑으로 전차가 다니는 사진도 남아있다. 홍교 설치는 좁은 경운궁 부지를 경희궁 영역으로 확장시키는 효과가 있었다.

경희궁은 앞서 1899년 6월 독일 하인리히 친왕 방한 때도 관병식 장소로 활용되었는데, 칭경예식에서 다시 관병식장으로 쓰기 위해 중수重修 공사를 시작했다. 경희궁은 고종 초에 경복궁이 중건되고, 고종이 경복궁과 창덕궁을 주요 거처로 삼으면서 궁궐로서의 기능을 상실하고 대부분의 전각이 훼철되었지만, 그 빈터는 다양하게 활용되었다. 1880년대 개화정책 추진을 위해 양잠소가 설치되어 뽕나무가 이식되기도 했고, 대한제국기에는 근대국가의 면모를 드러내는 관병식 장소로 주목받았다. 관병식 이전에는 4궁에 분배된 후 개간을 거쳐 밭으로 활용했는데, 관병식을 위해 1,000여 명의 군사가 동원되어 가래질로 평탄작업을 했고, 이때 교련장 수축비로만 500원의 예비비를 지출하기도 했다. 하인리히 친왕 방한 관병식 때 고종은 서양식 군복을 입고 여與를 타고 경희궁으로 이동했다. 아침 9시부터 오후 1시까지 경희궁에서 열린 관병식에 고종과 황태자 및 독일 친왕이 참석한 가운데 육군 장병과 무관학도의 조련식이 거행되었다.[9]

그런데 칭경예식 행사 준비가 한창이던 7월 하순에 의주에서 발생한 콜레라가 8월 하순에 들어서면서 평안도, 함경도, 경상도까지 퍼져감에 따라 고종은 9월 20일, 기념식을 이듬해로 연기한다는 조령을 내렸다. 전염병이 만연하는 때에 각국의 축하사절들을 오게 하는 것은 불안한 일이므로 다음 해로 연기한다는 지시였다. 이어서 임시 혼성여단도 해산하고 한성부에 불러올린 각 진위대를 다시 지방으로 내려 보내라는 훈령을 내렸다.[10]

연기된 칭경예식은 다음 해인 1903년 4월 30일에 개최하기로 다시 공시되었다. 장례원은 10월 4일 자로 재공시된 칭경예식 개최를 알리는 공문을 각국 공사관에 보냈다. 고종은 일본 미쓰이三井 상사와 군함 양무호 구입 계약을 체결하고 해군 창설을 서두르는 한편,[11] 1903년 2월 20일에는 두 달 앞으로 다가온 관병식을 위해 다시 임시 혼성여단을 편제하라고 지시했다. 1902년 때와 같은 방식으로 강화대 4백 명, 원주대 4백 명, 대구대 1백 명, 진주대 2백 명, 수원대 2백 명, 전주대 2백 명 등 각 지방 진위대 병사 1천 5백 명을 소집하여 경희궁에 주둔시켰다. 각국에서 파견될 축하사절들을 위한 원유회 장소로 정해진 창덕궁 옥류천에서도 공사가 재개되었고, 전화선도 가설되었다.[12]

3월 12일, 칭경예식 사무소는 칭경예식 절차를 확정하여 공지했다.[13] 기념식 일정에 따르면, 4월 27일 각국 공사 영접이 시작되고, 다음날인 4월 28일에는 오전 10시부터 오후 1시 사이에 각국 공사 및 특사가 함께 외부에 가서 국서를 외부대신에게 전달한 후 오후 2시에 돈덕전에서 황제를 폐현하기로 했다. 저녁 8시에는 환영 만찬이 있고, 공식 칭경예식은 4월 30일 환구단에서 거행하는 것으로 기획되었다. 환구단 영역에는 1899년 황궁우가 추가로 건립되었고, 이어서 황궁우의 동서무東西廡(동쪽과 서쪽 행각)도 건축되었다. 1900년에는 재실과 행각이 만들어졌고, 1901년 환구단 중수를 통해 환구단 하층 직경이 10미터 정도 줄어들고 정문에서 진입하는 남쪽 보행통로가 확보되었다. 기존의 제단을 철거하고 다시 단을 설치한 것은 칭경예식 설행을 위한 정비였던 것으로 추측된다.[14]

칭경예식을 위해 건립된 돈덕전에서는 황제가 주관하는 오찬과 만찬 연회가 열리는 것으로 계획되었다. 황태자가 주최하는 연회는 돈덕전이 아닌 준명전에서 개최하기로 했다. 토요일인 5월 2일에는 창덕궁 옥류천에서 원유회를 개최하고, 관병식과 시위대 공연은 5월 4일 경희궁에서 열기로 했다. 5월 5일에는 주무부서인 외부에서 만찬을 주최하고, 5월 6일 저녁 8시에는 다시 돈덕전에서 저녁 연회를 열기로 했다. 그리고 5월 7일 오전 11시에 돈덕전에서 전체 행사가

1903년 칭경예식 일정 계획안

일시		장소	행사명
4. 27. (월)			사절단 영접
4. 28. (화)	오전 10시~오후 1시		국서 봉정과 외부대신 회사(回謝)
	오후 2시	돈덕전	외국사절 폐현 참석자 대례복 착용, 대수장(大綬章) 패용
	오후 8시	돈덕전	황제 친림 만찬(親臨 夕宴) 참석자 대례복 착용, 대수장 패용
4. 29.(수)	오전 9시~오후 6시		방문 답례
4. 30. 칭경일(목)	오전 9시	환구단	환구단 의례 참석자 30분 미리 도착, 대례복 착용, 대수장 패용
	정오	돈덕전	오찬(午宴)
5. 1. (금)			진하(陳賀)
	오후 8시	준명전	황태자 친림 만찬 참석자 대례복 착용, 대수장 패용
5. 2. (토)	오후 2시	옥류천	창덕궁 금원(禁苑) 원유회 참석자 고모(高帽)와 보통 예복 착용
5. 3. (일)			휴식
5. 4. (월)	오후 2시	경희궁	관병식 참석자 대례복 착용, 대수장 패용
	오후 8시	경희궁	시위2대 각대 공연 참석자 대례복 착용, 대수장 패용
5. 5. (화)	오후 8시		외부 연회 참석자 연미복 착용
5. 6. (수)	오후 8시	돈덕전	황제 친림 만찬 참석자 대례복 착용, 대수장 패용
5. 7. (목)	오전 11시	돈덕전	사폐(辭陛) 각 대사 사폐시 대례복 착용, 대수장 패용

마무리되는 장장 열흘간의 일정이었다.

　기념식 일정표에 제시된 드레스 코드를 보면, 공식행사에는 주로 대례복 착용과 대수장 패용이다. 창덕궁 원유회에는 높은 모자와 보통 예복, 외부에서 주최하는 연회에는 연미복 착용이 제시되었다. 대한제국의 서구식 복장제도는 1900년 4월 19일 칙령 제14호 「문관복장규칙」과 칙령 제15호 「문관대례복제식」에 자세하게 규정되어 있다.[15] 이에 따라 연회 참석자에 대한 적절한 드레스 코드가 제시된 것이다.

　대한제국에서 훈장과 기념장을 담당하는 표훈원이 설치된 것은 1899년 7월이고, 1900년 4월에는 「훈장조례」가 반포되었다. 「훈장조례」에 따라 금척대훈장金尺大勳章 이하 이화대훈장李花大勳章, 태극장太極章, 자응장紫鷹章이 제정되었다. 나중에 황실에서만 사용하는 서성대훈장과 함께 팔괘장이 추가되었다. 문·무관이 태극장 1등급을 받은 후에 또 특별한 공로가 있을 때는 이화대훈장을 받았다.[16]

　훈장은 먼저 대한제국과 조약을 체결한 나라의 원수들에게 수여되었다. 러시아·프랑스·오스트리아·영국·독일·미국·일본·청 등 8개국 원수에게 훈장을 수여하기로 결정했으나, 미국 대통령은 외국으로부터 훈장을 받은 사례가 없다고 돌려보내기도 했다. 독일, 벨기에, 이탈리아 황제는 답례로 훈장을 보내왔다. 영국공사 거빈스 I. H. Gubbins는 영국 여왕의 지시로 고종황제에게 훈장을 수여하기도 했다.[17]

　1905년 대한제국을 방문한 미국 대통령의 딸 앨리스 루스벨트에

←
금척대훈장

↓
대한제국 훈장

서성대훈장

이화대훈장

태극장

팔괘장

자응장

↑
고종 즉위 40년 기념 우표
↗
고종 성수 50년 기념장 앞, 뒷면
→
고종 망육순(51세) 기념장 앞, 뒷면

←

전통 복장에 훈장을 패용한 고종
익선관과 황룡포 차림에 여러 개의
훈장을 패용한 모습이다. 용무늬
화문석을 깔고 촬영한 사진은
네 모서리를 오얏꽃으로 장식한
종이틀에 넣었고, 하단에는 1905년
경운궁에서 촬영했다고 적혀 있다.
1905년 9월 한국을 방문한 미국
루스벨트 대통령의 딸 앨리스
루스벨트에게 외교 관례에 따라
선물한 사진이다.

↙

서양식 복장에 훈장을 패용한 고종
퇴위한 고종이 금척대수장과
서성대훈장을 비롯하여 일본,
프랑스, 이탈리아, 벨기에에서
보내온 각종 훈장을 패용한
사진이다.

게 고종이 선물한 어사진을 보면 고종은 황룡포에 익선관을 쓴 전통적인 복장에 훈장을 패용하고 있다. 전통적인 복장에 다소 어울리지 않는 훈장이지만, 고종에게 훈장은 서구 근대 제국의 군주와 같은 모습을 표현하는 하나의 소품이었다. 즉위 40년 칭경예식과 마찬가지로 훈장 역시 대한제국이 국제사회에서 인정받고 교류하기 위한 도구였으나, 미국의 경우처럼 대한제국의 의도에 쉽사리 동의하지 않는 경우가 많았다.

　각국에서는 다시 연기된 칭경예식에 참석할 특사 파견을 통보했는데, 일본은 친왕을 파견하겠다고 했고, 미국, 영국, 프랑스도 4월 1일 전보로 사절단 파견을 알려왔다. 하지만 4월 10일, 영친왕이 천연두를 앓고 있다는 이유로 기념예식은 다시 가을로 연기되었다. 외부에서는 각국에 행사 연기를 통보하고, 궁내부에서는 각 전각의 수리 및 각종 토목공사, 원유회 행사장 건축공사, 공연무대인 희대戲臺 공사 등을 모두 중지시켰다. 관병식에 대비하여 편제되었던 임시혼성여단은 또다시 해체되어 진위대 병사들은 모두 각 지방으로 돌아갔다. 8월 17일, 예식사무소는 또다시 칭경예식 일자를 한 달여 뒤인 9월 26일로 공고했지만, 준비는 재개되지 못했다. 11월 3일, 예식사무소는 외국 사절단을 위해 일본에서 수입하여 비치해 두었던 100대의 인력거를 칙임관勅任官(대한제국 관료 품계 중 최고위급)들에게 불하하고 해체되었다.[18]

　이후 러시아와 일본 사이에 전운이 감돌고, 1904년 2월 러일전쟁이 발발했기 때문에 고종황제 즉위 40년 칭경예식은 끝내 거행되지 못했다. 근대 주권국가로서 면모를 과시하고자 기획했던 성대한 국제행사는 몇 차례 연기를 거듭하고도 끝내 거행되지 못했지만, 관병식과 원유회 등 근대적 국가행사 양식을 도입하는 계기가 되었다.

하지만 근대국가로서 국제사회에 당당하게 데뷔하기 위해서는 자력으로 독립주권을 지킬 수 있어야 한다는 한계도 확실히 보여주었다. 고종황제가 야심차게 기획한 즉위 40년 칭경예식을 몇 차례나 연기할 수밖에 없었던 속사정은 단순히 콜레라와 같은 역병이나 영친왕의 두창痘瘡에 있는 것이 아니라, 러·일 간에 긴박하게 진행되는 전운을 감지해서라고 생각되기 때문이다. 취소된 칭경예식이야말로 국제사회에서 인정받는 황제국으로서의 위상이 실질적인 국권의 강화 없이는 아직 요원한 일이라는 것을 웅변으로 보여주고 있었다.

경운궁을 방문한 외국인들

대한제국은 만국공법이 지배하는 국제사회의 일원으로 인정받기 위해 국빈으로 방문한 외교사절뿐 아니라 수많은 서양인 선교사, 여행가, 기자, 탐험가들을 우호적으로 응대했다. 이들은 직접 황제를 알현하거나 황실의 초청 연회에 참여하여 수많은 견문기를 남겼다. 이러한 자료들은 대한제국의 황실문화가 당시 문명의 기준으로 제시되던 서양문화에 얼마나 노출되어 있었는지 구체적으로 확인하게 한다. 서양인들이 참석한 연회에서 제공된 서양식 정찬 메뉴와 식기의

↑
외국공사 접견도 삽화
↑
손탁 여사와 엠마 크뢰벨이 궁궐에서 찍은 사진

형태, 공연문화까지 매우 세밀하게 기록된 이들 자료를 통해 이 시기 황실생활사의 복원이 가능하다.[19]

고종은 1880년대 개화정책을 추진하던 당시부터 서구문물 수용에 매우 적극적이었다. 1895년 1월 경복궁 내 처소인 건청궁에서 명성황후와 함께 여행가 비숍을 만날 때부터 이미 서양식 식문화를 즐기고 있었고, 심지어 궁중에서 스케이트 타기 행사까지 열었음은 비숍의 여행기를 통해 구체적으로 확인할 수 있다. 언더우드 여사가 외부대신 김윤식에게 접대를 받았을 때도 서양음식과 조선음식이 섞여 있었다고 했다.[20]

흔히 대한제국의 근대화 개혁이 구본신참을 원칙으로 했다고 평가하지만, 굳이 무게중심을 따져 보자면 '구본舊本'보다는 '신참新參' 쪽이었다. 1897년 3월, 교전소 설치 당시 신·구식을 절충하라는 조칙이 있었지만,[21] 대한제국에서 갑오개혁기의 신제도가 전면 부정되고 옛 제도로 복귀한 예는 별로 없었다. "시세에 따라 변함을 알지 못하고 옛것만을 옳다고 하여 행하기 어려운 것을 강요하면 그것은 나라를 위한 것이 아니다."[22]라고 한 고종은 자신의 황제권 유지를 제외하고는 모든 면에서 새로운 것을 채용하는 데 열심이었다. 1881년 일본시찰단의 귀국 보고 자리에서 "일본이 옛것을 모두 버리고, 좋은 것과 나쁜 것을 절충하지 못한 것은 잘못이다."라고[23] 비판적 입장을 보이던 동도서기론東道西器論에 비하면 대한제국기의 고종은 서구문물의 적극적인 수용 쪽으로 더 많이 기울어져 있었다. 점진적 개혁을 추구했던 『황성신문』조차도 논설에서 '옛것을 혁파하지 않고는 새로

운 것을 따를 수 없다.'라고 철저한 개혁을 주장하고 있는 것이 당시의 사회 분위기였다.[24]

그 결과 대한제국기 정부 각 부처에서는 근대화 개혁 추진을 위해 다수의 서양인들을 고용하고 있었고 이들 중 상당수는 정동에 거주하며 외교관, 선교사들과 함께 하나의 외국인 커뮤니티를 형성하고 있었다. 정부 각 부처의 고위 고문관에서부터 해관, 기기창, 전환국, 철도국 등에서 근무한 행정관, 기술관 등을 총괄하여 약 200여 명의 서양인 중에서 정책 입안과 자문에 응하는 고위 고문관직에는 미국인이 많았고, 프랑스는 상대적으로 기술관 파견이 많았다.[25] 1899년 설치되어 대한제국의 법규 개정의 방향을 제시한 법규교정소에도 정부대신들 외에 법률 자문으로 르장드르, 그레이트하우스, 샌즈, 브라운, 크레마지 등 외국인 고문들이 참여했다. 궁내관 중에서는 고종황제의 측근 친위세력인 현상건이 참여하여 이들과 의사소통을 담당했다. 이들은 대한제국 정부의 자문에 응하여 서구적 기준의 근대 제도와 문물을 전달했지만, 각기 자국의 이해를 대변하면서 서로 경쟁하는 관계이기도 했다. 어쨌거나 이들 서양인 고빙인들도 고종황제의 측근 궁내관들과 더불어 대한제국의 근대화 사업의 일익을 담당하고 있었다고 볼 수 있다.

고종은 수옥헌이나 돈덕전 같은 서양식 건물에서 서양인들을 접견하고, 대원수로서 프러시아식 군복을 착용하기도 했다. 미국제 전차를 타고 명성황후의 홍릉에 참배가고, 일주일에 한두 번씩은 손탁 여사가 올리는 프랑스식 정찬과 커피를 마시면서 생활했다. 또 외국인들을 위한 연회를 베푸는 등 외형적으로는 상당 부분 근대적 군주의 생활양식을 따르는 것처럼 보였다.[26]

서양인들과 접촉이 증가하면서 전통적인 방식의 접견 절차에도 변화가 필요했다. 외국인들의 황제 폐현 절차를 규정한 『대한예전』「빈례賓禮」와 1902년에 제정된 「예식장정」 등에 따르면, 각국 사신들이 국서를 봉정할 때 접견하는 절차는 다음과 같다.

- 먼저 국서의 부본副本을 주무부서인 외부에 보내고, 외부에서 궁내부로 보고한 것을 황제에게 전달하여 접견 일시가 정해지면 외부에서는 외국사신에게 접견 일시를 알린다.
- 접견 시각이 되면 외국공사는 경운궁의 정문을 통해 입궐하여 잠시 대기실에서 휴식을 취하면서 담배와 간단한 다과, 샴페인 등을 제공받는다.
- 이윽고 궁내부대신과 외부대신의 인도를 받아 접견 장소에 도착하면 사신은 황제에게 세 번 국궁례를 행한다. 만약 공사가 교체되는 경우라면 전임공사가 신임공사를 인도하여 신임공사를 황제에게 보이는 까닭을 설명하고 국서는 미리 탑전榻前의 안案에 올려 놓는다.
- 황제가 국서 열람을 마치면 궁내부대신이 국서를 받고 외국사신이 통역인 참리관을 통해 치사致詞를 마치면 물러날 것을 고한다.
- 궁내부대신과 외부대신은 다시 외국사신을 대기실로 인도하며 궁내부관원이 인화문으로 인도하여 서쪽 협문을 통해 대궐을 나간다.

그런데 실제로는 황제를 폐현할 때 세 번의 국궁례는 시행하지 않았고 허리를 굽혀 인사하는 타공례打恭禮를 행한 다음 통역을 통해 황제와 다양한 대화를 나누었던 것으로 보인다. 황제가 손을 들어 답하거나 악수를 청하기도 했다는 기록이 있다. 대한제국 이전인 1893년 11월 5일 경복궁 보현당寶賢堂에서 미국공사 알렌과 독일영사 란스도르프를 소견했을 때도 고종이 교의交椅 앞에 남쪽을 향해 서 있다가 가까이 오라고 명하니, 공사와 영사가 당堂에 올라 세 번 몸을 굽혀 타공례를 행했다고 했다. 고종은 손을 들어 답한 다음 옆에 있는 승지에게 안부 인사를 전하라고 명하고 있다.[27] 따라서 대한제국이 근대국가로 인식되기를 바라던 고종황제의 입장에서 동양적 예법인 국궁례를 외국인에게 굳이 강요할 필요는 없었을 것이다. 외국인들이 한 사람씩 황제 폐하와 황태자 전하 앞으로 나아가면 황제는 미소와 가벼운 목례로써 인사를 받은 뒤 주재하는 외교대표들에게만 악수를 청했다고 한다. 각국 대표들이 바뀔 때 황제를 폐현하면 이임하는 사람과 새로 부임하는 외교관이 동시에 참석하는데, 이때 황제는 새로 부임해 오는 사람에게만 악수를 청하고 다른 사람에게는 가벼운 목례로 자리에서 물러가게 했다. 외교관이나 국빈급 외국인이 아니더라도 서울을 방문한 서양인들은 종종 고종황제를 폐현할 기회가 있었고, 기다리는 동안 술이나 담배 등을 제공받았다. 이들은 따끈한 샴페인, 달콤한 케이크, 그리고 담배 등으로 융숭하게 대접받은 것에 만족스러움을 표하곤했다.[28]

궁내부 예식원에서는 신년과 만수성절, 천추경절, 계천기원절 등 경축일 예식에 적용되는 절차와 시간, 참여 자격 등도 세세하게 규정을 마련했다. 일주일 전에 예식원장이 청첩하고, 정전에는 오전 10시와 11시로 나누어 참석하는 등 외교사절이나 외국손님들이 황제를 폐현하거나 이들을 맞이하는 의례는 조선시대의 빈례와는 확연히 달라져 있었다. 황제가 외교사절들을 접견한 후에 곧바로 연회가 베풀어진 경우도 있고, 별도로 초청장을 보내 연회를 여는 경우도 있었다. 초청장을 받은 이들이 가마를 타고 연회 장소에 도착하면 악수로 맞이하고, 객실에서 차를 권한 후 서열에 따라 연회실로 안내했다. 연회석상에 황제가 참석할 경우 잠시 임어했을 뿐 원칙적으로 황제가 연회에 동석하지는 않았기 때문에 이러한 근대식 연회에서는 전통적인 궁중연향에서 행했던 엄격한 의례 절차는 거의 사라졌다. 서양인들이 연회에서 전통적인 의례 절차를 준수하기 쉽지 않았으므로 거의 서양식으로 연회가 이루어졌다고 볼 수 있다. 전통적인 궁중연향에서는 진연청과 같은 임시기관을 설치하여 연향을 준비하고 왕과 왕비가 주인노릇을 한 것과 달리 외빈을 대접하는 연회는 대부분 외부대신이 주관했다.[29]

음식은 주로 서양 식기에 담은 서양 음식이 나왔고, 여기에 애저탕哀猪湯과 같은 전통 진미 음식을 곁들이기도 했다. 또 전통술, 삼페인, 맥주 등의 주류와 담배 같은 기호식품도 제공되었다. 독일 신문기자 지그프리드 겐테는 밤마다 연회가 끊일 날이 없고, 화려하게 장식된 식탁에 최고급 유럽식 음식이 완벽하게 차려졌으며, 송로버섯과 프랑스산 샴페인이 나왔다고 전하고 있다. 이러한 서양요리들은

잘 알려져 있듯이 주로 손탁 여사에 의해 마련되었다.[30]

서양식 만찬과 더불어 연회에는 공연도 마련되었다. 궁중 정재 呈才, 줄타기와 같은 전통 무용 외에 군악대의 양악 연주도 곁들여졌다.[31] 앞서 서술했듯이 군악대에 악장으로 초빙된 독일인 에케르트가 지휘하여 각국의 국가와 행진곡, 가곡, 춤곡 등을 연주했다고 한다. 에케르트가 지도한 군악대의 연주 수준이 유럽의 여느 악대에 못지않다고 극찬한 서양인들이 많았다.[32] 1902년 칭경예식을 위해 영빈관으로 건립된 돈덕전에도 악실樂室이 설치되어 있는 것으로 보아 이 시기 연회에서 군악대 연주는 일상적이었음을 알 수 있다. 연회가 있을 때 군악대가 대기하는 장소로 악실을 별도로 설치한 것으로 보이기 때문이다.

고종황제가 외국인들을 접견하는 경우, 대부분 양관인 수옥헌과 돈덕전을 활용했고, 근대식 연회도 두 건물에서 이루어지는 경우가 많았다. 1905년 5월 22일, 일본 특파대사 후시미노미야 히로야스 왕 伏見宮博恭王이 방한했을 때 궁내부에서는 숙소로 돈덕전을 선정했다.[33] 고종황제 폐현 후 만찬 장소는 수옥헌 1층으로 결정되었다.[34] 히로야스는 5월 22일 정오에 수옥헌에서 고종황제를 폐현하고 국서를 전달했는데, 이어서 오후 12시 30분에는 히로야스와 의양군義陽君 등 대한제국과 일본 문무관 24명에게 오찬이 제공되었다. 요리는 한국식 요리였고, 고종황제의 자리인 어탑御榻은 히로야스, 의양군과 같은 탁자에 배치되었다. 그밖에 히로야스의 수행원인 오우라 가네타케大浦兼武 일본 체신대신과 하야시 주한 일본공사, 하세가와 주차군대장 이

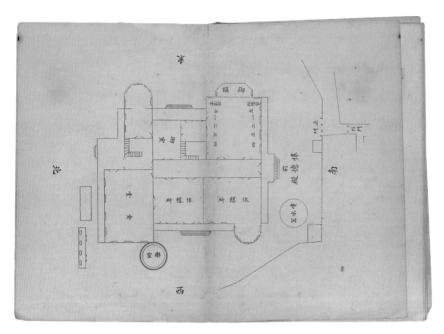

돈덕전 내부 간가도
영빈관으로 사용된 돈덕전 내부를 보여주는
간가도(도면)에도 아래쪽 식당 옆에
악실(樂室)이 표시되어 있다.

하 일본 측 수행원들과 대한제국 정부대신들은 원형의 테이블에 약
4명씩 나누어 앉았다. 오찬이 끝난 뒤 일본 측 일행에게 황실의 문장
인 오얏꽃 문양이 새겨진 은잔이 선물로 주어졌다. 5월 23일 오전 11
시에는 고종황제가 히로야스가 머무는 돈덕전으로 답례 방문을 하여
긴 담화를 나누었고,[35] 황제는 이날 히로야스에게 대훈위大勳位 금척대
수장金尺大綬章을 수여했다. 수행원들에게도 일일이 훈장을 수여했다.[36]

　곧이어 1905년 9월 19일, 미국 루스벨트 대통령의 딸 앨리스 루
스벨트가 약혼자인 니콜라스 롱워스Nicholas Longworth 일행과 함께 방
한했을 때에도 수옥헌에서 접견과 오찬이 있었다. 앨리스 루스벨트

는 나중에 발간된 자서전에서 수옥헌 오찬을 자세히 묘사했다. 일행이 황제와 황태자를 미국공사관 곁의 유럽식 건물(수옥헌) 2층에서 알현한 후, 좁은 계단을 내려가 조그마한 만찬장에서 점심식사를 했는데, 음식은 한국식이고, 황실 문장으로 장식된 그릇에 담겨 있었다고 했다. 앨리스가 사용한 그릇들은 나중에 선물로 증정되었고, 궁궐을 떠날 때 황제와 황태자는 각자의 사진을 선물했다고 했다.[37]

앞서 보았듯이 고종황제와 황태자가 앨리스 일행에게 선물했다는 사진은 미국 스미스소니언 박물관에 소장되어 있는 것으로 국내에 알려졌다. 고종황제는 자신의 사진을 선물할 정도로 앨리스 일행을 환대했으나, 당시 미국은 7월 말에 이미 가쓰라-태프트 밀약을 통해 일본의 대한제국 지배를 승인한 터였다. 앨리스도 루스벨트의 특사인 태프트와 함께 아시아 순방단으로 일본에 왔다가 고종황제의 초청을 받은 것이다. 고종은 앨리스 일행을 명성황후의 무덤인 홍릉에까지 초대하여 성대한 연회를 베풀었다. 그러나 앨리스는 말을 타고 서울 시내를 돌아다니거나, 홍릉의 마석에 올라타서 사진을 찍는 등 돌출행동을 일삼아 큰 물의를 빚었다.[38]

고종황제는 명성황후를 살해한 일제의 만행을 알리고자 앨리스 일행에게 홍릉 참배를 권하고, 이를 통해 미국이 일제의 불법적인 국권침탈을 막는 데 적극적인 역할을 해 줄 것을 기대했을 것이다. 하지만 미국의 아시아 정책은 이미 친일적인 방향으로 기울어져 있었으므로 앨리스 일행에 대한 환대가 특별한 결과를 가져올 수 없는 상황이었다.[39]

↑
홍릉 마석 위에 올라탄 앨리스 루스벨트
↗
1905년 여름 미국 아시아 순방단과 앨리스 루스벨트 일행
앞줄 가운데가 앨리스이고 둘째줄 가운데 모자를 쓴 남성이
가쓰라-태프트 밀약의 주인공인 미국 육군장관 태프트이다.

수옥헌에서의 오찬에 대한 기록은 을사늑약을 체결하기 위해 방
한한 이토 히로부미에 관한 자료에서도 보인다. 이때도 역시 고종황
제 폐현 장소는 수옥헌 '계상의 일실'이었고(수옥헌 2층의 큰 방), 오후
1시부터는 수옥헌 '계하의 일실'(수옥헌 1층 식당)에서 오찬이 베풀
어졌다.[40] 1층의 큰 홀에 6개의 원탁을 배치하고 각 테이블에는 4~5
명 정도의 인원이 나누어 앉았다. 상석인 헤드 테이블에는 황제의 자
리인 어탑, 의양군, 이토 대사 등 3명의 자리가 배치되었다. 총 7개의
테이블에서 총 29명이 오찬을 함께 했는데, 이때 제공된 음식은 한국
요리이고, 술은 한국 술 외에 샴페인과 탄산수 등이 제공되었다. 이
러한 오찬은 앞서 1905년 5월에 일본 친왕 히로야스博恭王가 내한했을

때 최초로 시도되었고, 9월에 앨리스 루스벨트 일행이 방문했을 때에 이어 세 번째라는 기록도 남아 있다.[41] 수옥헌 1층 홀의 크기가 총 29명이 오찬을 함께 할 만큼 상당히 큰 규모였음을 알 수 있다.

이 시기에 궁중 의전관으로 근무했던 엠마 크뢰벨은 궁중의 연회에서 송로버섯, 캐비어, 샴페인 등 프랑스 요리가 제공되었으며, 황궁에 초대받은 서양인들이 유럽의 궁정에 초대받은 것처럼 느낄 만큼 생활문화가 서구화되었다고 기술했다. 대한제국이 서구 열강에게 인정받기 위해 안간힘을 썼던 만큼 음식문화에서도 이를 보여주고자 애쓴 흔적이라고 볼 수 있다. 서양식 드레스 차림의 사진을 남긴 엄비가 초대받은 유럽 여성들과의 대화에서 유럽의 관습과 예절에 대해 지대한 관심을 표명하는 것을 보고 망치로 머리를 얻어맞은 것처럼 깜짝 놀랐다고 표현하기도 했다. 서구문물 수용에 적극적인 모습에 일반적으로 유럽인들이 동아시아인들에 대해 가지고 있던 선입견이 무참히 깨지는 과정을 엠마 크뢰벨 역시 경험한 것이다. 외국어 사용에 대해서도, 민영환을 비롯한 대한제국 궁정의 고위 관료들이 영어와 프랑스어, 독일어 등을 구사하고 있었다고 기록했고, 어린 영친왕이 손탁여사에게 프랑스어로 인사를 건넸다고 전하기도 했다.

엠마 크뢰벨은 '과거로부터 전래된 모든 것에 광적으로 집착하며 외국 것은 모두 불신하고 거부하는 이 나라에서' 황실 문화만은 급속히 유럽식 문화를 받아들인 것이라고 평가하면서 상당히 호기심을 표명했다. 하지만 엠마의 선입견과는 달리, 이 시기 대한제국에 사는 보통 사람들의 생활문화에도 점차 신문물이 도입되고 있었던 것은 분명해 보인다. 엠마는 제물포에 도착해서 수도 한성으로 들어오면서 보았던 자연경관과 거리 모습, 도시의 방어기능을 위해 축조된 거대한 성벽, 전차가 달리는 도로, 고종이 머물던 수옥헌과 건축 중이던 석조전 등 경운궁 주변의 모습을 구체적으로 묘사했는데, 낮은 토담집 잿빛 지붕 위에 걸려있는 '전선'을 보고 있노라면 눈을 의심하지 않을 수 없다고 표현했다. 한성이야말로 '전통과 근대의 신문화가 정면으로 부딪히며 대립하는 독특한 사회'라고 서술했다. 낮에는 길고 좁은 지저분한 거리를 전차로 달리고, 어둠이 내리기 시작하면 좁은 골목에 전기 가로등을 밝히는 한성은 전력 이용 방법을 단기간에 배운 경우로서, 동아시아의 다른 모든 대도시를 제치고 선구적인 도시라고 찬탄했다. 상하이나 도쿄, 베이징도 한성처럼 전신과 전화, 전깃불과 전차를 동시에 갖지는 못했다고 비교하면서, 한성은 한편에 전통이 자리하고 다른 한편에는 유럽의 대도시에서나 볼 수 있는 시설들이 존재하는 '독특한' 도시라고 평가했다. 거리의 전차가 빈자리를 찾기 어려울 만큼 항상 만원인 걸 보면 수도 한성에 사는 사람들은 진보의 축복을 정말 신속하게 이해한 사람들이라고 엠마 크뢰벨은 서술했다. 비록 한성에 국한된 것이라 해도 '대한국인'의 일상생활이 이미 새로운 시대에 한 발을 들여놓고 있었던 것은 부인할 수 없는 사실이었다.[42]

3부

일제의 국권 침탈과
잊혀진 제국의 기억

11장

통감부의 황실재정정리와
황제권 해체

궁내부 재정이 해체되다

일제는 1905년 을사늑약 이후 통감부를 설치하여 대한제국의 내
정을 장악하기 시작했다. 조약문상으로 통감은 대한제국의 외교만을
대행하게 되어 있음에도 불구하고 황제권 해체를 위해 가장 먼저 궁
내부를 축소하고 황실재정 해체 작업에 착수했다. 대한제국기에 황
제권 강화와 함께 궁내부가 관장하는 재정 규모는 전체 국가재정을
능가할 만큼 확대된 상태였다. 대한제국의 근대화 사업이 궁내부 주
도로 이루어진 특수성을 반영하고 있었다고 볼 수 있다. 일제는 방만
한 황실재정정리라는 명분하에 대부분의 황실재산에 대해 국유화를
단행했다.[1]

궁내부는 갑오개혁기에 개화파와 일본이 왕실을 국정에서 분리

하고 국왕의 정무 간여를 배제하기 위해 설치한 것이었다. 이를 통해 전통적인 궁부일체宮府—體의 왕조질서는 해체되고 국가재정과 왕실재정이 분리되었다. 이로써 임금은 사유재산을 갖지 않는다는 의미의 '인군무사산人君無私産'과 하늘 아래 왕의 땅이 아닌 곳이 없으므로 왕이 굳이 사유재산을 가질 이유가 없다는 뜻의 '보천지하 막비왕토普天之下 莫非王土'의 관념에도 종지부가 찍혔다. 1894년 6월 28일 반포된 최초의 「궁내부관제」는 국왕의 비서기관인 승정원을 승선원으로 개칭하고 내시사, 시강원, 내의원 등 왕실 관련 부서들을 궁내부 산하에 소속시켰다. 왕실 업무를 담당하는 궁내부 관원과 일반 국정운영 기구인 의정부 각부의 관원은 상호 겸직할 수 없게 함으로써 국가와 일체로 생각되어온 왕실을 국정에서 분리했다. 또한 왕실비용도 의정부 산하 재정 담당 부서인 탁지아문의 통제하에 일반적인 국고 회계의 규제를 받게 했다. 각궁이 소유한 궁장토에 대해서 면세하던 관행을 깨고 지세를 내게 했으며, 각궁이나 관련 기관이 전국 각지에서 수취하던 잡세도 모두 탁지아문으로 이속시켰다.[2]

이러한 「궁내부관제」는 크게 보면 유길준 등 개화파가 평소 구상해 온 정치체제 개혁안을 반영한 것이지만, 보다 직접적으로는 일본 측 의도가 그대로 실현된 것이었다. 오토리 게이스케大鳥圭介 주한 일본공사가 조선 정부에 내정개혁을 요구하면서 제시한 개혁안 5개조 27개 절목을 보면, '내외 정무와 궁중 사무를 판연히 구별하여 궁중에 봉사하는 관리는 일체 정무에 간섭하지 못하게 한다.'라는 항목이 있다. 메이지 유신 이후 일본에서 시행되고 있던 궁내성 제도를 조선에 이식하여 왕권을 제한하고 왕실을 국정에서 분리해내기 위한 제안이었다. 갑오개혁에 참여한 개화파 역시 전제군주권의 제한을 지향했으므로 일본 측과 이견 없이 「궁내부관제」를 반포한 것이다.[3]

하지만 메이지 유신 이후 천황을 옹립한 일본의 권력구조와 조선의 경우는 큰 차이가 있었다. 일본에서는 일단 내각과 천황이 대립하는 구도가 아니었다. 자유민권운동의 입헌 요구에 대응하여 1885년(메이지 18년) 내각제를 실시하면서 궁내성을 설치하고 황실 업무를 국정에서 분리했지만, 이와는 상관없이 천황 권력은 이토 히로부미 등 번벌 세력에 의해 의도적으로 확립되었다. 반면 조선에서는 궁내부 설치가 실질적인 전제군주권의 제한이었으므로 왕실의 반발은 강경했다. 여기에 일본의 내정 간섭에 반발하며 동학농민군이 재봉기하는 등 난국이 계속되자 일본은 다시 메이지 유신의 원훈元勳인 이노우에 카오루井上馨를 주한 일본공사로 파견하여 1895년 3월 25일, 전격적으로 내각제를 실시했다.[4]

내각제 실시로 군주권은 더욱 제한되었으며 「궁내부관제」도 대대적으로 개정되었다. 1895년 4월 2일 반포된 개정 관제는 일본의 「궁내성관제」를 거의 그대로 들여온 것으로서,[5] 궁내부 대신관방大臣官房하에 6원 체제로 소속 기구들이 정비되었다. 그런데 이때 궁내부에 내장원이 신설되어 정부회계의 제한을 받지 않고 왕실의 사유재산을 독자적으로 관리하게 된 점이 주목된다. 내각제 실시로 더욱 군주권의 제한을 받게 된 왕실의 반발을 무마하기 위한 조치라고 볼 수 있다. 기존에 내수사內需司가 '궁중宮中과 부중府中이 일체'라는 왕토사상이 지배하던 시절에도 왕실의 사재私財를 관리해 왔다는 주장을 수용한 것이기도 했다. 문제는 이를 토대로 대한제국기에 내장원이 국가재정을 압도할 만큼 팽창하게 된다는 점이다. 갑오개혁기에 궁내부를 설치한 것은 왕실과 국정 업무를 구별하고 국가재정과 왕실재정을 분리하기 위한 것이었으나, 1895년 내장원의 회계독립으로 국가 예산회계제도의 제한을 받지 않는 왕실재정을 공식화함으로써 대한제국기에 궁내부 재정이 무한대로 팽창하는 계기가 되었다.

실제로 갑오개혁이 실패로 돌아간 후 군주권의 회복과 함께 궁내부는 애초의 설치 의도와는 전혀 다른 방향으로 확대되기 시작했다. 1897년 대한제국 수립 이후 황제권이 강화되면서 궁내부가 핵심적인 국정운영 기구로 떠올랐다. 궁내부 산하에 우후죽순처럼 신설된 물품사, 통신사, 철도원, 서북철도국, 예식원, 경위원, 광학국, 수륜원, 관리서, 평식원, 수민원, 박문원 등은 대부분 황실사무와는 전혀 관계가 없는 근대화 사업 추진기구였다. 이 과정에서 궁내부 내장원이 관리하는 재정의 규모도 대폭 확대되었다. 목둔토와 역토 등 토지에서 거둬들이는 지대수입 외에도 전국 각지에서 소상품 생산자들로부터 거둬들이는 세금 수입이 상당했다. 흔히 잡세라고 불리우는 어기세漁磯稅, 해세海稅, 곽세藿稅, 염정鹽井·염분세鹽盆稅, 지소세紙所稅, 포사세庖肆稅, 선세船稅, 포세浦稅, 연강세沿江稅 등 그 명목도 다종다양했다. 그밖에 내장원이 직접 경영하는 홍삼전매 사업, 광산개발 및 경영 수입, 화폐주조 수익, 객주단체 및 상회사에 특허를 부여하고 받는 특허세 등이 있었다.[6]

1880년대부터 상품화폐경제의 발달과 함께 본격적으로 부과하기 시작한 잡세는 원래는 국세에 포괄되었어야 할 영업세 및 유통세 종류였다.[7] 역둔토 지대 및 홍삼전매 수입, 화폐주조 수익, 광산경영 수입 등도 모두 전통적인 의미의 황실 사유재산은 아니었다. 하지만 이러한 재원들이 대한제국기에는 모두 궁내부 내장원에 집적되고 있었다. 내장원에 세금을 납부하는 대신 상인과 자영업자, 객주단체들은 영업특권을 부여받았고, 그것이 곧 외래자본의 침투에 대항하는 측면도 있었다. 1898년 1월, 철도와 광산에 외국인 합동合同을 금지한 조치, 6월 전국 43군의 광산을 모두 궁내부에 이속시킨 조치도 바로 궁내부 권력 확대가 외세에 대한 대응을 명분으로 삼고 있었음을 보여준다. 대내적으로는 절대권력을 확립한 황제권이었지만, 열강의 외압에는 무력했고, 정부대신들은 각자 강력한 외세를 입지의 안전판으로 삼고 있는 경우가 많았다. 따라서 황제는 외세의존적인 정부대신들을 배제하고 측근 심복인 궁내관 위주로 국정을 운영했고, 내장원 재정의 팽창은 이러한 대한제국의 특수한 통치구조에서 오는 필연적인 결과였다.[8]

　　당연히 근대국가의 재정 수입원이 되어야 할 재원들이 특수한 상황 조건, 즉 외세의 이권침탈로부터 국가재원을 방어한다는 명분으로 궁내부 내장원에 의해 관리되고 있는 현실은 황실재정과 국가재정이 혼효된 가산국가patrimonial state적 속성을 띠고 있었다. 하지만 막대한 재정수입을 토대로 황제정이 직접 중상주의적 식산흥업정책을 추진했다고 본다면, 그 성과 여부와 상관없이 대한제국 황제정이 특수한 형태로 근대로의 이행을 담당하고 있었다고 평가할 수도 있다. 그간 대한제국에 대한 역사적 평가에서 가장 첨예하게 대립되는 부분이 바로 궁내부 내장원에 집적된 막대한 재원의 활용처였다. 단지 황실을 위한 사치와 낭비에 사용했는지 아니면 내장원의 광산 경영 사례에서 볼 수 있듯이, 기계를 도입하고 외국인 기술자들을 고빙하여 근대적 경영에 착수했는지 구체적으로 확인할 필요가 있다. 궁내부 서북철도국이 일제의 방해에도 불구하고 경의·경원 철도를 자주적으로 부설하려고 추진한 예에서 보이듯이, 근대적인 식산흥업정책에 재원이 얼마나 사용되었는지 확인하는 것이 '대한제국 논쟁'을 마무리 지을 수 있는 관건이라고 생각된다.[9]

대한제국기에 궁내부 내장원이 관리해 온 재원은 황실의 사적재산에 속하는 부분과 마땅히 국가재정에 속할 부분이나 특수한 사정으로 궁내부 내장원이 관리하고 있던 부분으로 나누어 볼 수 있다. 일제는 황실재정정리 과정에서 황실재산의 기원과 상관없이 대부분을 국유화했다.[10]

황실의 사유재산

황실의 고유재정에 속하는 부분으로, 1사司 7궁宮 및 능원묘위토陵園墓位土, 봉산封山 및 태봉산胎封山(임금의 태 항아리를 묻은 산), 궁宮, 전殿, 묘廟, 단壇, 사祠 등이 있다. 일제는 황실비가 지급된다면 굳이 황실재산으로 독립시키지 않고 국가재정이 황실유지 비용으로 부담할 수 있는 성질의 재산으로 파악했다. 내수사 외 7궁 중 육상궁, 선희

궁, 경우궁 등 3궁은 왕실의 사묘私廟이고, 어의궁, 수진궁, 명례궁, 용
동궁 등 4궁은 왕궁의 사고私庫로서 궁장토를 소유하고 그 수입으로
왕실의 내수 및 제향 비용으로 삼는 것이 관례였다. 이들은 각종 주
인권 등 재원을 집적해 왔다. 궁방宮房이란 후궁, 대군, 공주, 왕자, 옹
주 등을 존칭해서 칭하는 것으로 궁방 소속의 전토를 궁장토라 했다.
1사 7궁 및 능·원·묘위토, 봉산 및 태봉산과 궁·전·묘·단·사 등이
황실의 공유재산에 속한다면, 각 궁방 및 엄비의 경선궁 소속 궁장토
등은 황실가족의 사유재산적 성격이 더 강한 재산이었다.

(1) 1사 7궁

① 내수사內需司는 왕실의 내수內需와 관계된 미포米布 및 잡물, 노비를
   담당하던 궁중 재정기관이다.

② 수진궁壽進宮은 중부中部 수진방壽進坊[11]에 있으며 예종睿宗의 왕자인
   제안대군齊安大君의 사저였다. 작위를 받지 못한 왕자, 대군 또는
   미혼의 공주, 옹주, 후사가 없는 후궁 등의 제사를 받들다가 후에
   는 황후의 내탕으로 사용되었다.

③ 명례궁明禮宮(원래는 경운궁)은 서부西部 황화방皇華에 있고 원래 황
   후의 내탕에 속했다.

④ 어의궁於義宮은 처음에 중부 경행방慶幸坊에 있다가 후에 서부 인달
   방仁達坊으로 이전했다. 원래 인조의 사저였지만 그 후 황후의 내
   탕에 속했다.

⑤ 용동궁龍洞宮은 원래 서부 황화방에 있다가 중부 수진방에 이전했

다. 명종의 제1남 순회세자順懷世子의 궁이었다가 나중에 황후의 내탕에 속했다.

⑥ 육상궁毓祥宮은 북부 백악산白岳山 아래에 있고, 영조의 생모인 숙빈 최씨의 제사를 봉향하는 곳으로 영조 원년에 창설되었다.

⑦ 선희궁宣禧宮은 북부 순화방順化坊에 있고, 사도세자의 생모인 영빈 이씨의 제사를 봉향하는 곳으로서 영조 38년에 창설되었다. 의열묘義烈廟라고 칭했다가 정조 12년 선희묘宣禧廟로 개칭되어 선희궁으로 불린다. 나중에 육상궁과 합쳤다가 1897년 복설되었다.

⑧ 경우궁景祐宮은 원래 북부 계동桂洞에 있었는데 후에 북부 옥동玉洞으로 이전했다. 순조의 생모인 수빈 박씨의 제사를 봉향하는 곳으로 순조 23년에 창설되었다.

(2) 능·원·묘위토 및 외해자

능은 황제 및 황후의 분묘이고, 원은 황태자, 황태자비, 황태손, 황태손비, 황제의 생모인 빈궁의 분묘이다. 묘는 여러 빈嬪 및 왕자의 분묘이다. 이들은 1908년 칙령 제39호에 의해 전부 국유화되었다. 능·원·묘에는 위전位田 각 80결 이하를 두어 그 수익으로 제사비용 및 참봉 등 관리직 수당에 충당했다. 능·원·묘가 있는 주산主山과 좌우를 둘러싼 청룡靑龍 및 백호白虎,[12] 주산과 마주 보는 안산案山으로 둘러싸인 곳을 내해자內垓字라 하고, 그 외곽의 토지를 외해자外垓字라고 한다. 내·외해자 면적은 토지 형상에 따라 일정하지 않지만, 외해자 중에는 주위 연장이 십수리에 걸친 것도 있었다. 황실비를 국고에서 지급하게 되면서 능·원·묘의 직원 급여도 황실비에서 지급하고, 능·원·묘위토 및 내해자의 산림을 모두 국유화했다.

(3) 봉산 및 태봉산

봉산封山은 궁궐 건축, 전함戰艦 및 조운선 건조, 황족의 관곽棺槨 제작용 목재를 공급하거나 소나무 수요를 충당하기 위해 육성한 산림이다. 충청, 전라, 경상, 황해, 강원 및 함경 각도에 설정했다. 태봉산胎封山은 왕과 왕후의 포의胞衣를 안치한 곳으로 경기, 강원, 충청, 경상, 전라도에 있었다. 일제에 의해 봉산은 전부 국유화되었고 태봉산은 태실胎室, 즉 포의가 안치된 장소 및 직접 그것에 필요한 장소를 제외한 토지가 모두 국유화되었다.

● 태봉의 위치

태조 고황제高皇帝: 전라북도 진산군 만인산

정종대왕: 경상북도 김산군 직지사 뒷산

태종대왕: 경상북도 성주군 조곡산

세종대왕: 경상남도 곤양군 소곡산

소헌왕후: 경상북도 순흥군 소백산

문종대왕: 경상북도 풍기군 봉명사 뒷산

단종대왕: 경상남도 곤양군(세종 태실과 같은 언덕)

세조대왕: 경상북도 성주군 선석산

예종대왕: 전라북도 전주군 태실산

성종대왕: 경기도 광주군 경안역 영장산

중종대왕: 경기도 가평군 서면

인종대왕: 경상북도 영천군

명종대왕: 충청남도 서산군 동면

선조대왕: 충청남도 임천군 서면

현종대왕: 충청남도 대흥군 원동면

숙종대왕: 충청남도 공주군 목동 태봉리

경종대왕: 충청북도 충주군 엄정면

영종(조)대왕: 충청북도 청주군 동이십리

장조 의황제懿皇帝: 경상북도 풍기군(문종 태실과 같은 언덕)

정조 선황제宣皇帝: 강원도 영월군 계죽산 정양리

순조 숙황제肅皇帝: 충청북도 보은군

문조 익황제翼皇帝: 경기도 영평군 상리면

헌종 성황제成皇帝: 충청남도 덕산군 가야산

대황제: 충청남도 결성군 구항면

(4) 궁·전·묘·단·사

황실가족이 살고 있는 궁궐 건물은 궁내부 소속이지만, 1908년 7월
칙령 제50호 궁내부 사전祀典 제도 개정으로 제사를 폐지하거나 생
략된 각 궁·전·묘·단·사도 국유화되었다.

● 신위의 이안移安, 매안埋安, 합사合祀 등에 의해 폐지, 국유화된 것

영희전永禧殿, 목청전穆淸殿, 화령전華寧殿, 내수사內需司, 평락정平樂亭, 성일헌誠一軒, 저경궁儲慶宮, 대빈궁大嬪宮, 선희궁宣禧宮, 경우궁景祐宮, 경수궁慶壽宮, 영소묘永昭廟, 문희묘文禧廟, 선농단先農壇, 선잠단先蠶壇

● 제사를 폐하여 국유화된 것

산천단山川壇, 산천악독우사단山川嶽瀆雩祀壇, 사한단司寒壇, 옥추단玉樞壇, 칠사七祀, 사현사四賢祠, 여단厲壇, 성황단城隍壇, 마조단馬祖壇, 무열사武烈祠, 정충단旌忠壇, 선무사宣武祠, 정무사靖武祠, 숭의묘崇義廟, 북관묘北關廟

(5) 각 궁방 및 경선궁 소속 재산

엄비의 경선궁을 비롯하여 황실가족의 사유재산적 성격이 더 강한 궁장토 등이 여기에 속한다.

국가재정에 속해야 할 재원

궁내부 재정 중 마땅히 국가재정에 속해야 할 부분이나 대한제국 황제정하의 특수한 사정으로 궁내부 내장원이 관리하고 있던 재원으로 역둔토, 광산, 홍삼전매 수입, 각종 잡세 등이 있다.

(1) 역둔토

역둔토는 역토와 둔토의 총칭으로, 역토란 공문서의 전달 및 공무로 여행하는 관리를 위해 역참驛站을 설치하고 역졸驛卒, 역마驛馬를 배치하는 데 충당할 비용으로 지급된 전답이다. 둔토는 각궁各宮과 각사各司, 각도各道와 각군各郡 등 관청의 경비에 충당하기 위해 국유지에 부여하거나, 한광지閑曠地를 개간한 땅, 국사범國事犯에게서 몰수한 땅, 혹은 매수한 전답을 지칭한다. 역둔토는 1894년 갑오개혁 이후 농상공부, 군부 소속 등을 거쳐 1899년부터 1900년까지 궁내부 내장원 소관이었으나 1908년 6월 다시 국유화되었다.

(2) 광산

1898년 6월 전국 43군의 광산을 궁내부로 이속한 후 1899년 2월에는 서북 3도의 농상공부 소관 광산, 1901년 6월에는 농상공부 소관 8개 광산을 외국인의 이권침탈을 막는다는 명분으로 모두 궁내부에 소속시켰다. 일제는 1906년 1월「제실광산규정」제정으로 내외국인의 채굴권 특허를 금지하고, 6월「광업법」공포로 궁내부 소속 광산을 축소시켰다. 다시 9월에는「제실광산규정」을 폐지하고, 1907년 8월 궁내부 소속 광산을 완전히 폐지, 모든 광산을「광업법」에 의해 농상공부가 관리하도록 국유화했다.

(3) 홍삼전매 수입

1899년부터 궁내부 내장원 소속이었으나 1907년 제실유급국유재산조사국에 의해 국유화가 결정되어 탁지부로 이속되었다. 1908년 7월「홍삼전매법」발포로 정부의 허가를 받은 사람만 인삼을 경작할 수 있게 하고, 홍삼 제조를 위한 수납은 정부가 관리했다.

(4) 각종 잡세

1907년 현재 궁내부가 관리하던 잡세는 포세庖税, 염세鹽税, 수산세水産税, 선세船税, 포세浦税, 삼세蔘税, 연강세沿江税, 죽전세竹田税, 동광등세銅鑛等税, 식리전殖利錢, 보세洑税 등 36만 6,542냥 규모로, 대한제국 화폐 단위인 원元으로 환산하면 7만 3,308원이다.[13]

황실재산의 국유화 과정

일제는 1904년 「한일의정서」 체결 직후부터 '시정개선'이라는 명분하에 궁내부를 축소하고 황실재정정리 사업을 통해 황제권의 인적, 물적 기반을 해체했다. 황실재정정리는 일본 대장성大藏省 주세국장主税局長 출신으로 1904년 10월, 재정고문으로 부임한 메가타 주타로目賀田種太朗에 의해 시작되었다. 메가타는 「궁중혁정宮中革政의 5대 강목」에서 아래와 같이 황실재정정리의 지침을 제시했다.[14]

① 황실비는 정액으로 하고 그 내용은 탁지부에서 관리하지 않는 대신 황실 소요의 일체의 경비는 궁내부가 담당하고 이후 정부에 부담을 전가시키지 말 것.

② 영업의 면허, 특허, 기타 일반 행정관청의 소관에 대해서는 궁내부는 일체 관여하지 말 것.

③ 궁내부 소관의 경지, 건물 등으로 정부의 소관이어야 할 것은 정

부에 이관할 것. 이를 위해 황실유국유재산조사회를 설치하여 소관을 결정할 것.

④ 인삼 전매는 정부에 이관할 것. 지방의 무명잡세와 기타 과세는 일체 폐지하거나 정부의 징세권 내에 둘 것.

⑤ 궁내부와 정부에 관련된 사항으로서 정부로부터 경비의 지불을 요하는 것이 있을 때는 예산을 정하여 미리 탁지부에 교섭하고, 그 승인을 받지 않으면 여하한 사유가 있을지라도 정부는 하등에 부담할 책임에 임하지 말 것.

황실의 지출은 탁지부의 철저한 감독을 받게 하고, 홍삼전매 사업, 광산 경영 등 궁내부 내장원이 직접 경영한 사업은 국가로 이관하며, 영업세, 특허세 등 각종 잡세는 정식 국세로 징수할 것, 궁내부 소속 토지와 건물 등 부동산은 국유화하겠다는 의지를 표출한 것으로서, 이러한 방침은 이후 황실재정정리 과정에서 대부분 실제로 시행되었다.

일제는 궁내부제도 정리를 위해 1904년 10월 제실제도정리국을 설치한 후 1905년 3월, 기존의 「궁내부관제」를 전면 개편했다. 신관제에서는 각종 근대화 사업을 위해 설치되었던 광학국, 박문원, 수민원, 평식원, 통신사 등이 모두 폐지되고 내장원이 내장사와 경리원으로 분리되었다.[15] 회계 관리 및 금고 기능은 내장사가, 황실재산 관리는 경리원이 맡게 한 것이다. 또한 신설된 제실회계심사국이 궁내부의 재용, 회계와 각 원사院司의 물품 보관을 감사함으로써 궁내부 재정을 관리하게 했다.[16]

궁내부 및 황실재정정리 기구 일람표

주요 기구	설치일
제실제도정리국	1904년 10월 5일
제실재정회의	1905년 12월 30일
궁내부 제도국	1906년 2월 27일
각궁사무정리소	1907년 2월 24일
제도국 임시정리부	1907년 6월 6일
임시제실유급국유재산조사국	1907년 7월 4일
제실재산정리국	1907년 12월 1일
임시재산정리국	1908년 7월 23일

1905년 12월에는 제실재정회의를 설치하고 「제실회계규칙」을 발표함으로써 궁내부 산하 각 관청의 경비는 모두 국가 예산에 편성하여 국고에서 충당하게 하고 궁내부가 독자적으로 수입을 사용하지 못하게 했다.[17] 궁내부 재정을 철저히 통제하기 위함이었다. 1906년 2월에는 다시 궁내부관제가 개정되어 제실제도정리국이 폐지되고 제도국이 설치되어 제실재정회의에 관한 사무를 주관하게 했다.[18]

궁내부가 관리하던 재원 중 1906년 6월 「광업법」 발포로 황실 소속 광산은 농상공부로 이속되었고, 1907년 8월에는 나머지 광산이 모두 국유화되었다. 11월에는 역둔토 수조가 탁지부에 위탁되고, 12월에는 궁내부 내장원이 수취해오던 잡세가 탁지부, 농상공부에 이속되거나 폐지되었다.[19] 1906년 7월 반포된 「국유재산관리규정」,[20] 11월의 「국유재산목록 및 증감변동에 관한 건」[21] 제정으로 정부 각부가 관리하는 토지, 가옥 및 영조물營造物 목록 및 증감 변동 사항을 모두 탁지부 대신에게 보고하게 하여 국유재산을 철저하게 파악하고 자 했다.

궁내부 소속 각궁 소유 재산에 대한 정리도 시작되었다. 일제는 1907년 2월, 황실의 제사를 맡아왔던 내수사 및 7궁을 전격 폐지하고 각궁사무정리소를 설치했다. 내수사, 용동궁, 어의궁, 명례궁, 수진궁, 육상궁, 선희궁, 경우궁 등이 소유하고 있던 궁장토 처리가 주요 목적이었다. 그런데 각 궁방 소속 궁장토 중에는 원래 민간이 소유한 전답을 소유권 보호나 면세 혜택을 목적으로 궁방 소유로 투탁한 경우에서 보이듯이, '민유'와 '제실유'의 구분이 모호한 경우도 있었다. 일제는 황실의 사적 소유를 새롭게 '제실유'라는 개념으로 정의하고 궁장토의 소유권 규명에 적용했다. 하지만 실제로 소유권이 확실하지 않다기보다는 대한제국기 황제권 강화라는 특수한 조건으로 인해 일부 민유 토지에 궁방의 상급 소유권이 중첩적으로 설정되어 있는 경우가 많았다.

이러한 문제 등을 처리하기 위해 1907년 7월, 임시제실유급국유재산조사국이 설치되어 1년여 동안 제실유 재산과 국유 재산으로 구분하는 작업을 시작했다.[22] 황실의 사적 소유권을 부정할 수 없는 경우는 제실유로 분리해 내고, 나머지는 모두 국유화하기 위한 준비였다.

우선 궁내부 소속 재산 항목별로 조사계획을 세운 다음, 가장 먼저 경리원 소관 각종 잡세를 조사하고 그 징수권을 국고로 이속했다.[23] 조사 결과 포세庖稅, 연강세沿江稅, 홍삼전매, 역둔토를 제외한 죽전세竹田稅 등 각종 토지에 부대한 잡세는 국고로 이속하고, 염세鹽稅, 수산세水産稅, 선세船稅, 포세浦稅, 삼세蔘稅, 동광세銅鑛稅, 유점세鍮店稅, 수철세水鐵稅, 지세紙稅, 보세洑稅, 식리殖利는 폐지했다. 포세는 농상공부로 이속하고, 홍삼전매는 농상공부 관리하에 수입은 탁지부로 이관했다. 염세와 수산세, 선세를 폐지한 것은 탁지부와 농상공부에서 이미 수세하고 있으므로 중복 과세라는 이유에서였다. 삼세, 동광세, 유점세, 수철세, 지세 등 생산 혹은 영업에 부과하는 잡세는 무명잡세이므로 폐지한다고 결정했다가 1907년 12월 다시 농상공부에서 관리하게 했다.[24] 사실 이들 잡세는 문자 그대로 무명잡세가 아니라 국세로서 징수되어야 할 유통세, 영업세이나 정부가 아닌 궁내부가 징수해온 세금이었으므로 폐지보다는 국고 이속이 올바른 방향이었다.

다음으로 각궁 소속 궁장토의 수조收租 사항, 도장導掌(궁방의 토지를 관리하고 지세를 징수하는 사람)에 대해 조사한 후 투탁도장 등의 혼탈입지混奪入地(서류상의 잘못으로 포함된 토지)에 대해서는 환급 결정을 내렸다. 투탁도장은 민유로 환급하고 미처리 건은 탁지부 임시재산정리국으로 이관했다. 역둔토 및 궁내부와 경선궁 소속 일체의 부동산은 능원묘 부속토지와 삼림을 포함하여 모두 국유화하고, 제실채무에 관한 사항은 탁지부로 이관했다.[25]

조사국은 경리원과 1사 7궁이 관리하던 재산의 소유권을 구분하여 '제실유'인지 '국유'인지 구분하는 작업을 목적으로 설치되었지만, 결과적으로 대부분의 재산은 국유로 판정되었다. 특히 궁내부 및 경선궁 소속 일체의 부동산을 능원묘 부속 토지, 삼림과 함께 모두 국유화한 조치는 한양 도성 내 대형 필지의 창출과 관련하여 중요한 의미를 지닌다.[26] 황실 소속 부동산 중 궁궐이나 태묘太廟 부지, 능원묘의 내해자內垓字 이내만 궁내부 소관으로 하고 나머지는 모두 탁지부 소관으로 함으로써 일제의 의도대로 얼마든지 그 용도를 변경할 수 있게 된 것이다. 특히 엄비의 경선궁 토지는 대부분 매입에 의한 사유재산임이 분명했지만, 모두 국유화함으로써 황실의 물적 토대를 철저히 해체했다. 거의 모든 황실재산이 국유화된 결과 제실유와 국유의 구분이 불필요해졌으므로 조사국은 폐지되었다.

1907년 12월, 새로운 궁내부관제 실시와 함께 설치된 제실재산정리국은 황실의 잔여재산만을 관리하게 되었고,[27] 국유화된 황실재산에 대한 관리는 1908년 7월 설치된 탁지부 임시재산정리국으로 이관되었다. 임시재산정리국은 2년여에 걸쳐 재원의 조사와 정리, 토지측량, 부동산의 권리에 관한 이의신청 심리, 제실 채무정리 등을 수행했다. 엄비의 경선궁 소속 전답은 영친왕궁 소속 전답을 포함하여 전부 국유화되어 임시재산정리국으로 이관되었지만, 경선궁이 사유에 속한다고 환부를 청구한 토지에 대해서는 심사를 거쳐 대부분 환부했다. 고종과 엄비의 강한 반발을 무마하려는 의도에서 나온 조치였다. 하지만 나머지 묘전능사廟殿陵祠는 모두 국유화하고 제사 관리도 지방의 사직단, 문묘와 함께 정부에 속하게 했으며, 부속 토지는 재무감독국, 건물과 부지는 내부에 인계했다.

황실이 가지고 있던 채무는 궁전의 건축비, 납부물품 대금 등인

데, 1908년 4월 30일 「제실채무에 관한 건」 공포로 채무 발생 만 3개년 내에 청구하지 않은 경우는 정부에 변제의무가 없는 것으로 결정했다. 임시재산정리국은 1908년 9월, 제실채무심사회를 설치하고 청원인들이 청구한 총액 중 약 16퍼센트만을 변제해 주었다. 모든 황실재산을 국유화했으면서도 황실이 가지고 있던 채무는 거의 인수하지 않았던 것이다.

그러면 일제가 황실의 조상 제사에 쓰이는 재산을 비롯하여 궁방 소속 궁장토 등 황실의 사유재산까지 모두 국유화한 조치의 근거는 무엇이었는가. 일제가 주장하듯 국유와 제실유의 구분이 모호하고 혼효되어 있어서라기보다는 1907년 고종황제 강제 퇴위 후 황제권 해체를 기정사실화하기 위해 아예 그 물적 기반 자체를 없애 버린 것이라고 볼 수 있다. 1910년 병합 단행 이전에 이미 한국 황실을 일본 천황가의 황족으로 흡수하기 위해 재정적 기반부터 해체하는 작업을 진행한 것이다. 이토 히로부미는 매년 일정한 황실비를 국유에서 지출하므로 제실유의 개념이 굳이 필요치 않다는 논리를 폈다.[28] 임시제실유급국유재산조사국 단계에서 결정된 제실유와 국유의 구분을 무시하고 모든 황실재산을 국유화한 근거이다.

일본 천황가의 재산 확대와 제실유·국유의 개념

통감부의 황실재정정리 과정은 메이지 유신 이후 일본 천황가의 재산 확대 과정과 비교해 보면 상당한 차이점이 있다. 일본은 메이지 유신 후 천황제 국가체제 형성 과정에서 이토 등 번벌관료 세력들이 나서서 천황가의 재산을 의도적으로 확대시켰다. 장차 내각과 의회의 대치상황에 대비하여 천황권을 확립하려는 의도에서였다. 그런데 대한제국에서는 국유화의 근거가 박약한 황실재산까지 모두 국유화함으로써 황제권의 해체를 밀어부쳤다. 이로써 소유권의 종류로서 '제실유'는 사실상 한국에서 의미 없는 개념이 되고 말았다. 일본의 경우 메이지 유신으로 해체된 막부 소유 재산이 국유화된 것이고, 천황가의 재산은 내각에 의해 오히려 확대된 것과 비교된다. 이토는 대한제국 황실을 메이지 유신으로 해체된 막부에 비견하여 취급했다고 볼 수 있다.

일본은 메이지 유신 후 모든 막부재산을 채무와 함께 국가에 귀속시킨 후 그 소속 재산을 제실유, 민유, 국유로 구분했다. 고종은 1907년 5월 16일, 이토 접견시에 메이지 초년 당시 황실재정에 대해 질문했다. 이토는 도쿠가와 막부 시대에 제실비帝室費는 금곡金穀으로 헌납받되 그 액수가 많지 않았고, 대정봉환大政奉還(메이지 유신으로 에도 막부가 천황에게 통치권을 돌려준 사건)으로 막부재산은 각 번주藩主의 재산, 채무와 함께 모두 국가에 이속되었다고 답했다.[29]

하지만 대한제국 황실의 위상은 도쿠가와 막부와 전혀 다르고 왕정복고에 의해 옹립된 메이지 천황과도 성격을 달리한다. 도쿠가와 막부는 왕정복고로 이미 폐지되어 새로이 건설되는 천황제 국가에 의해 대체되어야 할 존재였으므로 그 재산을 모두 국가로 이속시킨 것이다. 이토는 대한제국 황실을 이미 폐지된 도쿠가와 막부와 동일선상에서 취급했으므로 당연히 황실의 반발이 클 수밖에 없었다. 황제가 곧 국권의 상징으로 인식되던 대한제국에서 '제실유'의 개념을 창출했다가 다시 허구화하는 과정, '제실유'와 대립항으로 '국유'의 개념이 만들어졌다가 '제실유'는 존재하지 않게 되고 '국유' 개념만 남는 과정은 대한제국의 특수한 상황이었다.

일본의 경우 메이지 유신 이후 천황가의 재산은 내각을 장악한 번벌관료 세력과 민권운동 세력 간의 치열한 주도권 다툼 속에서 오히려 확대되었다. 1868년 쿠데타로 왕정복고를 선언하고 천황을 옹립한 번벌관료 세력들은 자유민권운동의 거센 도전에 직면하자 천황의 권위를 높여 이를 돌파하고자 했다. 즉 자유민권 세력의 입헌 요구에 대응하여 천황권력을 제도화함으로써 번벌 정부와 의회 및 정당세력이 충돌하는 만일의 사태 발생 시 천황이 조칙을 내려 정국을 타개할 수 있게 하려 했다. 1881년 10월, 1890년(메이지 23년)이 되면 의회를 개설하기로 약속한 번벌 세력은 1885년 일단 내각제를 실시했다. 그리고 약 10년에 걸쳐 의회 개설에 대비하는 과정에서 이토 히로부미를 유럽에 파견하여 각국의 왕실제도를 조사하게 했다.

이토는 귀국 후 스스로 궁내경宮內卿에 취임하여 황실과 황실제도를 입헌정체에 맞게 적극적으로 개혁하고 화족제도를 창설했다. 따라서 1889년 「대일본제국헌법」이 반포되었지만 천황권력은 제한되지 않고 오히려 만세일계의 통치권자로서 절대주의적으로 제도화되었다. 이 헌법에서 정당세력에 의한 헌법 개정은 미리부터 차단되었다.

천황권력을 제도화하는 과정에서 이와쿠라 도모미岩倉具視, 야마가타 아리토모山縣有朋 등 원로들이 직접 나서서 천황가의 재산을 확보했다. 의회의 방해로 정부 예산이 통과되지 않을 경우에 대비하여 황실이 독자적인 재산을 소유해야 한다는 논리에서였다. 1881년(메이지 14년) 7월, 이와쿠라가 태정대신 산조 사네토미三條實美 및 좌대신 타루히토熾仁 친왕에게 상주를 의탁한 「대강령」을 보면,[30] 의회 개설에 대비하여 황실재산을 확충하여 국민의 재산 총량과 대차 없게 하자는 주장을 펼치고 있다. 즉 장차 헌법 발포 이후에도 과격한 민권론자들이 과도하게 정부를 견제하는 것을 방지하기 위해서는 황실에 법률에서 정한 제실비 외에 육해군 경비 등을 지불할 수 있는 정도의 재산을 확보하게 해야 한다는 주장이었다. 그래야만 의회에서 군사 경비를 통과시키지 않아도 대처할수 있다는 논리였다.

구체적인 방안으로는 관유림官有林 481만 8,000정보町步를 민유지 481만 8,350정보와 비교하면 대차가 없고, 여기에 홋카이도北海島의 관유림을 더하면 민유지를 초과하게 되므로, 이 관유지를 일괄해서 황실재산으로 하고 궁내성에 인계해서 황실령으로 관할하자는 것이었다. 그리고 그 세입을 대장성의 국고에서 수납하여 정부 유지의 비용으로 지출한다면 정부가 순전히 인민의 조세에 의지해서만 유지된다는 명분이 없게 되고 인민은 항상 황가의 은혜에 의지하게 된다는 발상이었다. 이러한 발상에는 아직 황실재산과 정부 비용이 분리되어야 한다는 인식이 없다. 이와쿠라는 기본적으로 국토 전체가 황실소유이므로 민유지라는 명칭은 부적절하다고 생각할 정도였다.[31] 따라서 관유지의 대부분을 황실령으로 하는 데 대해 아무런 거리낌이 없었다. 그밖에 황실재산에 관유지 외에도 철도 및 여러 제조소 등 성질상 황실 소유에 속할 수 있는 것을 구별하고, 헌법 제정 전에 황실재산취조국을 설치하여 궁내경이 그 일을 주관하게 하자고 주장하기도 했다. 이러한 주장을 보면 일제가 대한제국 황실재산에서 역둔토를 분리해 내고, 궁내부 내장원 산하 철도원, 서북철도국 등을 황실 고유 업무가 아니라는 이유로 일거에 폐지시킨 조치는 아무런 설득력이 없는 것이었음을 알 수 있다.

야마가타 역시 1882년(메이지 15년) 7월 참사원參事院 총회가 황유지皇有地 설정안을 왕토사상을 근거로 부결시킨 데 대해 반대하는 의견서를 냈다. 야마가타는 의회 개설에 대비하여 황실재산을 보전, 확충하기 위해서는 황유지를 설정해야 한다고 주장했다.[32] 참사원 의관보議官補인 오모리大森가 왕토사상은 영주권領主權에 대한 것으로 소유권과는 관계가 없으므로 황유지를 설정하려면 관·민유지로부터 매입하는 형태로 사유화해야 한다고 주장한 데 대해, 야마가타는 유신 이후 비로소 인민의 사유지 개념이 생김으로써 관유지와 민유지가 구별되었다고 주장했다. 야마가타는 의회 개설을 앞두고 관유지 중에도 정부에 속하는 것과 황실 권한에 속하는 것을 구별하여 직예어료지直隷御料地(황실 직속 소유지)로 함으로써 황유지, 민유지, 관유지를 구별하자는 이토의 건의에[33] 찬성했다. 혹자는 국가는 곧 천자요, 천자는 곧 국가라는 관념에 의거하여 '보천지하 막비왕토'인데 왜 하필 황유지를 구별하여 스스로 '사私'로서 작아지느냐고 반론하지만,[34] 고제古制에도 이미 대장大藏(나라 재정)과 내장료內藏療(황실 물품을 관리, 출납하는 관청)가 구별되어 있어서 정부 권한에 속하는 것과 황실에 속하는 것을 분할하더라도 '보천의 왕토'라는 개념에는 전혀 지장이 없다고 주장했다. 더구나 이렇게 하면 궁중이 여유가 생기므로 가령 민회(의회)가 정부의 지출을 방해해도 무용하게 된다는 논리였다.

반면, 이들 원로와 번벌관료 세력에 맞서는 입헌개진당 세력은 황실재산이 왜 필요치 않은지에 대해 영국 왕실의 재산변동 과정 등을 인용하며 논박했다. 1882년 9월 30일부터 10월 4일까지 4회에 걸쳐 기관지인 『우편보지신문郵便報知新聞』 사설을 통해 주장한 요지를 보면,[35] 옛날에는 황실과 정부가 구별 없이 국중國中 사무와 궁중 사무가 혼동되어 있었으므로 정부비용과 황실용도를 모두 지출하기 위해 황실재산이 많이 필요했다. 하지만 입헌정체하에서는 황실과 정부의 구별이 명확해져 토지, 조세 등과 같은 황실재산은 사라지고 궁중 제 비용은 국회의 의결로 지급하는데 왜 새삼 황실재산이 필요하냐는 것이었다. 더구나 각국의 예에서 보이듯이, 제실재산이 많을 때는 러시아 황실처럼 이를 믿고 폭위를 떨치며 사치, 탐학이 빈출하는데, 영국과 같은 입헌정체의 모범국은 그렇지 않다는 논리를 내세웠다. 인민이 제왕의 폭정을 면하고자 한다면 먼저 제실재산을 감소시켜야 하고, 지존至尊은 일국 최상위의 자리이므로 여타의 인민과 같이 스스로 재산을 소유해서는 안된다고 주장했다. 입헌개진당은 국회가 개설되면 모든 정사는 국민의 손에 의해 결정되고 천황은 단지 국민적 상징 역할만 하는 것을 기대했으므로, 천황을 내세워 권력을 공고히 하려 했던 번벌관료들과 황실재산을 보는 시각이 달랐다.

하지만 이러한 민권세력의 반대에도 불구하고 원로와 번벌관료들은 황실재산 확보가 곧 천황 통치의 근거라는 식으로 논의를 전개하여 1885년 궁내성에 어료국을 설치했다. 그리고 헌법 발포를 앞둔 1888년 9월, 관유림 90만 정보를 황실재산에 편입시킨 것을 비롯하여, 정부 소유의 유가증권, 광산과 전국의 산림·원야·경지 등을 황실재산에 편입시킴으로써 천황권력의 물적 토대를 확보했다.[36]

이상 일본 천황가의 재산 설정을 둘러싼 찬반양론을 살펴보면, 민권론자들이 헌법 발포를 계기로 천황제를 실질적인 입헌정체로 발전시키기 위해 영국의 예를 들어 황실의 사유재산이 필요 없다고 주장한 반면, 이와쿠라 도모미, 야마가타 아리토모, 이토 히로부미 등 원로 및 번벌관료 세력들은 황실재산 확보의 필요성을 주장했음을 알 수 있다. 이들은 기본적으로 천황제를 의사擬似 절대주의체제 혹은 외견적 입헌제로 운영하려 했다. 입헌론자들이 국회를 장악해서 내각을 견제할 가능성에 대비하여 국가예산에 버금가는 황실재산을 확보하고자 했다. 내각이 입헌론자, 민권론자들이 포진한 국회의 견제를 받아 국정수행에 차질이 올 경우에 대비하여 국회의 예산심의 밖에 존재하는 황실재산을 확보하고 이를 최후의 보루로 삼고자 했던 것이다. 따라서 일본 천황가의 재산 확대는 천황 자신의 적극적인 발의에 의한 것이 아니고 왕정복고 이후 실제 권력을 장악한 원로와 번벌관료 세력이 자신들의 권력기반 강화 차원에서 기획한 것이었다.

이러한 과정에서 일본에는 원래 관유지와 민유지가 있을 뿐 황실유와 국유의 구별이 없었으나, 1890년 11월 대대로 물려줄 천황가의 토지 및 재산이 확정됨으로써 사실상 '제실유' 재산이 생겨나고 이는 국유재산과 구별되었다. 반면 대한제국에서는 실제로 존재했던 황실재산이 일제의 황실재정정리 과정에서 '제실유'의 개념이 허구화되고 '국유'로 단일화되었다.

이토는 일본에서는 천황가의 재산 확대에 앞장서서 '제실유'의 개념을 만들어 낸 장본인이면서도, 대한제국에서는 황실의 경제적 기반을 철저히 해체하는 작업을 지휘했다. 일본에서는 입헌론자 혹은 민권운동 세력이 했던 황실권력 견제의 역할을 한국에서는 이민족 지배세력인 통감부가 수행했으므로 대한제국의 황실재산은 일반적인 입헌정체하의 군주제에서보다 훨씬 철저하게 부정되었다. 황제권의 물적 기반이 단기간에 붕괴된 것이다. 일본과 한국의 근대국가 형성 과정에 대한 비교사적 시각이 필요하다고 생각된다.

12장

일제의 황실이용책과
황실가족의 최후

이왕직의 황실관리가 시작되다

1910년 8월 22일의 병합조약으로 대한제국은 황제국에서 다시 조선왕실로 격하되었다. 근대적 주권국가를 꿈꾸며 만국공법이 지배하는 국제사회 진출을 도모한 지 불과 13년 만에 일본 천황의 책봉을 받은 창덕궁 '이왕'과 덕수궁 '이태왕'이 되어 일본 황족에 준하는 대우를 받게 되었다. 이왕가를 관리하기 위해 설치된 이왕직은 일본 궁내성 소속으로 1911년 2월, 업무를 시작했다. 이왕직은 일본 궁내대신과 조선총독의 감독을 받아 식민지 조선의 왕족, 공족 관련 사무, 왕실의 제사와 능묘관리, 궁궐관리 등을 담당했다.[1]

병합 후 대한제국 황실에 대한 방침은 데라우치 마사타케 통감이 1910년 8월 16일, 총리대신 이완용에게 병합 조약안을 제시하는 과정에서 논의되기 시작했다. 이완용은 '한국'이라는 국호와 왕의 칭호를 그대로 사용하게 해달라고 요청했으나, 국호는 결국 '조선'으로 변경되었고, 우여곡절 끝에 왕이라는 칭호는 사용하게 되었다. 원래 일본의 외무대신 고무라 주타로小村壽太朗가 제안한 황실 처분안에서는 '황제를 폐위하여 대공전하大公殿下로, 태황제와 황태자, 의친왕은 공전하公殿下라고 하여 도쿄로 이주시키는 것'이었으나, 최종적으로는 메이지 천황의 조서에 의해 왕공족의 지위로 결정되었다.[2] 병합조약안은 8월 18일 내각회의를 통과하고, 8월 22일 이완용과 데라우치 통감 사이에 조인되었다. 그리고 8월 29일 메이지 천황의 조서를 통해 공포되었다.[3]

병합조약 제3조를 보면, '일본국 황제 폐하는 한국 황제 폐하, 태황제 폐하, 황태자 전하와 그 후비 및 후예에게 각각 그 지위에 따라 상당한 존칭, 위엄 및 명예를 향유하도록 하고 그것을 보지保持하는 데 충분한 세비를 공급할 것을 약속한다', 제4조에는 '일본국 황제 폐하는 전조 이외에 한국의 황족 및 후예에 대하여 각각 상당한 명예 및 대우를 향유케 하고 또 이를 유지하는 데 필요한 자금을 공여할 것을 약속한다'라고 하여 황실에 대한 예우 원칙을 천명하고 있다. 메이지 천황의 조서에서는 구체적으로 전 한국 황제를 책봉하여 왕으로 삼고 '창덕궁 이왕'이라 칭하고, 태황제를 태왕으로 삼아 '덕수궁 이태왕'이라 칭한다고 되어 있다. 또 그 배필을 각각 왕비, 태왕비로 삼아 모두 황족의 예로 대하며 전하라는 경칭을 사용하게 한다고 했다. 고종의 아들인 의친왕 이강李堈과 고종의 형 이희李熹(원래 이름은 이재면李載冕)는 공公으로, 그 배필은 공비公妃로 삼아 역시 황족의 예로써 대하고 '전하'라는 경칭을 쓰게 했다.[4]

이로써 대한제국 황실의 구성원들은 일본 천황가의 황족에 준하는 예우를 받는 조선의 왕공족이 되었다. 그런데 왕공족은 엄밀히 말하면 일본의 황족이나 화족華族과는 구별되는 존재였다. 나중에 일본 황족인 나시모토노미야 마사코梨本宮方子가 왕족인 영친왕 이은과 결혼할 때 문제가 되어「황실전범皇室典範」을 수정했던 사실은 잘 알려져 있다. 일본이 류큐와 대만을 식민지화하면서 그 지배층을 분열시키거나 도쿄로 이주시킨 것에 비하면 대한제국 황실에 왕공족이라는 지위를 부여한 것은 나름 '예우'를 한 것이고 이를 통해 '자발적 복종'을 꾀했다는 견해도 있다.[5]

하지만 일제가 근대적 재정제도 확립이라는 명분으로 추진한 황실재정정리 사업으로 막대한 황실재산을 강탈당한 채 세비를 받는 신세로 전락한 이왕가에 대한 예우는 단지 형식에 그쳤을 뿐, 어디까지나 일본 천황의 통치를 받는 신민으로 편입시킨 것이었음은 부인할 수 없는 사실이다. 식민통치하 이왕가의 위상과 총독부 당국 혹은 일본 궁내성과의 관계는 앞으로 좀더 세밀한 연구가 필요한 주제라고 할 수 있다. 일제하 복벽론의 추이와 황실가족에 대한 인식, 해방 이후 황실의 후예들에 대한 한국인들의 인식은 학문적인 연구가 거의 되어 있지 않다.

이왕직이 설치되면서 종래 황실 사무를 담당했던 대한제국 궁내부의 업무는 모두 이왕직으로 이관되었다. 이왕직의 경비는 이왕의 세비로 지출되었으며, 그 수지收支는 조선총독이 감독했다.[6] 1910년 12월 제정되고 1911년 2월 1일부터 시행된 「이왕직관제」에 의하면, 이왕직에는 장관(칙임)과 차관(칙임), 사무관(36인 주임, 3인은 칙임) 외에 이왕과 이태왕을 측근에서 모시는 찬시贊侍(12인 주임, 2인은 칙임), 왕실의 각종 제사와 분묘를 담당하는 전사典祀(8인 주임, 명예관), 진찰과 약 조제 및 위생 의료를 담당하는 전의典醫(6인, 주임) 궁궐 건축과 토목, 원예를 관장하는 기사 3인(주임)과 속屬(판임), 전사보(판임), 전의보(판임), 기수(판임)를 두었다. 이태왕에게는 특별히 사무관 7인과 찬시 3인, 전의 2인과 속, 전의보를 배치하고, 왕세자에게도 사무관과 찬시, 전의 각 1인과 속, 전의보를 배치했다. 공족에게는 사무관 각 2인과 속을 배속하여 예우하는 모양새를 갖추었다.[7]

「이왕직사무분장규정」도 공포되었는데, 서무계, 회계계, 장시계掌侍係, 장사계掌祀係, 장원계掌苑係를 두어 사무를 분장했다. 서무계는 왕가의 보첩譜牒, 사장詞章, 고인古印 및 부책류簿冊類 관련 사항, 각종 공문서류 관리 및 도서를 보관하는 업무를 맡았다. 회계계는 출납 및 재산관리, 토목공사 및 궁궐과 정원, 창덕궁 안에 있는 청사와 그 부속 건물 관리 업무였다. 장시계는 창덕궁에서 이왕이 된 순종의 근시 담당으로 진찰 및 약 제조, 위생 업무와 창덕궁의 궁녀, 식사 및 향연, 의식, 빈객 접대 및 거마車馬 사용에 관한 사항을 관장했다. 장사계는 왕실 조상에 대한 제사와 능·묘·전·궁 및 분영墳塋의 관리, 아악雅樂에 관한 사항을 담당했다. 장원계는 창경원의 박물관, 동물원, 식물원 등을 관리했다.[8]

이와는 별도로 이태왕부 소속 직원들은 덕수궁에서 고종의 신변에 관한 사항, 진찰, 약 제조 및 위생에 관한 사항, 덕수궁의 서무 회계를 담당했다.[9] 덕수궁 안에 있는 전각 중 석조전과 돈덕전을 제외한 각 청사와 모든 부속 건물을 관리했는데, 석조전과 돈덕전 등 양관은 별도로 총독부 행사 등에 사용하기 위해 일제가 직접 관리한 것으로 보인다. 고종이 근대적 주권국가를 꿈꾸며 많은 재정을 들여 건립한 양관들이 일제의 손에 넘어간 것이다.

이왕직 업무는 대한제국기의 궁내부에 비하면 비교조차 할 수 없을 만큼 축소된 것으로, 창덕궁의 순종과 덕수궁의 고종을 모시는 근시 업무와 왕실의 능원묘 관리, 제사, 공원이 된 창경원 관리 정도의 업무만 남은 것이라고 볼 수 있다. 1919년 고종, 1926년 순종이 사망한 후에는 근시 업무마저 없어지면서 제사와 창경원 관리 업무만 남게 되었다.[10] 순종 사망 이후 1927년부터 시작된 고종·순종실록 편찬사업을 이왕직이 주관했으나, 실제로는 총독부 학무국 관료 출신으로 경성제대 조선사 교수를 지낸 오다 쇼고가 총지휘했음이 밝혀졌다.[11]

이왕직 장관은 민병석, 이재극, 민영기 등 황실과 밀접한 관계가 있는 조선인 귀족들이 맡았고, 차관에는 고쿠분 쇼타로 등 일본인들이 임명되었다. 장관에 임명된 일본인은 시노다 지사쿠篠田治策가 유일하다. 시노다는 무려 9년간 이왕직 차관으로 근무하던 중 세키야 데이자부로 일본 궁내성 차관에게 직접 편지를 보내 이왕직 장관 한창수韓昌洙를 음해하고 자신의 승진을 간절히 요청한 끝에 장관으로 승

이왕직 장관·차관 역임자와 그 이력

장관			차관		
이름	재직기간	경력	이름	재직기간	경력
민병석	1911.2.1~1919.10.20	표훈원총재 자작	고미야 미호마쓰 (小宮三保松)	1911.2.1~1917.1.15	궁내부차관
이재극	1919.10.20.~1923.3.1	남작	고쿠분 쇼타로 (國分象太郎)	1917.1.15~1921.9.7	이왕직사무관
민영기	1923.3.1~1927.1.6	남작, 중추원고문 재직 중 사망	우에바야시 케이지로 (上林敬次郎)	1921.9.16~1923.2.24	함경북도지사
한창수	1927.4.7~1932.7.1	이왕직사무관	시노다 지사쿠 (篠田治策)	1923.2.24~1932.7.1	평안남도지사
시노다 지사쿠 (篠田治策)	1932.7.1~1940.3.9	이왕직차관 경성제대 총장	이항구	1932.7.1~1940.3.9	이왕직 예식과장
이항구	1940.3.9~1945.3.7	이왕직차관 재직 중 사망	고지마 마사노부 (兒島高信)	1940.3.9	함경북도지사
장헌식	1945.5.16	중추원참의			

출처: 장신, 2016, 「일제하 이왕직의 직제와 인사」 『장서각』 35, 82쪽.

진했다. 시노다가 후임 차관으로 추천한 이왕직 예식과장 이항구李恒九는 유명한 친일파 이완용의 아들로서, 이왕직 차관을 지낸 유일한 조선인이다. 이항구는 시노다가 1940년 경성제대 총장으로 부임하자 뒤이어 이왕직 장관으로 승진했다. 시노다와 이항구 두 사람은 1924년 4월, 종묘 영녕전에 안치되어 있던 덕종과 예종의 어보 도난 사건에도 불구하고 골프를 친 것으로 여론의 질타를 받기도 했다.

시노다가 이왕직 장관이 된 것은 고종·순종실록 편찬사업을 마무리하기 위해서이기도 했다. 즉 도쿄제국대학에서 역사학을 전공

한 오다 쇼고가 실록 편찬을 내용적으로 관장하고, 이왕직 장관으로서 실록편찬위원장을 맡은 시노다가 행정적으로 결정하는 책임자였다. 1932년 7월에 이항구가 차관으로 승진하여 실록편찬위원회의 부위원장직을 맡았으나 단지 조선인 참여라는 명분을 위해서였을 뿐, 실제로는 오다 쇼고와 시노다 지사쿠 두 사람에 의해 모든 것이 결정되었다. 시노다는 도쿄제대 법학과 출신의 국제법 전공자이지만 오다 쇼고와 함께 조선사편수회에도 위원으로 참여했다. 시노다는 1907년 6월부터 통감부 촉탁으로 대한제국에 와서 통감부 임시간도파출소 사무관을 역임했고, 이때의 경험을 바탕으로『간도문제의 회고間島問題の回顧』(1930),『백두산정계비』(1938) 등의 저서를 출간한 인물이다.[12]

이왕직의 직원 구성을 보면 서무와 회계 요직은 주로 일본인이 맡고 제사와 의식 등 전통적인 업무는 조선인이 맡는 경우가 많았다. 그마저도 순종 사망 이후에는 관제 개정 때마다 지속적으로 관원 수가 감축되는 추세였다.[13] 순종 사망 후 형식적으로 그 뒤를 이어 '이왕'으로 책봉된 영친왕이 도쿄에 거주했으므로 영친왕의 도쿄 관저가 경성의 창덕궁을 대신하여 중심시설이 되었고, 고종 사망 후 비어 있던 덕수궁은 1933년 공원이 되었다.[14]

순종의 남서순행과 일본행

일제가 원활한 식민통치를 위한 방편으로 황실을 등장시키는 이벤트를 활용한 것은 1909년 초, 이토 히로부미 통감이 추진한 순종황제의 남순행, 서북순행에서부터 시작되었다.[15] 이토는 1906년 3월 통감으로 부임한 후 소위 '시정개선'과 '자치육성정책'을 표방했다. 하지만 각 지방에서 의병투쟁이 격화되고 통감부 정책에 대한 비판이 고조되자 순종황제의 전국 순행을 기획했다. 통감부 통치에 대한 비판 여론을 무마하고 문명화의 효과를 대내외에 과시하고자 한 것이다.[16] 일본의 메이지 천황이 과거 전국적인 순행을 통해 근대 국민국가로서 일본의 국민 형성에 구심점 역할을 했듯이, 순종을 앞세워 통감부로부터 이반된 민심을 수습하고자 했다.

하지만 결과적으로 이토가 목표했던 통감부 통치의 시정개선 효과 입증보다는 오히려 순종황제에 대한 충군애국주의를 불러 일으켰다는 평가도 많다. 그 근거로는 남순행 당시 일부 경상도 유생들이 순종을 일본에 데려가는 줄 알고 이를 막으려고 철로에 드러누웠다거나 부산항에서 일본 군함 승선을 막는 집단행동을 했던 사실들이 거론된다.[17] 그런데 한편으로는 순행을 통해 황제가 직접 근대문명을 수용한 태도를 일반 국민들에게 가시적으로 보여준 측면도 있었다. 순행에 나선 순종이 충청도 지방유생들의 흑단령과 상투 차림에 대해 구습에 젖어 새 문물을 거부하는 태도라고 꾸짖었다는 기록 등이 그 사례이다.[18] 이토와 함께 한·일 양국의 수백 명 관리가 황제를

순종황제 순행 기념 사진
순종이 남서순행을 모두 마친 후 1909년 2월 4일
창덕궁 인정전 앞에서 촬영한 사진이다. 정중앙에
앉은 순종의 바로 왼편이 이토 히로부미, 그
왼편이 이완용이다.

↑
**서북순행 당시 정주역에서 열차를 기다리는
이토 히로부미**
↑
1909년 1월 31일 정주역의 모습
동원된 것으로 보이는 환영 인파 속에
태극기와 일장기가 함께 등장하는 사진이다.

호종함으로써 지방민들에게 통감부 통치의 위세를 과시한 측면도 있었다.

1909년 초, 영하의 추운 날씨에 이토의 전임을 앞두고 추진된 순종의 남순행은 1월 7일부터 13일까지 6박 7일간의 일정이었다.[19] 1월 7일 이른 아침이라고 할 수 있는 오전 6시 40분, 창덕궁 돈화문을 나선 순종은 종로를 거쳐 황토현에서 신교를 건너고 포덕문 앞길을 지나 대한문으로 들어섰다. 사상 초유의 먼 길 순행을 덕수궁에 있는 태황제에게 알리고 길을 떠난 것이다. 8시 10분, 남대문 정거장에서 열차를 탄 순종은 오후 3시 25분 대구에 도착했다. 대구에서 하룻밤을 숙박한 순종은 다음 날인 1월 8일 오전 9시 10분 다시 열차를 타고 11시 45분에 부산에 도착했다. 1월 10일 오전 9시 부산에서 열차를 타고 마산에 도착한 것은 11시 25분이다. 상행길은 1월 12일 마산을 출발하여 대구에서 하루를 머무른 후, 1월 13일 오전 8시 대구를 출발하여 오후 3시 10분 남대문 정거장에 도착했다. 일제가 부설한 경부선 열차를 십분 활용한 황제의 순행길이었다.

순종을 호종하는 수행원으로는 궁내부 41명, 내각 42명, 통감부 13명으로 총 96명이었고, 이중 한국인이 68명, 일본인이 28명이었다. 수행원의 드레스 코드는 서양식 대례복이었으나, 없는 경우 프록 코트를 입어도 무방하다고 했다. 통감부 통신국과 우편국에서는 순행기념 인장을 사용함으로써 엽서, 우표와 같은 근대문명적 소재를 통해 행사를 적극 홍보했다.

일제는 학부 지휘하에 학생들을 환영행사에 동원하여 한일 양국의 국기를 흔들게 함으로써 한일 친선의 분위기를 고조시키고자 했다. 황제가 지나는 길가의 경위는 내부가 지휘하고, 지방 철도선에는 일본 헌병을 파견하여 5~10리 간격으로 총을 들고 서 있게 했다. 만일의 소요 사태 발생에 대비코자 한 것이다. 통감부 통치에 대한 반발 속에 황제를 앞세운 대규모 이벤트인 만큼 한일 친선의 분위기는 당연히 조작된 것이고, 삼엄한 경호 속에 행사가 진행되었음을 알 수 있다.

순종은 대구, 부산, 마산 등에서 관찰사, 군수를 비롯한 전현직 관리, 일본군인, 판사 등으로부터 배알을 받았다. 또한 조선시대 국왕이 해왔던 행행行幸과 마찬가지로 여정에 포함된 역대 충신들의 사당과 묘소에 제사도 지냈다. 가야의 시조인 김수로왕과 김유신의 무덤, 효창원孝昌園, 의녕원懿寧園, 영휘원永徽園, 연령군묘延齡君墓, 양녕대군묘, 효령대군묘 등 왕실의 무덤에 대한 봉심奉審도 실시했다. 순종을 태운 특별열차가 대구역에 들어설 때 수만 명의 환영인파가 만세를 부르고 밤에는 제등행렬을 벌였다는 일본 측 기록은, 당연히 동원된 것이겠지만, 당시 일본인이 상대적으로 많이 거주하고 있던 대구지역 분위기를 반영한 것일 수도 있다.

순종황제를 맞이하는 각 지방에서는 한일 양국의 대형 국기를 내걸고 지방 특산품을 전시하거나, 각급 학교 생도와 지방 유지들의 환영행사가 이어졌다. 부산항과 마산항에서는 순행에 맞춰 입항한 일본 군함에 황제가 직접 승선하여 수병들의 선상훈련을 관람하고 해군 군악대의 연주를 감상하는 행사까지 진행했다. 부산 앞바다에서는 황제가 시승한 군함을 5, 6척의 선박이 둘러싸고 황제를 일본으로 데려가지 말라고 시위하는 상인들도 있었지만,[20] 황제가 직접 군함에 승선하는 이벤트를 통해 일본 해군의 위세가 지방민들에게 충분히 과시된 측면도 있다.

일제는 남순행에서 돌아온 순종을 곧바로 서북순행 길에 내세웠다. 이번에는 1909년 1월 27일부터 2월 3일까지 7박 8일간 평양-의주-신의주-개성을 돌아오는 일정이었다. 역시 이른 아침 창덕궁을 나선 순종은 덕수궁에 들러 태황제에게 문안한 후 남대문 정거장에서 오전 8시 열차에 탑승하여 오후 3시 45분 평양역에 도착했다. 1월 28일에는 오전 9시 평양역을 출발해서 오후 3시 45분 신의주역에 도착했고, 1월 29일 의주를 거쳐 1월 30일 다시 신의주에 도착했다. 1월 31일 신의주역을 출발한 열차가 오후 12시 20분 도착한 정주역에서는 황제의 칙어 반포와 이토 히로부미 통감의 훈유訓諭가 있었다. 오후 1시 20분 다시 정주역을 출발한 열차가 오후 4시 15분 평양역에 도착했다. 2월 1일에는 평원당平遠堂을 관람하고 관찰사에게 칙어를 내렸으며, 단군릉과 을지문덕 묘를 찾아 제사를 올리고 기자릉을 살폈다. 고려의 장군 강감찬에게도 제사를 지내라고 했으나 사판祀板이 없어져서 거행하지 못하다가 이듬해에야 고향인 낙성대에서 제사를 지냈다는 기록도 있다.[21] 남순행 당시 지방의 여러 사당과 왕실 묘를 둘러본 것처럼 유서 깊은 평양에서도 단군릉, 기자릉, 을지문덕 묘 등을 살펴본 것이다. 하지만 대한제국기에 평양을 서경으로 건설하기 위해 건립하고 황제 어진과 황태자 예진까지 봉안한 풍경궁은 일정에 포함되지 않았다. 풍경궁은 러일전쟁 중에 이미 일본군에 의해 점령되어 군용지로 수용되었기 때문이다.

순종은 평양 일정을 마치고 2월 2일 오전에 평양역을 출발하여 황주역에 도착했다. 황주역에서도 황해도 관찰사와 지방관, 진신부로縉紳父老들을 접견하여 칙어를 내리고, 오후에는 개성에 가서 만월대를 관람했다. 각급 학교 생도들을 만나 칙어를 내리고, 목청전穆淸殿(태조 이성계의 옛집)에 세운 진전을 둘러보았다. 모든 일정을 마치고 2월 3일 오후 1시 개성역을 출발하여 남대문역에 도착한 것이 오후 3시 10분이었다.

서북순행을 호종한 인원은 궁내부 201명, 내각 49명, 통감부 29명 등 총 279명으로, 남순행의 87명보다 3배 이상 확대되었다. 참여한 주요 인물은 완순군 이재완, 궁내부대신 민병석, 시종원경 윤덕영, 예식관 현백운, 규장각 전제관 윤희구, 내각 총리대신 이완용, 중추원 고문 박제순, 내부대신 송병준, 군부대신 이병무, 법부대신 고영희, 학부대신 이재곤, 농상공부대신 조중응, 시종무관 어담, 한성고등학교 교수 여규형, 내각 서기관장 한창수 등이다. 종친과 궁내대신은 물론 내각 총리대신 이하 전 구성원들이 총동원되었다.

일본인으로는 궁내부 차관 고미야 미호마쓰小宮三保松, 내장원 이사 곤도 시로스케權藤四郎介, 대한의원 의관 겸 전의典醫 스즈키 겐노스케鈴木謙之助, 권업모범장 혼다 고스케本田幸介, 주차군사령관 육군대장 오쿠보 하루노大久保春野 등이 호종했다. 남순행에 비해 서북순행의 호종원들이 대폭 늘어난 것은 일본인들이 많이 진출한 남부지방에 비해, 서북지방은 기독교 선교와 서구문물 수용의 영향으로 반일적인 분위기가 컸기 때문에 이를 우려한 처사였다.

서북순행에서도 남순행 때와 마찬가지로 각 지역 충신열사들을 선양하는 행사가 기획되었다. 통감부는 황제를 통해 충군애국주의 분위기를 고양하고, 이를 통감부 통치에 대한 순응으로 유도하려 한 것으로 보인다. 하지만 황제는 평양에서 기자릉, 동명왕릉, 단군릉 등의 유래를 언급하면서 서북지역이 고구려의 옛 강토이며, 을지문덕이 외적을 물리친 과거 역사의 위대함을 강조하기도 했다.[22] 이 경우 민족적 자부심과 애국심을 고취하여 자연스럽게 반일 저항의식이 고양되는 효과가 있었을 것으로 생각된다. 순행을 추진한 일제의 의도와 달리 순종의 순행이 지방 민심의 회유보다는 오히려 민족의식의 고양을 가져오고, 결과적으로 통감부 통치에 공개적으로 저항하는 계기가 된 측면도 있었던 것이다.

통감부는 순종이 단발을 하고 신식 군복 차림으로 순행에 나선 모습을 본 지방민들이 이를 본떠 일제히 단발한 사람이 수천 명에 달했다고 선전했다. 사실 단발 칙령 발포와 동시에 황제도 스스로 단발을 행한 후 일본인들이 엽서, 도화 등에 그 초상을 게시하여 각 지방에 반포했지만 한국인들이 쉽게 믿지 않는 경우가 많았다. 단지 한국인을 빨리 일본화하기 위한 수단이라고 생각하고, '황제께서는 아직 옛 관습을 묵수하고 계실 것'이라고 생각하는 한국인들이 많았다는 것이다. 그런데 순행 당시 황제가 단발과 양장을 한 모습을 보고 비로소 의심을 풀고 즉시 조칙의 취지를 따랐다고 일본 측은 순행의 효과를 보고했다.[23] 통감부가 순종의 순행을 통감부의 '문명개화' 통치를 지방민들에게 보여주기 위한 선전 홍보 수단으로 기획한 것임을 분명히 확인할 수 있다.

하지만 영하의 추운 겨울에 통감부의 꼭두각시가 되어 전국 순행에 나선 순종에 대한 한국민들의 바닥 민심은 반드시 일제가 원하는 방향으로 흐른 것은 아니다. 특히 서북순행 당시 일부지역에서는 한일 양국기가 게양되었을 때 일본기를 훼손하는 소동까지 있었다. 의주, 평양, 개성지역 환영회에 게양되었던 일본기가 야간에 찢겨나간 사건이다. 일제는 헌병, 경찰을 동원하여 이같은 사태에 대비하고 철통같이 호위하면서 지방민심을 호도하려 했다. 평양에서 열린 한일 관민 환영회에서는 총리대신 이완용의 선창에 따라 순종과 일본 천황에 대한 만세 삼창을 부르고, 이토가 한일 친선과 문명개화의 효과에 대해 일장연설을 했다. 하지만 각 지방 민심은 일본인 거류민 숫자의 다소에 따라 지역별로, 혹은 양반과 상민 계층별로 천차만별이었음은 통감부의 지방민심 보고를 통해서도 충분히 확인할 수 있다. 예컨대 아래와 같은 보고는 황제의 순행이 문명개화 여론을 고취했다는 취지이다.

혹한의 계절도 마다 않으시고 남쪽으로 왕림하시어 친히 국민의 궁상窮狀을 통찰하신 일은 실로 송구스럽기 짝이 없으며 그 고덕高德에 감복한 자가 많은 것 같습니다. 폐하 군복의 봉자鳳姿와 시세에 따라 옛 사상을 고치라는 말씀에 대해 담배 피고 좌식생활하는 옛 꿈을 각성하는 자가 많았고, 우리나라도 점차 문명진화의 단계로 향하는 것을 기뻐하는 상황입니다.

하지만 "통감이 정성으로 폐하를 모신 것과 일본 황제 폐하의 친전親電, 군함 파견에 대해서 일본의 진의를 양해하고 종래의 오해와 의심을 풀었습니다."라는 내용의 보고를 보면 황제의 순행에 대한 한국민들의 의심스러운 눈초리를 통감부도 충분히 의식하고 있었음을 알 수 있다. 특히 기독교 신자와 안창호 등이 "통감은 황제의 일본행을 촉구했지만 황제가 승낙하지 않아서 미수에 그쳤다."라거나, "황제가 병석에 있는 태황제를 방문하려 했으나 통감이 이를 차단했다."라는 낭설을 퍼뜨렸다고 보고한 내용을 보면 당시 순종의 순행을 추진한 통감부에 대한 민심이 흉흉했음을 충분히 짐작할 수 있다.

따라서 통감부는 외국인을 포함한 기독교 선교사 등의 언동에 대해 주시하면서 여론 정탐을 계속했다. 모페트S. A. Moffett 등이 "한국 황제의 지방 순행은 고금에 없던 미증유의 일로서 통감정치의 행사 중 가장 유력한 것이고, 한국인들이 폐하의 용안을 배알하면 구래의 미몽迷夢에서 깨어날 것이다."라고 했다는 첩보를 올리기도 했다.[24] 재한 일본인들도 한국인 대다수는 아직 의혹을 품고 있어 상호 교류가 원활하지 못했는데, 순행을 계기로 일·한 황실의 친교가 표시되어 '국민적 융화'의 동기가 되었다고 이토 통감의 공덕을 칭송했다는 보고도 있었다. 황제 순행의 긍정적 효과에 대해 언급한 여론도 있음을 적극적으로 보고한 것이다.

이러한 우호적 평가와는 달리 특히 평안남북도의 한국인 여론은 일반적으로 배일사상이 강해 일·한 관계를 환영하는 자가 거의 없다는 보고도 있었다. 단지 일청, 일러 양 전쟁에서 본 일본군의 위력이 뇌리에 깊이 남아 무모하고 경솔한 거동을 삼가고 있을 뿐이라고 일본 측은 파악했다. 계층별로 보면 중류 이상은 남순행에 이어 북한지방까지 황제가 순행에 나선 것을 은택으로 여겨 기뻐하는 경향이 있지만, 하류 인민들은 갑자기 이 극한의 때에 지방 순행에 나선 것은 난리를 피하기 위한 목적이거나 혹은 인민들에게 단발을 장려하기 위해서라고 받아들인다고 파악했다. 단지 순행의 성대한 의식을 보려고 기다리는 사람도 있는 등 여러 경향이 있지만, 기독교의 열기가 왕성한 의주·선주·정주 지방에서는 일·한 국기를 거는 것을 좋아하지 않고 특히 일본 국기 게양이 필요 없다고 주장한다는 보고도 있었다.[25]

이상의 보고들을 종합해 보면, 일본 측이 통감부 통치와 시정개선의 실적을 지방민들에게 과시하기 위해 황제를 홍보수단으로 내세운 반면, 대다수의 한국 인민들은 일본이 황제를 강압하여 순행을 실시한다거나 혹은 일본으로 데려가기 위한 시도가 아닌지 의심했다. 특히 순종의 순행을 중지시키기 위해 평양 주재 태서학교泰西學校와 기독교 중학교가 결사대를 조직하여 협의 중에 있다는 일본 헌병대의 긴급 보고 등을 통해[26] 서순행의 경우 남순행보다 민심의 반응이 더욱 좋지 않았음을 알 수 있다. 그런데도 통감부 경무국은 아래와 같이 모두가 순행을 환영하는 것처럼 과장된 보고를 남겼다.

평양에서 한국인과 일본인, 기타 여러 외국인은 이번 행행이 한국의 계발에 큰 이익이 있다고 하여 열심히 봉영奉迎하고, 미국인 선교사 등은 스스로 분주히 소속 신도를 모아 환영 준비를 했습니다. 오늘 정거장에서 행재소까지 환영 나온 사람과 구경꾼이 9만 명 이상에 이르렀습니다. 또 오늘밤은 일·한 학생과 양국 국민 약 2,000명이 성대한 등불행렬을 거행하여 행재소와 대관들의 여관에 이르러 만세를 부르고 시가행진을 하고 있습니다.[27]

이 시기에 실제로 9만 명 이상의 환영 인파가 가능한지 믿을 수 없고, 설혹 그렇다고 해도 일본 측에 의해 동원된 숫자라고 볼 수밖에 없다. 황제의 순행을 보기 위해 연도에 나온 환영 행렬은 통감부 지휘하에 각 지방 관찰사들이 동원한 인파로서 공립학교 학생, 지방 유지 등이 다수였다. 단순히 구경꾼이 아니라 관청과 연결되어 환영 행사에 나온 사람들이라면 기본적으로 통감부 통치에 저항 의식을 가진 경우는 아니었을 것이다.

통감부는 황제의 순행을 홍보에 활용하고자 서순행의 모든 과정을 영상으로 담기 위해 사진사를 궁정열차에 탑승시켰고, 현재 이때 찍은 다수의 순행 사진들이 남아 있다.[28] 또한 순행지역 우편국에서는 대한제국 황실의 문장紋章을 기념 스탬프로 만들어 엽서를 발행했다. 준엄한 봉안의 대상이었던 어진과 달리 무한복제가 가능한 황제의 어사진과 기념 스탬프 등을 통해 황제의 순행 이미지는 대외적으로 널리 홍보되고 대중적으로 각인되었다.[29]

순종황제 남서순행을 기념하기 위해 발행한 기념장
앞면에는 정중앙에 어기(御旗)가 새겨져 있고
뒷면에는 '대한뎨국 대황뎨폐하 남셔순행 긔념장 융희
삼년(1909)'이라고 표기되어 있다.

순종황제의 사진이 인쇄된 우편엽서
타원형 사진 속에 서양식 군복을 입은
순종황제가 왼손에 도검을 쥐고 서 있다.
탁자 위에 모자가 올려져 있는 모습이다.
엽서에는 '한국황제폐하행행기념
신의주(韓國皇帝陛下行幸紀念 新義州)
42.1.29.'라고 표기된 붉은색 원형
소인이 찍혀 있다. 소인 중앙에 두 겹으로
된 이화문이 있고, 숫자 42는 메이지
42년(1909년)을 의미한다.

추운 겨울에 황제가 순행에 나선 것이 결코 자발적인 것은 아니지만, 근대문명의 대표주자인 기차를 타고 단발한 황제가 서양식 제복을 입고 일본인 관리들과 함께 순행에 나선 모습은 그 자체로 통감부 통치를 정당화하는 모습으로 보여질 수 있었다. 통감부 통치의 선전 효과뿐 아니라 문명화된 일본의 우월성을 과시하는 효과까지 있었을 것으로 생각된다.

병합 이후 일제강점기에도 순종은 지속적으로 궁궐 밖 행사에 참석함으로써 대중에게 보여지는 황제로서 그 위상이 만들어졌다. 고종이 을사늑약이 무효임을 국제사회를 향해 끊임없이 주장하고, 1907년 헤이그 평화회의에 특사단을 파견한 후 강제 퇴위되어 덕수궁에서 거의 유폐생활을 한 반면, 순종은 상대적으로 잦은 행행을 통해 보여지는 존재로 이미지가 만들어졌다. 고종은 덕수궁 외부에서 진행된 총독 주재 행사나 왕실의례에 거의 참석하지 않았던 데 비해 순종은 창덕궁에서 잦은 외빈 응대와 함께 정기적으로 연회와 원유회를 개최했다. 이뿐만 아니라 인천에 입항한 군함을 시찰하는 관함식觀艦式, 수원권업모범장 행차, 용산병영의 군사훈련 참관 등 궁궐 밖 행사에도 자주 동원되었다.[30] 이러한 행사 참여는 순종 자신의 의지 여하에 상관없이 대중에게는 다분히 총독부 시정에 협조하는 모습으로 보여질 수 있었다. 일제는 이를 통해 조선 황실을 대우하고 협화協和한다는 이미지를 식민지 조선의 대중에게 선전하는 홍보 효과를 거둘 수 있었다.

순종은 1917년 5월에는 조선 건국의 발상지인 함경도 함흥까지 유례없이 먼 거리 행행도 다녀왔다. 순종의 함흥 능행에는 의친왕 이강을 위시한 왕족, 이왕직 고관, 이완용과 같은 귀족 등 총 87명이 동행했다. 순종은 5월 9일 육군대장 군복을 입고 남대문역에서 특별열차를 타고 함흥으로 향했다. 원산역에는 순행을 환영하는 2개 보병 중대가 도열했으며, 각 학교 생도와 관민 1만여 명이 환영행사에 동원되었다. 영흥에서 함흥까지는 18대의 자동차로 14리 길을 달려 함흥 본궁, 정릉定陵, 화릉和陵에서 작헌례를 행했다.[31] 사실 함흥 순행은 바로 한 달 뒤에 있을 일본행을 예비하는 행사이기도 했다. 처음 있는 군주의 해외여행을 앞두고 미리 원거리 행행을 연습 삼아 해 본 것이라고 할 수 있다.

1909년 남순행 당시 일부 영남유생들과 부산항의 상인들이 결사 반대했던 순종의 일본행은 결국 식민지 치하인 1917년에 실행되었다. 순종은 일본에 가서 대한제국 황제가 아닌 창덕궁 이왕의 지위로 다이쇼 천황을 배알했다.[32] 1907년 다이쇼 천황이 요시히토 황태자 시절 방한했을 때와는 두 사람의 지위가 완전히 바뀌어 있었다. 대한제국 황제로서 일본 황태자의 폐현을 받았던 순종은 정확히 10년 만에 식민지 조선의 이왕이 되어 천황에 즉위한 다이쇼를 배알하는 운명이 되었다.

1917년 6월 8일 오전 7시 30분, 순종은 육군대장의 군복을 차려입고 경성 남대문역을 출발했다. 다음 날인 6월 9일 오전 8시 30분, 일본 군함 히젠호를 타고 부산항을 출발하여 시모노세키 항구에 도착했다. 도중에 나고야에서 왕세자인 영친왕과 상봉한 후, 6월 12일

君 與 完 · 君 順 完 · 君 陽 義 · 君 宣 永 · 列後
下殿王親仁威 · 下陛帝皇國韓前 · 下殿子太皇 · 下殿子太皇國韓前 · 列前

念紀合併韓日

1907년 일본 요시히토 황태자(훗날 다이쇼 천황) 방한 기념 사진
앞줄 가운데가 순종황제와 요시히토 황태자, 맨 오른쪽이 영친왕이다.

오후 5시 도쿄에 도착했다. 6월 14일, 순종은 대례복을 착용하고 역사상 최초로 조선의 왕이 일본 천황을 배알하는 행사에 참석했다.[33]

순종은 도쿄에서 귀국 길에 역대 일본 천황의 능이 있는 교토에 가서 6월 23일 메이지 천황의 무덤에도 참배했다. 이로써 한일병합으로 일본 천황가에 복속된 이왕가가 천황의 신민임을 공식적으로 선언한 셈이었다. 6월 28일 경성에 돌아오기까지 총 21일에 걸친 긴 여정을 통해 대한제국의 마지막 황제이자 망국의 군주인 순종은 한국사상 최초로 일본을 방문한 군주가 되었다. 조선왕조 시절 조공책봉체제하에서도 병자호란 때를 제외하면 군주가 직접 중국의 황제를 배알하지는 않았다. 하지만 주권을 완전히 빼앗긴 식민지체제하에서 이왕은 직접 일본 천황을 찾아가 배알하는 존재로 전락했다. 순종의 천황 알현은 일제가 식민지 조선 통치에 상당한 자신감을 획득했음을 보여주기 위해 추진한 이벤트였다. 그러나 바로 2년 후인 1919년 1월, 고종의 사망을 계기로 거국적인 3·1 만세운동이 일어남으로써 안정적인 총독부 통치는 사상누각에 불과했음을 깨달을 수밖에 없었다.

일제하 순종의 잦은 행행과 일본행은 일제의 압박에 의한 것이라고 해도 어쨌건 총독부의 식민통치를 일정하게 홍보해 주는 역할을 한 것임은 부인할 수 없다. 통감부 시절 순종의 순행을 안타깝게 바라보던 식민지 조선인들은 점차 황제와 황실 복원에 대한 기대를 버리기 시작했다. 황제와 황실은 더 이상 충군애국의 대상이나 민족적 구심점이 될 수 없었다. 황실에 대한 더 이상의 기대가 없어진 순간 복벽주의는 자연스럽게 소멸되고 식민지 조선인들은 점차 민주공화정을 염원하게 되었던 것이다.

마지막 황실의 후예, 영친왕과 덕혜옹주

일제는 마지막 황실의 후예라고 할 수 있는 영친왕과 덕혜옹주德惠翁主 등 황실가족도 동화정책에 이용했다. 이들 황실의 후예들의 비극적 최후에 대해서는 일부 대중매체의 관심 속에 그 신산한 삶이 일부 알려져 있으나, 역사의 수레바퀴 속에 끼인 한 개인의 기구한 인생사 차원이었다. 하지만 순종의 이복동생들로서 어린 나이에 일본으로 끌려간 영친왕과 덕혜옹주의 생애는 일제의 동화주의적 황실가족 이용책이라는 측면에서 조명해 볼 필요가 있다.[34] 더 나아가 해방 후 신국가 건설과정에서 복벽론이나 구황실 복귀론이 전혀 거론되지 않고 국민들의 기억 속에서 황실이 철저하게 소멸되는 연유를 이들에게서 찾아볼 수도 있다. 지금까지는 순종의 이복형인 의친왕에 대해서만 독립운동사 연구에서 1919년 '대동단 사건'과 관련된 상해 망명 시도 등이 일부 조명되었고,[35] 그 밖의 황실가족의 최후에 대해서는 학술적인 연구가 거의 없었다.

영친왕 이은은 대한제국 선포 직후인 1897년 10월 20일, 고종과 엄비 사이에서 태어났다. 순종 이척李坧과 의친왕 이강에 이어 고종의 세 번째 아들에 해당된다. 고종은 명성황후와의 사이에 총 4남 1녀를 두었으나 1871년 태어난 원자가 쇄항증鎖肛症이라는 선천적 기형으로 5일 만에 죽은 것을 비롯하여 아들 둘과 딸 하나를 어려서 잃었고 1874년에 태어난 순종만 병약한 상태로 살아남았다. 그 밖에 후궁 소생으로 여러 아들, 딸들이 있었으나 모두 어려서 사망하였고 귀인 장씨가 낳은 의화군 강堈과 지밀상궁 출신으로 황귀비에 책봉된 엄비 소생인 영친왕 은垠만 장성했다. 나중에 황제위에서 물러난 고종이 덕수궁 유폐 중에 얻은 고명딸 덕혜옹주는 귀인 복녕당福寧堂 양씨 소생이다.[36]

영친왕은 고종이 황실의 권위 확립 차원에서 중국의 친왕 제도를 도입한 1900년 8월, 네 살의 나이로 의화군 강과 함께 친왕에 책봉되었다. 이후 1907년 7월, 고종이 강제로 퇴위된 후 순종이 황제에 즉위하자 황태자로 책봉되었다. 서열상으로는 스무 살이나 위인 이복형 의친왕이 있었지만, 엄비의 견제와 일본 측의 반대로 의친왕 대신 영친왕이 황태자 자리를 차지하게 되었다.

의친왕 이강은 궁인 장씨가 순종의 나이 4세 때에 출산했으나, 궁중의 관례상 서출 왕자는 세자가 10세에 이를 때까지는 궁중에서 기르지 못한다는 규정에 따라 철종의 부마인 금릉위錦陵尉 박영효의 집에서 양육되었다. 하지만 세자가 만 10세에 이른 후에도 왕자 책립 의식도 없이 궐 밖에서 평민처럼 생활하다가 1891년에야 의화군에 봉해졌다. 그 후에도 갑오개혁 실패 후 일본에 망명한 개화파 정객들의 쿠데타에 연루되거나 미국으로 보내져 학교에 다니는 등 거의 망명생활을 하다시피 했다. 1900년 의친왕에 봉해졌을 때도 미국 유학 중이었고,[37] 1906년 4월에야 일본에서 귀국하여 정식으로 책봉 의식이 거행되었다.

고종은 의친왕의 유학비용과 해외 체류 생활비를 지급했으나 정작 그의 귀국을 바라지는 않았던 것 같다. 의친왕이 망명 정객들과 연계되어 반정부세력의 옹립 대상이 되거나 황실의 권력 승계상 혼란을 초래할까 우려했기 때문이다. 특히 순종이 건강상 문제가 있기도 해서 그 후견인인 민씨 척족들이 의친왕을 경계했고, 엄비도 자신의 소생인 영친왕을 황태자로 세우기 위해 의친왕의 귀국을 방해했던 것으로 추정된다.[38]

이러한 권력구도 아래 영친왕이 황태자로 책봉되었지만, 영친왕은 황태자에 책봉된 지 넉 달만인 1907년 12월 5일, 11세의 어린 나이로 통감 이토 히로부미의 손에 이끌려 강제로 일본 유학을 떠나게 된다. 영친왕을 경운궁에서 미리 창덕궁 낙선재로 옮겨 살게 했던 일제는 고종과 엄비의 강력한 반대에도 불구하고 영친왕을 일본에 데려가기 위해 먼저 일본 황태자를 방한하게 했다. 요시히토 황태자가 대한제국을 방문했으므로 대한제국 황태자인 영친왕도 일본에 가야 한다는 명분을 만들기 위해서였다. 하지만 영친왕의 일본 유학은 단순히 한일 교류의 차원이 아니라 반일적인 고종을 압박하기 위한 수단이었다.

일본에 간 영친왕은 일본의 황족 교육기관인 가쿠슈인学習院을 거쳐 육군유년학교에 입학했고, 적어도 강제 병합 이전까지는 일본 황실에서 나름대로 예우를 받았던 것으로 보인다.[39] 그러나 강제 병합 후 대한제국 황실의 지위가 격하되어 이왕가가 되면서 이은의 지위도 황태자에서 왕세자로 격하되었다. 일본에서 생활하던 영친왕은 1911년 7월, 생모인 엄비가 사망했을 때 일시 귀국했다. 영친왕은 귀국하자마자 즉시 엄비의 시신이 안치되어 있던 경운궁 함녕전으로 향했으나, 콜레라 감염을 우려한 주위의 만류로 함녕전 옆 건물인 석조전에 머물렀다고 한다. 석조전에서 부친인 고종을 만났으며 장례식 후 3주일을 더 머물다가 일본으로 돌아갔다.

영친왕은 1915년 육군사관학교에 입학했으며, 도쿄에서는 처음에 시바芝 이궁에서 생활하다가 나중에 도리이사카鳥居坂에 이거했다. 군복을 착용하고 오전 6, 7시에 일어나 오후 3시까지 짜여진 일과를 소화하는 엄격한 일본군인의 생활을 하는 동안, 영친왕은 1919년 고종이 승하할 때까지 하루도 빠짐없이 문안 엽서를 띄우는 남다른 효

↑
1911년 일시 귀국한 영친왕이 석조전 1층
중앙홀에서 찍은 사진
↓
창덕궁 희정당 앞의 영친왕 부부

심을 보였다고 한다.[40]

한편, 영친왕이 스무살 되던 해인 1916년 8월, 일제는 일본 황족인 나시모토梨本 궁가 모리마사守正 친왕의 첫째 왕녀 마사코方子와 영친왕의 약혼 사실을 전격적으로 발표했다. 일본 군부는 한때 히로히토 황태자비의 물망에도 올랐던 마사코가 아이를 낳지 못할 체질이라는 이유로 조선 왕실의 대를 끊어 놓기 위한 계략으로 이 결혼을 추진했다고 한다. 원래 일본의「황실전범」에 의하면 황족의 여자는 황족 또는 화족에게만 출가하게 되어 있었는데, 왕족이나 공족과도 결혼할 수 있도록 전범을 고쳐가면서까지 이 결혼을 추진했다고 마사코, 즉 이방자李方子는 회고록에서 밝히고 있다.[41] 조선의 왕공족에 일본인의 피를 섞어 일본에 동화시키려는 책략이었다. 하지만 고종의 강경한 반대로 결혼식은 계속 지연되었다.

영친왕은 엄비 장례식 후 근 7년 만인 1918년 일시 귀국하여 2주일여 머무르는 동안 일본군 보병대 방문, 창경원 동물원 및 식물원 관람, 경성고보·숙명고보 방문 등의 일정을 수행했다. 조선 민중들에게는 11세의 어린 나이에 일본으로 끌려간 황태자가 일본군인의 모습으로 나타나 식민지 조선의 각종 근대화된 시설들을 시찰하는 모습으로 받아들여졌다.[42] 이후에도 영친왕의 결혼은 실행되지 않다가, 고종 사망 후 삼년상도 마치지 않은 1920년 4월 28일, 결혼식이 강행되었다. 영친왕이 일본 황족의 여자와 결혼한 것에 대해 독립운동가들은 원수의 여자와 결혼한 금수만도 못한 인물이라고 격렬히 비난했다. 상하이 임시정부에서 발행하던『독립신문』은 "광무황제의 붕어崩御와 의친왕의 의거가 전국민에게 다대한 감동을 주어 500년 이왕조의 무한한 죄악을 용서하고 동정의 눈물을 뿌리게 하더니, 적자賊子 이은으로 인해 이왕조는 영원한 정죄定罪와 저주를 받게 되었다."라고 보도하면서, 이제부터 영친왕이라는 존칭도 쓰지 않겠다며 분노했다. 실제로 도쿄의 영친왕 저택으로 연일 투서와 협박전화가 날아들었다. 의친왕이 독립운동 세력과 연계되어 1919년 11월 상하이 망명을 시도하다가 붙잡힌 사건과 비교되며 영친왕에 대한 반감은 더욱 고조되었다.

마지막 황태자 영친왕이 일본 여자와 결혼함을 계기로 황실 복원이나 복벽에 대한 논의는 더 이상 거론될 수 없는 분위기가 확실하게 조성되었다. 이보다 앞서 상하이 임시정부에서 이미 공화제를 채택했지만, 이후에도 복벽론이 완전히 사라지게 된 데는 영친왕의 결혼이 결정적인 계기를 마련한 셈이었다. 세계 여러 나라의 근대화 과정에서는 왕정을 극복하고 입헌군주정 혹은 공화정으로 넘어가는 동안 각 정치세력 간에 지난한 권력 갈등이 벌어졌다. 중국의 경우에도 신해혁명 후 위안스카이에 의해 잠시 동안 황제정으로 복귀하기도 했다. 하지만 한국 근대사에서는 영친왕의 한일 결혼으로 너무도 손쉽게 왕정복고나 복벽주의가 종지부를 찍게 되었다. 일제의 대한제국 황실 말살책은 국권의 상징으로서 민족적 저항의 구심점을 완전히 해체하는 데 목적이 있었지만, 그것이 한국인들에게는 일찌감치 왕조의식을 벗어던지고 민주공화정을 채택하게 된 계기가 되었다고 볼 수 있다.

이후 1926년 4월 26일, 순종이 사망하자 형식적으로 왕위를 계승하여 이왕 전하라고 불리우게 된 영친왕은 1927년 5월, 1년여에 걸친 유럽 여행을 떠났다. 영친왕이 프랑스, 영국, 독일, 스웨덴, 네덜란드 등 유럽 각국의 원수를 예방하게 함으로써 일제는 조선의 왕족을 예우하고 있음을 과시하고자 했다. 하지만 독립운동 세력들은 영친왕이 이 기회를 이용해 해외 망명 등을 택하지 않고 일신의 안락만을 구하며 여유자적한 여행을 즐겼다고 더욱 거세게 비난했다. 일본은 중일전쟁 발발 후 북경주둔군 사령부 혹은 만주로 파견되어 일본 군인으로서 참전한 영친왕을 조선 청년의 참전 독려용으로 홍보에 활용했다. 이 때문에 해방 후 한국인들은 영친왕을 친일 경력자로 비난했다. 사실 이때 황실의 남자들은 모두 일본군에 소속되어 참전했고, 1923년에 일본에 끌려간 의친왕의 차남 이우는 히로시마 원폭 투하 때 사망했다. 이우는 일본의 반대에도 불구하고 4년여의 끈질긴 투쟁 끝에 박영효의 손녀인 박찬주와 결혼했던 인물이다. 그의 형 이건이 일본 여자와 결혼했다가 결국 이혼하고 나중에 일본에 귀화해 버린 경우와 대비된다.[43]

　　한편, 영친왕의 이복 여동생인 덕혜옹주는 엄비 사망 후인 1912년 5월 25일 고종의 나이 61세에 얻은 고명딸이다. 덕수궁에 유폐되어 있는 노년 동안 유일한 낙이었던 덕혜옹주를 위해 고종은 덕수궁 준명당 내에 유치원을 설립해 황족 아이들과 함께 교육시킬 정도로 애지중지했다. 덕혜옹주가 여덟 살 되던 해에는 영친왕처럼 일본에 끌려가 정략결혼의 대상이 되는 것을 방지하기 위해 미리 시종 김황

↑
1907년 일본 유학을 떠나는 영친왕과 이토 히로부미
↗
1925년 14세의 나이로 일본 유학을 떠나는 덕혜옹주
↓
일본 유학을 떠나기 전 히노데 소학교에서 수업 중인 덕혜옹주

진의 조카 김장한과 약혼까지 시켰다. 덕혜옹주는 고종이 사망한 후 창덕궁 관물헌으로 옮겨 생활하면서 1921년부터 일본인 자녀들이 다니던 히노데 소학교에 입학했다. 하지만 덕혜옹주 역시 1925년 3월 25일, 14세의 나이로 일본으로 강제 유학을 떠나게 된다.[44]

일본에서 황족학교인 가쿠슈인에 입학한 덕혜옹주는 말수를 잃고 제대로 적응하지 못했다. 여덟 살 때 아버지 고종을 잃은 데 이어 1926년 순종, 1929년 생모인 양귀인까지 사망하자 그로 인한 충격으로 건강에 심각한 증세가 나타나기 시작했다. 1930년 조발성 치매증이란 진단을 받고 영친왕의 거처로 옮겨 치료를 받던 중 조금 차도가 있자, 일제는 1931년 5월, 대마도 번주藩主의 아들인 소 다케유키宗武志 백작과 덕혜옹주를 결혼시켰다. 양친은 물론 순종황제까지 사망한 마당에 덕혜옹주의 결혼을 반대해 줄 사람은 아무도 없었다. 그 자신도 일본 여인과 결혼한 영친왕은 반대할 처지가 아니었고, 의친왕 이강 공의 장남 이건도 일본 황족 마쓰다이라 요시코松平佳子와 결혼하는 등 한일 간 결혼은 이미 거스를 수 없는 대세였다. 덕혜옹주까지 일본 남자와 결혼함으로써 이제 대한제국 황실의 후예는 완전히 일본과 동화되었다고 볼 수 있었다. 일제는 일본에 저항했던 고종황제의 마지막 후예들을 모두 일본인과 결혼시킴으로써 그에 대해 앙갚음을 한 셈이다. 이후 '덕수궁의 꽃'이라 불리며 대중의 관심을 받았던 덕혜옹주에 대한 소식은 점점 멀어졌다. 대한제국의 마지막 황태자 영친왕이 일본 여인과 결혼함으로써 공식적으로 황실의 종통宗統이 단절되었다면, 대중의 관심을 한 몸에 모았던 덕혜옹주의 결혼을 마지막으로 황실에 대한 대중들의 심정적 기억마저 완전히 사라지게 되었다.

해방 이후 이승만 정부는 「구왕궁재산처분법」과 「구황실재산법」 제정을 통해 황실가족에 대한 대우 문제를 처리했다. 해방 직후 한국 국민들의 황실에 대한 인식과 기억은 망국책임론에서 결코 자유로울 수 없었다. 특히 이승만 정부의 이왕가 재산 국유화와 황족에 대한 처우는 일제 치하에서 일본 황족의 일원이 되어 왕공족 대우를 받은 황실가족에 대한 부정적인 인식과 밀접한 관련이 있었다. 새 국가 건설과 관련하여 이왕가가 역할을 찾을 가능성은 전혀 없었고, 단지 일제하 이왕직이 관리하던 이왕가의 재산을 적산敵産으로 간주, 몰수하고 국유화하는 법제적 차원에서 문제에 접근했다.

우선 미군정청 법령을 토대로 1945년 9월 25일부로 이왕직이 관리하던 대한제국 황실의 재산은 모두 미군정 소유로 이속되었다. 이왕직은 일본 궁내성 소속이고 조선에서의 사무와 직원 관리도 총독이 감독하고 있었으므로 일단 일본 소유 재산, 즉 적산으로 간주되었기 때문이다. 군정청 법률 제26호 제2조에 의거하여 이왕직의 명칭은 구왕궁舊王宮으로 변경되었고,[45] 일본에서도 법령으로 1946년 1월 31일부로 이왕직이 폐지되었다.[46]

이후 구왕궁 사무청으로 이관된 이왕직 소유 부동산은 전국의 능·원·묘와 5만여 정보의 산림, 1천여 석 추수를 받는 전답 등이었고,[47] 이 재산이 적산인지 여부에 대해서는 논란이 있었다. 1948년 8월 이승만 정부 수립 후 본격적으로 구왕실 재산 처리에 대한 논의가 시작되어, 창덕궁, 창경원, 덕수궁 등 여러 궁궐과 전국 각처에 산재한 능·원·묘와 산림, 전답, 국보급 미술품, 역사적 기념품 및 문적文跡, 기타 영구보존을 요하는 것은 모두 국유로 하되, 존치할 필요가 없는 재산은 매각 또는 대여할 수 있게 했다. 1950년 4월 8일 「구왕궁재산처분법」을 공포하면서[48] 이승만 대통령은 구왕궁, 이왕직 등 일제시대의 명칭이 아니라 '이조 황실'로 명칭을 개정하겠다고 했으나, 다시 1954년에 구황실로 개칭하여 개정된 「구황실재산법」이 공포되었다.[49]

「구황실재산법」은 황족의 범위를 법 시행 당시 생존한 구황실의 직계존비속 및 그 배우자로서 다른 데 입적하지 아니한 자를 지칭하는 것으로 명확히 규정함으로써(제4조 제2항) 「구왕궁재산처분법」 당시 문제가 되었던 공족이나 의친왕궁 재산을 황실재산에서 제외시켰다. 이승만 정부는 대한제국 황실의 정치적 위상을 전혀 인정하고 싶지 않았으므로 황족의 범위 확대를 바라지 않았고, 일부 황실의 후예들은 국유화로부터 자신의 재산을 지키고 싶었던 탓에 결과적으로 황실재산의 범위나 황족의 범위가 공족을 제외한 직계존비속으로 축소된 것이라고 생각된다. 즉 구황족이란 ① 고종, 순종의 배우자, ② 고종, 순종의 자와 그 배우자, ③ 순종의 황태자, 황태자계의 호주상속인과 그 배우자, ④ 고종의 자의 호주상속인과 그 배우자, ⑤ 황태자계의 호주상속인의 자와 그 배우자로 한정되었다. 구체적으로 순종황제의 비인 순정효황후 윤씨, 고종의 직계자녀인 의친왕, 영친왕, 덕혜옹주와 그 배우자, 의친왕, 영친왕, 덕혜옹주의 호주상속인과 배우자가 황족의 범위에 포함되었다. 순종은 후사가 없었고 황태자는 곧 영친왕이었으므로 ③, ⑤는 모두 영친왕 계열에 해당한다. 배우자의 경우 고종의 후궁들도 당시 생존해 있었는데 이들이 포함되는지 명확하지 않은 점이 있었고, 의친왕의 경우도 복잡한 혼인 및 자녀관계로 인하여 황족 범위를 설정하는 데 어려움이 있었다. 어쨌건 이러한 규정은 황족의 범위를 최소화하고 황실가족의 존재를 '현재'가 아닌 '과거의 유산'으로, 머지않아 박물관의 영역으로 넘겨질 '박제화된 전통'으로 인식하는 계기가 되었다.

이승만의 경우 대한제국 시절 독립협회 내 급진파로서 반정부, 반황제정 운동에 앞장서다가 공화파로 몰려 투옥되기까지 한 경험으로 인해 대한제국 황실에 대해 좋은 감정을 가지고 있을 리 만무했다. 게다가 일본군 중장으로 일본 군국주의를 위한 침략전쟁에 참여한 영친왕에 대한 냉대는 정치적 명분까지 있는 일로서, 이승만이 영친왕의 귀국에 우호적이지 않은 것은 당연한 일이었다.

반면 5·16 군사정변으로 정권을 잡은 박정희는 이승만과 달리 일본군 경력을 가진 영친왕의 귀국에 적극적이었다. 쿠데타로 집권한 정권의 정통성 부족을 수식하기 위해서 영친왕을 정치적으로 이용하려는 의도도 있었다고 생각된다. 1961년 10월에는 「구황실재산법」에 대한 대대적인 개정을 추진하여,[50] 구황족의 범위를 ① 낙선재 윤씨(순종비), ② 삼축당 김씨(고종의 후궁), ③ 광화당 이씨(고종의 후궁), ④ 사동궁 김씨(이강의 비), ⑤ 이은과 그 배우자로 고종의 후궁들까지 확대했다. 하지만 다른 한편으로는 황족의 범위를 고종의 배우자, 고종의 아들인 영친왕과 영친왕비, 의친왕비로 한정하고 영친왕과 일본인 부인 사이에 출생한 이구를 황족의 범위에 포함시키지 않았다는 점이 주목된다. 박정희 정부 역시 표면상으로는 영친왕의 귀국을 도와 정권의 호재로 이용했지만, 사실상 역사적 소명이 다한 황족을 우대한다거나 그 존치를 바라는 것은 아니었다.

이러한 맥락에서 황실이라는 단어의 존재감마저 희미해지고 국민들의 기억 속에서 사라질 때쯤, 1963년 「구황실재산법」은 폐지되고 관련 조항은 「문화재보호법」으로 이관되었다.[51] 이제 대한제국 황실과 황실문화는 현실에 존재하는 정치적 실체가 아닌 '문화재'라는 이름으로 과거 역사와 전통문화의 영역으로 넘겨졌다. 하지만 여전히 현실세계에 생존한 이은과 이방자 부부를 위해 국유재산 중 잡종재산은 처분할 수 있게 해 생계유지를 가능하게 했다.

한때 대한제국의 황태자였던 영친왕은 1963년 11월 22일, 식민지가 된 조국을 떠난 지 56년 만에 대한민국에 영구 귀국했다. 7년여 동안 병상생활을 하다가 1970년 5월 1일 73세로 창덕궁 낙선재에서 사망했다. 정신병을 이유로 일본인 남편과 이혼하고 영친왕보다 조금 앞서 1962년 1월, 일본에 간 지 38년 만에 귀국한 덕혜옹주도 창덕궁 낙선재에서 순종비인 윤대비, 영친왕비 이방자 등과 생활했으나 실어증과 지병으로 고생하다가 1989년 4월 21일 77세의 나이로 세상을 떠났다. 사실상 마지막 황실의 후예가 사라진 것이라고 볼 수 있다.

13장

일제의 궁궐 훼철과
덕수궁 궁역의 축소

경운궁, 덕수궁이 되다

대한제국이 근대적 황궁으로 건립한 경운궁은 고종의 강제 퇴위를 계기로 덕수궁으로 이름이 바뀌었다. 1907년 6월 헤이그 특사 파견 사실이 알려지자, 7월 16일 친일내각은 내각회의에서 황제 폐위를 결정했다. 이완용과 송병준, 조중응 등 친일내각의 대신들이 7월 18일 오후 5시부터 다음 날 새벽 5시까지 중명전에서 고종을 압박한 결과 마침내 황태자 대리조칙을 받아냈다. 이때 외부 연락이 가능한 전화선까지 모두 절단한 채 퇴위를 강요했다고 한다.[1] 고종은 황태자 대리청정을 승인한 것이지 퇴위하겠다는 것은 아니었으나, 일제와 친일내각은 서둘러 중화전에서 7월 20일 오전 7시 권정례權停禮(왕이나 왕비 등 의례의 주인공이 직접 참석하지 않고 대리로 치르는 의식)로 양

위식을 치르고 퇴위를 기정사실화 했다.[2]

이어서 환구단, 종묘, 영녕전, 경효전, 사직에 이를 알리는 고유제까지 지내고, 7월 21일 태황제 존봉도감 설치가 결정되었다. 7월 22일 친일내각의 대신들은 순종을 대리가 아닌 황제라고 부르기로 건의했고, 총리대신 이완용은 연호의 개정을 발의했다. 8월 2일 내각에서 새 연호로 융희隆熙와 태시太始를 상주했고, 이 중 융희로 결정되어 다음 날부터 사용되었다. 같은 날 태황제의 칭호는 덕수德壽로 결정되었다. 태조 이성계가 양위하고 상왕으로 물러난 후 머물렀던 궁호宮號를 덕수라고 한 고례古例를 근거로 궁내부대신 이윤용이 제안한 호칭이다. 이어서 순종의 황제즉위식이 강행되었는데, 원래는 궁내부 장례원의 건의에 따라 경운궁 즉조당에서 거행될 예정이었다. 하지만 갑자기 양관인 돈덕전으로 변경되면서 모든 의장물도 신식으로 마련한 즉위식이 거행되었다.[3]

8월 27일 오전 9시 돈덕전에서 즉위식을 치른 대한제국의 마지막 황제 순종은 2시간 뒤인 11시에는 중화전에서 즉위 조서를 반포했다.[4] 중화전에서 약식으로 거행된 진하식陳賀式 참석자는 신식 대례복을 입어야 했다. 신식 대례복이 준비되지 않을 경우 프록코트와 구식 대례복도 무방했으나 저녁 7시, 돈덕전에서 열렸던 연회에는 연미복을 입지 않은 사람을 들어오지 못하게 했다는 기록이 남아 있다.[5]

태황제인 고종의 궁호가 '덕수'로 정해지면서 고종이 기거하는 경운궁은 이제 덕수궁이라고 불리게 되었다. 퇴위 후에도 계속 중명전에 머무르고 있던 고종에게 송병준 등 친일내각의 대신들은 계속 경운궁 내로 처소를 옮길 것을 주장했다. 아무래도 미국공사관 바로 옆이라는 중명전의 입지를 꺼려했기 때문일 것이다. 9월 17일, 순종의 거처를 먼저 경운궁 내 즉조당으로 옮겨 버리자 고종도 결국 경운궁 내로 처소를 옮겨야 했다. 하지만 일제는 두 달 후인 11월 13일, 순종을 다시 창덕궁으로 이어시킴으로써 태황제 고종과 거주를 분리시켰다.[6] 고종은 순종이 있는 창덕궁과 가까운 안동별궁(현재 송현동 공예박물관 자리)으로 가려 했으나 그마저 좌절되었다. 그래도 참혹한 비극의 현장인 경복궁으로 다시 가려는 의지는 전혀 없었을 것이다. 11월 28일 준명전浚明殿으로 거처를 옮긴 고종은 엄비가 사망한 1911년 7월 20일 이후 함녕전으로 옮겨간 것으로 보인다. 그리고 덕수궁으로 이름이 바뀐 경운궁에서 1919년 1월 21일 사망할 때까지 '덕수궁 이태왕 전하'라는 이름으로 사실상 유폐생활을 하게 된다. 이로써 대한제국 출범과 함께 황궁으로 조영되었던 경운궁은 다시 창덕궁에 정궁의 지위를 넘기고 물러난 황제의 거처로 활용되다가 고종 사후 대부분의 전각들이 훼철당하는 운명을 맞게 되었다.

이러한 과정에서 고종이 1902년 즉위 40년 칭경예식을 준비하면서 영빈관으로 건립한 돈덕전도 그 용도가 크게 변경되었다. 순종 즉위 직후 고종황제 탄신기념일인 만수성절 예식은 돈덕전에서 서명 문안이라는 기상천외한 방식으로 진행되었다. 통감부는 내각 각 관청에 전화하여 만수성절 예식에서 관리들의 문안을 폐지하고 주임관 이상의 관리들에 한해 오전 6시부터 12시까지 돈덕전에 마련된 명부록에 서명하는 것으로 문안을 대체한다고 했다. 전통적인 문안 의례대신 어람용 책자 1권을 돈덕전에 두고 관리들이 이 책자에 성명을 기록, 서명한 후 황제에게 전달하는 방식으로 바꾼 것이다.[7] 황제와 관료들의 대면 접촉을 아예 막으려는 처사였다.

돈덕전은 일본 관리들의 접견 및 회식, 각종 모임 장소로 더 많이 활용되었다. 주로 이토 통감, 하세가와 주차군사령관, 소네 부통감, 고쿠분 서기관 등이 순종을 만나고 함께 식사하는 장소로 사용되었다.[8] 순종이 황후 및 황태자 영친왕과 함께 창덕궁으로 이어한 후에는 총리대신 이하 각부 대신과 차관, 경시총감 및 기타 칙임관 등이 모여서 회식하는 장소로 활용되기도 했다.[9]

만수성절과 순종탄신일인 건원절(황태자 탄신일인 천추경절이 순종의 황제 즉위 후 명칭이 바뀜) 및 신년 예식 때 서구식 연회도 주로 돈덕전에서 열렸다.[10] 건원절을 경축하기 위해 총리대신 이완용이 돈덕전에서 주최한 1909년 3월 25일 밤 연회 때는 주임관 이상 내외국인 관리 1,600여 명에게 초청장을 보냈다. 드레스코드가 대례복으로 한정되었기 때문에 약 800~900여 명이 참석했다고 하니 돈덕전 연회의 규모를 가히 짐작할 수 있다.[11]

각부 관리들과 통감부, 주차군사령부, 각국 영사 및 외국인들이 초빙된 돈덕전 연회에는 고종과 엄비도 저녁 7시부터 새벽 1시까지 참석했다고 보도되었다. 각부 대신과 황족들은 연미복 차림으로 부인과 함께 참석하는 경우도 있었고, 시계, 신발, 담배 등을 추첨하는 행사도 진행되었다고 한다.[12] 통감부 설치 후 대한제국 황실의 연회 문화에 '전통'은 이제 거의 남아 있지 않게 되었다.

돈덕전은 한때 황태자 영친왕의 숙소로도 사용되었다. 영친왕이 1907년 12월, 유학을 빌미로 일본으로 떠난 후에는 영친왕의 일본 생활 근황을 담은 영화 상영이 계획되기도 하고,[13] 양악대, 가장무도회 장소로 활용되기도 했다.[14]

덕수궁의 궁역은 병합 전부터 이미 점차 축소되고 있었다. 먼저 1909년 5월, 영국영사관 북쪽에 위치하고 있던 수학원修學院의 토지 368평, 가옥 46칸이 영국 성공회에 매각되었다. 이 부지는 1908년 칙령 제39호에 의해 국유화되었으나, 황실의 교육기관 부지로서 덕수궁 영역 내에 포함된 지역이었는데, 영국 성공회의 확장을 위해 매각된 것이다. 1912년에는 다시 수학원의 나머지 영역을 5년간 무료로 성공회에 빌려주게 되고, 결국은 성공회의 소유가 되었다.[15]

이후 남대문에서 광화문을 잇는 태평정太平町이 생기면서 덕수궁 동측 영역이 크게 잘려 나가고 궁궐의 정문으로서 대한문이 가지는 위상에 큰 변화를 가져왔다. 1912년 5월, 총독부는 광화문에서 대한문까지 관통하는 대로를 신설하기 위해 덕수궁 부지 1,621평과 전 경선궁 부지 331평을 이왕직에 요구했다.[16] 이에 따라 대한제국기에 경운궁의 정문으로서 방사상 가로망의 중심으로 기능했던 대한문의 상징성은 축소되고 단지 남대문에서 광화문을 잇는 대로변에 서 있는 하나의 시설물로 전락하게 되었다.[17]

대한문 건너편에 덕수궁과 마주하고 있던 대한제국의 상징 환구단도 1913년 훼철되었다. 환구단 터에는 식민지 근대화의 상징으로 한반도 종단 철도 완공을 기념하는 철도호텔이 들어섰다. 일본에서

1913년 환구단을 허물고 그 터에 지은 철도호텔
호텔 옆으로 황궁우가 보인다. 현재는 이 자리에
웨스틴조선호텔이 있다.

고문으로 활동했던 독일인 건축가 게오르그 데 라란데Georg de Lalande
의 설계로 1913년 3월 15일 기공식을 가진 철도호텔은 1914년 9월
30일 준공되었다. 철도호텔을 경부선 종착역인 남대문역 주변이 아
닌, 굳이 황제국을 선포한 환구단을 훼철하고 지은 것은 명백히 장소
의 상징성을 해체하려는 의도에서였다. 환구단과 경운궁은 지척지간
에서 하나로 연결된 대한제국의 중심 공간이었는데, 1919년 고종이
사망하기 훨씬 전부터 환구단 훼철과 함께 그 상징 공간의 의미가 해
체되기 시작했다. 대한제국의 근대 주권국가 프로젝트가 완전히 실
패로 끝났음을 장안의 모든 시민들에게 웅변으로 보여주기 위한 것
이기도 했다.

중화체제에서 벗어나 근대적 주권국가를 꿈꾸며 황제국을 선포한 환구단이 과거 중국 사신이 머물던 남별궁 터에 세워진 것이 장소성의 전복이었듯이, 일제 역시 대한제국의 상징인 환구단을 허물고 철도호텔을 세움으로써 식민지 근대화의 상징을 구축하고자 했다. 여전히 전통적인 외양으로 건립되었던 환구단과 최신식 철도호텔을 대비하여 마치 시대를 착각한 우스꽝스러운 황제국 시도인 것처럼 폄하하기 위한 의도가 있었다고 볼 수 있다. 이렇게 대한제국의 상징으로서 환구단이 시야에서 사라짐으로써 대한제국에 대한 기억도 점차 희미해져 갔다.

환구단과 황궁우 영역에 함께 건립되었던 고종 즉위 40년 기념 석고전은 장충단공원에 세워진 박문사로 옮겨졌다. 고종황제를 기념하는 석고전이 이토 히로부미를 기리는 사찰로 옮겨진 것도 분명 의도적인 것이었다. 1927년 6월에는 석고전의 정문인 광선문이 일본 사찰인 남산 동본원사 정문으로 옮겨지고, 석고는 총독부도서관 구내에 이름도 없이 버려져 있었다.[18]

덕수궁은 1919년 고종이 사망한 후에는 주인 없는 건물이 되어 날로 퇴락해 갔다. 대한제국의 황궁 경운궁의 정문으로 민의의 광장이었던 대한문 앞은 이제 망국의 상징이 되었다. 고종황제 국장 시에 사람들은 대한문 앞에서 곡을 했고, 3·1운동 당시 만세 군중은 시가행진을 벌이기 위해 덕수궁 대한문 앞으로 모여들었다.

덕수궁의 궁역은 더욱 급격하게 축소되었다. 덕수궁 서측과 선원전 일부를 잘라내어 현재의 종로구 신문로1가로 통하는 길이 개설

↑↗
고종이 서거하자 대한문 앞에서 망곡하는 조문객들

←
1919년 3월 3일 대한문을 나서는
고종황제 국장 행렬

→
고종황제 국장 행렬을 바라보는 군중
종로의 상가 건물 2층까지 빽빽히
들어선 사람들의 모습이다.

↑↗
현재의 남양주시 금곡 홍릉까지
이어진 국장 행렬을 구경하는
사람들

↑
3·1운동 당시 정동길에 가득찬
만세 시위 군중
정동길(덕수궁 돌담길)에 만세
시위 군중이 모여들었다. 사진
오른편 담장 안쪽에 있었던 당시
미국영사관(현 미국대사관저)에
독립선언서를 전달하러 나선
모습이다. 멀리 돈덕전이
보인다. 헤르만 산더의 돈덕전
알현 사진에 나오는 정동길과
비슷한 구도이다.
↗
헤르만 산더의 책에 실린
돈덕전이 원경으로 보이는
정동길

되었다. 1922년에는 도로 서측에 있던 엄비의 혼전 부근에 경성제일고등여학교 교사가 세워지고, 1923년 도로 동측에 경성여자공립보통학교 교사가 이축되었다. 1927년 2월에는 도로 동측 언덕에 경성방송국이 개관했다.[19]

덕수궁 궁역 축소와 함께 덕수궁 내 전각들에 대한 용도변경도 시도되었다. 고종황제가 경운궁 안으로 거처를 옮긴 후, 고종이 사용하던 중명전(수옥헌)에 대한 처리 문제는 사실 1908년 경부터 논의되기 시작했다. 중명전은 을사늑약의 현장이자 고종이 헤이그 특사를 파견한 반일 저항의 장소로서 일제 입장에서는 굳이 보존하고 싶지 않은 건물이었을 것이다. 1908년 8월, 통감부는 중명전을 외국인 클럽으로 차용해 줄 계획을 세웠으나, 고종황제의 반발로 일단 보류했다.[20] 하지만 강제 병합 후 얼마 지나지 않아 결국 외국인들의 사교클럽으로 빌려주었다. 수학원 부지가 영국 성공회에 차용되었다가 결국 성공회 소유가 된 것처럼, 중명전 역시 처음에는 차용 형식이었으나 언젠가부터 이왕직의 관리 밖으로 벗어나게 되었다. 1938년『이왕직미술관요람』에 실린 덕수궁 배치도를 보면, 1910년대의 덕수궁 평면도에 비해 그 영역이 상당히 축소되었음을 알 수 있다. 덕수궁 담장 밖에 존재했던 중명전 권역은 아예 이왕직이 관할하는 덕수궁 영역에 포함되어 있지 않았다.

1921년 7월 25일 자『동아일보』기사를 보면, 수옥헌(중명전)이 외국인들의 클럽이 된 지 이미 오래이며, 덕수궁 왼편 일대가 너무나 삭막하게 변한 것은 이왕직이 경비 문제로 대궐을 팔아넘겼기 때문

← 1925년 화재가 난 중명전

↙ 화재 후 재건된 중명전

↓
현재의 중명전 모습

이라고 보도하고 있다.[21]

　중명전이 외국인 클럽이 된 것이 정확히 언제부터인지는 알 수 없으나, 1925년 3월 12일의 중명전 대화재에 대한 『조선일보』 기사에 의하면, 고종황제의 명으로 막대한 금전을 들여 신축된 서양식 전각인 수옥헌(중명전)은 1912년부터 외국인들의 사교클럽인 서울구락부가 사용하고 있다고 했다. 새벽 2시 30분경 일어난 화재는 약 2시간 가량 지속되어 건물을 거의 전소시키고 새벽 4시 30분경에야 진화되었다. 이때 중명전 건물은 외관만 남긴 채, '거죽은 말쑥'하지만 내부는 완전히 전소되고 말았다.[22]

　이후 중명전은 재건되었지만, 1938년 출간된 오다 쇼고의 『덕수궁사』에 실린 중명전 사진을 보면 2층 발코니가 없다. 1925년 화재 당시 사진에는 중명전 현관 포치 위 2층에도 발코니가 있었음을 볼 때 1925년 3월 화재 이후 건물이 재건되면서 중명전의 외관에 변화가 생긴 것으로 추정된다. 재건된 중명전에는 여전히 서울구락부가 입주해서 활동하거나,[23] 조선 내 특수 외국인으로 조직한 비밀 결사인 프리메이슨 월례모임이 열렸다는 기록도 있다.[24]

덕수궁, 도심공원이 되다

　1910년 강제 병합을 전후한 시기부터 경복궁, 창경궁, 경희궁 등 고종과 순종이 사용하지 않는 궁궐들의 훼손이 먼저 시작되었다. 우선 황실 부동산 국유화 조치에 따라 창경궁과 경희궁은 국유로 편입되었고, 경복궁은 궁내부 소속이 되었다가 병합 후인 1911년 5월 17일, 총독부가 관리비 부담을 핑계로 이왕직으로부터 경복궁 전체 면적 19만 8,624여 평을 인계받았다.[25] 일제는 통감부 설치 후 황제권의 물적 토대를 해체하기 위해 1907년 7월, 임시제실유급국유재산조사국을 설치했고, 조사결과는 1908년 6월 궁내부가 관리해 오던 대부분의 재산을 국유화하는 것으로 일단락되었다. 특히 황실 소속 부동산 중 궁궐이나 태묘太廟 부지, 능원묘의 내해자 이내만 궁내부 소관으로 하고 나머지는 모두 탁지부 소관으로 함으로써 일제의 의도대로 얼마든지 그 용도를 변경할 수 있게 되었다.

황실 소유 부동산을 조사하는 과정에서 경복궁과 후원지역, 창덕궁 내 각 전각의 현황을 조사한 『북궐도형』, 『북궐후원도형』, 『동궐도형』, 『궁궐지』 등의 자료가 상세한 도면과 함께 작성된 것으로 보인다. 국유재산을 관리하는 「국유재산관리규정」(1906년 7월), 「국유재산목록 및 증감변동에 관한 건」(1906년 11월) 등의 제정에 따라 정부가 관리하는 토지, 가옥 및 건축물의 목록과 증감 변동사항을 철저히 파악하고자 한 것이다.[26]

이 중 창경궁은 1908년 9월, 박물관, 동물원, 식물원 설치를 위한 어원御苑 사무국에 편입되어 일찌감치 공원으로 변모했다. 일제는 순종이 창덕궁으로 이어하자 순종의 무료함을 달래줄 오락시설 마련이라는 명분으로 창경궁에 동물원과 식물원, 박물관을 조성하면서 본격적으로 훼손하기 시작했다.[27]

1908년 창경궁을 훼철하고 설치한 창경원의
동물원에서 1918년 일시 귀국한 영친왕이
직접 하마 사진을 찍고 있는 모습

1909년 11월 1일 자로 창경궁의 일반인 관람이 허용되었을 때
이에 반대하는 여론이 일자, 일제는 대중의 관람에 복무한다는 명분
을 내세워 개방을 강행했다. 이후 창경궁은 창경원이 되어 경성에서
손꼽히는 행락장소로 변모했다. 창경원의 봄을 대표하는 벚꽃놀이에
당시 경성 인구의 10분의 1에 해당하는 2만 8천여 명이 구경왔다는
기록도 있다. 1924년 4월부터는 밤 벚꽃 놀이를 개시했다.[28] 일본이
메이지 유신 성공 후 과거 에도 시대의 상징적 공간인 우에노를 철저
하게 변형시켜 박물관, 동물원으로 활용했듯이,[29] 창경궁도 공중의
관람에 복무한다는 명분으로 위락시설화되어 경성 시민들이 수천 명
씩 관람하는 공원이 되었다.

경복궁은 창경궁보다도 먼저 1908년 3월 8일, 일반에 공개가 결정되었다. 궁궐 중에서 가장 먼저 일반 대중의 관람이 허용된 셈이다. 외국인, 특히 일본인들은[30] 이전에도 궁내부 예식원으로 신청하여 문표門標를 발급받고 경복궁을 관람할 수 있었지만, 이제 공식적으로 일반인들의 관람도 허용된 것이다. 경복궁을 관람하려는 사람은 매주 일요일과 수요일 오전 7시부터 오후 5시까지 정해진 비용을 내면 광화문 주전원主殿院 파출소에서 궁원宮苑 배관표拜觀票를 발급받아 구경할 수 있었다. 개방 후 관람객이 하루 2천 명이 넘을 정도로 인기를 끌었다고 한다.[31] 경회루에서는 통감이 참여하는 연회나 송별연 등 행사도 자주 열렸다. 1908년 8월 경복궁을 구경했다는 유길준, 장박, 조희연 등은 을미사변 후 개화정권 붕괴와 함께 일본으로 망명했다가 고종이 퇴위된 후에야 귀국했는데, 옛 경복궁을 돌아보는 감회가 어떠했을지 자못 궁금해진다.[32]

경복궁 건물을 헐어 매각하는 절차도 병합 전부터 이미 시작되었다. 1910년 3월 27일 『황성신문』에는 공원 조성을 위해 경복궁과 창덕궁을 비롯한 불용 건물 4천여 칸을 매각한다는 공고가 등장했다. 5월 10일, 궁내부에서 매 칸 정가 15환에서 25환에 경매에 부쳤는데, 참여한 사람이 조선인과 일본인 80여 명이고, 이 중 10여 명에게 매각되었다. 그중 3분의 1은 일본인 기타이 아오사부로北井靑三郎라는 자에게 팔렸는데, 민간으로 넘어간 전각들은 일본 사찰이나 요정, 부호들의 저택 등으로 변신했다. 소네 아라스케 통감의 아들인 소네 유오曾彌尤男는 경복궁 행각을 헐어 종묘장으로 사용했다는 기록도 있

다.[33]

경복궁의 건물들이 본격적으로 훼철되기 시작한 것은 1915년 시정施政 5년 기념 조선물산공진회를 열면서부터라고 알려져 왔으나, 이처럼 훨씬 전인 병합 전부터 경복궁 전각 훼철과 방매放賣가 이루어졌음을 알 수 있다. 『북궐도형』에 기록된 경복궁 전각 수는 509동 6,806칸으로, 당시 이미 이건 혹은 훼철된 건물 수가 113동 1,301칸이라고 했다. 1926년 경복궁 정면에 조선총독부 청사를 건립하기 전에 남은 건물 수는 369동 5,505칸이었는데, 해방 후 남은 건물이 40동 857칸이므로 일제강점기 동안 철거되거나 이건된 건물이 356동 4,648칸이라고 할 수 있다.[34]

1915년 경복궁에서 열린 조선물산공진회는 데라우치 마사타케 초대 총독의 지시로 1913년부터 준비를 시작했다. 1914년 7월, 근정전 앞의 흥례문과 그 회랑, 근정전 동쪽의 자선당과 비현각 등 정전, 편전, 침전 일곽을 제외한 많은 전각들을 철거하고 18개의 진열관을 세웠다. 철거된 건물 15개 동, 문 9개, 회랑 등 건평 791여 평은 약 1만 1,374원에 공매하고 나무 26그루도 베어냈다. 이 중 자선당은 총독부 청사 신축에도 관여했던 오쿠라 기하치로大倉喜八郎가 일본으로 반출해서 자신의 집에 옮겨 짓고 우리나라에서 가져간 수많은 문화재를 전시하는 '조선관'으로 활용했다. 1923년 관동대지진 때 불타버린 자선당의 기단을 비롯한 석재만 오쿠라호텔 경내에 있던 것을 1996년 반환받은 사실은 잘 알려져 있다.[35]

공진회는 1915년 9월 11일부터 10월 31일까지 약 50일간 개최되었는데, 전국 각지의 지방민들까지 총동원된 관람객이 무려 110만 명에 달했다고 한다. 근대적 신문물을 구경하면서 옛 왕조의 기억을 지우고 눈부시게 발전하는 식민통치의 현실을 긍정하라는 의도에서 마련된 행사였다. 자선당과 비현각이 있던 자리에는 신고전주의 열주 방식으로 총독부미술관이 건립되었고, 공진회가 끝난 후 총독부 박물관으로 전용되었다.[36] 옛 왕궁의 권위를 훼손하기 위해 식민지 박물관을 건립한 것이라고 볼 수 있다.

일제는 또한 공진회가 끝난 후 곧바로 경복궁에 총독부 청사를 짓기 시작했다. 애초에 공진회를 위해서가 아니라 총독부 청사를 짓기 위해 전각들을 철거하고 우선 공진회를 개최한 것이라고 볼 수 있다. 1911년부터 총독부 청사 신축을 추진해 온 일제는 철도호텔을 설계한 라란데에게 설계를 맡겼다. 하지만 설계가 완료되기 전 그가 사망하는 바람에 대만총독부 청사를 설계한 노무라 이치로野村一郎가 마무리지었다.[37] 1916년 6월 25일, 경복궁 광화문과 근정문 사이, 현 홍례문 권역에 터를 잡고, 착공 10년만인 1926년 10월 1인 준공했다. 중앙의 열주와 상부 돔을 중심으로 엄격한 좌우 대칭의 고전주의 양식을 한 신청사는 화강석으로 마감된 철근 콘크리트 5층 건물로 연면적이 9,619평에 달했다. 10년에 걸쳐 675만 원의 거금을 들여 신축된 총독부 청사는 '동양 제일'의 규모를 자랑하는 육중한 외관으로, 보는 것만으로도 경복궁을 압도하는 식민지 지배권력을 상징했다.

현재의 서울시청 구청사인 경성부청도 1923년 덕수궁에 신축하는 것으로 거론되다가 결국 덕수궁 건너편에 1926년 10월 30일 준공되었다. 이보다 앞서 1925년 9월에는 종래 남대문 정거장 자리에 경성역이 들어섰다. 스위스 루체른 역사를 모델로 바로크와 르네상스 풍을 혼합한 외관에 4각 돔 지붕을 한 경성역은[38] 경부선과 경의선을 연결하고 남만주철도까지 이어져 일제의 대륙침략 루트의 출발점이 되었다. 경성역은 1923년 1월 기존의 남대문 정거장이 이름을 바꾼 것이었다. 원래는 대한제국기에 건설된 경인선의 종착역인 서대문역이 있었고, 경운궁 가까이에 위치한 서대문역은 청량리까지 이어진 전차와 쉽게 환승할 수 있는 역이었다. 하지만 일제가 남산 인근 일본인 거류지와 가까운 남대문 정거장을 한반도 종단 철도의 중심으로 만들기 위해 경성역으로 변경한 것이다.

1929년 9월 12일부터 10월 31일에는 더욱 큰 규모로 시정 20년 기념 조선박람회가 역시 경복궁에서 열렸다. 이때는 박람회의 정문을 건춘문 북쪽으로 이전된 광화문으로 정하면서 동십자각을 지나서 경복궁의 동쪽으로 입장이 이루어졌다. 정문에는 이미 총독부 청사가 버티고 있으니 동선이 바뀐 것이다. 1929년 박람회 때는 경복궁 내부뿐 아니라 지금의 청와대 지역인 경복궁 후원 경무대景武臺 영역에까지 식당과 매점 등 편의시설이 설치되었다. 이때 건청궁 뒤 후원 권역인 신무문神武門 밖, 경무대에 있던 융문당隆文堂, 융무당隆武堂은 일본 불교계에 무상으로 대여되어 1928년에서 1929년 사이 헐려 나갔다.[39] 융문당, 융무당은 고종 초기 경복궁을 중건할 때 후원 영역에 건립된 전각으로서 1868년에서 1869년 사이 건립되었다. 융문당은 창덕궁 춘당대처럼 문·무과 과거시험을 치르는 인재선발 장소였고, 융무당 앞은 군사훈련이나 군대사열 행사를 치르던 공간이었다. 하지만 이런 전각들을 훼철한 후 융문당 영역은 시정 20년 기념 조선박람회를 위한 지원시설로 사용되고,[40] 융무당 근처 궁궐을 지키는 금위군의 수궁守宮 터에는 1939년 조선 총독의 관저가 완공되었다. 총독 관저는 해방 후에도 경무대라 불리며 대통령 관저가 되었다가 1960년 4·19혁명 이후 청와대로 이름을 바꾸었다.[41] 1991년 현재의 청와대 본관이 신축된 후 1993년 10월 철거될 때까지 초대 이승만 대통령을 비롯, 대한민국 역대 대통령들이 관저 및 집무실로 옛 총독 관저를 사용한 것이다.

경복궁 내에서 가장 늦게 훼철된 지역은 동북쪽 선원전 영역이다. 총독부 관리들을 위한 관사로 사용되고 있던 선원전과 부속건물은 1932년 10월 철거되어 경희궁 흥화문과 함께 장충단공원으로 옮겨졌다. 선원전 건물은 이토 히로부미를 기리는 박문사의 일부로 활용되었다. 조선왕조 역대 왕들의 어진을 봉안하던 엄숙하고 신성한 시설이었던 선원전이 초대 통감 이토를 기리는 사찰로 옮겨진 것은 분명 의도적인 것이었다.

한편, 고종과 명성황후의 처소였고 1880년대 개화정책 추진의 산실이며, 을미사변의 현장인 건청궁은 1909년 6월 무렵 헐린 것으로 추정된다.[42] 경복궁 내에서 을미사변의 현장인 건청궁 영역이 가장 먼저 파괴된 것이라고 볼 수 있다. 그 자리에는 1935년 시정 25년 기념 박람회장이 건립되었다. 1935년 4월 20일부터 6월 10일까지 열린 이 박람회는 경복궁에서 열린 마지막 대규모 박람회로서 조선신문사에서 주최한 조선산업박람회였다.

박람회가 끝난 후 옛 건청궁 터에는 1939년 총독부미술관이 완공되었다. 해방 후에도 전통공예미술관 등의 이름으로 서 있던 건물은 건청궁 복원계획에 따라 1998년 철거되었다. 2004년부터 복원 공사에 들어간 건청궁이 2007년 일반에 공개되기 전까지 우리는 을미사변의 현장을 찾아볼 수 없었고, '건청궁'이라는 이름조차 기억 속에서 지우고 있었다. 조선왕조의 정궁이었던 경복궁 정면에 육중한 총독부 청사가 들어서고 경내에는 총독부박물관, 총독부미술관이 지어졌으며, 후원인 경무대 지역에 총독관저까지 세워지면서 경복궁은 완벽하게 식민지 통치자를 위한 공간으로 변모했다.[43]

고종이 기거하던 덕수궁도 고종이 사망한지 1년이 지난 1920년부터 그 처분 문제가 수면 위로 떠올랐다. 『매일신보』는 1920년 1월 19일 덕수궁 처분 문제에 대한 고쿠분 쇼타로 이왕직 차관의 입장을 보도했다. 고쿠분은 "덕수궁 안에는 고종이 무한히 사랑해서 잠시도 곁을 떠나지 않던 복령당 아기씨(덕혜옹주) 한 분만 남아서 다수의 시녀와 함께 생활하고 있고, 영친왕이 좋아하던 석조전도 아무도 근처에 가지 않아 쓸쓸하고 처량하게 보이며, 고종의 영령을 받들어 모시는 함녕전은 매월 두 번씩 제사에 참배하는 사람 외에는 몇몇 숙직하는 사람뿐이라. 일만 팔천 평, 수십 채 되는 전각들을 현재대로 영구히 보존할 것인지, 일년제를 마치면 차차 문제가 되지 않겠는가"라고 했다. 또 "장래 총독부가 경복궁 안으로 옮기게 되면 태평통(현 중구 태평로의 일제강점기 명칭)은 경성의 중심점이 되고 덕수궁도 요지가 될 터인데, 경성시가 중 일만 팔천 평이나 되는 대지를 놀려두겠는가"라고 하고, 건물과 정원 등의 보존비용이 막대하므로 결국 장래에는 궁 안의 한쪽에 필요한 것을 모아놓고 다른 쪽은 떼어 내서 민가를 세울지도 모른다면서 은연중에 덕수궁 처분 계획을 암시했다. 특히 "이조 역대의 조상을 모신 선원전은 창덕궁으로 옮길 예정이고, 의효전도 창덕궁에 이건하는 등 이왕가에 반드시 필요한 전각 두셋은 보존하고 석조전같이 웅대한 건물도 움직이기 어려우므로 그대로 두되, 나머지 꼭 필요치 않은 부분은 떼어 내어 장사하는 집이 세워지면 경성의 번영에 좋은 일"이라면서 덕수궁 부지의 분할 매각 계획을 시사했다.[44]

　이러한 계획에 따라 먼저 선원전 권역의 상징인 영성문이 고종 사망 후 1년이 조금 더 지난 시점부터 헐리고, 덕수궁 선원전에 모셨던 역대 국왕의 어진들은 1920년 2월 16일, 창덕궁 선원전으로 모두 옮겨졌다. 그 직후 영성문 안쪽의 선원전 일대 전각들을 모두 헐어 내는 공사가 진행되어 이른바 '영성문 대궐'이라고 부르던 선원전 권역은 완전히 파괴되었다. 임시정부의 기관지 『독립신문』에 의하면, 영성문 내 선원전 권역 1만 5,000여 평의 땅이 조선은행, 조선식산은행, 경성일보사에 각각 팔렸으며, 팔린 금액은 40만 원이라고 전하고 있다. 선원전 매각에 대한 논의는 이미 1919년 10월 무렵부터 이왕직 장관 민병석과 찬시사장 윤덕영을 중심으로 시작되었으나 순종의 반발로 논의가 수면 아래로 내려갔다가 결국 고쿠분 차관의 압력으

로 매각이 성사되었다는 것이다.[45]

이후 선원전 권역에는 은행이 아닌 학교와 포교당이 들어섰다. 1922년 흥덕전과 흥복전이 있던 자리에 경성제일공립고등여학교가 들어섰고, 신작로 건너편의 의효전이 있던 곳에 경성여자공립보통학교가 자리를 잡았다. 해방후 경성제일공립고등여학교 자리에 경기여자고등학교가 들어섰고, 경성여자공립보통학교는 1935년 봄부터 남녀공학으로 변경되어 나중에 덕수공립보통학교가 되었다. 선원전과 사성당이 있던 정동 1-24번지에는 해인사 중앙포교소가 들어섰다가 1934년 조선저축은행 중역 사택이 조성되었다.[46]

이렇게 고종 사후 1920년부터 선원전 권역이 해체되고, 이미 1912년에 중명전 권역도 외국인 구락부가 되었으므로 덕수궁은 대한제국기의 경운궁에 비해 그 영역이 대폭 축소되었다. 하지만 고종이 거처하던 함녕전 주변은 그대로 보존된 채 폐허처럼 방치되다가, 1926년 말 경운궁 대한문 안 공간까지 토지회사에 매각된다는 기사가 보도되었다. 순종까지 사망한 후 본격적으로 덕수궁 훼철 논의가 시작된 것이다.

『중외일보』 1926년 12월 24일 기사에서는 덕수궁 부지 분할 매각설에 대해 다음과 같이 보도했다. '기미년 고종 사후 영령을 홍릉에 모신 후 부태묘祔太廟(위패를 태묘에 모시는 의례)가 봉행되기까지 삼년 동안 혼전魂殿을 두었던 덕수궁은 4~5년 동안 수풀만 우거지고 전각들은 벌레와 새들의 보금자리가 되어 황량하더니, 오래전부터 덕수궁의 일부 땅을 팔아온 이왕직에서 다시 그 나머지를 팔기 위해 비

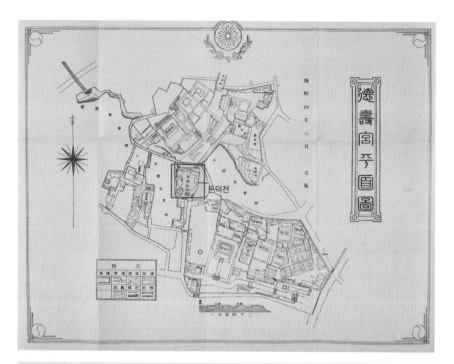

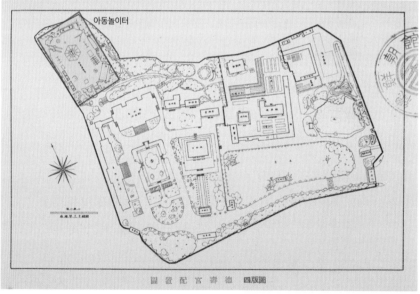

↑
1910년 덕수궁 평면도와 돈덕전
↑
1930년대 덕수궁 공원화 계획으로 아동놀이터가 된 돈덕전
덕수궁 서관 이왕가 미술관을 건립하고 작성된 덕수궁
배치도이다. 왼쪽 상단 돈덕전을 훼철한 자리에 아동놀이터가
조성되어 있다.

밀리에 매매 운동 중'이라고 하면서, 그 형해나마 가지고 있던 덕수궁마저 경복궁이 거쳐 간 자취를 따라 없어지고 말 모양이라고 안타까움을 표시했다. 덕수궁 대한문 안쪽 부지 중 태평통太平通 쪽으로 면한 정면의 토지를 모 일본인 토지회사에 팔아 여러 개의 필지로 나눈 후 상업지대를 만들어 인근 관청, 은행, 회사 등을 상대로 장사를 하게 하려는 것이라고 추정했다. 웅대하고 장려한 궁궐이 없어지는 것과 관련하여 이왕직 수뇌부가 덕수궁 부지 매각에 적극적인 반면, 이면에서 황실가족 사이에서는 의론이 다소 분분하다고 하면서 석조전만은 그대로 보존될 것이라는 일본인 서무과장의 견해를 전하기도 했다.[47]

사실 덕수궁 건물의 훼철과 공원화는 1923년 경성부청 신청사를 태평로에 건설하기 시작하면서 어느 정도 예견된 일이었다. 1919년 고종 사후 주인을 잃어버린 덕수궁을 이왕직에서 관리하고 있었기 때문에 경성부청 신청사 건설과 연계하여 덕수궁을 도심의 중앙공원으로 조성하려는 계획이 시작되었다고 볼 수 있다.[48]

덕수궁이 완전히 공원화되어 개방된 것은 1933년에 이르러서였다. 1932년 11월 6일 『매일신보』 기사는 덕수궁의 함녕전, 중화전 등 유서 깊은 건물과 그 부속건물을 제외한 약 2만 평 되는 정원을 정리하여 대공원을 만들 것이고, 석조전 기타의 건물은 박물관으로 사용하게 되리라는 소식을 전하고 있다.[49] 『동아일보』 1933년 2월 12일자 기사도 그해 가을까지 덕수궁에 아동공원과 어른의 산책지를 만들고, 석조전에는 회화관繪畵館을 설치하여 창경원 이왕직 박물관에 진열했던 고대 서화와 왕가의 비장秘藏 회화를 진열할 것이며, 전각 중의 중요한 곳도 일반 시민에게 개방하여 임의로 배관拜觀할 수 있게 할 것이라는 소식을 전했다. 처음에 무료개방설도 있었으나, 궁내의 시설 보존을 위해 입장료를 5전 또는 10전을 받아 함부로 들어가는 것을 제한한다고 하면서, 고종 승하 이래 깊이 잠겼던 구중궁궐이 40만 경성부민의 '사라진 과거를 회상하는 동산'이 될 것이라고 보도했다.[50]

  1933년 10월 1일, 일반에 개방된 덕수궁의 전각 중에서 "존엄尊嚴한 정전正殿"인 중화전 내부도 일반인 관람이 허락되었고, "이태왕 전하께옵서 거처하시든 함녕전 및 배알실拜謁室이든 덕홍전德弘殿은 외부에서 엿볼 수만 있게" 했다.[51] 석조전은 미술품 전시관으로, 석조전 뒤편의 옛 돈덕전 권역에는 아동유원지를 만들었다. 옛 영성문 대궐터에 들어선 덕수유치원을 위한 놀이시설로서 시소와 미끄럼틀, 그네, 회전놀이, 어린이 교육을 위한 소형 동물원을 조성했다. 대한제국이 근대적 주권국가를 꿈꾸며 1902년 칭경예식을 위한 연회시설,

일제강점기 덕수궁
함녕전 관람객들

외국인 영빈관으로 건립한 돈덕전이 훼철된 자리에 아동 놀이공원이 들어선 것이다.[52]

이제 경운궁을 중심으로 방사상 도로망의 시작점이었던 대한문 앞 광장에는 식민통치의 위엄을 자랑하는 경성부청이 신축되어 대한제국의 황궁 경운궁에 대한 기억을 압도했다. 고종 사망 후 주인을 잃은 덕수궁 석조전도 대한제국 황궁으로서의 기억을 지우고 일본의 근대문명을 전시하는 미술관으로 용도가 변경됐다. 조선왕조의 법궁인 경복궁 정면에는 식민지 지배권력을 상징하는 총독부 청사가 1926년 완공되고, 덕수궁에는 근대적 문화시설인 미술관과 아동 놀이공원을 설치함으로써 대중의 기억 속에서 과거를 지우고 새로운 식민지 근대의 위용을 각인시키는 방법이었다.

1938년 석조전 서관 역시 육중한 콘크리트 건물로 신축되면서 대한제국이 근대 문명국가를 꿈꾸며 심혈을 기울여 건립한 기존의 석조전은 원래의 취지를 상실한 채 단지 서관 옆의 쌍둥이 건물처럼 보여지게 되었다. 두 동의 석조전에 둘러싸인 전통식 전각 중화전은 1902년 칭경예식을 위해 경운궁의 정전으로 건립되고, 오랜 중화체제로부터 이탈을 꿈꾸며 답도에 용까지 새겨 넣었으나, 두 건물의 위용에 눌려 뭔가 시대착오적인 전통처럼 보이게 되었다. 석조전을 제외하고 경운궁 권역에 세워진 양관들은 거의 다 훼철되고, 중명전은 남겨졌지만 외국인 클럽에 대여되어 그 원래의 건립 목적을 누구도 알 수 없게 되어 버렸다. 1904년 이후 고종이 편전으로 활용하고, 그곳에서 을사늑약이 강제되었으며, 그에 저항하는 헤이그 특사 파견

↑
석조전과 돈덕전
일제강점기 사진으로 1910년 완공된 석조전 뒤편으로 돈덕전이 보인다.
↑
2023년 재건된 돈덕전

을 계획한 건물이라는 기억은 모두 잊혀졌다.

　어렵사리 근대 주권국가를 지향하며 근대도시의 황궁으로 건설된 경운궁은 물러난 황제가 거처하는 덕수궁으로 이름을 바꿔 달았다가 고종 사망 후에는 이렇게 도심 공원으로 변모했다. 근대적 황제국 대한제국의 신민에서 식민지 조선인이 된 경성시민들에게 위락거리를 제공한다는 명분이었다. 유럽 열강의 옛 궁궐 역시 박물관이나 미술관으로 개방되고 화려했던 옛 황실의 흔적을 전시물이나 미술품을 통해 기억하게 한다. 하지만 이를 통해 그 국민들은 오래된 역사의 무게와 문화적 자부심을 느끼는 반면, 대한제국의 쓸쓸한 최후를 목격한 경성시민들은 미술관과 공원으로 용도 변경된 퇴락한 옛 황궁의 전각들을 들여다보며 무엇을 기억했을까?

대한제국이
대한민국에 남긴 유산

대한제국은 오늘날 대한민국에 사는 우리들에게 '대한'이라는 국호를 남겼다. 현재도 국가행사 때마다 펄럭이는 태극기는 대한제국기에도 황제 즉위식 행렬에 앞세워졌고, 황제탄신일과 개국기원절 행사장을 장식했다. 전통적인 동양적 황제국의 상징 기호들을 차용하여 환구단에서 열린 대한제국 선포는 비록 시대착오적으로 보일지라도 수백 년 동안 지속되어온 중화체제에서 이탈을 선언한 것으로서 의미가 있었다. 1899년 청과 동등한 주권국가로서 한청통상조약을 체결하고, 1902년 최초로 베이징에 대한제국 공사관을 개설하면서 고종은 4천 년 만에 대등한 나라가 되었다고 감격했다. 유럽 각국에도 공사관을 개설하고 중립화 외교를 추구했으며, 을사늑약 이후에는 일제의 불법적인 국권침탈을 고발하는 특사단을 헤이그 만국평화회의에 파견하기도 했다. 1909년 하얼빈에서 이토 히로부미를 사살한 안중근은 자신을 '대한국인大韓國人'이라고 칭했다. 근대 한국인으로서의 정체성이 이미 형성되고 있었던 것이다.

하지만 제국주의 열강의 외면으로 대한제국의 근대 주권국가 기획은 좌절되었다. 병합을 앞두고 친일단체 일진회를 주도한 합방론자들은 과거 오랜 기간 중국에 그랬듯이, 일본에 대외 주권을 위임한 속방체제로 다시 돌아가는 것일 뿐이라고 주장했다. 주권을 포기하는 대신 내정의 자치를 추구한다는 논리였다.[1] 그러나 그들의 헛된 기대는 무참히 깨져버렸고, 대한제국의 망국은 근대 한국인들의 삶에 식민지 경험이라는 지울 수 없는 트라우마를 남겼다. 불과 13년 동안 존속했던 대한제국에 씌워진 망국책임론은 아마 앞으로도 영원히 벗을 수 없는 멍에일 것이다.

따라서 대한제국에 대한 우리 국민들의 기억은 복잡하고 심란하다. 일제에 의해 강제로 훼철된 대한제국의 본 모습을 찾는 데 동의하면서도, 덕수궁이 대한제국 당시의 이름 '경운궁'을 되찾는 데 실패한 사례에서 보이듯이, 여전히 대한제국의 실패와 좌절에 준엄하게 책임을 추궁하는 심리가 마음 깊은 곳에 남아 있기 때문이다. 대한제국 선포 장소인 환구단은 일제에 의해 헐리고, 그곳에 식민지 근대화의 상징인 철도호텔이 들어섰고, 돈덕전과 중명전 등 대한제국이 세운 근대적 양관들은 일제에 의해 무단으로 훼철되거나 국권 침탈의 현장이 되었다. 힘들었던 세월이 많이 지나 이제는 과거 일제에 의해 훼손된 흔적들을 찾아보고 간혹 복원하는 여유를 가지면서도 아직도 대한제국은 지우고 싶은 기억으로 남아 있다.

하지만 우리 역사가 조선왕조에서 곧바로 일제강점기로 넘어간 게 아니고, 해방 후 대한민국도 갑자기 외부에서 주어진 것이 아니다. 근대 한국과 한국인으로서 정체성은 대한제국기에 형성되기 시작했으며, 그 성과와 한계를 고스란히 안은 채 대한민국이 출발했다.

이 책은 한국 근대로의 이행기에 대한제국이 차지하는 역할과 위상을 재평가하고 그것이 현대 한국인들에게 어떤 역사적 유산으로 남아 있는지 서술해 보고자 했다. 특히 대한제국기에 서구에서 도입된 새로운 기술문명을 대하는 근대 한국인들의 표정과 몸짓, 그리고 거리 풍경 등을 통해 그동안 문헌 사료가 미처 다 전하지 못한 이 시대의 분위기를 보여 주려고 노력했다. 제국주의 열강의 세력 경쟁의 소용돌이에 빠진 대한제국을 방문한 서양인들이 동양의 한 작은 나라에 대해 가졌던 선입견과 상관없이, 근대 한국인들이 낯선 '근대'를 어떻게 받아들였는지, 서구식 군복을 입고 훈장을 패용한 채 매우 어색하지만 근엄한 표정으로 카메라를 응시하고 있는 고종황제로부터 만원 전차에 올라 바깥세상 출입에 나선 여인네들까지, 근대 한국인의 원형질이 이 시기에 어떻게 형성되어 갔는지 주목해 보고자 했다.

화려한 국장 행렬을 연도에서 구경하고, 국가기념일이나 경축일에 한성부 관리들의 행정 지도 아래 상가 정면에 혹은 집집마다 태극기를 내건 상인과 시민들, 거리를 달리는 전차를 타고 나들이에 나서거나 볼일을 보러 가기 위해 전차 시간표를 확인하는 사람들, 경운궁 인화문이나 대안문 앞에 모인 태극기를 든 시위 군중, 황실 전용 전차를 타고 홍릉 행차에 나선 황제로부터 황제의 거동 길을 구경하는 연도의 시민들까지, 이 시대를 산 근대 한국인들이 현재 대한민국을 사는 우리들에게 어떤 근대의 원형으로 다가오는지 음미해 보려고 노력했다.

사실 우리나라 고·중세 시대 왕조의 멸망과 새 나라 건국 과정에 비하면, 조선왕조체제의 종식과 대한제국의 건국 과정은 매우 이례적이다. 서구의 충격으로 인한 근대로의 전환기에 조선왕조체제가 강제로 종식되고 1897년 대한제국이 선포되는 과정이 역성혁명이나 최고 권력의 교체로 이루어진 것이 아니기 때문이다. 조선왕조의 마지막 군주인 고종이 그대로 새로 탄생한 대한제국의 최초의 황제가 되었다는 점에서, 또 불과 13년간 존재하고 일제의 강점으로 사라진 국가라는 점에서 대한제국을 조선왕조의 연장으로 보는 시각도 존재한다. 하지만 대한제국은 유교정치이념에 입각한 양반지주 중심의 국가체제가 아니라 대외적으로 중화체제에서 벗어난 근대적 주권국가, 대내적으로도 부국강병을 모토로 식산흥업정책을 추진한 새로운 나라였다. 대한제국 황제정은 구래의 신분질서에 입각한 양반지배체제가 아니라는 점에서 당연하게도 조선왕조와는 역사적 단계를 달리하는 신국가체제로 평가되어야 한다. 다만 13년간의 단명으로 끝난 탓에 그 구조적 틀이 미완성인 채 붕괴되어 버린 과도기적 국가체제였다.

그렇다면 대한제국은 비록 전환기의 과도기적 특성을 가지고 있다 하더라도 근대국가라고 볼 수 있는가? 대한제국의 성격을 둘러싼 몇 차례의 논쟁에도 불구하고 아직도 우리 학계는 뚜렷한 합의에 도달하지 못하고 있다. 특히 물적인 측면에서 근대화 개혁의 성과와 한계에 대해서는 어느 정도 평가가 이루어졌음에도 불구하고 대한제국이라는 국가의 성격을 어떻게 볼 것인가에 대한 이론異論은 여전히 계속되고 있다. 황제권이 강화된 전제군주제의 근대적 변용인지, 아니면 근대적 국민국가를 지향했는지, 대한제국 황제정의 역사적 단계에 대한 학계의 평가에는 다양한 편차가 존재한다. 이러한 편차는 근본적으로 근대국가란 무엇인가에 대한 관점의 차이에서 비롯된다.

한국 근대사에서 근대국가 구상을 가장 먼저 제시한 것은 개화파였지만, 자체 역량의 미비로 1884년 갑신정변이 실패로 돌아간 것은 주지하는 사실이다. 하지만 오랫동안 동아시아의 패자로 군림했던 중국이 청일전쟁에서 패배하면서 중화체제 내에 포섭되어 있던 조선왕조체제도 종말을 고하고, 개화파는 갑오개혁으로 다시 한번 근대국가 구상을 실현할 기회를 갖게 되었다. 엄밀히 말하면 조선왕조체제 붕괴의 근본적 동력은 1894년 동학농민군의 전국적인 봉기와 이들이 주창한 폐정개혁안에 있었지만, 이를 수렴하여 근대적 개혁 법령으로 입안, 공포하고 짧은 기간이나마 실행에 옮긴 것은 일본의 지원을 받아 수립된 개화정권이었다.

개화파의 근대국가 구상을 보면, 이미 공화정체의 3권분립이나 대통령 임기제, 선거제 등에 대해 비교적 정확한 정보와 인식을 가지고 있었다. 하지만 1888년 박영효 상소문에 보이듯이 개화파는 여전히 '군민공치君民共治'의 논리로 고종을 설득하려 했다. 박영효는 서세동점의 형세에 대처하기 위해 일대 변혁이 필수적인데, 그 변혁의 요체는 정치변혁에 있고, 정치변혁의 방법은 모든 문명개화국의 경우처럼 무한한 군권君權을 다소 제한하고 인민의 당연한 자유를 인정하여 참정권을 보장하는 것이라고 했다. 전제군주권을 제한하고 인민에게 자유를 부여하면 민은 부여받은 자유만큼 나라에 책임을 지게되어 이것이 곧 문명개화, 부국강병의 방도가 된다는 주장이었다.

그런데 이때 개화파가 참정권을 요구하고 있는 '민民'은 일정한 교육을 받은 '개명식리開明識理'한 민으로 한정되었다. 천부인권론에 입각하여 신분제 폐지를 주장하고, 출생 뒤의 지위는 인위적 구별이며, '천자天子'로부터 '필부匹夫'에 이르기까지 빈부귀천貧富貴賤을 물론하고 강약強弱의 구별 없이 모두 '조선인'이라는 이름을 함께 한다고 하면서도, 박영효의 '신민新民' 논리에 보이듯이, 교육을 통해 '새사람'을 만드는 과정, 즉 근대적 국민 형성을 위한 교육과 계몽이 선행되어야 함을 강조했다.

특히 갑오개혁 초기 단계에서 핵심 역할을 한 유길준은 철저하게 위로부터 개혁만을 상정하고, 무지한 우민愚民들에 의한 아래로부터의 민중 소요는 극도로 혐오했다. 그는 위기상황이 되면 외국 군대의 힘을 빌어서라도 진압해야 한다고 주장한 반혁명주의자로서, 위로부터의 개혁은 아래로부터의 혁명을 예방하기 위한 것, 개혁은 곧 기존 체제를 혁명으로부터 보호하기 위한 것이었다. 부자의 재산권은 국가의 보호 대상이며, 인민의 당연한 권리 중 하나가 재산의 권리라고 생각했던 유길준은 자산資産 계층의 이해를 대변하는 부르주아 국가의 위상을 설정하고, 이들을 중심으로 근대국가체제를 이끌어 가려는 구상을 가지고 있었다. 조선후기 이래 농민봉기의 원인이었던 토지소유의 편중이나 빈부 갈등은 소작료 수취 방법의 개선으로 해결하고, 국가가 토지의 절대 면적을 조사하여 그 소유권을 보호해 주는 대신 재산 소유에 세금을 매기는 체제를 근대적 지주제라 생각했다. 적극적으로 상업을 육성하되, 국내시장 보호보다는 자유무역주의에 입각한 개항 통상을 중시했으며, 근대화 사업에 필요한 막대한 재원은 조세 증수를 통해 해결하고자 했다.[2] 이것이 개화파가 농민대중의 변혁 요구를 수용하여 문벌과 반상班常의 등급을 혁파하고 신분제를 폐지하여 등질적인 근대 국민 형성을 위한 첫걸음을 뗐으면서도 농민세력과 결코 연합할 수 없는 근본적인 이유였다.

개화정권은 궁내부를 설치하여 왕실 사무와 국정 운영을 분리하고 내각제를 도입함으로써 근대적 입헌정체 수립을 시도했다. 초기 갑오개혁의 추진본부 역할을 한 군국기무처는 스스로를 '의회'라고 인식하기도 했으며, 군주권을 제한당한 고종은 왕권을 배제하고 '공화정'을 실시하려는 것이냐고 크게 반발하기도 했다. 개화정권은 국왕의 정무 권한을 최대한 제한하고 정부 내각이 국정운영을 주도하는 정치체제를 이상적으로 생각했다. 일본의 메이지 천황과 같이 '군림하나 통치하지 않는' 형식상의 절대권자인 군주가 내각 관료세력의 정통성을 보증해주면서 집권세력의 상징과 구심점으로서만 역할하는 체제를 구상했던 것이다.

반면, 1897년 대한제국을 선포한 고종은 극심한 대내외적 위기 상황 속에서 국권 수호를 명분으로 민권운동 세력들을 제압하고 황제전제체제를 수립했다. 갑오 개화정권에 의해 몰락 위기에 처했던 전제군주제는 유교적 왕도정치 이념의 규제를 받던 조선왕조시대보다 더 강력한 황제정으로 화려하게 부활했다. 을미사변과 국왕의 러시아공사관 이어 등 일련의 사태들은 그 자체로는 심각하게 왕권의 추락을 가져왔지만, 동시에 왕권의 위기는 곧 국권의 위기라는 인식을 각인시키는 계기가 되었다. 이러한 여세를 몰아 고종은 직접 칭제를 추진하여 대한제국을 선포했다. 만국공법체제하에서 스스로 황제를 칭할 수 있고, 칭제를 통해 국가의 위상을 높임으로써 자주, 자강을 달성할 수 있다는 논리가 만들어졌다. 대한제국 선포로 고종은 일단 왕권 회복에 성공함과 동시에 국권 수호의 구심점으로서 위상을 확보하게 되었다.

갑오개혁으로 조선왕조체제의 근간을 이루었던 신분제가 해체되고, 유교정치이념에 입각한 지배엘리트 선발 방식인 과거제가 폐지된 대한제국은 더 이상 양반지주 중심의 나라는 아니었다. 조선왕조시대 왕권이 유교정치이념으로 무장한 신권臣權에 의해 끊임없이 견제되었던 것과 비교하면, 대한제국 황제정은 왕조시대와 질적으로 차별되는 새로운 단계에 진입한 것임은 분명했다. 대한제국기에 황제 측근의 근왕주의 세력은 대부분 명문가문 출신이 아니었고, 낮은 신분 배경에도 불구하고 탁월한 실무 능력을 바탕으로 황제에게 발탁된 경우가 적지 않았다. 고종은 개항 이후 개화정책 추진 당시부터 부국강병을 위해 정통 양반 사대부가 아닌 서자나 무과 출신 인사들을 중용했고, 이는 그 자체로 양반 사대부 중심의 관료체제와 신분제 해체를 가속화시키는 결과를 가져왔다. 이러한 고종의 인사 방식에 대해 양반 유생층은 사인私人의 등용 혹은 매관매과라고 비판했지만, 정치참여 계층의 확대라는 측면에서는 긍정적인 면도 있었다. 대표적인 근왕세력으로 지목되는 이용익도 비양반 출신에 실무 능력으로 발탁된 케이스였고, 소장 궁내관 중 근대교육을 받은 이학균, 현상건 등은 열강을 상대로 한 밀사 외교에 투입되기도 했다.

하지만 황제의 근왕세력들은 그 태생적 한계로 인해 황제에 대한 절대적인 충성 외에 근대적인 관료세력으로서 제도화된 모습을 보여주지 못했다. 과거제 폐지로 조선왕조의 관료선발 시스템이 붕괴된 후 대한제국기의 관료제 운영은 과도기적 혼란상으로 비춰지는 측면도 많았다. 다만 전국적으로 보면 지역사회에서 재지 양반사족들의 향촌자치와 이를 명분으로 한 신분제적 지배가 해체되고 황제정하의 신민臣民으로 균일화가 이루어지고 있었다.

대한제국 황제정하의 신민은 1898년 독립협회와 만민공동회에 결집한 민권운동 세력으로서, 「헌의 6조」를 통해 장정章程의 실시를 요구하는 등 입헌정치에 대한 욕구를 표출하기도 했다. 중추원을 개편하여 의회로 만들자는 참정권 획득 운동도 있었다. 고종은 독립협회가 공화정을 실시하려 한다는 익명서를 빌계로 군권 침손 행위라는 명목하에 민권운동 세력을 강제 해산했다. 독립협회 해산 후에도 박영효와 유길준 등 일본 망명 개화파들의 정변 시도는 계속되었지만, 이러한 황제권에 대한 도전에 대해 고종은 1899년 「대한국국제」 반포로 대응했다.

황제권의 법적 근거를 마련한「대한국국제」에서 황제는 '5백 년 전래 만세불변萬世不變의 무한군권無限君權'의 소유자로서 신민의 군권君權 침손侵損 행위 처벌을 가장 첫 번째 권리로 선언했다. '주권재민'의 이념은 선언적으로라도 언급되지 않았고 삼권분립에 관한 조항도 없었다.「대한국국제」에서 고종은 명실상부한 절대군주권을 확립했다고 볼 수 있다. 개화파가 이미 주장했던 천부인권이나, 독립협회·만민공동회가 요구한 입헌정치, 의회개설 등은 전혀 언급되지 않았다. 공법公法을 참고했고, 외국인들의 동의 여부에 신경쓰면서도 가장 기본적인 국민의 기본권 보장에 대한 언급이 없고, 공법은 입법·행정·외교 등 모든 국정운영의 권한이 황제에게 속함을 표현하는 데 수식어구로 사용되었을 뿐이다.

「대한국국제」에서는 황제의 권한을 명시적으로 선언하는 것 외에 어떠한 다른 사회적 합의나 고려사항도 필요치 않았다. 그런 면에서 대한제국 황제정하의 신민은 신분제 폐지로 등질적 국민 형성의 기초를 갖추었지만, 동시에 '인민주권'의 선포가 없는 한 아직 근대 국민국가의 '국민'은 아니었다. 고종이 생각하는 대한제국의 신민은 여전히 '소민小民'으로서 애민愛民의 대상이 되는 존재이지 더불어 국정을 의논하는 '공치共治'의 대상이 될 수 없었다.

물론 조선왕조시대와 달리 대한제국기의 황제정은 신민의 충군애국주의를 동원하기 위해 새로운 근대적 방식들을 활용해야 했다. 국경일에 각급 학교와 행사장에 황제의 어사진과 함께 태극기를 게양하게 하고,「대한제국 애국가」를 제정했으며, 장충단과 같은 국가

기념물을 세워야했던 대한제국은 구래의 유교정치이념이 아니라 근대 국민국가에서 국민적 구심점 형성을 위해 사용하던 장치들을 도입했다. 신분제적 차별이 법률적으로 폐지되고 명목상 법 앞에 평등 원칙이 관철된 사회로서 대한제국은 황제정하의 신민들을 황제와 국가에 충성하는 주체로 만들기 위해 노력했지만, 인민주권 선언과 참정권 확보를 전제로 하지 않는 신민들을 '근대적 국민'이라고 부를 수는 없을 것이다.

일반적으로 근대국가의 수립과정은 대외적으로 민족 정체성이 확립되고 동시에 대내적으로 균질적인 근대 국민이 형성되는 과정이었다. 근대국가는 중앙집권적 지배 장치를 통해 내부적으로 균질적이고 평준화된 통치 공간을 창출해 내고, 그 구성원들을 외세의 침략에 대항할 수 있는 애국심의 소유자로 동원하는 존재였다. 그 정체政體의 형태는 민주공화정만이 아니라 입헌군주제, 혹은 프러시아나 일본처럼 외견적 입헌제 등 다양한 범주가 있었다. 그렇다면 근대법적 용어로 명문화된 전제군주권을 토대로 한 황제정과 그 아래 새롭게 근대적인 충군애국주의로 동원된 신민으로 이루어진 대한제국체제는 어떻게 평가되어야 할까?

대한제국을 둘러싼 강력한 외압하에서 대외주권의 위기가 강조되면서 대한제국 황제정하의 군권君權 대 민권民權의 대립은 일단 군권의 승리로 귀착되었다. 황제권은 국권 수호를 명분으로 전제체제를 강화하면서 태극기나 애국가 제정, 각종 국가기념물 건립 등을 통해 근대 한국인의 정체성 형성에 구심점 역할을 했고, 보수적 근대화 개혁의 주체로 등장했다. 반면 민권운동 세력이지만 역시 '국민'을 호명하는 데는 소극적이었던 개화파와 독립협회 세력이 실패한 입헌정체 수립 운동은 을사늑약 후 일제에 의해 황제정이 해체 위기에 봉착한 후에야 다시 시작되었다. 하지만 일제에 의한 보호국 단계에서 재개된 참정권 운동은 친일적인 정부내각에 진출하기 위한 일진회 활동 등과 착종되며 방향을 잃었고, 황제정은 민족 내부의 정치과정이 아니라 일제에 의한 강제병합으로 인해 인적, 물적으로 완전히 해체되었다.

일제의 국권 침탈로 대한제국 황제정이 일거에 붕괴되었기에 1919년 3·1운동으로 설립된 대한민국임시정부는 일찍이 민주공화제를 채택할 수 있었다. 황제정을 스스로 극복하고 근대 국민국가 체제를 형성해 가면서 획득되는 사회세력 간 정치적 타협과 갈등 조정의 지난한 과정은 생략된 채 국권 회복을 위한 민족운동이 시작되었다. 그리고 해방 후 분단체제가 형성되고 현재의 대한민국에 이르렀다. 우리 역사에서 마지막 왕조의 유산이면서, 동시에 근대 한국의 출발점이기도 한 대한제국은 오늘을 사는 한국인들에게 어떤 역사적 단계로 기억되어야 할까? 만국공법이 지배하는 근대세계에 나아가고자 주권국가를 지향했으나, 참정의 주체로서 근대적 '국민' 형성에는 미흡했던 대한제국은 그만큼의 정도로만 근대에 도달했던 이행기의 국가였다.

대한제국 주요연표

1897-1910

대한제국 이전

1894년 5월(이하 음력), 동학농민군 진압을 핑계로 조선에 파병한 일본은 6월, 내정개혁안을 제시하며 경복궁을 점령하고 개화정권을 세웠다. 곧이어 청일전쟁을 도발한 일본은 조선에 대한 내정 간섭을 강화하기 시작했고, 12월 12일 「종묘 서고문」과 「홍범14조」를 통해 청으로부터 독립과 왕실의 국정 간여 배제를 서약하게 했다.

1895년 4월(양력), 청일전쟁의 강화조약인 시모노세키 조약에서 청에 대한 조선의 조공 제도가 공식적으로 폐지되었다. 하지만 곧이어 러시아, 프랑스, 독일에 의한 3국간섭으로 일본이 청에 승리한 대가로 받은 랴오둥 반도를 내놓는 것을 본 조선왕실은 러시아 의존책으로 기울었고, 그 핵심 배후로 왕후 민씨를 지목한 일본은 1895년 8월 20일(양력 10월 8일) 을미사변을 자행했다. 사건 이틀 후 김홍집 내각은 왕후를 폐하여 서인으로 한다는 '폐서인' 조칙을 발표했다. 한편, 11월 17일부터 양력을 채택하고 건양 연호를 사용하기 시작했다.

1896년 1월(이하 양력), 일본 히로시마 재판소에서 을미사변 관련 피의자들은 군인, 민간인을 막론하고 모두 증거 불충분으로 무죄 방면되었다. 2월 11일, 고종이 경복궁을 탈출하여 러시아공사관으로 이어함으로써 개화정권은 붕괴되었다. 8월 10일, 고종은 러시아공사관에서 경운궁 수리 명령을 내렸고, 8월 23일에는 경복궁 내 역대 임금의 어진을 경운궁 별전으로 이봉하라고 지시했다. 9월 4일, 어진을 모신 진전과 왕후 민씨의 빈전 이봉 절차가 이행되었다. 이사벨라 버드 비숍의 표현에 의하면 '겨우 손가락 하나 뼈 정도로 추측되는 왕비의 잔유물'을 실은 영구가 7백여 명의 상복을 입은 남자들에 의해 경복궁으로부터 정예 병사들의 호위 속에 옮겨졌고, 길거리의 많은 군중은 질서정연하고 조용하게 이를 지켜보았다.

1897년

| 2월 | 20일 고종이 러시아공사관을 나와 경운궁으로 환궁했다. 고종의 환궁 이후에도 경운궁 건립 공사는 계속되었다. |

2월   20일 고종이 러시아공사관을 나와 경운궁으로 환궁했다. 고종의 환궁 이후에도 경운궁 건립 공사는 계속되었다.

8월   14일 연호를 '광무'로 정하고, 16일부터 사용했다. 이로써 1897년은 광무 원년이 되었다. 환구와 사직, 종묘, 영녕전, 경모궁에서 새 연호 제정에 대한 고유제를 지내고, 경운궁 즉조당에서 축하의례를 거행했다.

9월   5월 초부터 각계 각층의 칭제 상소가 있었는데, 9월에 들어서자 고종이 본격적으로 정부대신들로 하여금 칭제 상소를 올리도록 유도했다. 농상공부협판 권재형, 외부협판 유기환 등의 상소가 이어지고, 봉조하 김재현 등 716인의 연명상소까지 올라왔다.

10월   3일 고종은 연일 계속되는 정부대신들의 정청에 못 이긴 듯이 마침내 칭제를 재가했다. 의정부 의정 심순택과 특진관 조병세 등은 만국공법에 의하면 황제를 칭하는 것은 스스로 할 수 있고, 다른 나라의 승인을 기다리지 않는다고 주장했다. 7일 경운궁 즉조당의 이름을 '태극전'으로 고치고, 9일에는 사직의 위패를 '태사'와 '태직'으로 고쳐 황제국의 격식에 부합하게 했다. 11일에는 새로 선포할 황제국의 국호를 '대한'으로 정하고, 12일 환구단에서 황제 즉위식을 거행했다. 즉위식을 마치고 경운궁으로 돌아온 고종은 태극전에서 백관의 하례를 받고, 죽은 왕후 민씨를 황후로 책봉했다. 왕태자는 황태자로 책봉했다. 『독립신문』은 '대한'으로 국호가 변경되었음을 알리는 기사를 통해 "조선 국명이 변하여 대한국이 되었으니, 지금부터는 조선 인민이 대한국 인민이 된 줄로들 아시오."라고 공지했다. 15일 대한제국 선포 후 사흘 뒤에 황제국 최초의 국가적 행사로 명성황후 장례식 일정이 확정되었다.

11월   6일 명성황후의 빈전인 경효전에서 시호를 올리는 의식을 거행했다. 고종은 「어제시책문」을 지어 황후의 공로를 치하했다. 18일 태묘와 태사, 경모궁에서 발인을 알리는 고유제를 지냈다. 21일부터 22일까지 양일간 명성황후 국장이 성대하게 치러졌다. 주한 외교사절도 직접 홍릉에서 하룻밤을 지새며 국장에 참여했다.

1898년

1월   고종이 출자한 한성전기회사가 미국인 콜브란과 보스트윅에 의해 설립되었다.

2월   경운궁 내 최대 규모의 양관인 석조전 건립 계획에 따라 상하이에서 활동하던 영국인 존 레지널드 하딩이 설계도면을 완성했다. 이후 1900년 공사를 시작했고, 1910년 준공되었다.

9월   한성전기회사가 경희궁 홍화문 앞에서 전차궤도 기공식을 거행했다.

10월   독립협회와 관민공동회는 「헌의 6조」에서 광산·철도·산림 등 이권과 차관, 차병, 외국과의 조약에 대해 중추원의 승인이 필요하게 하자고 주장했다. 중추원에 의회와 같은 기능을 부여하려는 생각이었다.

11월　고종은 5개조 조칙을 내려 중추원 기능의 활성화를 약속하고, 개정된 「중추원관제」를 반포했다. 이로써 중추원 의관 중 반수는 독립협회에서 선출할 수 있게 했으나, 개정 관제가 시행되기도 전에 익명서 사건을 계기로 독립협회 주요 간부들을 체포했다. 이후 계속되는 독립협회, 만민공동회의 시위에 26일 고종은 직접 경운궁 인화문 앞에 나와 주한 각국 공사와 영사들이 지켜보는 가운데 자신의 잘못을 인정하는 한편, 시위 군중을 타이르는 칙어를 내렸다. 하지만 결국 12월 23일, 군대를 동원하여 민회를 해산했다.

1899년

3월　경운궁의 동문에 대안문(현 대한문)이라는 현판을 달고 그 앞 월대 공사를 시작했다.

5월　종로를 관통하여 동대문까지 이어지는 전차가 개통되었다. 이 노선은 8월에 청량리 홍릉까지 연장되었고, 12월에는 종로에서 남대문, 남대문에서 용산에 이르는 선로가 완공되었다. 근대문명의 상징인 전차가 일본의 도쿄보다도 4년이나 이른 시기에 개통되었다. 고종은 명성황후의 무덤이 있는 홍릉까지 전차를 이용해 편하게 행차했다. 1900년에는 남대문에서 서대문으로 이어지는 선로가 부설되었다. 종로 사거리에서 남대문을 거쳐 용산에 이르는 노선이 개통되고, 남대문-서대문 구간도 개통됨으로써 전차는 한성부 민들의 중요한 교통수단이 되어 갔다.

6월　12일 대한제국에 국빈 방문한 독일 하인리히 친왕을 고종이 수옥헌(현 중명전)에서 접견했다. 근대식 관병식 행사는 경희궁에서 이루어졌다. 23일에는 법규교정소가 설치되었다. 법규교정소는 1897년 3월에 설치되었던 교전소를 계승한 기구이다. 교전소는 갑오개혁 이후 신제도와 구제도의 혼란을 해결하기 위해 신·구 제도를 절충한 법규 제정을 목표로 설립했지만, 내부 갈등으로 아무런 성과 없이 폐지되었다. 법규교정소 의정관에는 대부분 보수적인 원로대신이나 황제와 가까운 인물들이 임명되었다.

8월   법규교정소에서 작성한 「대한국국제」가 고종의 재가를 받아 17일에 공포되었다. 총 9조로 이루어진 「대한국국제」의 제1조는 '세계 만국이 공인하는 자주독립의 제국'이라고 선언하여 대한제국이 근대적 주권국가임을 분명히 했다. 나머지 조항들은 황제의 절대군주권의 내용을 만국공법에 의거하여 명시한 것으로, 황제는 '5백년 전래 만세불변의 무한군권'의 소유자로 선언되었다. '주권재민'의 선언, 의회개설, 삼권분립 등에 관한 조항은 없고 황제에게 입법·행정·외교 등 모든 권한이 집중되어 있었다.

9월   11일 한청수호통상조약이 체결되었다. 근 1년여에 가까운 조약 교섭을 통해 최초로 중국과 대등한 근대적 조약을 체결했고, 12월 14일 비준서를 교환했다.

12월   고종이 태조 이성계를 태조 고황제로 추존하고 자신의 직계 선조인 사도세자를 장조 의황제, 정조를 선황제, 순조는 숙황제, 익종은 문조 익황제로 추존했다. 또 황실의 족보인 『선원속보』를 대대적으로 수정하는 작업을 시작했다. 모두 고종의 황제 즉위의 정통성을 보강하기 위한 작업이었다.

1900년

1월   16일 학부협판 민영찬이 파리박람회 박물사무 부원으로 임명되고, 2월 박물사무에 종사할 프랑스인을 위원으로 임명하여, 박람회에 출품할 물건 16궤짝을 가지고 파리를 향해 출발했다. 대한제국의 박람회 참여 준비는 개막 2년 전인 1898년부터 시작되었다. 1900년 파리박람회는 새로운 밀레니엄을 기념하여 4월 11일부터 11월 12일까지 개최되었으며, 세계 40개국이 참가하고 약 5천만 명이 관람했다. 대한제국은 별도의 전시관인 '한국관(Pavillon de la Corée)'을 설치하고 한국물품을 전시했다.

3월   종로거리에 가로등 공사가 시작되었다. 1887년 경복궁 내 건청궁에 전등을 밝힌 지 13년 만에 종로에 가로등을 설치한 것이다.

4월   17일 「훈장조례」와 「문관복장규칙」이 공포되었다. 황제를 비롯하여 정부대신들의 복장이 공식적으로 서양식으로 바뀌었다. 군인들의 신식 복장은 이미 1895년 4월 9일(음력) 반포되었다.

6월   고종이 주일공사를 통해 주일 벨기에공사와 수교 교섭을 지시했다. 벨기에를 통해 대한제국의 중립국화 정책 추진에 자문과 조력을 얻기 위해서였다. 또한 벨기에에 소재하고 있는 각종 국제기구 사무국을 통해 좀 더 적극적으로 국제사회에 진출하려는 의지가 포함된 조처였다. 이후 11월부터 전권대신 뱅카르와 수교 교섭을 시작하여 1901년 3월, 한·벨기에 수호통상조약이 체결되었다. 1902년에는 덴마크와도 수교함으로써 대한제국은 총 11개국과 수교한 나라가 되었다.

7월   한강철교가 완공되었다. 이후 11월 12일에는 한강을 건너 서대문을 종착역으로 하는 경인철도가 완공되었다. 이로써 노량진역-용산역-남대문역-서대문역 구간이 이어졌다. 경인철도는 1899년에

서대문에서 개통된 전차와 연결되었다. 제물포에 도착한 외국인 여행객들은 기차로 서대문역에 도착한 후 서대문에서 바로 전차로 환승할 수 있게 되었다.

10월   역대 왕의 어진을 모셔둔 진전인 선원전에 화재가 발생하여 태조, 숙종, 영조, 정조, 순조, 문조, 헌종 등 7대 임금의 영정이 모두 불타 버렸다.

12월   군악대 설치령에 따라 시위 제1연대에 군악대가 설치되고, 음악교 사로 독일인 프란츠 폰 에케르트가 초빙되어 1901년 2월 내한했다.

1901년

6월   경복궁에 이어 경운궁 안에도 별도의 발전소와 전기시설을 설치하 여 전등이 켜졌다.

7월   경운궁의 북쪽 영역인 영성문 대궐 내에 새 선원전을 완공하고 모 사한 어진들을 봉안했다.

8월   한성전기회사는 17일 동대문 밖 발전소에서 첫 전등식을 치른 이 래 본격적으로 민간에도 전등 영업을 시작했다. 한편 고종은 칭경 예식을 준비하기 위해 경운궁의 새 정전 건립을 명하였다. 이후 10 월에 기초 공사를 실시함으로써 중화전 건립 공사가 시작되었다.

9월   에케르트는 내한한 지 불과 6개월 만인 9월 황제의 생일인 만수성 절에 대한제국 군악대와 이탈리아 가곡 1곡, 독일 행진곡 1곡을 경 운궁 경운당에서 연주했다.

11월   16일 새벽 2시경 수옥헌에 큰 화재가 일어나 주변 전각인 문화각, 정이재가 모두 불타 겨우 벽돌만 남았다.

1902년

1월 고종이 벨기에 국왕에게 대한제국의 중립국화를 지지해 줄 것을 요청하는 친전을 보냈다. 또 27일에는 조령을 내려 "인심을 감동시켜 분발하게 하고 사기를 진작시켜 충성심을 돋우고 애국심을 고취시키는 데는 국가를 부르고 연주하는 것보다 좋은 것이 없다. 마땅히 나라의 노래를 제정하라."라고 애국가 가사를 지어 바치도록 지시했다.

2월 8일(음력 1월 1일) 고종 즉위 40년과 망육순을 맞아 중화전(현 즉조당)에서 신하들의 축하를 받고 대사령을 반포했다. 16일 대한제국 외부대신 박제순은 네덜란드 외무장관에게 만국평화회의 가입을 신청했다. 1899년 26개국이 참가하여 헤이그에서 개최된 제1회 만국평화회의가 국제분쟁의 평화적 해결을 의결한 것에 주목한 것이다.

4월 24일 고종이 자신의 즉위 40년을 기념하는 칭경예식을 준비하라는 조령을 내렸다. 10월 18일(고종의 황제 등극일인 음력 9월 17일에 해당)로 기념식 날짜가 정해지고 일본, 영국, 미국, 독일, 러시아, 프랑스, 벨기에, 이탈리아 등 각국 주재 공사들에게 축하사절 파견을 요청하게 했다. 즉위 40년을 축하하는 기념물로 지금의 세종로 사거리에 기념비와 기념비각을 세우고, 환구단 옆에는 석고와 석고전을 건립하는 사업도 시작되었다. 하지만 국제행사로 성대하게 준비하던 칭경예식은 1903년 4월 30일로 미루어졌다가 이후 러일전쟁 발발 위기로 무산되었다.

5월 4일 고종이 기로소 입소 의식을 거행했다. 영조가 51세에 기로소에 입소한 예에 따른 것이다. 즉위 40년을 기념하여 고종황제의 어진을 그리는 작업도 추진되었다. 고종은 황태자와 함께 어진 도사가 진행되던 50일 동안 거의 매일 정관헌에 행차하여 어진 제작에 응했다. 또 '황제의 나라에는 두 개의 수도를 두어야 한다'라는 궁내부 특진관 김규홍의 상소에 따라 평양에 풍경궁 건설 사업을 시작했다. 풍경궁은 나중에 1904년 「한일의정서」 체결로 일본의 군용지로 강제 수용되었다. 한편 독일공사관이 회동으로 이전하면서 확보된 공간과 기존의 경운궁을 연결시키기 위해 운교를 가설했다. 인화문 앞의 도로까지 경운궁 공간으로 확장하려다 여의치 않자 운교를 가설하여 경운궁의 확대를 도모한 것이다. 8월에는 칭경예식 행사 중 관병식 장소인 경희궁으로 편하게 이동하기 위해 경운궁 북쪽 영성문 대궐 지역과 경희궁을 연결하는 홍교가 지금의 새문안로를 가로질러 설치되었다.

7월   1일 에케르트가 작곡한 「대한제국 애국가」가 완성되었다. 에케르트는 그 공로로 훈3등 태극장을 수여 받았다.

8월   15일 『관보』에 애국가 제정 사실이 공표되었다.

9월   초대 주청 대한제국 공사 박제순이 베이징으로 출발하여 10월, 청황제에게 국서를 봉정하고 업무를 시작했다. 주청 대한제국 공사관도 개설했다.

10월   경운궁의 정전인 중화전이 중층 지붕으로 완공되었다. 1904년 4월 경운궁 대화재 이후 1905년 재건된 중화전은 현재의 모습처럼 단층으로 규모가 축소되었다.

12월   3일 새로 완공된 정전인 중화전에서 즉위 40년과 망육순을 기념하는 외진연을 거행하고, 이어서 중화전, 관명전, 함녕전 등에서 내진연을 개최했다.

1903년

1월   대한제국은 국제적인 적십자 구호활동을 위한 제네바협약 가입국이 되었다.

2월   7일 제네바협약을 해전에 응용한 헤이그협약에 가입했다.

8월   러시아와 일본 간의 전쟁 위기를 감지한 고종은 궁내관으로서 프랑스어에 능한 현상건을 프랑스에 파견하여 중립국화 방안을 모색하게 했다.

1904년

1월   현상건이 프랑스에서 러시아로 가서 고종의 밀서를 전 주한 러시아공사 베베르에게 전달하고, 11일에 귀국했다. 열흘 뒤인 21일 대한제국은 청의 항구 도시 즈푸에서 세계를 향해 전시중립선언을 타전했다. 이 선언은 궁내관들이 프랑스어 교사 에밀 마르텔과 벨기에인 고문의 협조를 받아 작성했다고 알려졌다.

2월   8일 러일전쟁이 발발했다. 전쟁을 일으킨 일본은 23일 「한일의정서」 체결을 강요하여 대한제국에 대한 군사적 침탈을 본격화했다.

4월   14일 함녕전에서 시작된 대화재로 경운궁 내 전각 대부분이 소실되었다. 중화전이 완공된 지 2년도 안 된 시점이었다. 이후 곧바로 궁궐 재건 사업에 들어가 1906년 1월까지 대부분의 전각들을 복원했다.

10월   재정고문으로 메가타 주타로가 부임했다. 일제는 「한일의정서」 체결 직후부터 '시정개선'이라는 명분하에 궁내부를 축소하고 황실재정정리 사업을 통해 황제권의 인적, 물적 기반을 해체했다.

12월   헤이그에서 열린 병원선에 관한 회의에 민영찬이 대표로 파견되어 병원선에 관한 협약에 가입했다. 국제조약 가입은 대한제국이 근대 문명국가로서 국제사회의 일원으로 활동하려는 의지를 보여주는 것이었다.

1905년

3월   기존의 「궁내부관제」가 전면 개편되었다. 각종 근대화 사업을 위해 설치되었던 광학국, 박문원, 수민원, 평식원, 통신사 등이 모두 폐지되고 내장원이 내장사와 경리원으로 분리되었다.

9월   19일 미국 시어도어 루스벨트 대통령의 딸 앨리스 루스벨트가 약혼자인 니콜라스 롱워스 일행과 함께 방한했다. 가쓰라-태프트 밀약의 주역인 미국 육군장관 태프트와 함께 한 아시아 순방 여행 중 대한제국의 초청을 받은 것이다. 앨리스의 숙소는 칭경예식을 위해 대한제국 영빈관으로 건립되어 1903년 무렵 준공된 돈덕전이었다.

11월   을사늑약 체결을 위해 일본 천황의 특사로 파견된 이토 히로부미가 10일, 오후 12시 반 수옥헌에서 고종을 알현했다. 이토가 을사늑약 초안을 가지고 다시 고종을 알현한 것은 15일이었다. 13일부터 이토가 황제 알현을 요청함에도 불구하고 고종은 병을 칭하며 만나주지 않았으나, 결국 이토는 15일 오후 3시부터 7시까지 무려 네 시간 동안이나 고종을 알현하고 조약안을 누누이 설명했다. 이튿날인 16일, 이토는 정부대신들을 자신의 숙소인 정동의 손탁호텔로 불러 협조할 것을 강요했다. 17일 오전에는 하야시 주한 일본 공사가 정부대신들을 일본 공사관으로 불렀고, 여기에서 이토는 또 조약 체결을 강요하는 일장연설을 했다. 대신들은 황제와 의논하겠다며 오후 3시 입궐했고, 황제와 대신들이 수옥헌에서 대책회의를 한 결과 며칠만 연기해 달라는 전갈을 이토에게 보냈다. 한국 정부 대신들과 협의가 잘 진척되지 않자 하야시 공사는 저녁 6시경 주차군사령부가 설치된 대관정에 사람을 보내 이토가 직접 나서줄 것을 요청했다. 이토는 하세가와 요시미치 주차군사령관과 함께 마차를 타고 밤 8시경 대관정에서 수옥헌으로 달려왔다. 일본 헌병과 주차군 병력이 수옥헌(현 중명전) 주위를 삼엄하게 둘러싼 가운데 막 퇴궐하려는 정부대신들을 막아선 이토가 다시 의정부 회의를 열었고, 을사오적의 찬성 의사를 받아낸 후 18일 새벽 1시경 일방적으로 조약 체결을 선언했다. 대한제국의 외교권 박탈과 통감부 설치 등을 골자로 하는 을사늑약이 체결되었다.

12월 제실재정회의가 설치되어 「제실회계규칙」을 발표함으로써 궁내부 산하 각 관청의 경비는 모두 국가 예산에 편성하여 국고에서 충당하게 했다. 이로써 궁내부가 독자적으로 수입을 사용하지 못하게 되었다.

1906년

1월 13일 고종이 태묘에 준공을 고함으로써 경운궁 중건사업이 완료되었다.

2월 「궁내부관제」의 개정으로 제실제도정리국이 폐지되고 제도국이 설치되어 제실재정회의에 관한 사무를 주관하게 되었다.

4월 경운궁의 정문인 대안문(大安門)이 대한문(大漢門)으로 이름을 바꿔달았다. 대한(大漢)은 '큰 하늘'이라는 뜻이다.

7월 「국유재산관리규정」이 제정되어 정부 각부가 관리하는 토지, 가옥 및 영조물 목록을 모두 탁지부 대신에게 보고하게 했다. 통감부가 국유재산을 철저하게 파악하기 위함이다.

1907년

1월	순종과 순정효황후의 가례가 거행되었고, 돈덕전에서 축하 연회를 열었다.
2월	일제가 궁내부 소속 각궁 소유 재산에 대한 정리를 시작했다. 황실의 제사를 맡아 왔던 내수사 및 7궁을 전격 폐지하고 각궁사무정리소를 설치했다.
4월	고종이 헤이그 특사를 파견했다. 이상설, 이준, 이위종 3인으로 구성된 특사와 이들을 도운 헐버트는 6월 네덜란드 헤이그에서 열리는 제2차 만국평화회의에 참가하여 을사늑약이 무효임과 일본 침략의 불법성을 국제사회에 알리고자 했다.
7월	고종이 강제 퇴위당했다. 헤이그 특사 파견 사실이 알려지자, 16일 친일내각은 내각회의에서 황제 폐위를 결정했다. 이완용과 송병준, 조중응 등 친일내각의 대신들이 18일 오후 5시부터 다음 날 새벽 5시까지 중명전에서 고종을 압박하여 결국 황태자 대리조칙을 받아냈다. 일제와 친일내각은 서둘러 중화전에서 20일 오전 7시 권정례로 양위식을 치르고 고종의 퇴위를 기정사실화했다. 이어서 환구단, 종묘, 영녕전, 경효전, 사직에 이를 알리는 고유제까지 지내고, 21일 태황제 존봉도감 설치가 결정되었다. 22일 친일내각의 대신들은 순종을 대리가 아닌 황제라고 부르기로 건의했고, 총리대신 이완용은 연호의 개정을 발의했다.
8월	2일 새 연호가 '융희'로 결정되어 다음 날부터 사용되었다. 태황제의 칭호는 '덕수'로 결정되었다. 양위하고 물러난 상왕의 칭호에 관한 고례를 근거로 궁내부 대신 이윤용이 제안한 궁호이다. 27일 오전 9시 돈덕전에서 순종이 황제 즉위식을 치렀다. 대한제국 마지막 황제의 즉위식이었다.

9월	17일 일제가 순종의 거처를 경운궁 내 즉조당으로 옮겼다. 고종도 경운궁 내로 처소를 옮겼다.
11월	순종과 고종이 처소를 옮긴 두 달 후인 13일, 일제가 순종을 다시 창덕궁으로 이어시킴으로써 고종과 거주를 분리시켰다. 태황제인 고종의 궁호가 '덕수'로 정해지면서 고종이 기거하는 경운궁은 덕수궁이라고 불리게 되었다. 고종은 덕수궁으로 이름이 바뀐 경운궁에서 1919년 1월 21일 사망할 때까지 '덕수궁 이태왕 전하'라는 이름으로 사실상 유폐생활을 하게 된다.
12월	5일 영친왕이 황태자에 책봉된 지 넉 달만에 11세의 어린 나이로 통감 이토 히로부미의 손에 이끌려 강제로 일본으로 유학을 떠나게 되었다.

1908년

3월	8일 조선왕조의 정궁 경복궁의 일반 공개가 결정되었다. 경복궁을 관람하려는 사람은 매주 일요일과 수요일 오전 7시부터 오후 5시까지 정해진 비용을 내고 광화문 주전원 파출소에서 궁원 배관표를 발급받아 구경할 수 있었다.
7월	탁지부 임시재산정리국이 설치되었다. 국유화된 황실재산에 대한 관리가 이곳으로 이관되었다. 임시재산정리국은 2년여에 걸쳐 재원의 조사와 정리, 토지측량, 부동산의 권리에 관한 이의신청 심리, 제실 채무정리 등을 수행했다.
9월	창경궁이 박물관, 동물원, 식물원 설치를 위한 어원 사무국에 편입되어 공원으로 변모가 시작되었다.

1909년

1월   통감 이토 히로부미에 의해 추진된 순종황제의 남서순행이 이뤄졌
다. 일제는 원활한 통감부 통치를 위해 황제를 등장시키는 이벤트
를 활용하려 했다. 영하의 추운 날씨에 이토의 전임을 앞두고 추진
된 순종의 남순행은 7일부터 13일까지 6박 7일간 대구-부산-마산
을 돌아보는 일정이었다. 일제는 남순행에서 돌아온 순종을 곧 바
로 서북순행 길에 내세웠다. 1월 27일부터 2월 3일까지 7박 8일간
평양-의주-신의주-개성을 돌아오는 일정이었다.

11월   1일 자로 창경궁의 일반인 관람이 허용되었다. 이에 반대하는 여
론이 일었을 때 일제는 사회 민인을 위한다는 명분을 내세워 개방
을 강행했다. 이후 창경궁은 창경원이 되어 경성에서 손꼽히는 행
락 장소로 변모했다.

1910년

8월   22일 병합조약이 체결되었다. 병합조약안은 18일 내각회의를 통
과하고, 22일 이완용과 데라우치 통감 사이에 조인된 후, 29일 메
이지 천황의 조서를 통해 공포되었다.

12월   30일 「이왕직관제」가 제정되었다. 일본 궁내성에 소속된 기구인
이왕직이 설치되어 기존의 황실업무를 담당하던 궁내부의 업무를
이어받았다.

그 이후

1911년 2월 이왕직이 업무를 시작했다. 이왕가를 관리하기 위해 설치된 이왕직은 일본 궁내 대신과 조선총독의 감독을 받아 식민지 조선의 왕족·공족 관련 사무, 왕실의 제사와 능묘관리, 궁궐 관리 등을 담당했다. 1917년 6월에는 순종이 일본에 건너가 다이쇼 일본 천황을 직접 배알했다. 총 21일간의 일정이었다. 1919년 1월 21일, 태황제 고종이 덕수궁 함녕전에서 사망했다. 고종 국장일을 앞두고 3월 1일 전국적인 독립 만세 시위가 일어났고, 그 결과로 4월 중국 상하이에서 수립된 대한민국임시정부가 국호는 대한제국을 계승하여 '대한'으로, 정치체제는 '민주공화제'를 선택했다. 1926년 4월 26일 순종이 창덕궁에서 사망한 후, 일제는 1927년부터 고종·순종실록 편찬사업을 시작했다. 이 사업은 이왕직이 주관했으나, 실제로는 총독부 학무국 관료 출신으로 경성제대 조선사 교수를 지낸 오다 쇼고가 총지휘했음이 밝혀졌다.

주

프롤로그

1 대한제국의 성격을 둘러싼 학계의 논쟁에 대해서는 서영희, 2003, 『대한제국 정치사
연구』, 서울대학교출판부; 도면회, 2003, 「황제권 중심 국민국가체제의 수립과 좌절
(1895~1904)」, 『역사와 현실』 50; 서영희, 2004, 「한국 근대사 연구의 오래된 도식과 편
견」, 『역사와 현실』 54; 이태진·김재호 외 9인, 2005, 『고종황제 역사 청문회』(교수신문
기획), 푸른역사; 서영희, 2006, 「국가론적 측면에서 본 대한제국의 역사적 성격」, 『대
한제국은 근대국가인가』(한림대 한국학연구소 기획), 푸른역사; 서영희, 2007, 「대한제
국의 빛과 그림자: 일제의 침략에 맞선 황제독재체제의 평가 문제」, 『한국사 시민강좌』
40, 일조각; 서영희, 2011, 「대한제국기 황제전제체제 강화와 근대 국민국가 수립문제」,
『한국과 일본의 서양문명 수용』(한일문화교류기금·동북아역사재단 편), 경인문화사 등
참조.
2 서영희, 2012, 『일제 침략과 대한제국의 종말: 러일전쟁에서 한일병합까지』, 역사비평사
참조.
3 목수현, 2011, 「대한제국의 국가상징물: 황제국의 상징물을 새로 만들다」, 『대한제국:
잊혀진 100년 전의 황제국』(고궁박물관 편), 민속원, 219쪽 및 목수현, 2021, 『태극기 오
얏꽃 무궁화: 한국의 국가 상징 이미지』, 현실문화연구 참조.

1장 대한제국은 어떻게 탄생했나

1 현재 학계와 일반 대중들이 사용하는 호칭이 명성황후, 민비, 명성왕후, 민왕후 등으로
다양하다. 이중 '민비'는 을미사변 이후 일제 식민사학자들이 폄하의 의미를 담아 사용
한 호칭이므로 이를 지금도 사용하는 것은 적절치 않다고 생각한다. 역대 왕이나 왕비
에 대한 호칭의 관례대로 죽은 뒤에 내린 시호에 따라 '명성황후'라는 호칭을 쓰는 것이
옳다. 다만 1897년 대한제국이 황제국을 선포한 후에 황후로 추존되다 보니 1897년 이

전 역사에 대한 서술에서 고종에 대해 황제라고 호칭하지 않으면서 왕비에 대해서만 황후라고 쓸 수 없으므로, 살아 생전의 행적을 기술할 때는 '왕후 민씨' 혹은 '왕비'라고 지칭하는 것이 적당하다고 생각된다.

2   이민아, 2021, 「고종대 궁궐 의례공간 정비의 지향」, 서울대학교 국사학과 박사학위논문, 54쪽.

3   『고종실록』 1893년 8월 2일, 10월 4일.

4   한영우, 2002, 「1904~1906년 경운궁 중건과 『경운궁중건도감의궤』」, 『한국학보』 28(3), 3쪽.

5   『고종실록』 1896년 2월 16일.

6   정릉의 위치는 현재 미국 대사관저인 일명 '하비브 하우스(Habib House)'의 안쪽으로 추정되고 있다(홍순민, 2010, 「광무 연간 전후 경운궁의 조영 경위와 공간구조」, 『서울학연구』 40, 29쪽).

7   정동과 경운궁(현재의 덕수궁)의 유래에 대해서는 홍순민, 위의 논문 및 윤정, 2011, 「선조 후반~광해군 초반 궁궐 경영과 '경운궁'의 수립」, 『서울학연구』 42 참조.

8   이하 1895년 11월 17일에 공식적으로 양력을 채택한 이후의 날짜는 양력을 기준으로, 이전은 음력을 기준으로 서술한다. 단, 1895년 11월 17일 이전의 경우에도 서양 각국이나 일본 관련 기록은 양력임을 밝혀둔다.

9   김정동, 2004, 『고종황제가 사랑한 정동과 덕수궁』, 발언, 121~122쪽.

10 동북아역사재단 편, 2008, 『개항기의 재한 외국공관 연구』, 동북아역사재단; 이순우, 2012, 『정동과 각국공사관』, 하늘재 참조.

11 김현숙, 2013, 「대한제국기 정동의 경관 변화와 영역 간의 경쟁」, 『향토서울』 84 참조.

12 『고종실록』 1904년 4월 14일.

13 한영우, 2002, 「1904~1906년 경운궁 중건과 『경운궁중건도감의궤』」, 서울대학교 규장각 영인본 해제 참조.

14 김용구 편, 『한일외교미간극비사료총서: 일본외무성기록』 4(이하 『한일외교미간사료』로 줄임), 아세아문화사, 251~258쪽, 1896년 10월 30일 기밀 제89호.

15 『고종실록』 1896년 8월 10일.

16 『고종실록』 1896년 8월 23일.

17 『고종실록』 1896년 9월 27일. '9월 25일, 즉조당으로 빈전과 진전을 옮겼다.'라는 기록 참조.

18 『고종실록』 1896년 9월 4일.

19 『고종실록』 1896년 9월 4일 및 10월 19일 경소전 공사 관련 공로자 시상 기록 참조.

20 『승정원일기』 1896년 (음력) 7월 25일.

21 『승정원일기』 1896년 (음력) 8월 7일.

22 『고종실록』 1896년 10월 30일.

23 『고종실록』 1902년 6월 11일.

24 『고종실록』 1896년 9월 28일.

25 『고종실록』 1893년 10월 4일.

26 『고종실록』 1896년 9월 4일.

27 『고종실록』 1896년 10월 31일.

28 『한일외교미간사료』 4, 251~252쪽.

29 이민원, 1989, 「칭제논의의 전개와 대한제국의 성립」, 『청계사학』 5, 81쪽.

30 『승정원일기』 1896년 (음력) 7월 25일.

31 박희호, 1987, 「대한제국기(1896-1898)의 한러관계」, 『사총』 31, 17~18쪽; 이민원, 2002, 「민영환의 모스크바 외교와 천일책(天一策)」, 『청계사학』 16·17 참조. 민영환의 러시아 사행 기록으로 「해천추범(海天秋帆)」이 『민충정공유고(閔忠正公遺稿)』(국사편찬위원회, 1958)에 실려 있고, 편역본도 출간되어 있다(조재곤, 2007, 『해천추범: 1896년 민영환의 세계일주』, 책과함께).

32 조재곤, 위의 책, 101쪽 및 208쪽.

33 이사벨라 버드 비숍(이인화 역), 1994, 『한국과 그 이웃 나라들』, 살림, 491쪽. 사진 촬영에 응한 고종이 비숍에게 예복을 입은 초상화를 원하는지 물었고, 비숍의 묘사에 의하면 심홍색 비단에 수를 놓은 흉배를 단 예복이 위엄 있는 모습이었다고 한다. 왕태자와 함께한 사진 촬영 결과가 만족스럽지 않자, 비숍이 직접 판화를 제작해서 삽화 형태로 책에 실은 것으로 생각된다. Burglind Jungmann, 2023, "Chosŏn Entering the International Arena: Three Witnesses", 『Cultural Exchanges Between Korea and the West-Artifacts and Intangible Heritage』, Venezia: Edizioni Ca'Foscari(Venice University Press)에 의하면, 비숍의 여행기 『한국과 그 이웃 나라들(Korea and Her Neighbers)』 영국판 vol. 1에는 목판화 삽화 열두 장과 사진 열 장, vol. 2에는 판화 열다섯 장과 사진 열한 장이 실렸고, 미국판에는 총 판화 열두 장과 사진 스물한 장이 실렸다. 비숍이 찍은 한국 사진 중 스물한 장은 현재 John Murray Archive of the National Library of Scotland in Edinburgh에서 볼 수 있고, 약 예순 장의 사진은 Royal Geographic Society in London과 Getty Images를 통해 접근이 가능하다. 비숍의 책에 실리지 않은 사진 원본의 소장처에 대해 교시해준 사진 전문가 권행가 교수에게 감사드린다.

34 비숍의 일정은 이사벨라 버드 비숍(이인화 역), 위의 책, 544~556쪽 참조.

35 위의 책, 293~304쪽.

36 위의 책, 314쪽. 역자는 해제에서 10월 15일 나가사키에서 을미사변 소식을 들은 비숍이 제물포로 돌아와 고종을 알현했다고 했으나(548쪽), 본문에는 그러한 내용이 없다. 또 비숍이 1896년 10월의 경운궁 알현에 대한 서술에서 지난 2년 동안 왕을 뵙지 못했

다고 한 것으로 보아 을미사변 직후 알현한 적은 없다고 생각된다. 다만 주한 영국 총영
사 힐리어의 집에 머무르는 동안 정동 일대 서양 열강 외교가의 분위기를 '숨막히는 두
달'로 표현한 것으로 보인다.

37 위의 책, 488~489쪽 및 Isabella Bird Bishop, 『*Korea and Her Neighbors*』, New York:
    Fleming H. Revell Company, 1898, p.429 참조.

38 위의 책, 489쪽.

39 위의 책, 486쪽.

40 『한일외교미간사료』 4, 341~347쪽, 「환어운동의 결과 경운궁 이어(還御運動の結果慶運
    宮に移御)」.

41 『고종실록』 1897년 2월 2일.

42 『조칙·법률』(서울대학교 규장각자료총서), 85쪽.

43 이현진, 2022, 『조선과 대한제국 의례의 경계』, 신원문화사, 230쪽 및 김영수, 2020, 『고
    종과 아관파천』, 역사공간, 266쪽.

44 『독립신문』 1897년 3월 4일.

45 『고종실록』 1897년 2월 20일.

46 『고종실록』 1897년 2월 26일.

47 『승정원일기』 1897년 (음력) 5월 21일.

48 황현(김준 역), 1994, 『매천야록』, 교문사, 403쪽, 제2권 건양 원년 병신(丙申)(이하 『매
    천야록』 인용은 이 책의 쪽수를 기준으로 함).

49 『고종실록』 1897년 10월 7일.

50 이윤상, 2010, 「황제의 궁궐 경운궁」, 『서울학연구』 40, 13~14쪽.

2장   새 국호 '대한'과 제국

1   「홍범14조」와 「종묘서고문」은 한문, 한글, 국한문 혼용체 세 가지로 작성되어 『관보』에
    실렸고, 이를 전국 인민에게 알리는 윤음도 다음날 발표되었다. 발표일은 양력과 음력이
    해가 달라서 그동안 혼선이 많았다. 1895년 11월 17일, 양력 채택 이후 『관보』, 『고종실
    록』은 양력, 『승정원일기』는 음력 기준으로 편찬되었으며, 『주한일본공사관기록』을 포
    함한 일본 측 자료와 외교문서 등은 대부분 양력이다.

2   이민원, 1988, 「칭제논의의 전개와 대한제국의 성립」, 『청계사학』 5, 270~275쪽 및 이민
    원, 1989, 「대한제국의 성립과정과 열강과의 관계」, 『한국사연구』 64, 123~124쪽 참조.

3   『주한일본공사관기록』 8(국사편찬위원회), 178쪽, 1895년 10월 26일 「황제 봉위식 및
    의화군과 이준용에 관한 건」.

4   서영희, 2019,「근대 전환기 한·중관계와 상호인식의 변화」,『내일을 읽는 한·중관계
    사』, 알에이치코리아 참조.

5   『고종실록』1882년 2월 17일 및 3월 29일.

6   서영희, 2006,「한청통상조약 이후 한중 외교의 실제와 상호 인식」,『동북아역사논총』
    13, 200쪽.

7   서영희, 2019, 앞의 논문, 213쪽.

8   王明星, 1997,『韓國近代外交與中國(1861-1910)』, 중국사회과학출판사, 117쪽.

9   개화파의 정체관(政體觀)에 대해서는 서영희, 1995,「개화파의 근대국가 구상과 그 실
    천」,『근대 국민국가와 민족문제』(한국사연구회 편), 지식산업사 참조.

10 기쿠치 겐조(菊池謙讓), 1939,『근대조선사』하, 계명사 478~481쪽 및 菊池長風·田內蘇
    山 공저, 1936,『근대조선이면사』, 조선연구회, 330~331쪽 참조. 기쿠치는 이유인이 홍
    종우를 불러 황제 존칭 방도와 성패 여하에 대해 천주교 주교의 자문을 구했고, 조선 국
    왕의 황제 존칭은 외국 정부가 간여할 바가 아니라는 답을 들었다고 서술했다. 이에 민
    종묵, 심상훈, 이재순 등 대신들과 의논하여 홍종우를 외사과장에 임명하고, 천주교 주
    교를 통해 프랑스공사와 협의하여 황제 대관식을 거행했다는 것이다.

11 조재곤, 2005,『그래서 나는 김옥균을 쏘았다』, 푸른역사 참조.

12 『고종실록』1897년 5월 1일.

13 황현,『매천야록』, 409~410쪽.

14 『한일외교미간사료』4, 284~294쪽, 1897년 6월 23일 기밀 39호.

15 『한말근대법령자료집』2(국회도서관), 273쪽.

16 『고종실록』1897년 8월 13일, 14일 및『승정원일기』, 1897년 (음력) 7월 17일.

17 『조칙·법률』, 1897년 8월 13일, 15일, 16일 및『고종실록』1897년 8월 16일.

18 『고종실록』1897년 9월 25일 권재형 상소, 9월 26일 유기환 상소, 9월 29일 봉조하 김재
    현 등 상소.

19 『고종실록』1897년 9월 30일.

20 『고종실록』1897년 10월 2일 의정 심순택 솔백관정청(率百官庭請).

21 『고종실록』1897년 5월 26일 유학 강무형 상소.

22 『고종실록』1897년 10월 1일 의정 심순택 솔백관정청.

23 『고종실록』1897년 9월 29일 봉조하 김재현 등 상소.

24 서영희, 1990,「1894~1904년의 정치체제 변동과 궁내부」,『한국사론』23, 365~366쪽.

25 『고종실록』1897년 5월 1일, 9월 29일.

26 『고종대례의궤』(서울대학교 규장각 영인본, 2001), 54쪽.

27 정교,『대한계년사』상(국사편찬위원회), 광무 원년 10월 참조.

28 『고종실록』1897년 9월 26일.

29 서영희, 2006, 「한청통상조약 이후 한중 외교의 실제와 상호 인식」, 『동북아역사논총』13
    참조.

30 김도형, 1994, 『대한제국기의 정치사상연구』, 지식산업사, 250쪽.

31 『고종실록』1897년 9월 29일.

32 박현모, 2009, 「'왕조'에서 '제국'으로의 전환: '경국대전체제'의 해체와 대한제국 출범의
    정치사적 의미 연구」, 『한국정치연구』18(2), 7~8쪽.

33 『독립신문』1897년 10월 2일.

34 『독립신문』1897년 9월 7일.

35 서영희, 1995, 「개화파의 근대국가 구상과 그 실천」, 『근대 국민국가와 민족문제』, 지식
    산업사 참조.

36 김세민, 2002, 『한국 근대사와 만국공법』, 경인문화사, 22~23쪽 참조.

37 이삼성, 2014, 『제국』, 소화, 275쪽.

38 근대 일본에서 제국 개념에 대해서는 키리하라 켄신, 2011, 「막말유신기 존양론에 보이
    는 국제사회 인식의 전회(轉回): '제국' 언설을 둘러싸고」, 『한국과 일본의 서양문명 수
    용』(한일문화교류기금·동북아역사재단 편), 경인문화사 참조.

39 위의 논문, 9쪽.

40 『고종실록』1897년 10월 1일.

41 『고종실록』1897년 10월 2일.

42 이삼성, 2014, 앞의 책, 278쪽.

43 『고종실록』1897년 10월 3일.

44 『고종실록』1897년 10월 11일.

45 한영우, 2000, 「을미지변, 대한제국의 성립과 명성황후 국망도감 의궤」, 『한국학보』
    26(3) 및 2001, 「대한제국 성립과정과 대례의궤」, 『고종대례의궤』(서울대학교 규장각)
    참조.

46 『고종실록』1897년 10월 13일.

3장 환구단에서 열린 황제 즉위식

1   문화재청(현 국가유산청)이 1967년 7월 15일 사적 157호로 지정한 환구단 터(서울시
    중구 소공동 87-1번지)에 대한 한자 표기 및 한글 독음에서 圜丘壇(환구단), 圓丘壇(원
    구단), 圓丘壇(원구단)이 혼용되는 문제점이 있다. 이 책에서는 2005년 문화재청 고시
    에 따라 환구단으로 표기했다. 조선시대 실록에는 '圜丘壇'이라고 한 기록이 많으나,
    고·순종 실록에는 '圜丘壇'이라는 표기가 더 많이 보이므로 한자는 당시의 용례대로

'圜'으로 통일하는 것이 옳다고 생각한다. 중국의 경우에도 '天壇(천단)'을 '圜壇'으로 표기하는 것이 일반적이다. '圜丘壇'의 한글 독음은 당시의 일반적인 독음을 기준으로 해야 하는데, 『독립신문』한글판에는 '환'과 '원'이 동시에 쓰이고 있다. 따라서 '圜'의 독음을 '환'과 '원'으로 병용하거나 아니면 뜻을 기준으로 하나로 통일하는 방안이 있다. 이 경우 두를 '환'과 둥글 '원' 중 둥글다는 뜻의 '원'으로 통일하는 것이 더 타당하지 않을까 생각되지만, 이 책에서는 문화재청 고시를 따랐다.

2   『고종실록』1897년 10월 3일.

3   김문식, 2006, 「장지연이 편찬한 『대한예전』」, 『문헌과 해석』35 참조.

4   사례소의 설치와 『대한예전』의 편찬과정에 대해서는 이욱 외, 2019, 『대한제국의 전례와 대한예전』, 한국학중앙연구원출판부 참조.

5   『고종실록』1897년 9월 21일.

6   이욱, 2003, 「대한제국기 환구제에 관한 연구」, 『종교연구』30, 한국종교학회; 김문식 외, 2011, 『왕실의 천지제사』, 돌베개, 63~78쪽 참조.

7   윤정, 2011, 앞의 논문, 263~265쪽; 정수인, 2006, 「대한제국기 원구단의 원형 복원과 변화에 관한 연구」, 『서울학연구』27, 121쪽 참조.

8   『고종실록』1897년 10월 1일.

9   『독립신문』1897년 10월 12일 및 박희용, 2010, 「대한제국의 상징적 공간표상, 원구단」, 『서울학연구』40, 129~130쪽 참조.

10   이윤상, 2010, 「황제의 궁궐 경운궁」, 『서울학연구』40, 12~13쪽.

11   張延王 等 編, 『明史·志二十九·禮·嘉禮』.

12   趙爾巽 等 編, 『淸史稿·志六十三·嘉禮』.

13   『국조오례의』권 7, 흉례(凶禮) 사위(嗣位).

14   『독립신문』1897년 10월 14일.

15   목수현, 2011, 「대한제국의 국가상징물: 황제국의 상징물을 새로 만들다」, 『대한제국: 잊혀진 100년 전의 황제국』, 민속원; 목수현, 2021, 『태극기 오얏꽃 무궁화: 한국의 국가 상징 이미지』, 현실문화연구 참조.

16   서영희, 2014, 「행정직제와 조직의 개편」, 『서울 2천년사 21: 근대 서울의 정치제도 변화』, 서울특별시시사편찬위원회 참조.

17   『독립신문』1897년 10월 12일.

18   『독립신문』1897년 10월 16일.

19   근대 일본의 천황제와 패전트, 황실의례의 의미에 대해서는 다카시 후지타니(한석정 역), 2003, 『화려한 군주: 근대일본의 권력과 국가의례』, 이산 참조.

20   『고종대례의궤』(서울대학교 규장각) 및 『국역 고종대례의궤』상·하(김종수 책임 번역, 2012, 한국예술종합학교 전통예술원) 참조.

21 이하『고종대례의궤』및 한영우, 2001,「대한제국의 성립과정과 대례의궤」,『한국사론』 45 및 김문식, 2006,「고종의 황제 등극의에 나타난 상징적 함의」,『조선시대사학보』 37 을 참조하여 정리함.

22 최규순, 2011,「대한제국 황실의 복식: 황제와 황후의 복식, 어떻게 변화했나」,『대한제 국: 잊혀진 100년 전의 황제국』, 민속원 참조.

23 『고종실록』 1897년 10월 13일.

24 이태진, 2015,「고종시대의 '민국' 이념의 전개: 유교 왕정의 근대적 '공화' 지향」,『진단 학보』 124 참조.

25 이민원, 1989,「대한제국의 성립과정과 열강과의 관계」,『한국사연구』 64, 1989 참조.

26 서영희, 2019, 앞의 논문, 224쪽.

27 이민원, 1989, 앞의 논문, 138~139쪽.

4장 제국 최초의 국가행사, 명성황후 국장

1 한영우, 2001,『명성황후와 대한제국』, 효형출판 참조.

2 권재형,「개국 504년 8월 사변보고서」(국사편찬위원회 한국사데이터베이스 일제시기 희귀자료) 참조.

3 서영희, 2001,「명성왕후 연구」,『역사비평』 57 및 황현(김준 역), 1994,『매천야록』, 교 문사, 300쪽 참조.

4 『고종실록』 1896년 4월 18일 및 황현,『매천야록』, 387쪽 및 417쪽.

5 『고종실록』 1895년 10월 15일 및 10월 22일.

6 김문자(김승일 역), 2011,『명성황후 시해와 일본인』, 태학사, 306쪽.

7 정교,『대한계년사』(국사편찬위원회 영인본), 115쪽.

8 일제강점기 고종실록 편찬과정에 대해서는 서영희, 2022,「일제 식민사학의『고종실록』 편찬배경과 편찬과정 연구」,『사학연구』 145 및 서영희, 2022,『조선총독부의 조선사 자 료수집과 역사편찬』, 사회평론아카데미 참조.

9 한영우, 2001, 앞의 책, 58쪽.

10 황현,『매천야록』, 365쪽.

11 비숍, 앞의 책, 423~424쪽. 그런데 비숍은 1895년 12월 25일 조선을 떠났다가 1896년 10월 20일에 다시 한성에 돌아왔다고 했으므로(앞의 책, 485쪽) 9월 4일에 이루어진 빈 전 이봉 행사는 직접 목격한 것이 아닐 것이다.

12 『명성황후국장도감의궤』(규장각 한국학연구원)의「빈전이봉경운궁시반차도(殯殿移封 慶運宮時班次圖)」참조.

13 한영우, 2001, 앞의 책, 80쪽.

14 『고종실록』1896년 9월 4일.

15 『고종실록』1896년 9월 27일.

16 한영우, 2001, 앞의 책, 82쪽.

17 황현, 『매천야록』, 392~399쪽.

18 이현진, 2022, 『조선과 대한제국 의례의 경계』, 신구문화사, 233쪽.

19 황현, 『매천야록』, 417쪽.

20 한영우, 2001, 앞의 책, 136쪽.

21 위의 책, 158쪽.

22 서영희, 2002, 「명성왕후 재평가」, 『역사비평』57 참조.

23 이현진, 2022, 앞의 책, 322~324쪽.

24 『고종실록』1897년 11월 19일.

25 『고종실록』1896년 9월 4일.

26 이하 국장의 구체적인 진행 과정에 대해서는 한영우, 2001, 앞의 책 및 이현진, 2022, 앞
    의 책, 「명성황후국장도감의궤」를 참조하였음. 세세한 각주는 생략함.

27 『고종실록』1897년 4월 10일.

28 박희용, 2010, 「대한제국의 상징적 공간표상, 원구단」, 『서울학연구』40, 123쪽.

29 위의 논문, 121쪽.

30 한영우, 2001, 앞의 책, 160쪽.

31 위의 책, 263쪽.

32 위의 책, 241~ 257쪽.

33 『독립신문』1897년 11월 20일.

34 『명성황후홍릉산릉도감의궤』의 「접견소의궤」.

35 황현, 『매천야록』, 416~418쪽.

36 이현진, 2022, 앞의 책, 316~317쪽에 의하면, 르장드르는『고종실록』1897년 11월 14일
    과『승정원일기』11월 15일(음력 10월 21일) 기록에는 누락되어 있다고 한다.

37 이학균, 현흥택 등 황제의 측근 친위세력에 대해서는 서영희, 2003, 『대한제국 정치사
    연구』, 서울대학교출판부 참조.

38 『고종실록』1897년 12월 5일.

39 황현, 『매천야록』, 417쪽.

40 『고종실록』1897년 11월 22일 및 서영희, 2001, 「명성왕후 연구」, 『역사비평』57 참조.

41 현재 서울대학교 규장각에 어람용과 부본(副本) 등이 남아 있고, 오대산 사고에 보관 중
    이던 의궤는 일제강점기에 실록과 함께 도쿄대학으로 반출되었다가 2011년 반환되었
    다. 각 의궤의 구체적인 내용은 한영우, 2001, 앞의 책, 260~337쪽 참조.

42 『홍릉석의중수도감의궤』(1책, 1905년).

43 황현,『매천야록』, 477~478쪽 및 492쪽.

44 위의 책, 533쪽.

45 이현진, 2022, 앞의 책, 565쪽 및 한영우, 2001, 앞의 책, 170쪽에 의하면, 처음에 청량리에 조성된 홍릉은 침전을 제외하면 조선 왕릉과 크게 다르지 않았지만, 고종 국장 때 현재의 남양주 금곡에 조성된 홍릉은 황제릉답게 석물도 마석, 양석, 호석 외에 기린, 코끼리, 해태, 사자, 낙타 등이 거대한 규모로 조성되어 있다. 황제릉으로서 홍릉과 순종황제의 유릉의 석물에 대해서는 김이순, 2010,『대한제국 황제릉』, 소와당 참조.

46 Horace N. Allen, 『*Korea Fact and Fancy*』, Seoul: Methodist Publising House, 1904의 부록으로 실린 Chronological Index의 1897년 11월 21~22일 기록 및 김원모 편저, 1984,『근대한국외교사연표』, 단대출판부, 160쪽 참조.

47 박희용, 2010, 앞의 논문, 122쪽 및 아손 그렙스트(김상열 역), 2005,『스웨덴 기자 아손, 100년 전 한국을 걷다』, 책과함께, 210~218쪽 참조.

5장 근대 주권국가 선언

1 서영희, 2003,『대한제국 정치사 연구』, 서울대학교출판부, 47~52쪽 참조.

2 중추원에 대해서는 이방원, 2010,『한말 정치변동과 중추원』, 혜안 참조.

3 『한말근대법령자료집』2(국회도서관), 415쪽, 1898년 11월 2일, 칙령 36호 중추원 관제 개정.

4 서영희, 2003, 앞의 책, 48~52쪽.

5 『고종실록』, 1897년 6월 22일 및 『한말근대법령자료집』2, 541쪽, 「대한국국제」.

6 도면회, 1996,「대한제국기 권력기구의 성격과 운영 총론: 정치사적 측면에서 본 대한제국의 역사적 성격」,『역사와 현실』19 참조.

7 『교전소회의일기』(규18025) 참조. 현재 규장각에 남아 있는 교전소 회의 일기는 1897년 4월 29일 목요일 회의 기록이다.

8 『고종실록』1897년 4월 15일.

9 『고종실록』1899년 7월 2일, 7월 10일, 7월 13일.

10 『고종실록』1899년 7월 17일, 7월 18일, 8월 1일.

11 『고종실록』1899년 8월 17일.

12 왕현종, 2010,「대한제국기 고종의 황제권 강화와 개혁 논리」,『역사학보』208, 16쪽.

13 「대한국국제」의 성격에 대한 기존 논의는 조계원, 2015,「「대한국국제」 반포(1899년)의 정치·사상적 맥락과 함의: '전제' 개념을 중심으로」,『한국정치학회보』49(2), 138~139쪽 참조.

14 『고종실록』1896년 9월 24일.

15 김태웅, 2013, 「「대한국국제」의 역사적 맥락과 근대 주권국가 건설 문제」, 『역사연구』 24 및 서영희, 2010, 「대한제국기 황제전제체제의 강화와 근대국민국가 수립문제」, 『한국과 일본의 서양문명 수용』(한일문화교류기금·동북아역사재단 편), 경인문화사 참조.

16 서영희, 2003, 앞의 책, 108쪽.

17 『일성록』, 1900년 1월 9일.

18 야츠키 기미오, 2011, 「메이지 천황 통치하에서의 입헌화와 교육칙어」, 『한국과 일본의 서양문명 수용』, 경인문화사, 198~199쪽 참조.

19 메이지 유신 이후 일본의 근대국가 형성과정과 천황제에 대해서는 中村政則, 1975, 「근대천황제국가론」, 『대계 일본국가사 4: 근대 1』, 동경대학출판회; 遠山茂樹 編, 1987, 『近代天皇制の展開』, 岩波書店; 鈴木正幸, 1993, 『皇室制度-明治から 戦後まて』, 岩波書店; 方光錫, 2003, 『伊藤博文の 國家體制構想』, 立敎大學 박사학위논문 등 참조.

20 도널드 킨(角地幸南 譯), 2007, 『明治天皇』(3), 新潮社, 88~89쪽 및 98~100쪽.

21 이하 천황제와 근대 일본의 권력구조 형성과정에 대해서는 서영희, 2010, 「한국 근대국가 형성기 일본의 궁내성 제도 도입이 미친 영향」, 『한국 근대국가 수립과 한일관계』(한일관계사연구논집 16), 경인문화사, 147~154쪽 참조.

22 최덕수, 1978, 「독립협회의 정체론 및 외교론 연구」, 『민족문화연구』 13 참조.

23 1890년 7월 1일 최초로 실시된 일본 중의원 총선거에서 여성은 참정권이 없었고, 25세 이상 직접 국세 15엔 이상을 납부하는 남성이 선거권을 행사하여 300석의 중의원을 선출했다. 당시 일본의 4천만 인구 중에 1.14퍼센트인 4만 5,365명이 선거권을 가지게 되었고, 이 중 93.9퍼센트가 투표한 반면, 귀족원 의원 251명은 각각 황족, 화족, 칙임의원으로 구성되었다(도널드 킨, 2007, 앞의 책, 187쪽).

6장 '대한국인'의 충군애국주의를 고취하다

1 서진교, 2001, 「대한제국기 고종의 황실추숭사업과 황제권의 강화의 사상적 기초」, 『한국근현대사연구』 19 참조.

2 『고종실록』 1901년 12월 17일.

3 이윤상, 2003, 「고종 즉위 40년 및 망육순 기념행사와 기념물」, 『한국학보』 111, 105쪽.

4 『고종실록』 1901년 12월 25일.

5 『황성신문』 1902년 5월 4일.

6 임민혁, 2011, 「대한제국기의 국가의례: 황제국의 예법을 만들다」, 『대한제국: 잊혀진 100년 전의 황제국』, 민속원 참조.

7 임현수, 2006, 「대한제국 시기 역법정책과 종교문화」, 『대한제국은 근대국가인가』, 푸른 역사 참조.

8 황현, 『매천야록』, 353쪽.

9 위의 책, 400쪽.

10 『독립신문』 1897년 8월 21일.

11 이 시기 언론매체에 등장한 인민, 국민, 신민 호칭의 용례 등에 대해서는 김동택, 2002, 「근대 국민과 국가개념의 수용에 관한 연구」, 『대동문화연구』 41; 김동택, 2006, 「독립신문의 근대국가 건설론」, 『근대계몽기 지식의 발견과 사유 지평의 확대』, 소명출판; 김소영, 2009, 「대한제국기 국민 형성론과 통합론 연구」, 고려대 박사학위논문 참조.

12 『독립신문』 1897년 8월 26일.

13 이윤상, 2003, 「대한제국기 국가와 국왕의 위상제고사업」, 『진단학보』 95, 96~97쪽.

14 이윤상, 2003, 「고종 즉위 40년 및 망육순 기념행사와 기념물」, 『한국학보』 111 참조.

15 최초의 태극기 제정에 대해서는 이태진, 2000, 「고종의 국기 제정과 군민일체의 정치이념」, 『고종시대의 재조명』, 태학사 참조.

16 목수현, 2008, 「한국 근대 전환기 국가 시각 상징물」, 서울대학교 고고미술사학과 박사학위논문 및 목수현, 2021, 『태극기 오얏꽃 무궁화: 한국의 국가 상징 이미지』, 현실문화연구 참조.

17 권행가, 2015, 『이미지와 권력: 고종의 초상과 이미지의 정치학』, 돌베개, 125쪽.

18 최인진, 2010, 『고종 어사진을 통해 세계를 꿈꾸다』, 문현 참조.

19 『독립신문』 1897년 8월 28일.

20 권행가, 2015, 앞의 책, 130~133쪽.

21 최인진, 2010, 앞의 책, 33쪽 및 퍼시벌 로웰(조경철 역), 2001, 『내 기억 속의 조선, 조선 사람들』, 예담, 133쪽.

22 Lillias H. Underwood, 『Fifteen Years among the Top-knots』, 1904; 신복룡 역주, 2019, 『상투의 나라』, 집문당.

23 다카시 후지타니(한석정 역), 2003, 『화려한 군주: 근대일본의 권력과 국가의례』, 이산 참조.

24 백문임, 2012, 「버튼 홈즈의 서울여행기와 영화」, 『현대문학의 연구』 47 참조.

25 버튼 홈즈(이진석 역), 2012, 『1901년 서울을 걷다』, 푸른길, 195쪽.

26 덕수궁 관리소, 2018, 『대한제국 황제복식』, 90쪽.

27 버튼 홈즈(이진석 역), 앞의 책, 165쪽 및 196~199쪽.

28 와카쿠와 미도리(건국대 일본문화·언어학과 역), 2007, 『황후의 초상』, 소명출판, 26~27쪽.

29 김지영, 2011, 「19세기 진전 및 어진봉안처 운영에 대한 연구」, 『장서각』 26 참조.

30 『고종실록』1901년 7월 9일.

31 『고종실록』1900년 3월 14일.

32 풍경궁 건립 경위에 대해서는 이윤상, 2010, 「황제의 궁궐 경운궁」, 『서울학연구』40, 15쪽 및 김윤정, 2009, 「대한제국, 평양에 황궁을 세우다」, 『궁궐의 눈물, 백 년의 침묵』, 효형출판 참조.

33 황건문은 일제강점기인 1925년 8월, 일본 불교계에 매각되어 서울로 이축되었고, 조계사 정문으로 쓰이다가 1971년까지 동국대 정문으로 사용되었다. 김윤정, 2009, 앞의 논문, 181쪽·199쪽 및 박성진, 2009, 「평양의 황건문이 남산으로 내려온 까닭은?」, 『궁궐의 눈물, 백 년의 침묵』, 효형출판, 142~146쪽 참조.

34 권행가, 2015, 앞의 책, 161~168쪽 참조.

35 김윤정, 2009, 앞의 논문, 193쪽. 이후 다시 창덕궁 선원전으로 옮겨진 어진들은 한국전쟁 기간 동안 부산으로 옮겨졌다가 1954년 화재로 대부분 소실되고, 현재는 조선시대 왕의 어진 중에서는 태조 이성계와 영조, 철종의 것만 남아 있다. 조선미, 2019, 『어진, 왕의 초상화』, 한국학중앙연구원출판부, 68~69쪽 및 이순우, 2004, 『데라우치 총독, 조선의 꽃이 되다』, 하늘재, 170~175쪽 참조.

36 야츠키 기미오, 2011, 앞의 논문, 203~204쪽.

37 김양희, 2007, 「메이지천황의 교세이(御製) 고찰」, 『일어일문학』34, 202쪽.

38 야츠키 기미오, 2011, 앞의 논문, 204쪽.

39 박제홍, 2006, 「메이지천황과 학교의식교육: 국정수신교과서를 중심으로」, 『일어일문학』28 참조.

40 와카쿠와 미도리, 2007, 『황후의 초상』, 소명출판, 43쪽.

41 권행가, 2015, 앞의 책, 16쪽.

42 『고종실록』1902년 6월 21일.

43 장충단에 대해서는 이민원, 2012, 「대한제국의 장충사업과 그 이념」, 『동북아문화연구』33; 최창언, 2021, 『대한제국의 기념 사적과 칭경예식의 관병식을 위한 연구』, 한국학술정보; 안창모, 2017, 「대한제국으로 가는 길목의 도시와 건축」, 『대한제국, 부국강병한 근대적 자주 국가를 꿈꾸다』(대한제국 선포 120주년 기념 국제학술심포지움 발표자료집), 국립고궁박물관 참조. 장충단 자리에는 현재 장충체육관, 국립극장, 신라호텔 등이 들어서 있다.

44 이정희, 2017, 「전통과 근대의 이중주, 대한제국 황실음악」, 『대한제국, 부국강병한 근대적 자주 국가를 꿈꾸다』, 국립고궁박물관, 228~233쪽.

45 민경찬, 2016, 「에케르트, 독일인으로 대한제국 애국가를 작곡하다」, 『개항기 서울에 온 외국인들』, 서울역사편찬원 및 『고종실록』1902년 12월 20일 훈장 기록 참조.

46 민경찬, 2016, 위의 글; 『관보』제2279호, 1902년 8월 15일; 『제국신문』1902년 8월 15일 참조.

47   최창언, 2020,『대한제국의 양악 도입과 그 발자취』, 한국학술정보, 123~140쪽 참조.

48   위의 책, 123~124쪽. 주한 미국공사관에 접수된 대한제국애국가 및 관련 문서는 현재 미국국립문서보관청(NARA) 문서군 RG 84, United States Legation in Korea, Miscellaneous Papers, 1901-December 1905. Box. 27. 알렌공사 문서철 중 잡철에서 확인할 수 있으며, 필자는 이화여대 정병준 교수로부터 사진 자료를 제공받았다. 국내에서는 국립중앙도서관 해외수집기록물에서 열람 가능하다.

49   최창언, 위의 책, 139쪽.

50   민경찬, 2016, 앞의 글, 355~358쪽.

7장   근대도시 한성과 경운궁의 확장

1   한성부 도시개조사업에 대해서는 김광우, 1991,「대한제국시대의 도시계획-한성부도시개조사업」,『향토서울』50; 이태진, 1997,「1896~1904년 서울 도시개조사업의 주체와 지향성」,『한국사론』37; 한철호, 1999,「대한제국 초기 한성부 도시개조사업과 그 의의: '친미'개화파의 치도사업을 중심으로」,『향토서울』59; 이태진, 2000,「대한제국의 서울 황성 만들기: 최초의 근대적 도시개조사업」,『고종시대의 재조명』, 태학사; 안창모, 2011,「대한제국 시기의 건축: 대한제국의 원공간 정동과 덕수궁」,『대한제국: 잊혀진 100년 전의 황제국』, 민속원; 이정옥, 2011,「갑오개혁 이후 한성의 도로정비사업과 부민(府民)의 반응」,『향토서울』78; 박희용, 2014,「권력과 도시공간의 변화에 대한 연구: 대한제국기~일제강점기 정동을 중심으로」,『도시인문학연구』6(2) 등 많은 연구가 있다.

2   전우용, 2012,「1902년 황제어극(皇帝御極) 40년 망육순(望六旬) 칭경예식(稱慶禮式)과 황도(皇都) 정비」,『향토서울』81 참조.

3   이사벨라 버드 비숍(이인화 역), 1994,『한국과 그 이웃 나라들』, 살림출판사, 548~549쪽.

4   위의 책, 497~500쪽.

5   김옥균,「치도약론」,『김옥균전집』(아세아문화사 영인본, 1979) 참조.

6   서영희, 2014,「행정직제와 조직의 개편」,『서울 2천년사 21: 근대 서울의 정치제도 변화』, 서울특별시사편찬위원회, 81~83쪽.

7   『고종실록』1883년 1월 23일.

8   서영희, 1995,「개화파의 근대국가 구상과 그 실천」,『근대 국민국가와 민족문제』, 지식산업사 참조.

9   박영효의 치도사업에 대한 구상의 전모에 대해서는 우동선, 2001,「도시와 건축에 대한 박영효의 생각」,『대한건축학회 논문집-계획계』17(7) 및 이정옥, 2011,「갑오개혁 이

후 한성의 도로정비사업과 부민(府民)의 반응」, 『향토서울』 78, 137쪽 참조.

10 한철호, 1999, 「대한제국 초기 한성부 도시개조사업과 그 의의」, 『향토서울』 59, 213쪽.

11 이정옥, 2011, 앞의 논문, 140쪽.

12 위의 논문, 147쪽.

13 안창모, 2017, 「대한제국으로 가는 길목의 도시와 건축」, 『대한제국, 부국강병한 근대적 자주 국가를 꿈꾸다』, 국립고궁박물관, 187~188쪽.

14 『독립신문』 1896년 10월 13일.

15 현재 종로구 신문로1가·당주동에 걸쳐 있는 지역을 말한다. 경희궁의 정문인 '홍화문(興化門)'의 현판 글씨가 뛰어난 명필이라, 캄캄한 밤(夜)에도 빛이 나 고개가 낮(晝)처럼 환하다고 하여 야주현(夜晝峴), 야주갯골로도 불렸다.

16 우동선, 2003, 「가가(假家)에 관한 문헌 연구」, 『대한건축학회 논문집』 19(8) 참조.

17 『관보』 제442호, 1896년 9월 30일.

18 한철호, 1999, 앞의 논문, 123쪽.

19 위의 논문, 124~128쪽 참조.

20 전우용, 2008, 『서울은 깊다』, 돌베개, 352~353쪽 참조.

21 전우용, 2012, 앞의 논문, 148쪽.

22 박희용, 2014, 「권력과 도시공간의 변화에 대한 연구: 대한제국기~일제강점기 정동을 중심으로」, 『도시인문학연구』 6(2), 247쪽.

23 김광우, 1991, 「대한제국시대의 도시계획: 한성부도시개조사업」, 『향토서울』 50, 115쪽.

24 서영희, 2023, 「흔들리는 공간, 왕이 떠나다」, 『백악산 아래 청와대 공간이야기』, 대한민국역사박물관, 63쪽.

25 박희용, 2010, 「대한제국의 상징적 공간표상, 원구단」, 『서울학연구』 40, 121쪽.

26 박희용, 2014, 앞의 논문, 247~248쪽.

27 이윤상, 2010, 「황제의 궁궐 경운궁」, 『서울학연구』 40, 12~13쪽.

28 이순우, 2010, 『통감관저, 잊혀진 경술국치의 현장』, 하늘재, 124~131쪽 참조.

29 김연희, 2012, 「대한제국의 전기사업」, 『한국과학사학회지』 19(2) 참조.

30 황현, 『매천야록』, 445쪽.

31 김연희, 2012, 「전기 도입에 의한 전통의 균열과 새로운 문명의 학습: 1880~1905년을 중심으로」, 『한국문화』 59, 74쪽.

32 김연희 교수는 『구한국외교문서 11』 미안(美案) 2(고려대 아세아문제연구소), "동가시(動駕時) 나수(拿囚; 죄인을 잡아 가둠)한 전차승객의 석방요구", "동가시 전차승객 나수 사유의 해명" 등을 근거로 고종의 홍릉 행차 시 전차를 활용했을 것으로 추정했다.

33 이정옥, 2011, 앞의 논문, 159쪽.

34 김연희, 2012, 앞의 논문, 70쪽.

35   김백영, 2009,『지배와 공간: 식민지도시 경성과 제국 일본』, 문학과지성사, 288쪽.

36   김연희, 2012, 앞의 논문, 72~73쪽.

37   정재정, 2001,「일본의 대한(對韓) 침략정책과 경인철도 부설권의 획득」,『역사교육』77 참조.

38   안창모, 2017, 앞의 논문, 191~193쪽.

39   버튼 홈즈(이진석 역), 앞의 책, 40~41쪽.

40   위의 책, 131쪽 및 이태진, 2000,「대한제국의 서울 황성(皇城) 만들기」,『고종시대의 재조명』, 태학사 참조.

41   버튼 홈즈(이진석 역), 위의 책, 47쪽 및 115쪽.

42   까를로 로제티(윤종태·김운용 역), 1996,『꼬레아 꼬레아니』, 서울학연구소, 52쪽 및 369쪽.

43   서정현, 2013,「근대 정동의 공간 변화와 고종」,『향토서울』84, 97~98쪽.

44   김정동, 2004,『고종황제가 사랑한 정동과 덕수궁』, 발언, 50쪽.

45   김정동, 2007,「대한제국 또 하나의 현장, 중명전」,『1907년 헤이그 특사』, 국립고궁박물관, 235~236쪽.

46   『제국신문』1900년 10월 1일.

47   김정동, 2004, 앞의 책, 116쪽.

48   『황성신문』1900년 3월 9일.

49   『황성신문』1902년 5월 19일.

50   『고종실록』1898년 11월 26일.

51   안창모, 2009, 앞의 책, 137쪽.

52   이윤상, 2003, 앞의 논문, 118쪽.

53   안창모, 2009, 앞의 책, 117쪽 참조.

54   『고종실록』1902년 5월 12일.

55   『고종실록』1902년 9월 5일.

56   『고종실록』1902년 10월 10일.

57   『고종실록』1902년 10월 19일.

58   문화재청, 2005,『덕수궁 복원정비 기본계획』, 90쪽.

59   『독립신문』1899년 3월 3일.

60   샌즈의 저서는 1930년 출간되었고, 국내 번역본으로 신복룡 역주, 1999(2019 개정판),『조선 비망록』, 집문당이 있다.

61   『고종실록』1900년 1월 28일.

62   『제국신문』1900년 8월 28일.

63   『제국신문』1900년 8월 9일.

64 『각부청의서존안』 17, 「경운궁역비증액 예산외지출청의서」.

65 까를로 로제티(윤종태·김운용 역), 앞의 책, 90쪽.

66 버튼 홈즈, 앞의 책, 181쪽.

67 『고종실록』 1901년 6월 26일.

68 『고종실록』 1902년 5월 4일.

69 The Willard Straight Papers(Cornell University); Herbert Croly, 『*Willard Straight*』, Macmillan Company, 1925, p. 182; Louis Graves, 『*Willard Straight in the Orient*』, NewYork Asia Publishing Company, 1922, pp. 27~35.

70 안창모, 2009, 앞의 책, 112쪽.

71 이경미, 2005, 『대한문 수리 보고서』, 문화재청, 58쪽.

8장 경운궁에 세워진 서양식 건물

1 국사편찬위원회 편, 『프랑스외무부문서』 3, 1889년 5월 12일, 「조선의 재정상태와 개혁 중단 보고」.

2 김정동, 2004, 『고종황제가 사랑한 정동과 덕수궁』, 발언, 86~87쪽에서는 일본 측 자료를 토대로 다이와 사바틴이 관문각에 기거한 것으로 서술했으나, 원래 어진 봉안처로 건립된 관문각을 서양인들의 숙소로 사용했을 가능성은 낮다고 생각된다.

3 서영희, 2023, 「흔들리는 공간, 왕이 떠나다」, 『백악산 아래 청와대 공간 이야기』, 대한민국역사박물관, 63쪽.

4 김현숙, 2013, 「대한제국기 정동의 경관 변화와 영역 간의 경쟁」, 『향토서울』 84, 142쪽.

5 『관보』 제4368호, 1909년 5월 5일.

6 김은주, 2014, 『석조전: 잊혀진 대한제국의 황궁』, 민속원 참조. 석조전 원도면(입면도와 평면도)는 2011년 일본 하마마츠 시립도서관에서 김은주에 의해 발견되었다.

7 안창모, 2009, 앞의 책, 175~185쪽; 김은주, 2014, 위의 책, 76쪽; 오다 쇼고, 1938, 『덕수궁사』, 68~70쪽; 『매일신보』 1910년 12월 3일 「석조전준공기」 참조.

8 『고종실록』 1899년 7월 10일.

9 『궁내부안』 1899년 7월 11일.

10 『독립신문』 1899년 10월 22일.

11 『관보』 1907년 9월 30일 호외.

12 안창모, 2009, 앞의 책, 196~198쪽.

13 『각부청의서존안』 11책, 1899년 11월 13일.

14 『각부청의서존안』 11책, 1900년 1월 22일.

15 권행가, 2015, 『이미지와 권력: 고종의 초상과 이미지의 정치학』, 돌베개, 163쪽.

16 안창모, 2009, 앞의 책, 202~206쪽.

17 이하 수옥헌과 돈덕전에 대한 서술은 필자가 연구책임자로 수행한 『덕수궁 중명전 전시 활용을 위한 기초학술조사 연구용역 결과보고서』(2015년)에 의거함. 이 프로젝트에는 서울대학교 국사학과 이민아 박사와 박사과정을 수료한 김은주, 조은진이 참여했다.

18 이순우, 2010, 『통감관저, 잊혀진 경술국치의 현장』, 하늘재, 145~146쪽. 수옥헌 건축에 관계한 미국인 토목 엔지니어 존 다이는 1896년 아버지가 있는 한성에 와서 경인선 철도 부설에 관한 기본 측량을 담당했고, 1899년 미국에 돌아가 미국 캘리포니아 대학 토목과 교수로 일했다. 대학에 제출한 자기소개서에서 '궁궐에 하나의 큰 벽돌 건물'을 설계하고 건설했다고 진술했다. 이상은 박동민, 2019, 「건축가가 된 기술자들: 존 다이, 사바틴 그리고 중명전」, 『사바틴과 한국 근대기의 건축 영향 관계 연구』(문화재청 주최, 한국건축역사학회 발표자료집), 72쪽 참조.

19 『독립신문』 1899년 6월 12일.

20 『한일외교미간사료』 5, 143~157쪽, 1899년 6월 30일 기밀 59호.

21 『황성신문』 1901년 11월 18일.

22 『The Korea Review』 1901년 11월호.

23 『속음청사』(국사편찬위원회 영인본), 광무5년(1901년) 11월.

24 『고종실록』 1901년 11월 16일.

25 『고종실록』 1904년 4월 14일.

26 『황성신문』 1904년 4월 16일.

27 리하르트 분쉬(김종대 역), 1999, 『고종의 독일인 의사 분쉬』, 학고재, 111쪽 및 223쪽.

28 『주한일본공사관기록』 23, 1904년 4월 20일 「왕궁 이어에 관한 건」.

29 한영우, 2002, 「1904~1906년 경운궁 중건과 『경운궁중건도감의궤』」, 『한국학보』 28(3), 5~7쪽.

30 수옥헌이 하나의 권역이며 그 중심 건물이 중명전이라는 주장은 오다 쇼고(小田省吾)의 『덕수궁사』(1938년)에서 비롯된다. 오다 쇼고는 수옥헌은 경운궁 서측 평성문 밖에 작은 길을 사이에 두고 미국영사관 서방에 위치한 전각의 총칭이라고 하면서, 그 주요 건물이 중명전이며, 주위에 다수의 건물이 존재했다고 주장했다. 그런데 오다 쇼고는 1934년 『조선』이라는 잡지에서는 수옥헌을 중명전이라고도 칭하며 주위의 많은 건물을 포괄하는 명칭이라고 보았다. 혹은 중명전 역시 수옥헌의 별칭으로 알현소라고 서술했다.(이순우, 2010, 『통감관저, 잊혀진 경술국치의 현장』, 하늘재, 151~155쪽).

31 『주한일본공사관기록』 24, 「보호조약」.

32 서영희, 2003, 『대한제국 정치사 연구』, 서울대학교출판부, 316쪽.

33 서영희, 2012, 『일제침략과 대한제국의 종말』, 역사비평사, 82~84쪽.

34   Herbert Croly, 『*Willard Straight*』, Macmillan Company, 1925, p.182.

35   서영희, 2003, 앞의 책, 214쪽.

36   오다 쇼고(小田省吾), 1938, 『덕수궁사』, 이왕직(李王職), 54쪽.

37   『관보』 1909년 5월 5일.

38   오다 쇼고, 앞의 책, 56쪽.

39   대관정은 인조가 즉위 전에 살던 저경궁(儲慶宮) 자리에 미국인 헐버트가 신축한 건물로서, 현재 서울 프라자호텔 주차장 자리에 있었다. 병합 후 대관정은 1923년 삼정물산에 매각되었고, 1927년부터 경성부립도서관으로 사용되다가 해방 후인 1946년에는 서울시립 남대문도서관으로 사용되기도 했다.

40   『독립신문』 1899년 6월 8일, 9일. 샌즈에 대해서는 김현숙, 2008, 『근대 한국의 서양인 고문관들』, 한국연구원, 245~288쪽 참조.

41   『독립신문』 1899년 6월 8일, 6월 19일.

42   『독립신문』 1899년 6월 6일.

43   『고종실록』 1899년 6월 10일 및 『독립신문』 1899년 6월 12일 대관정 거동.

44   『황성신문』 1904년 3월 18일.

45   이순우, 2010, 앞의 책, 121~139쪽.

46   H. N. Allen, 『*Korea: Fact and Fancy*』, 1904」 및 『근세동아세아서양어자료총서』, 경인문화사, 2001, 138쪽 참조.

47   『제국신문』 1901년 3월 28일.

48   지그프리트 겐테(권영경 역), 2007, 『독일인 겐테가 본 신선한 나라 조선, 1901』, 책과함께, 221쪽.

49   엠마 크뢰벨(윤용선·최용찬 역, 서영희 감수), 2014, 『엠마 크뢰벨이 본 대한제국 황실 이야기』 대한민국역사박물관, 170쪽.

50   문화재청, 2016, 『덕수궁 돈덕전 복원 조사연구』, 91쪽.

51   우동선, 2010, 「경운궁의 양관들」, 『서울학연구』 40, 80쪽.

52   엠마 크뢰벨, 2014, 앞의 책, 170쪽.

53   전수진·권혁건, 2009, 「'녹명관(鹿鳴館)'이 일본 근대문화 수용에 미친 영향 고찰」, 『일본근대문학연구』 23, 71~74쪽.

54   『대한매일신보』 1904년 9월 5일.

55   『주한일본공사관기록』 25, 1905년 1월 21일.

56   서영희, 2003, 앞의 책, 343쪽.

57   『대한매일신보』 1906년 11월 29일.

58   『대한매일신보』 1907년 1월 5일.

59   『황성신문』 1905년 5월 25일, 5월 29일 「博恭王來發」.

60 『대한매일신보』 1905년 9월 17일.

61 『황성신문』 1907년 1월 26일.

62 『대한매일신보』 1907년 6월 14일.

63 『황성신문』 1907년 10월 12일, 10월 17일.

64 『황성신문』 1907년 10월 18일.

9장 만국공법의 세계로 나아가다

1   서영희, 2006, 「한청통상조약 이후 한중 외교의 실제와 상호 인식」, 『동북아역사논총』
    13 참조.

2   권석봉, 1984, 「청일전쟁 이후의 한청관계 연구(1894-1898)」, 『청일전쟁을 전후한
    한국과 열강』, 정신문화연구원; 권석봉, 1987, 「한청통상조약의 체결」, 『동방학지』
    54·55·56 합집; 신복룡, 1989, 「청조의 대한외교정책 연구: 1876~1910」, 『국사관논총』
    5; 이영옥, 2004, 「조공질서의 붕괴와 淸·朝(대한제국) 관계의 변화, 1895-1910」, 『한중
    외교관계와 조공책봉』 고구려연구재단 등 참조.

3   은정태, 2005, 「1899년 한·청통상조약 체결과 대한제국」, 『역사학보』 186 및 은정태,
    2007, 「을사조약 이후 청국정부의 한국인식」, 『역사와 현실』 66 참조.

4   『청계중일한관계사료(淸季中日韓關係史料)』 제8권, 4899쪽.

5   中國近代史資料叢刊, 『中日戰爭』, 239쪽.

6   『청계중일한관계사료』 제8권, 4958쪽.

7   『청계중일한관계사료』 제8권, 5040쪽.

8   탕사오이는 청말 관비유학생 출신으로 1889년 조선에 부임한 뒤 청일전쟁 직후까지 오
    랫동안 근무하면서 조선 사정에 정통했고 탁월한 실무능력으로 위안스카이의 신임을
    받았다.

9   열강공사의 개입과 청의 조약체결 결정 과정에 대해서는 권석봉, 1984, 앞의 논문,
    223~227쪽 참조.

10 은정태, 2005, 앞의 논문 참조.

11 『한청의약공독(韓淸議約公牘)』 참조.

12 위의 자료.

13 『청계중일한관계사료』 제8권, 5223쪽.

14 서영희, 2006, 앞의 논문, 199~200쪽.

15 서영희, 2019, 「근대 전환기 한·중관계와 상호인식의 변화」, 『내일을 읽는 한·중관계
    사』, 알에이치코리아, 213쪽.

16 서영희, 2006, 앞의 논문, 201쪽.

17 『주청래거안(駐淸來去案)』1902년 11월 5일 보고 제4호.

18 『한국외교문서』광서 28년 9월 29일 조회.

19 『주청래거안』1902년 10월 28일 보고 제1호.

20 주청대한공사관지도(奎 26649).

21 황현, 『매천야록』, 510쪽.

22 손성욱, 2020, 『사신을 따라 청나라에 가다』, 푸른역사, 233~234쪽에 의하면, 1901년 겨울 고종이 프랑스어 교사 에밀 마르텔(Emile Martel)을 통해 전임 청국 주재 미국공사 찰스 덴비(Charles Denby)의 3층짜리 건물을 사들였으나, 이 건물은 1902년 6월 30일까지 미국공사관에 임대하고 있었고, 미국정부에서 12월 31일까지 기한을 연장해달라고 요구했으므로, 임시로 미국공사관이 제공해준 허름한 건물에서 지내다가 1903년 4월에야 공관에 입주할 수 있었다고 한다.

23 『주청래거안』1904년 1월 27일 보고 제3호.

24 『주청래거안』1903년 7월 16일 보고 제12호.

25 서영희, 2006, 앞의 논문, 201~203쪽.

26 『주청공사관일기』1902년 11월 5일.

27 『주청래거안』참조.

28 『한국외교문서』1902년 10월 22일 조회 2호.

29 『주청래거안』1903년 1월 7일 보고 제1호.

30 『주청공사관일기』참조.

31 서영희, 2003, 『대한제국 정치사 연구』, 서울대학교출판부, 204~205쪽.

32 이민원, 2002, 「민영환의 모스크바 외교와 천일책(天一策)」, 『청계사학』16·17 참조.

33 『고종실록』1896년 1월 11일.

34 『한일외교미간사료』4, 297~301쪽, 1897년 8월 9일 기밀 51호 및 황현, 『매천야록』, 405쪽.

35 『고종실록』1897년 8월 31일 및 황현, 『매천야록』, 408쪽.

36 『고종실록』1898년 5월 22일 및 황현, 『매천야록』, 424쪽.

37 『고종실록』1898년 10월 9일 및 황현, 『매천야록』, 428쪽.

38 『고종실록』1899년 3월 15일 및 황현, 『매천야록』, 440쪽.

39 『고종실록』1901년 3월 12일.

40 황현, 『매천야록』, 472쪽.

41 을사늑약 후 외교권을 장악한 일본이 1910년 미국인에게 팔아 버린 공사관 건물을 2012년 문화재청이 다시 매입하여 리모델링하는 과정과 관련 자료에 대해서는 국외소재문화재재단, 2019, 『주미대한제국공사관』참조.

42 서영희, 2003, 앞의 책, 234~236쪽.

43 『고종실록』1900년 3월 23일.

44 이윤상, 2003, 「대한제국기 국가와 국왕의 위상제고사업」, 『진단학보』95 참조.

45 김지영, 2008, 「헤이그 만국평화회의와 일본정부의 대책」, 『백 년 후 만나는 헤이그 특 사』, 태학사, 214~216쪽.

46 벨기에와의 수교 교섭 과정에 대해서는 김현숙, 2016, 「대한제국의 벨기에 인식의 추이 와 특징」, 『역사와 담론』78 참조.

47 서영희, 2008, 「고종황제의 외교전략과 제2차 만국평화회의 특사 파견」, 『백 년 후 만나 는 헤이그 특사』, 태학사, 69쪽.

48 이윤상, 2003, 앞의 논문, 101~105쪽.

49 전정환, 1986, 「러·일전쟁과 프랑스의 대한정책」, 『한불수교 100년사』, 181쪽.

50 서영희, 2003, 앞의 책, 137쪽.

51 김영식, 1986, 「대한제국의 對佛 외교관계」, 『한불외교사』, 평민사, 78쪽 및 서영희, 위 의 책, 138~141쪽.

52 『일본외교문서』37(1), 311~313쪽, 1904년 1월 21일, 1월 22일.

53 서영희, 2011, 「대한제국의 보호국화와 외교타운 정동의 종말」, 『정동 1900 대한제국 세 계와 만나다』서울역사박물관 국제심포지엄 발표집 참조.

54 정아름, 2011, 「1900년 파리만국박람회 한국관에 소개된 전시품(Korean collections kept overseas: The case of the Korean pavilion at the Paris exposition of 1900)」, 『대 한제국기 정동의 역사문화적 가치 재조명』, 서울시립대 서울학연구소 주최 심포지엄 발 표집, 31~37쪽.

55 삐에르 깜봉, 2011, 「1900년대 서울의 프랑스 이주민 사회-외교관, 영사, 선교사, 여행 자」, 『정동 1900 대한제국 세계와 만나다』, 서울역사박물관 국제심포지엄 발표집 참조.

56 김태웅, 2002, 「한국 근대개혁기 정부의 프랑스 정책과 천주교: 왕실과 뮈텔의 관계를 중심으로」, 『역사연구』11 참조.

57 최석우, 1986, 「한불조약 체결과 그 후의 양국관계」, 『한불수교 100년사』(한국사연구협 의회 편), 83~88쪽.

58 고종이 민영환에게 보낸 1897년 4월 3일 자 친서(국사편찬위원회 소장) 참조.

59 홍순호, 1986, 「한불인사교류와 프랑스 고문관의 내한」, 『한불수교 100년사』 참조.

60 현광호, 2010, 「고종의 중립화 정책 왜 실패했나」, 『대한제국-잊혀진 100년 전의 황제 국』(국립고궁박물관 편), 민속원, 75~80쪽.

61 1901년 4월 프랑스와 1천만 프랑의 차관을 계약했다가 영국과 일본의 압력으로 1902년 초에 포기하는 과정에 대해서는 모리야마 시게노리(森山茂德), 김세민 역, 1994, 『근대 한일관계사연구』, 현음사, 128~135쪽 참조.

62 서울역사박물관, 2012, 『정동 1900』, 100~122쪽 참조.

63 이민식, 2006, 『콜롬비아 세계박람회와 한국』, 백산자료원 참조.

64 서울역사박물관, 앞의 책, 101쪽.

65 이윤상, 2003, 앞의 논문, 105쪽.

66 서울역사박물관, 앞의 책, 112~114쪽.

67 이윤상, 2003, 앞의 논문, 106쪽.

68 현광호, 2010, 앞의 논문, 80쪽.

10장 고종 즉위 40년 칭경예식과 서양식 연회문화

1 이윤상, 2003, 「고종 즉위 40년 및 망육순 기념행사와 기념물: 대한제국기 국왕 위상제고사업의 한 사례」, 『한국학보』 111, 100~107쪽.

2 위의 논문, 109~112쪽.

3 전우용, 2012, 「1902년 황제어극(皇帝御極) 40년 망육순(望六旬) 칭경예식(稱慶禮式)과 황도(皇都) 정비: 대한제국의 '황도(皇都)' 구상에 담긴 만국공법적 제국과 동양적 제국의 이중 표상(表象)」, 『향토서울』 81, 137~139쪽; 이윤상, 위의 논문, 116~118쪽 참조.

4 『고종실록』 1902년 7월 20일.

5 『황성신문』 1902년 7월 25일.

6 『황성신문』 1902년 8월 15일.

7 이윤상, 2003, 앞의 논문, 118쪽 및 전우용, 2012, 앞의 논문, 137~138쪽.

8 『황성신문』 1902년 8월 23일.

9 은정태, 2009, 「고종시대의 경희궁: 훼철과 활용을 중심으로」, 『서울학연구』 34, 106~108쪽.

10 『고종실록』 1902년 9월 20일.

11 해군 창설 논의와 군함 양무호 구입에 대해서는 조재곤, 2020, 『황제 중심의 근대국가체제 형성: 고종과 대한제국』, 역사공간, 328~329쪽 참조.

12 이윤상, 2003, 앞의 논문, 119쪽.

13 『황성신문』 1903년 4월 6일 「예식절차」.

14 정수인, 2006, 「대한제국시기 원구단의 원형복원과 변화에 관한 연구」 『서울학연구』 27, 136~139쪽 참조.

15 대한제국기 서구식 복장 도입에 대해서는 이경미, 2008, 「대한제국의 서구식 대례복 패러다임」, 서울대학교 박사학위논문 및 2018, 「대한제국 황제복식제도의 성립과 변화를 통해 고종의 복식을 보다」, 『대한제국 황제복식』, 덕수궁관리소, 156~168쪽 참조.

16 목수현, 2021, 『태극기 오얏꽃 무궁화: 한국의 국가 상징 이미지』, 현실문화연구, 316~329쪽 참조.

17 황현, 『매천야록』, 493쪽.

18 이윤상, 2003, 앞의 논문, 120쪽; 전우용, 2012, 앞의 논문, 141쪽.

19 이정희, 2011, 「대한제국의 근대식 연회: 세계인과 파티를 열다」, 『대한제국: 잊혀진 100년 전의 황제국』(국립고궁박물관 편), 민속원 참조.

20 이사벨라 버드 비숍, 1994, 앞의 책, 294쪽.

21 『조칙·법률』(서울대학교 도서관) 86쪽.

22 『조칙·법률』 106쪽.

23 『박정양 전집 4』(아세아출판사 영인본), 338~339쪽.

24 『황성신문』 1900년 5월 17일, 1901년 4월 22일 논설.

25 김현숙, 2011, 「경관의 기억과 경쟁: 정동의 서양인 고문관들을 중심으로」, 『대한제국기 정동의 역사문화적 가치 재조명』 서울시립대학교 서울학연구소 주최 심포지엄 발표집, 86쪽.

26 김현숙, 2013, 「대한제국기 정동의 경관 변화와 영역 간의 경쟁」, 『향토서울』, 84, 143쪽 참조.

27 『승정원일기』 1893년 11월 5일.

28 이정희, 2012, 「고종황제의 외교관 접견과 연회」, 『정동 1900』, 서울역사박물관, 161~178쪽 참조.

29 이정희, 2011, 「대한제국의 근대식 연회: 세계인과 파티를 열다」, 『대한제국: 잊혀진 100년 전의 황제국』(국립고궁박물관 편), 민속원 참조.

30 지그프리트 겐테(권영경 역), 2007, 『독일인 겐테가 본 신선한 나라, 조선, 1901』, 책과함께; 엠마 크뢰벨(윤용선·최용찬 역), 2014, 『엠마 크뢰벨이 본 대한제국 황실이야기』, 대한민국역사박물관 참조.

31 에밀 부르다레(정진국 역), 2009, 『대한제국 최후의 숨결』, 127~132쪽.

32 까를로 로제티(윤종태·김운용 역), 1995, 『꼬레아 꼬레아니』, 서울학연구소, 97쪽.

33 『주한일본공사관기록』 26, 1905년 5월 7일.

34 『주한일본공사관기록』 26, 1905년 5월 10일.

35 『주한일본공사관기록』 26, 1905년 5월 23일.

36 『주한일본공사관기록』 26, 1905년 5월 24일.

37 앨리스 루스벨트의 자서전 『Crowded Hours』(박도, 2012, 『개화기와 대한제국(1876-1910)』, 눈빛, 530쪽에서 재인용).

38 엠마 크뢰벨, 2014, 앞의 책, 225~227쪽.

39 『주한일본공사관기록』 23, 477~481쪽 및 『일한외교자료집성』 5, 537쪽, 1905년 9월 25

일 및 H. B. 헐버트(신복룡 역), 1999, 『대한제국멸망사』, 집문당, 534쪽.

40　엠마 크뢰벨의 기록에서도 "중명전 접견실 앞의 큰 홀"은 "커다란 식당"이라는 말을 찾을 수 있다. (엠마 크뢰벨, 2014, 앞의 책, 177쪽.)

41　『주한일본공사관기록』 24, 「보호조약」 참조.

42　이상 서영희, 2014, 「독일 여성이 본 대한제국 황실의 마지막 풍경」, 『엠마 크뢰벨이 본 대한제국 황실이야기』, 대한민국역사박물관 참조.

11장 통감부의 황실재정정리와 황제권 해체

1　서영희, 2012, 『일제 침략과 대한제국의 종말: 러일전쟁에서 한일병합까지』, 역사비평사 참조.

2　갑오개혁기의 궁내부 설치에 대해서는 서영희, 1990, 「1894~1904년의 정치체제변동과 궁내부」, 『한국사론』 23, 서울대학교 참조.

3　갑신정변에서 갑오개혁기에 이르는 개화파의 정체(政體) 변혁 구상에 대해서는 서영희, 1995, 「개화파의 근대국가 구상과 그 실천」, 『근대 국민국가와 민족문제』(한국사연구회 편), 지식산업사 참조.

4　메이지 일본의 궁내성 제도와 갑오개혁기에 조선에 도입된 궁내부 제도의 공통점과 차별성에 대해서는 서영희, 2010, 「한국 근대국가 형성기 왕권의 위상과 일본의 궁내성 제도 도입이 미친 영향」, 『한일 근대국가의 수립과 한일관계』(한일관계사연구논집편찬위원회 편), 경인문화사, 131~138쪽 참조.

5　『궁내절장(宮內節章)』(국립중앙도서관 소장)을 보면 왕실전범(王室典範), 귀족령, 궁내부관제, 왕실세출예산개액 등이 모두 일본의 궁내성 관제 및 황실전범 등을 그대로 모방한 것이다. 이 시기 궁내부관제 제정에 일본 궁내성 관제가 그대로 준용되었음을 알 수 있다.

6　서영희, 1990, 앞의 논문, 382쪽.

7　서영희, 1991, 「개항기 봉건적 국가재정의 위기와 민중수탈의 강화」, 『1894년 농민전쟁연구 1』(한국역사연구회 편), 역사비평사 참조.

8　대한제국기 황제권 강화와 궁내부 확대의 정치적 배경에 대해서는 서영희, 2003, 『대한제국 정치사 연구』, 서울대학교출판부 참조.

9　대한제국기 황제정이 주도한 근대화 사업의 성과에 대한 평가는 교수신문 기획, 2005, 『고종황제 역사청문회』, 푸른역사 및 한림대 한국학연구소 기획, 2006, 『대한제국은 근대국가인가』, 푸른역사 등 참조.

10　이하 조선총독부, 1911, 『임시재산정리국사무요강』에 의거하여 정리함.

11 조선시대 초기부터 있던 한성부 중부 8방 중의 하나로, 오늘날 '동(洞)'에 해당한다. 5부로 나뉜 한성부에는 중부 이외에 동부 6방, 서부 11방, 남부 11방, 북부 8방이 있었다.

12 주산에서 뻗어나간 산줄기를 풍수지리에서는 청룡과 백호라고 일컫는다. 왼쪽으로 뻗어나가면 청룡, 오른쪽으로 뻗어나간 줄기는 백호이다.

13 김재호, 1997, 『갑오개혁 이후 근대적 재정제도의 형성과정에 관한 연구』, 서울대학교 경제학과 박사학위논문, 138쪽.

14 이상찬, 1992, 「일제침략과 황실재정정리(1)」, 『규장각』 15, 128~129쪽.

15 『관보』(국립중앙도서관) 1905년 1월 13일 및 『조칙·법률』(서울대학교 도서관) 400쪽 및 『한말근대법령자료집』 4(국회도서관), 45~59쪽 참조. 이하 각 기구 관제 및 제 법령의 내용에 대해서는 『관보』, 『조칙·법률』, 『한말근대법령자료집』을 참조하여 정리함.

16 이상찬, 1992, 앞의 논문, 135쪽.

17 『관보』 1905년 12월 30일.

18 『관보』 1906년 2월 27일.

19 조선총독부, 1911, 『임시재산정리국사무요강』, 11~14쪽, 「재산정리의 연혁」.

20 『관보』 1906년 7월 30일 칙령 제32호 「국유재산관리규정」.

21 『관보』 1906년 11월 15일 탁지부령 제24호 「국유재산목록급증감변동에 관한 건」.

22 1907년 7월 4일 칙령 제44호 「임시제실유급국유재산조사국관제」.

23 이상찬, 1992, 「일제침략과 「황실재정정리」(1)」, 『규장각』 15, 151쪽 및 김재호, 1997, 앞의 논문, 270쪽 참조.

24 『한말근대법령자료집』 6, 103~104쪽, 1907년 12월 4일 칙령 제35호.

25 1908년 6월 13일 제18회 위원회 결정 및 6월 25일 칙령 제39호 「궁내부 소유 및 경선궁 소속 재산의 이속과 제실채무에 관한 건」. 일제에 의한 황실재정정리과정에 대해서는 이상찬, 1992, 「일제침략과 「황실재정정리」(1)」, 『규장각』 15; 김재호, 1992, 「'보호국기'(1904-1910)의 황실재정정리: 제도적 변화를 중심으로」, 『경제사학』 16; 이윤상, 1996, 「1894~1910년 재정제도 운영의 변화」, 서울대학교 국사학과 박사학위논문; 김재호, 1997, 「갑오개혁 이후 근대적 재정제도의 형성과정에 관한 연구」, 서울대학교 경제학과 박사학위논문 참조.

26 제실유 가사에 대해서는 이규철, 2005, 「대한제국기 한성부 제실유 가사에 관한 연구: 제실재산정리국 도서를 중심으로」 서울대학교 건축학과 석사학위논문 참조.

27 궁내부 포달 제162호 「제실재산정리국관제」(1907년 11월 27일), 『관보』 1907년 12월 9일.

28 김재호, 1992, 앞의 논문, 279쪽.

29 김재호, 1992, 앞의 논문, 282쪽.

30 岩倉具視, 「皇室財産を設置すべしとする意見書」, 『日本近代思想大系 2 天皇 華族』, 岩波書店.

31 岩倉具視, 「地所名稱の變更等に關する意見書」, 『岩倉公實記』 下.

32 山縣有朋, 「直隷御料地設置につき意見書」(三條家文書 書類の部), 『日本近代思想大系 2 天皇 華族』, 岩波書店.

33 伊藤博文, 「地所所有權區別の議」(三條家文書 書類の部).

34 실제로 궁중(宮中) 부중(府中) 일체론에 의거하여 왕토론을 주장하며 이에 반대하는 이 노우에 고와시(井上毅)와 같은 논자들도 있었다(井上毅, 「皇室財産意見案」, 『井上毅傳 史料篇』).

35 「皇室財産を設置するは不要」(9월 30일), 「全國の官林に帝室財産の名を附するの不可な るを論ず」(10월 2일), 「全國の官林に帝室財産の名を附するの不可なるを論ず」(10월 3 일), 「全國の官林に帝室財産の名を附するの不可なるを論ず」(10월 4일), 『日本近代思想 大系 2 天皇 華族』, 岩波書店.

36 최길성 외, 1991, 「일본 천황제와 근대화의 연구」, 『일본학지』 11, 55쪽.

12장 일제의 황실이용책과 황실가족의 최후

1 이윤상, 2007, 「일제하 조선왕실의 지위와 이왕직의 기능」, 『한국문화』 40 참조.

2 이왕무, 2016, 「대한제국 황실의 분해와 왕공족의 탄생」, 『한국사학보』 64, 18쪽.

3 1910년 한일병합조약의 체결과정과 그 불법성에 대해서는 서영희, 2012, 『일제침략과 대한제국의 종말』, 역사비평사, 251~266쪽 및 윤대원, 2011, 「1910년 병합조약, 일제가 불법 조작했다」, 『대한제국-잊혀진 100년전의 황제국』, (국립고궁박물관 편) 민속원 등 참조.

4 통감부, 1910, 『한국병합전말서』 참조.

5 이왕무, 2016, 앞의 논문, 9~10쪽.

6 이윤상, 2007, 앞의 논문, 326쪽.

7 『조선총독부관보』 제106호 황실령 제34호 「이왕직관제」(1910년 12월 30일).

8 창경원은 일제가 창경궁 안에 동·식물원 등을 만들면서 궁궐을 공원의 격으로 낮춰 부 른 이름이다.

9 『순종실록부록』 1911년 2월 1일, 「이왕직사무분장규정」 참조.

10 이윤상, 2007, 앞의 논문, 336쪽.

11 서영희, 2022, 「일제 식민사학의 『고종실록』 편찬배경과 편찬과정 연구」, 『사학연구』 145 및 서영희, 2022, 『조선총독부의 조선사 자료수집과 역사편찬』, 사회평론아카데미, 제4부 참조.

12 위의 책, 223~224쪽.

13 장신, 2016, 「일제하 이왕직의 직제와 인사」, 『장서각』 35, 81~82쪽 및 서영희, 위의 책, 224쪽.

14 이규철, 2015, 「이왕직 건축조직의 재정과 건축활동의 특성」, 『대한건축학회논문집』 31(11).

15 순종의 남서순행에 대해서는 이왕무, 2007, 「대한제국기 순종의 남순행 연구」, 『한국학』 30(2); 이왕무, 2011, 「대한제국기 순종의 서순행 연구」, 『동북아역사논총』 31; 김소영, 2010, 「순종황제의 남·서순행과 충군애국론」, 『한국사학보』 39 등 참조.

16 오가와라 히로유키(최덕수·박한민 역), 2012, 『이토 히로부미의 한국 병합 구상과 조선 사회』, 열린책들, 269~303쪽 참조.

17 김소영, 2010, 앞의 논문 및 쓰키아시 다쓰히코(최덕수 역), 2013, 『조선의 개화사상과 내셔널리즘』, 열린책들 참조.

18 이왕무, 2007, 앞의 논문, 75쪽.

19 이하 남순행과 서북순행의 구체적인 일정과 일제 측 준비과정, 각 지방민들의 동향에 대한 파악은 『통감부문서 9』(국사편찬위원회)의 「한국황제남순관계서류」, 「한국황제서 남순행관계서류」, 「한국황제서순관계서류」에 의거하여 정리함.

20 황현, 『매천야록』, 823~824쪽.

21 위의 책, 886쪽, 경술(1910).

22 『순종실록』 1909년 1월 31일.

23 『통감부문서』 9, 「황제폐하 행행 후 일본인과 한국인의 감상」.

24 『통감부문서』 9, 「한국 남쪽 지방 행행(行幸)에 관한 민정 보고」.

25 『통감부문서』 9, 「황제폐하 순행 시 평안남북도민의 동정 보고 건」.

26 『통감부문서』 9, 「평양 태서학교 기독 중학생의 황제 순행 저지 협의 건」(1909년 1월 27일 전화 헌병대보고 평양분견소 내전(來電)).

27 『통감부문서』 9, 「평양의 한국인과 일본인 및 외국인 등 황제 순행 환영 건」(융희 3년 1월 27일 내부경무국장 마쓰이(松井茂)의 통감 보고).

28 국립고궁박물관, 2011, 『하정웅 기증 순종황제의 서북순행과 영친왕, 왕비의 일생』 참조.

29 이왕무, 2011, 앞의 논문, 301쪽.

30 이왕무, 2014, 「1910년대 순종의 창덕궁 생활과 行幸 연구」, 『조선시대사학보』 69 참조.

31 위의 논문, 316~318쪽.

32 곤도 시로스케(이언숙 역), 2007, 『대한제국황실비사』, 이마고, 198~200쪽 참조.

33 순종의 일본행의 구체적인 일정은 이왕무, 2014, 「1917년 순종의 일본 행차[東上]에 나타난 행행의례 연구」, 『한국사학보』 57 참조.

34 이하 서영희, 2012, 「대한제국 황실의 마지막 모습: 영친왕과 덕혜옹주」, 『창덕궁 깊이 읽기』(국립고궁박물관 편 왕실문화총서), 글항아리에 의거하여 서술함.

35 경기여고 경운박물관·의친왕기념사업회, 2022, 『의친왕과 황실의 항일 독립운동, 기록 과 기억』 학술심포지엄 자료집 참조.

36 서영희, 2001, 「명성황후 연구」, 『역사비평』 57 참조.

37 정병준, 2022, 「김규식과 의친왕: 미국 유학시절을 중심으로」, 『의친왕과 황실의 항일 독립운동, 기록과 기억』, 경기여고 경운박물관·의친왕기념사업회 참조.

38 서영희, 2003, 『대한제국 정치사 연구』, 서울대학교출판부, 368쪽.

39 정범준, 2006, 『제국의 후예들』, 황소자리, 40쪽.

40 『영친왕유년시서화첩』(한국학중앙연구원 장서각 소장)의 문안 엽서 참조.

41 이방자, 1985, 『세월이여 왕조여』, 정음사 참조.

42 서울대학교 박물관 사진특별전, 2006, 「마지막 황실, 잊혀진 대한제국」 참조.

43 정범준, 2006, 앞의 책, 161쪽.

44 혼마 야스코(이훈 역), 2008, 『덕혜옹주』, 역사공간 참조.

45 『미군정관보』 1945년 11월 8일.

46 『동아일보』 1946년 2월 2일.

47 『서울신문』 1946년 2월 5일.

48 『(대한민국)관보』 1950년 4월 8일, 「구왕궁재산처분법」.

49 『(대한민국)관보』 1954년 9월 23일, 「구황실재산법」.

50 『동아일보』 1961년 10월 16일.

51 『(대한민국)관보』 1963년 2월 9일 「문화재보호법중개정법률」.

13장 일제의 궁궐 훼철과 덕수궁 궁역의 축소

1 서영희, 2003, 『대한제국 정치사 연구』, 서울대학교출판부, 354~355쪽.

2 이태진, 1995, 『일본의 대한제국 강점』, 까치, 122~126쪽 참조.

3 『순종실록』, 1907년 7월 19일, 7월 20일, 7월 21일, 7월 22일, 8월 2일, 8월 27일 참조.

4 『황성신문』 1907년 8월 27일.

5 『대한매일신보』 1907년 8월 29일 「즉위예식」.

6 『순종실록』 1907년 11월 13일.

7 『대한매일신보』 1907년 9월 4일.

8 『황성신문』 1907년 10월 31일.

9 『대한매일신보』 1908년 1월 4일.

10 『순종실록부록』 1912년 5월 15일.

11 『황성신문』 1909년 3월 20일, 25일.

12 『대한매일신보』1909년 3월 27일.

13 『황성신문』1908년 5월 10일.

14 『순종실록부록』1914년 4월 8일.

15 『순종실록부록』1912년 3월 18일 및 이규철, 2010, 『대한제국기 한성부 도시공간의 재편』, 서울대학교 박사학위논문, 215쪽.

16 『순종실록부록』1912년 5월 6일.

17 이규철, 2010, 앞의 논문, 216쪽.

18 이순우, 2010, 『통감관저, 잊혀진 경술국치의 현장』, 하늘재, 185~188쪽 참조.

19 『(국역)경성부사』, 741쪽.

20 『통감부문서』4, 1908년 8월 1일, 중명전 클럽 사용 건 및 1908년 8월 2일, 중명전 차용 보류 건.

21 『동아일보』1921년 7월 25일, 경성소경(京城小景).

22 『조선일보』1925년 3월 13일 및 『매일신보』1925년 3월 13일.

23 『동아일보』1927년 3월 13일, 사회사업에 서양인단기부(西洋人團寄附).

24 「요시찰외국인의 취조상황에 관한 건」, 1938년 9월 19일(국사편찬위원회 DB).

25 『순종실록부록』1911년 5월 17일.

26 서영희, 2023, 「흔들리는 공간, 왕이 떠나다」, 『백악산 아래 청와대 공간의 이야기』, 대한민국역사박물관, 70~71쪽.

27 목수현, 2000, 「일제하 박물관의 형성과 그 의미」, 서울대 고고미술사학과 석사학위논문, 33~35쪽.

28 서태정, 2014, 「대한제국기 일제의 동물원 설립과 그 성격」, 『한국근현대사연구』68, 8쪽.

29 우동선, 2009, 「창경원과 우에노 공원, 그리고 메이지의 공간 지배」, 『궁궐의 눈물, 백 년의 침묵』, 효형출판 참조.

30 도쿄제대 건축과 교수 세키노 다다시(關野貞)는 이미 1902년 조선의 고건축 조사 명목으로 경복궁을 답사했다.

31 김대호, 2007, 「일제 강점 이후 경복궁의 훼철과 '활용'」, 『서울학연구』29, 88쪽.

32 서영희, 2023, 앞의 글, 73쪽.

33 황현, 『매천야록』, 경술(1910) 879쪽 및 886쪽.

34 김창준, 1997, 「일제 강점 이후 경복궁의 훼손과 복원사업」, 『문화재』30, 80쪽 및 박성진, 2009, 「평양의 황건문이 남산으로 내려온 까닭은?」, 『궁궐의 눈물, 백 년의 침묵』, 효형출판, 147쪽.

35 박성진·우동선, 2007, 「일제강점기 경복궁 전각의 훼철과 이건」, 『대한건축학회논문집(계획계)』23(5), 134쪽~137쪽 및 김정동, 1997, 『일본을 걷는다』, 한양출판, 20쪽 참조.

36 오영찬, 2022, 『조선총독부박물관과 식민주의』, 사회평론아카데미, 31~35쪽.

37 안창모, 2022,『기술과 사회로 읽는 도시건축사 1863-1945』, 들녘, 468쪽.

38 이영천, 2022,『근대가 세운 건축, 건축이 만든 역사』, 255~260쪽 참조.

39 『동아일보』1928년 8월 13일.

40 박성진, 2009, 앞의 논문, 151~152쪽. 해방 후 융문당, 융무당 건물은 원불교 대법당 등으로 사용되다가 2006년 다시 해체되어, 2007년 원불교 성지인 전남 영광에 이건되었다.

41 서영희, 2023, 앞의 글, 98쪽.

42 유홍준·김영철(경복궁관리소 기획), 2007,『건청궁, 찬란했던 왕조의 마지막 기억』, 눌와, 90~91쪽.

43 송석기, 2009,「궁궐에 들어선 근대 건축물」,『궁궐의 눈물, 백 년의 침묵』, 효형출판, 264~265쪽.

44 『매일신보』1920년 1월 19일.

45 『독립신문』1920년 1월 8일.

46 이순우, 2004,『테라우치 총독, 조선의 꽃이 되다』, 하늘재, 176~184쪽 참조.

47 『중외일보』1926년 12월 24일.

48 안창모, 2020,「대한제국의 황궁, 경운궁의 조성과 해체」,『대한제국 황제의 궁궐』, 덕수궁관리소, 211쪽 참조.

49 『매일신보』1932년 11월 6일.

50 『동아일보』1933년 2월 12일.

51 『조선중앙일보』1933년 9월 15일.

52 문화재청, 2016,『덕수궁 돈덕전 복원 조사연구』, 143~145쪽 참조.

에필로그

1 서영희, 2008,「『국민신보』를 통해 본 일진회의 합방론과 합방정국의 동향」,『역사와 현실』69 참조.

2 서영희, 1995,「개화파의 근대국가 구상과 그 실천」,『근대 국민국가와 민족문제』, (한국사연구회 편), 지식산업사 참조.

참고문헌

자료

『고종실록』.
『순종실록』.
『순종실록부록』.
『일성록』.
『승정원일기』.
『(구한국)관보』.
『조칙·법률』.
『의안·칙령』.
『고종대례의궤』.
『고종임인진연의궤』.
『명성황후국장도감의궤』.
『명성황후홍릉산릉도감의궤』.
『대한예전』.
『예식장정』.
『궁내부관제』.
『궁내부규례』.
『궁내부안』.
『각부청의서존안』.
『교전소회의일기』.
『주청래거안(駐清來去案)』.
『한국외교문서』.
『주청공사관일기』.
「주청대한공사관지도」.

『한청의약공독(韓淸議約公牘)』.

『청계중일한관계사료』 제8권.

『한말근대법령자료집』(국회도서관).

『독립신문』.

『제국신문』.

『황성신문』.

『대한매일신보』.

『매일신문』.

『동아일보』.

『조선일보』.

『조선총독부관보』.

『일본외교문서』.

『주한일본공사관기록』(국사편찬위원회).

『통감부문서』(국사편찬위원회).

『일한외교자료집성』(巖南堂書店).

『한일외교미간극비사료총서』(김용구 편).

『임시재산정리국사무요강』(조선총독부, 1911).

『일본근대사상대계 천황·화족』(岩波書店).

『프랑스외무부문서』(국사편찬위원회).

『근대한불외교자료』 1~3(이지순·박규현·김병욱 옮김, 선인, 2018).

『속음청사』(김윤식).

『해천추범(海天秋帆)』(민영환).

『대한계년사』(정교).

『매천야록』(황현).

『근세 동아세아 서양어 자료 총서』(경인문화사).

『한국 개화기 교과서 총서』(아세아문화사).

『The Willard Straight Papers』(Cornell University).

『The Korea Review』(Homer B. Hulbert 편).

논저

강상규, 2010, 「동아시아 문명권에서 '주권'과 '국제' 개념의 탄생 – 『만국공법』의 판본 비교와
    번역」, 『중국학보』 62.

국립고궁박물관, 2011, 『대한제국: 잊혀진 100년 전의 황제국』, 민속원.

국립고궁박물관, 2018, 『대한제국, 세계적인 흐름에 발맞추다』, 국립고궁박물관.

권행가, 2015, 『이미지와 권력: 고종의 초상과 이미지의 정치학』, 돌베개.

김광우, 1991, 「대한제국시대의 도시계획」, 『향토서울』 50.

김대호, 2007, 「일제강점 이후 경복궁의 훼철과 '활용'」, 『서울학연구』 29.

김동택, 2002, 「근대 국민과 국가개념의 수용에 관한 연구」, 『대동문화연구』 41.

김동택, 2010, 「대한제국기 근대국가 형성의 세가지 구상」, 『21세기정치학회보』 제20집 1호.

김문식 외, 2011, 『왕실의 천지제사』, 돌베개.

김문식, 2006, 「고종의 황제 등극의에 나타난 상징적 함의」, 『조선시대사학보』 37.

김문식, 2006, 「장지연이 편찬한 『대한예전』」, 『문헌과 해석』 35.

김문자(김승일 역), 2011, 『명성황후 시해와 일본인』, 태학사.

김백영, 2009, 『지배와 공간: 식민지도시 경성과 제국 일본』, 문학과지성사.

김성배, 2012, 「한국의 근대국가 개념 형성사 연구: 개화기를 중심으로」, 『국제정치논총』 제52집 2호.

김소영, 2010, 「대한제국기 '국민' 형성과 통합론 연구」, 고려대학교 한국사학과 박사학위논문.

김소영, 2010, 「순종황제의 남·서순행과 충군애국론」, 『한국사학보』 39.

김양희, 2007, 「메이지 천황의 교세이 고찰」, 『일어일문학』 34.

김연희, 2012, 「전기 도입에 의한 전통의 균열과 새로운 문명의 학습: 1880~1905년을 중심으로」, 『한국문화』 59.

김연희, 1997, 「대한제국기의 전기사업: 1897~1905년을 중심으로」, 『한국과학사학회지』 19(2).

김연희, 2018, 『전신으로 이어진 대한제국, 성공과 좌절의 역사』, 혜안.

김연희, 2019, 『한역 근대 과학기술서와 대한제국의 과학』, 혜안.

김영수, 2020, 『고종과 아관파천』, 역사공간.

김원모 편저, 1984, 『근대한국외교사연표』, 단대출판부.

김윤정, 2009, 「대한제국, 평양에 황궁을 세우다」, 『궁궐의 눈물, 백년의 침묵』, 효형출판.

김은주, 2014, 『석조전: 잊혀진 대한제국의 황궁』, 민속원.

김이순, 2010, 『대한제국 황제릉』, 소와당.

김정신, 2011, 「러시아공사관과 러시아정교회」, 『대한제국기 정동의 역사문화적 가치 재조명』, (서울시립대 서울학연구소 심포지움 자료집).

김정신·발레리 알렉산드로비치 사보스텐코·김재명, 2010, 「구한말 서울 정동의 러시아공사관에 대한 복원적 연구」, 『건축역사연구』 제19권 6호.

김재호, 1997, 「갑오개혁 이후 근대적 재정제도의 형성과정에 관한 연구」, 서울대학교 경제학과 박사학위논문.

김정동, 2004, 『고종황제가 사랑한 정동과 덕수궁』, 발언.

김정동, 2007, 「대한제국 또 하나의 현장, 중명전」, 『대한제국 1907 헤이그 특사』, 문화재청.

김지영, 2011, 「19세기 진전 및 어진봉안처 운영에 대한 연구」, 『장서각』 26.

김태웅, 2002, 「한국 근대개혁기 정부의 프랑스 정책과 천주교: 왕실과 뮈텔의 관계를 중심으로」, 『역사연구』 11.

김태웅, 2013, 「「대한국국제」의 역사적 맥락과 근대 주권국가 건설 문제」, 『역사연구』 24.

김태웅, 2021, 「한국사 서술에서 근현대 사진의 사료화 과정과 그 한계」, 『서울과 역사』 109.

김태웅, 2022, 『대한제국과 3·1운동: 주권국가건설운동을 중심으로』, 휴머니스트.

김태중, 2016, 「사바틴, 러시아 건축가 서울에 서양건물을 세우다」, 『개항기 조선에 온 외국인들』, 서울역사편찬원.

김해영, 2018, 『조선왕조의 의궤와 왕실 행사』, 현암사.

김현숙, 2008, 『근대 한국의 서양인 고문관들』, 한국연구원.

김현숙, 2013, 「대한제국기 정동의 경관 변화와 영역 간의 경쟁」, 『향토서울』 84.

김현숙, 2016, 「대한제국의 벨기에 인식의 추이와 특징」, 『역사와 담론』 78.

도면회, 2003, 「황제권 중심 국민국가체제의 수립과 좌절(1895~1904)」, 『역사와 현실』 50.

도면회, 2004, 「「대한국국제」와 대한제국의 정치구조」, 『내일을 여는 역사』 17.

도면회, 2004, 「한국 근대사 연구의 멍에: 침략과 저항의 이분법」, 『역사와 현실』 53.

목수현, 2005, 「대한제국의 원구단: 전통적 상징과 근대적 상징의 교차점」, 『미술사와 시각문화』 4.

목수현, 2008, 「대한제국기 국가 시각 상징의 연원과 변천」, 『미술사논단』 27.

목수현, 2008, 「한국 근대 전환기 국가적 시각 상징물」, 서울대학교 고고미술사학과 박사학위논문.

목수현, 2011, 「대한제국의 국가상징물: 황제국의 상징물을 새로 만들다」, 『대한제국: 잊혀진 100년 전의 황제국』, (국립고궁박물관 편), 민속원.

목수현, 2021, 『태극기 오얏꽃 무궁화: 한국의 국가 상징 이미지』, 현실문화연구.

민경찬, 2016, 「에케르트, 독일인으로 대한제국 애국가를 작곡하다」, 『개항기 서울에 온 외국인들』, 서울역사편찬원.

박상섭, 1995, 「서구 근대국가 형성과정에 비추어 본 한국국가의 문제」, 『철학과 현실』 26호.

박성진, 2009, 「평양의 황건문이 남산으로 내려온 까닭은?」, 『궁궐의 눈물, 백 년의 침묵』, 효형출판.

박제홍, 2006, 「메이지천황과 학교의식교육: 국정수신교과서를 중심으로」, 『일어일문학』 28.

박희용, 2010, 「대한제국의 상징적 공간표상, 원구단」, 『서울학연구』 40.

박희용, 2014, 「권력과 도시공간의 변화에 대한 연구: 대한제국기~일제강점기 정동을 중심으로」,『도시인문학연구』6(2).

백문임, 2012,「버튼 홈즈(E. Burton Holmes)의 서울 여행기와 영화」,『현대문학의 연구』 47.

삐에르 깜봉, 2011,「1900년대 서울의 프랑스 이주민 사회-외교관, 영사, 선교사, 여행자」,『정동 1900 대한제국 세계와 만나다』, 서울역사박물관.

서영희, 1995,「개화파의 근대국가 구상과 그 실천」, 한국사연구회 편,『근대 국민국가와 민족 문제』, 지식산업사.

서영희, 2001,「명성왕후 연구」,『역사비평』57.

서영희, 2002,「명성왕후 재평가」,『역사비평』60.

서영희, 2003,『대한제국 정치사 연구』, 서울대학교출판부.

서영희, 2004,「한국 근대사 연구의 오래된 도식과 편견」,『역사와 현실』54.

서영희, 2006,「국가론적 측면에서 본 대한제국의 성격」,『대한제국은 근대국가인가』, 푸른 역사.

서영희, 2006,「한청통상조약 이후 한중 외교의 실제와 상호 인식」,『동북아역사논총』13.

서영희, 2007,「대한제국의 빛과 그림자: 일제의 침략에 맞선 황제전제체제의 평가 문제」,『한 국사 시민강좌』40.

서영희, 2008,「고종황제의 외교전략과 제2차 만국평화회의 특사 파견」,『백년 후 만나는 헤 이그 특사』, 태학사.

서영희, 2008,「『국민신보』를 통해 본 일진회의 합방론과 합방정국의 동향」,『역사와 현실』 69.

서영희, 2010,「한국 근대국가 형성기 왕권의 위상과 일본의 궁내성 제도 도입이 미친 영향」,『한국 근대국가 수립과 한일관계』, 경인문화사.

서영희, 2010,「한국 근대 동양평화론의 기원 및 계보와 안중근」,『영원히 타오르는 불꽃: 안 중근의 하얼빈 의거와 동양평화론』, 지식산업사.

서영희, 2011,「대한제국기 황제전제체제 강화와 근대 국민국가 수립문제」,『한국과 일본의 서양 문명 수용』, (한일문화교류기금·동북아역사재단 편), 경인문화사.

서영희, 2011,「대한제국 외교의 국제주의 전략과 일본의 병합 추진 배경」,『동아시아 역사 서 술과 평화』, 동북아역사재단.

서영희, 2011,「한국 근대사 연구의 새로운 관점과 한계」,『과학적 실천적 역사학의 과거와 미 래』, (한국역사연구회 편), 청년사.

서영희, 2012,『일제 침략과 대한제국의 종말: 러일전쟁에서 한일병합까지』, 역사비평사.

서영희, 2012,「대한제국 황실의 마지막 모습: 영친왕과 덕혜옹주」,『창덕궁 깊이 읽기』, (국립 고궁박물관 편), 글항아리.

서영희, 2012,「일제의 황실재산 정리와 근대국가적 재정제도 형성과정의 식민지적 성격」,

『한국 근대 도면의 원점』, 서울대학교 출판문화원.

서영희, 2014, 「독일 여성이 본 대한제국 황실의 마지막 풍경」, 『엠마 크뢰벨이 본 대한제국 황실이야기』, 대한민국역사박물관.

서영희, 2014, 「행정직제와 조직의 개편」, 『서울 2천년사 21: 근대 서울의 정치제도 변화』, 서울특별시사편찬위원회.

서영희, 2019, 「근대 전환기 한·중관계와 상호인식의 변화」, 『내일을 읽는 한·중 관계사』, 알에이치코리아.

서영희, 2019, 「정동, 근대를 향한 꿈과 좌절의 여운」, 『Koreana』 2019년 봄호, 한국국제교류재단.

서영희, 2020, 「중화체제」, 『한국학 학술용어-근대 한국학 100년의 검토』, 한국학중앙연구원 출판부.

서영희, 2022, 「일제 식민사학의 『고종실록』 편찬배경과 편찬과정 연구」, 『사학연구』 145.

서영희, 2022, 『조선총독부의 조선사 자료수집과 역사편찬』, 사회평론아카데미.

서영희, 2023, 「흔들리는 공간, 왕이 떠나다」, 『백악산 아래 청와대 공간 이야기』, 대한민국역사박물관.

서영희, 2023, 「훼철, 헐리고 치워지다」, 『백악산 아래 청와대 공간 이야기』, 대한민국역사박물관.

서울시사편찬위원회, 2015, 『(국역) 경성부사』.

서울역사박물관, 2011, 『정동 1900 대한제국 세계와 만나다』.

서정현, 2013, 「근대 정동의 공간 변화와 고종」, 『향토서울』 84.

서진교, 1997, 「대한제국기 고종의 황제권 강화정책」, 서강대 사학과 박사학위논문.

서진교, 2001, 「대한제국기 고종의 황실추숭사업과 황제권 강화의 사상적 기초」, 『한국근현대사연구』 19.

서태정, 2014, 「대한제국기 일제의 동물원 설립과 그 성격」, 『한국근현대사연구』 68.

손성욱, 2020, 『사신을 따라 청나라에 가다』, 푸른역사.

송석기, 2009, 「궁궐에 들어선 근대 건축물」, 『궁궐의 눈물, 백 년의 침묵』, 효형출판.

송우혜, 2010, 『못생긴 엄상궁의 천하』, 푸른역사.

안창모, 2009, 『덕수궁: 시대의 운명을 안고 제국의 중심에 서다』, 동녘.

안창모, 2011, 「대한제국 시기의 건축: 대한제국의 원공간 정동과 덕수궁」, 『대한제국: 잊혀진 100년 전의 황제국』, (국립고궁박물관 편), 민속원.

안창모, 2017, 「대한제국으로 가는 길목의 도시와 건축」, 『대한제국, 부국강병한 근대적 자주 국가를 꿈꾸다』, 대한제국 선포 120주년 기념 국제학술심포지움 발표자료집, 국립고궁박물관.

안창모, 2022, 『기술과 사회로 읽는 도시건축사 1863-1945』, 들녘.

야츠키 기미오(八木公生), 2011, 「메이지 천황 통치하에서의 입헌화와 교육칙어」, 『한국과 일본의 서양문명 수용』, (한일문화교류기금·동북아역사재단 편), 경인문화사.

오영찬, 2022, 『조선총독부 박물관과 식민주의』, 사회평론아카데미.

우동선, 2003, 「가가(假家)에 관한 문헌 연구」, 『대한건축학회논문집』 19(8), 183~193쪽.

우동선, 2009, 「창경원과 우에노 공원, 그리고 메이지의 공간 지배」, 『궁궐의 눈물, 백 년의 침묵』, 효형출판.

우동선, 2010, 「경운궁의 양관(洋館)들: 돈덕전과 석조전을 중심으로」, 『서울학연구』 40.

윤정, 2011, 「선조 후반~광해군 초반 궁궐 경영과 '경운궁'의 수립」, 『서울학연구』 42.

은정태, 2005, 「1899년 한·청통상조약 체결과 대한제국」, 『역사학보』 186.

은정태, 2009, 「고종시대의 경희궁: 훼철과 활용을 중심으로」, 『서울학연구』 34.

왕현종, 2010, 「대한제국기 고종의 황제권 강화와 개혁논리」, 『역사학보』 208.

이경미, 2012, 『제복의 탄생: 대한제국 서구식 문관대례복의 성립과 변천』, 민속원.

이구용, 1985, 「대한제국의 성립과 열강의 반응: 칭제건원 논의를 중심으로」, 『강원사학』 1.

이규철, 2005, 「대한제국기 한성부 제실유 가사에 관한 연구: 제실재산정리국 도서를 중심으로」, 서울대학교 건축학과 석사학위논문.

이규철, 2010, 「대한제국기 한성부 도시공간의 재편」, 서울대학교 건축학과 박사학위논문.

이민아, 2021, 「고종대 궁궐 의례공간 정비의 지향」, 서울대학교 국사학과 박사학위논문.

이민원, 1989, 「대한제국의 성립과정과 열강과의 관계」, 『한국사연구』 64.

이민원, 1988, 「칭제논의의 전개와 대한제국의 성립」, 『청계사학』 5.

이민원, 2004, 「일본의 침략과 대한제국의 경운궁」, 『한국독립운동사연구』 22.

이민원, 2012, 「대한제국의 장충사업과 그 이념」, 『동북아문화연구』 33.

이민원, 2022, 『고종과 대한제국: 왕국과 민국 사이』, 선인.

이방자, 1985, 『세월이여 왕조여』, 정음사.

이삼성, 2011, 「'제국'개념과 19세기 근대 일본: 근대 일본에서 '제국'개념의 정립 과정과 그 기능」, 『국제정치논총』 51(1).

이삼성, 2011, 「'제국'개념과 근대 한국: 개념의 역수입, 활용, 해체, 그리고 포섭과 저항」, 『정치사상연구』 17(1).

이삼성, 2012, 「제국과 식민지에서의 '제국': 20세기 전반기 일본과 한국에서 '제국'의 개념적 기능과 인식」, 『국제정치논총』 52(4).

이삼성, 2014, 『제국』, 소화.

이상배, 2005, 「장충단의 성립과 장충단제」, 『지역문화연구』 4.

이상찬, 1991, 「『인계에 관한 목록』과 『조사국래거문』의 검토」, 『서지학보』 6.

이상찬, 1992, 「일제침략과 『황실재정정리(1)」, 『규장각』 15.

이순우, 2004, 『테라우치 총독, 조선의 꽃이 되다』, 하늘재.

이순우, 2005, 『그들은 정말 조선을 사랑했을까』, 하늘재.

이순우, 2010, 『통감관저, 잊혀진 경술국치의 현장』, 하늘재.

이순우, 2012, 『정동과 각국공사관』, 하늘재.

이영옥, 2005, 「조공질서의 붕괴와 淸·朝(대한제국) 관계의 변화, 1895~1910」, 『한중 외교관계와 조공책봉』, 고구려연구재단.

이왕무, 2007, 「대한제국기 순종의 남순행 연구」, 『한국학』 30(2).

이왕무, 2011, 「대한제국기 순종의 서순행 연구」, 『동북아역사논총』 31.

이왕무, 2014, 「1910년대 순종의 창덕궁 생활과 행행(幸行) 연구」, 『조선시대사학보』 69.

이왕무, 2014, 「1917년 순종의 일본 행차[東上]에 나타난 행행의례 연구」, 『한국사학보』 57.

이왕무, 2016, 「대한제국 황실의 분해와 왕공족의 탄생」, 『한국사학보』 64.

이은자, 2013, 「한·중 근대 외교의 실험, 1895~1905년」, 『중국근현대사연구』 58.

이욱, 2003, 「대한제국기 환구제에 관한 연구」, 『종교연구』 30.

이욱 외, 2019, 『대한제국의 전례와 대한예전』, 한국학중앙연구원출판부.

이욱 외, 2020, 『대한제국기 황실 의례와 의물』, 한국학중앙연구원출판부.

이윤상, 2003, 「고종 즉위 40년 및 망육순 기념행사와 기념물: 대한제국기 국왕 위상제고사업의 한 사례」, 『한국학보』 29(2).

이윤상, 2003, 「대한제국기 국가와 국왕의 위상제고사업」, 『진단학보』 95.

이윤상, 2007, 「일제하 '조선왕실'의 지위와 이왕직의 기능」, 『한국문화』 40.

이윤상, 2010, 「황제의 궁궐 경운궁」, 『서울학연구』 40.

이은자, 2013, 「한중 근대 외교의 실험, 1895~1905」, 『중국근현대사연구』 58.

이정옥, 2011, 「갑오개혁 이후 한성 도로정비사업과 부민(府民)의 반응」, 『향토서울』 78.

이정희, 2010, 「개항기 근대식 궁정연회의 성립과 공연문화사적 의의」, 서울대학교 박사학위논문.

이정희, 2011, 「대한제국의 근대식 연회: 세계인과 함께 파티를 열다」, 국립고궁박물관 편, 『대한제국: 잊혀진 100년 전의 황제국』, 민속원.

이정희, 2017, 「전통과 근대의 이중주, 대한제국 황실음악」, 『대한제국, 부국강병한 근대적 자주 국가를 꿈꾸다』 대한제국 선포 120주년 기념 국제학술심포지움 발표자료집, 국립고궁박물관.

이태진, 1995, 『일본의 대한제국 강점』, 까치.

이태진, 1997, 「1896~1904년 서울 도시개조사업의 주체와 지향성」, 『한국사론』 37.

이태진, 1998, 「대한제국의 황제정과 민국 정치이념」, 『한국문화』 22.

이태진, 2000, 『고종시대의 재조명』, 태학사.

이태진, 2005, 『동경대생들에게 들려준 한국사: 메이지 일본의 한국침략사』, 태학사.

이태진·김재호 외 9인, 2005, 『고종황제 역사 청문회』, 푸른역사.

이태진, 2015, 「고종시대의 '민국' 이념의 전개: 유교 왕정의 근대적 '공화' 지향」, 『진단학보』 124.

이태진·사사가와 노리카쓰, 2019, 『3·1독립만세운동과 식민지지배체제』, 지식산업사.

이현진, 2022, 『조선과 대한제국 의례의 경계』, 신구문화사.

임민혁, 2011, 「대한제국기의 국가의례: 황제국의 예법을 만들다」, 『대한제국: 잊혀진 100년 전의 황제국』, (국립고궁박물관 편), 민속원.

임현수, 2006, 「대한제국 시기 역법정책과 종교문화」, 『대한제국은 근대국가인가』, 푸른역사.

장신, 2016, 「일제하 이왕직의 직제와 인사」, 『장서각』 35.

전봉희·이규철, 2006, 「근대도면자료와 대한제국기 한성부 도시·건축의 변화」, 『대한제국은 근대국가인가』, 푸른역사.

전봉희·이규철·서영희, 2012, 『한국 근대도면의 원점』, 서울대학교출판문화원.

전우용, 2008, 『서울은 깊다』, 돌베개.

전우용, 2012, 「1902년 황제어극(皇帝御極) 40년 망육순(望六旬) 칭경예식(稱慶禮式)과 황도(皇都) 정비」, 『향토서울』 81.

전택부, 2005, 『양화진 선교사 열전』, 홍성사.

정근식, 2019, 「그리피스의 『은둔의 나라 한국』의 텍스트 형성과정」, 『그리피스 컬렉션의 한국사진』, (양상현·유영미 편), 눈빛출판사.

정범준, 2006, 『제국의 후예들』, 황소자리.

정병준, 2022, 「김규식과 의친왕-미국 유학시절을 중심으로」, 『의친왕과 황실의 항일 독립운동』, 경기여고 경운박물관·의친왕기념사업회 학술심포지엄 자료집.

정수인, 2006, 「대한제국시기 원구단의 원형복원과 변화에 관한 연구」, 『서울학연구』 27.

정아름, 2011, 「1900년 파리만국박람회 한국관에 소개된 전시품」, 『대한제국기 정동의 역사 문화적 가치 재조명』, 서울역사박물관.

조계원, 2015, 「「대한국국제」 반포(1899년)의 정치·사상적 맥락과 함의: '전제' 개념을 중심으로」, 『한국정치학회보』 49(2).

조선미, 2019, 『어진, 왕의 초상화』, 한국학중앙연구원출판부.

조재곤, 2021, 『황제 중심의 근대 국가체제 형성』, 역사공간.

최규순, 2011, 「대한제국 황실의 복식: 황제와 황후의 복식, 어떻게 변화했나」, 『대한제국: 잊혀진 100년 전의 황제국』, (국립고궁박물관 편), 민속원.

최덕수 외, 2010, 『조약으로 본 한국근대사』, 열린책들.

최석우, 1986, 「한불조약 체결과 그 후의 양국관계」, 『한불수교 100년사』, 한국사연구협의회.

최인진, 2010, 『고종 어사진을 통해 세계를 꿈꾸다』, 문현.

최창언, 2020, 『대한제국의 양악 도입과 그 발자취』, 한국학술정보.

최창언, 2021, 『대한제국의 기념 사적과 칭경예식의 관병식을 위한 연구』, 한국학술정보.

키리하라 켄신, 2011, 「막말유신기 존양론에 보이는 국제사회 인식의 전회(轉回): '제국' 언설을 둘러싸고」, 『한국과 일본의 서양 문명 수용』, (한일문화교류기금·동북아역사재단 편), 경인문화사.

한영우, 2000, 「을미지변, 대한제국의 성립과 명성황후 국망도감 의궤」, 『한국학보』, 26(3).

한영우, 2001, 「대한제국 성립과정과 대례의궤」, 『고종대례의궤』, 서울대학교 규장각.

한영우, 2001, 『명성황후와 대한제국』, 효형출판.

한영우, 2002, 「1904~1906년 경운궁 중건과 경운궁중건도감의궤」, 『한국학보』 28(3).

한영우 외, 2006, 『대한제국은 근대국가인가』, 푸른역사.

한철호, 1999, 「대한제국 초기 한성부 도시개조사업과 그 의의: '친미'개화파의 치도사업을 중심으로」, 『향토서울』 59.

홍순민, 2010, 「광무 연간 전후 경운궁의 조영 경위와 공간구조」, 『서울학연구』 40.

홍순호, 1986, 「한불 인사교류와 프랑스 고문관의 내한」, 『한불수교 100년사』, 한국사연구협의회.

도록 및 사진집

경기여고 경운박물관·의친왕기념사업회, 2022, 『의친왕과 황실의 항일 독립운동, 기록과 기억』.

국립고궁박물관, 2011, 『하정웅 기증 순종황제의 서북순행과 영친왕·왕비의 일생』.

국립고궁박물관, 2023, 『이화문-왕실유물연구총서 1』.

국립민속박물관, 2006, 『독일인 헤르만 산더의 여행』.

국립중앙박물관, 2007, 『국립중앙박물관 소장 유리건판, 궁궐』.

국립중앙박물관, 2016, 『대한제국의 역사를 읽다』.

국외소재문화재재단, 2019, 『주미대한제국공사관』.

문화재청, 2005, 『덕수궁 복원정비 기본계획』.

문화재청, 2006, 『대한제국 1907 헤이그 특사』.

문화재청, 2009, 『덕수궁 중명전 보수 복원 보고서』.

문화재청, 2016, 『덕수궁 돈덕전 복원 조사연구』.

덕수궁관리소, 2010, 『100년 전의 기억, 대한제국』.

덕수궁관리소, 2015, 『석조전 대한제국 역사관』.

덕수궁관리소, 2018, 『대한제국 황제 복식』.

덕수궁관리소, 2019, 『대한제국 황제의 식탁』.

덕수궁관리소, 2020, 『대한제국 황제의 궁궐』.

덕수궁관리소, 2022,『황제 고종』.

서울대학교 박물관 사진특별전, 2006,『마지막 황실, 잊혀진 대한제국』.

서울역사박물관, 2012,『정동1900』.

양상현·유영미 엮음, 2019,『그리피스 컬렉션의 한국사진』, 눈빛출판사.

이돈수 외, 2009,『꼬레아 에 꼬레아니』(사진해설판), 하늘재.

최순권 해제, 2008,『고종과 순종의 국장사진첩』, 민속원

『한국풍속인물사적명승사진첩』(국립중앙도서관 소장본).

『한국명사사적풍속사진첩』(국회도서관 소장본).

외국서 및 번역서

Burglind Jungmann, "Chosŏn Entering the International Arena: Three Witnesses", 『*Cultural Exchanges Between Korea and the West-Artifacts and Intangible Heritage*』, (edited by Jong-Chol An and Ariane Perrin) Venezia: Edizioni Ca'Foscari(Venice University Press), 2023.

Herbert Croly, 『*Willard Straight*』, Macmillan Company, 1925.

Horace N. Allen, 『*Korea Fact and Fancy*』, Seoul: Methodist Publising House, 1904.

Horace N. Allen, 『*Things Korean*』, Fleming H. Revell Company, 1908.

Isabella Bird Bishop, 『*Korea and Her Neighbors*』, New York: Fleming H. Revell Company, 1898

Louis Graves, 『*Willard Straight in thr Orient*』, New York: Asia Publishing Company, 1922.

H. B. 헐버트(신복룡 역), 1999,『대한제국멸망사』, 집문당.

H. N. 알렌(신복룡 역주), 1999,『조선견문기』, 집문당.

W. F. 샌즈(신복룡 역주), 2019,『조선비망록(*Undiplomatic Memories*)』, 집문당.

곤도 시로스케(이언숙 역), 2007,『대한제국 황실비사』, 이마고.

기쿠지 겐조(菊池謙讓)·田內蘇山, 1936,『近代朝鮮裏面史』, 朝鮮硏究會.

기쿠지 겐조(菊池謙讓), 1939,『近代朝鮮史』下, 鷄鳴社.

까를로 로제티(윤종태·김운용 역), 1996,『꼬레아 꼬레아니』, 서울시립대학교 부설 서울학연구소.

다카시 후지타니(한석정 역), 2003,『화려한 군주: 근대일본의 권력과 국가의례』, 이산.

도널드 킨(角地幸南 譯), 2007,『明治天皇』, 新潮社(국내 번역본 김유동 역, 2001,『메이지천

황』상·하, 다락원).

리하르트 분쉬(김종대 역), 1999, 『고종의 독일인 의사 분쉬』, 학고재.

바츨라프 세로셰프스키(김진영 외 역), 2006, 『코레야 1903년 가을』, 개마고원.

버튼 홈즈(이진석 역), 2012, 『1901년 서울을 걷다』, 푸른길.

샤를 바라·샤이에 롱(성귀수 역), 2001, 『조선기행』, 눈빛.

스즈키 마사유키(류교열 역), 1998, 『근대 일본의 천황제』, 이산.

아손 그렙스트(김상열 역), 2005, 『스웨덴 기자 아손, 100년 전 한국을 걷다』, 책과함께.

언더우드(신복룡 역), 2019, 『상투의 나라(*Fifteen Years among the Top-knots*)』, 집문당.

에밀 부르다레(정진국 역), 2009, 『대한제국 최후의 숨결』, 글항아리.

엠마 크뢰벨(윤용선·최용찬 역, 서영희 감수), 2014, 『엠마 크뢰벨이 본 대한제국 황실이야기』, 대한민국역사박물관.

오다 쇼고(小田省吾), 1938, 『德壽宮史』, 李王職.

와카쿠와 미도리(건국대 일본문화·언어학과 번역), 2007, 『황후의 초상』, 소명출판.

이사벨라 버드 비숍(이인화 역), 1994, 『한국과 그 이웃나라들』, 살림출판사.

제임스 브래들리(송정애 역), 2010, 『임페리얼 크루즈』, 프리뷰.

지그프리트 겐테(권영경 역), 2007, 『독일인 겐테가 본 신선한 나라 조선, 1901』, 책과함께.

카르네프 외(A.이르게바예브·김정화 역), 2003, 『내가 본 조선, 조선인』, 가야북스.

퍼시벌 로웰(조경철 역), 2001, 『내 기억 속의 조선, 조선사람들』, 예담.

혼마 야스코(이훈 역), 2008, 『덕혜옹주』, 역사공간.

웹사이트

국립고궁박물관(https://www.gogung.go.kr)

국립조선왕조실록박물관(https://sillok.gogung.go.kr)

국립중앙박물관(https://www.museum.go.kr)

국립중앙도서관 대한민국신문 아카이브 고신문 디지털컬렉션(https://nl.go.kr/newspaper/oldnews)

국사편찬위원회 한국사데이터베이스(https://db.history.go.kr)

대한민국역사박물관 근현대사아카이브(https://archive.much.go.kr/data/directory.do)

국가유산청 국가문화유산포털(https://heritage.go.kr)

서울역사편찬원(https://history.seoul.go.kr/archive)

서울역사박물관 서울역사아카이브(https://museum.seoul.go.kr/archive)

서울대학교 규장각한국학연구원(https://kyu.snu.ac.kr)

한국역사정보통합시스템(https://koreanhistory.or.kr)
한국학중앙연구원 디지털 장서각(https://jsg.aks.ac.kr)
한국학중앙연구원 한국학통합플랫폼(https://kdp.aks.ac.kr)

도판 출처

Art & Arthur M. Sackler Gallery Archives' 소장본

서양식 복장에 훈장을 패용한 고종 | 「이왕가기념사진첩」, 국립고궁박물관

찾아보기

근대 한국의 탄생
대한제국

2025년 2월 14일 초판 1쇄 찍음
2025년 3월 1일 초판 1쇄 펴냄

지은이 서영희

편집 정용준·김찬호·박훈·정지현·한소영
디자인 김진운
마케팅 유명원

펴낸이 윤철호
펴낸곳 ㈜사회평론아카데미
등록번호 2013-000247(2013년 8월 23일)
전화 02-326-1545
팩스 02-326-1626
주소 03993 서울특별시 마포구 월드컵북로6길 56
이메일 academy@sapyoung.com
홈페이지 www.sapyoung.com

ISBN 979-11-6707-173-6 03910